第六版

创新与创业管理

理论·实践·技能

张文勤　万绪才　李时椿　常建坤　主编
欧阳哲　何良兴　张　坤　副主编

图书在版编目(CIP)数据

创新与创业管理 ：理论 实战 技能 / 张文勤等主编. — 6 版. — 南京 ：南京大学出版社，2025. 6.(2025.7 重印)
ISBN 978 - 7 - 305 - 29214 - 9

Ⅰ. F272

中国国家版本馆 CIP 数据核字第 202574GX26 号

出版发行 南京大学出版社
社　　址 南京市汉口路 22 号　　　邮　编 210093

书　　名 创新与创业管理:理论 实战 技能
CHUANGXIN YU CHUANGYE GUANLI: LILUN SHIZHAN JINENG
主　　编 张文勤 万绪才 李时椿 常建坤
副 主 编 欧阳哲 何良兴 张 坤
责任编辑 唐甜甜　　　编辑热线 025 - 83594087

照　　排 南京南琳图文制作有限公司
印　　刷 扬州皓宇图文印刷有限公司
开　　本 787 mm×1092 mm 1/16 印张 26 字数 585 千
版　　次 2025 年 6 月第 6 版 2025 年 7 月第 2 次印刷
ISBN 978 - 7 - 305 - 29214 - 9
定　　价 68.00 元

网址：http://www.njupco.com
官方微博：http://weibo.com/njupco
官方微信号：njupress
销售咨询热线：(025) 83594756

Let’ go light fire,
and hold your own light!

顾名思义，创新与创业没有一条绝对的静止的放之四海而皆准的真理！本书期待能启迪您思想与行动的火花，将书中总结提炼的理论、实战经验、技能，灵活组合、推陈出新、纵横拓展应用于实践！

前　言

在数智时代浪潮席卷全球的当下，创新精神与创业能力已成为驱动社会发展、经济变革的核心稀缺资源。人工智能、大数据、云计算等前沿技术加速迭代，不仅重塑了传统产业的发展模式，更为新兴业态的崛起创造了无限可能，深刻改变着我国发展的外部环境与内在逻辑。随着国内国际双循环新发展格局的加速构建，如何在数智化转型的浪潮中，精准把握新兴产业机遇，充分释放数字经济的规模效应与集聚效应，成为实现高质量发展的关键命题。在此背景下，大力弘扬创新创业精神，全方位培育大批适应数智时代需求的高素质创新创业型人才，既是顺应时代发展的必然选择，更是关乎国家长远发展的战略需求。

彼得·德鲁克曾指出："创业不是魔法，也不神秘。它与基因没有任何关系。创业是一种训练，而就像任何一种训练一样，人们可以通过学习掌握它。"这充分说明创新创业能力可通过系统学习与实践得以培养和提升。以创新创业实践为抓手，构建创新创业型人才培养大格局，将创新创业教育融汇贯通于人才培养全过程，不断提高大学生创新精神、创业意识和创新创业能力，培养社会主义合格建设者和接班人是时代呼唤，是国家战略。

基于对时代发展趋势的洞察，以及对创新创业教育前沿动态的持续关注，我们在第五版教材的基础上，对内容进行了全面且深入的修订，推出第六版教材。此次修订，并非对原有内容的简单调整，而是在保留第五版核心框架与重要内容的基础上，对知识体系进行了系统性的优化与拓展。

在内容编排方面，我们对部分章节进行了重新整合与架构调整。例如，在"导论"开篇系统阐述创意、创新与创业的内在关联，深入探讨创新创业与人生发展的紧密联系；将"创新的科学内涵与方法"拆分为"创意与创造性思维""创新与创新管理"两章，分别从创意开发、创造性思维训练，以及创新过程、创新战略等维度展开深入剖析；新增"商业模式""公司内部创业""数智时代的创业机会"等章节，紧密结合数智时代商业发展趋势，引入前沿案例，深度解析商业模式创新与企业内部创业的实践路径，充分展现创新创业领域的新发展、新动态。

在案例选取上，我们秉持与时俱进的原则，淘汰了部分陈旧案例，引入了大量具有时代特色与代表性的全新案例。从冯骥与《黑神话:悟空》的创意实践,到“中国潮玩第一股”泡泡玛特的商业奇迹,从蔚兰环保二代企业家的创业历程,到赛桥生物的高科技融资历程,这些案例涵盖不同行业、不同发展阶段,生动展现了创新创业在实践中的多样性与复杂性,有助于读者更好地理解和借鉴。

此外,第六版教材新增体验式学习活动,通过管理游戏、角色扮演等形式,模拟创业场景,让读者在实践中提升团队协作、决策等创新创业能力,实现理论与实践的深度结合。

本教材自发行以来,在创新创业教育领域持续发挥积极作用,这离不开前五版教材李时椿和常建坤两位主编的高瞻远瞩与辛勤付出。两位主编以前瞻性的学术视野和深厚的专业积累,精心搭建教材知识框架,精准把握创新创业教育的核心要点,其卓越贡献为教材的持续优化升级奠定了坚实基础。正是基于两位主编的智慧结晶,第六版教材才能在此根基上实现创新突破,不断适应时代发展需求。

第六版教材编写过程中,除所有主编、副主编外,王三银、王冬冬、王晨曦、文婷、和欣、倪嘉成、宋君、张郑熠、李茹、杨正雄、杨晶、陈婉、余承科、赵红、栾贞增、徐祖辉、曹倩、翟翌、蔡霞(以姓氏笔画为序)等深耕创新创业教学与研究领域的年轻教师,均深度参与各章节编写,以专业学识为教材内容建设注入活力。

本教材在编写过程中,广泛参阅了国内外大量文献资料与前沿研究成果,并在各章后详细列出主要参考书目,以方便读者进一步深入学习与研究。在此,衷心感谢为教材编写提供理论支撑的各位专家学者。

本教材中丰富多样的案例,部分由本书作者团队实地调研开发,部分援引自公开资料并标注出处,还有些经企业网站信息或相关文献整合提炼。在此,向支持调研的企业、案例原作者及文献提供者致谢。

由于时间与水平所限,再版教材中或存疏漏不当之处,恳请广大读者和教师不吝指正。一直以来,承蒙各位对本教材的信任与支持,你们的使用反馈和宝贵建议,是教材持续优化的重要动力。我们真诚期待未来仍能得到大家的批评指导,携手推进创新创业教育教材建设,助力培育更多优秀创新创业人才。

目　录

第1章

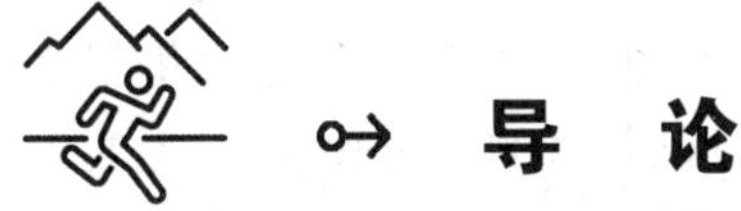

导　论

学习目标

1. 创意、创新与创业的关系。
2. 数字经济时代赋予创业的重要意义。
3. 创新创业对职业发展和人生发展的意义。
4. 大学生创新创业教育的内容与目标导向。

引导案例

冯骥和他的《黑神话：悟空》

第一节　创意、创新与创业

在当今充满活力和竞争激烈的全球经济环境中，创意、创新与创业成为推动社会进步、经济发展和企业竞争力提升的关键因素。这三个概念相互关联、相互依存，但又有着各自独特的内涵和作用。理解它们之间的关系对于培养具有创新精神和创业能力的人才，以及推动企业和社会的可持续发展具有至关重要的意义。

一、创意、创新与创业的关系

创意、创新与创业是紧密相连、不可分割的整体。在当今快速发展的时代，理解和把握这三者之间的关系对于个人、企业和社会都具有重要意义。

(一) 创意是创新与创业的基础

创意为创新提供了原材料,没有创意就没有创新的起点。创新是对创意的进一步加工和转化,将创意的价值通过技术、管理或商业模式等方式体现出来。而创业则是创新的实践载体,将创新成果推向市场,实现商业化和价值创造。例如,共享经济的创意最早来源于人们对资源闲置和资源共享需求的思考,这一创意经过创新者的探索和开发,形成了共享经济的商业模式创新,如共享单车、共享办公等。创业者则看到了这一创新商业模式的商业机会,通过创业活动将其付诸实践,整合资源、建立企业并运营,最终实现了共享经济在全球范围内的蓬勃发展。

(二) 创新是创意与创业的桥梁

创新将创意从抽象的思维转化为具体的产品、服务或流程,使创意具有了实际的价值。同时,创新为创业提供了核心竞争力,通过创新可以创造出独特的产品或服务,开拓新的市场,吸引投资者和客户。在创业过程中,创新贯穿始终,从产品创新到商业模式创新,再到管理创新,不断推动创业企业的发展。例如,奈飞(Netflix)最初的创意是提供便捷的在线影片租赁服务。通过商业模式创新,从传统的按次租赁模式转变为订阅模式,这一创新使得奈飞在影视娱乐行业成功创业并取得巨大的市场份额。小米公司以其创新的商业模式在智能手机市场脱颖而出。小米的创意是打造高性价比的智能手机,通过创新的互联网营销模式(如线上销售、粉丝经济等)、供应链管理模式(与供应商深度合作、零库存管理等)和产品研发模式(用户参与产品设计等),将这一创意转化为实际的商业成功,实现了创业企业的快速成长。

(三) 创业是创意与创新的价值实现载体

创业将创意和创新的成果推向市场,通过满足市场需求、创造就业机会、推动经济增长等方式实现其价值。创业者在创业过程中需要不断挖掘创意、推动创新,以保持企业的竞争力和可持续发展。同时,创业的成功也会激励更多的创意产生和创新活动的开展。例如,SpaceX 公司的创业成功,不仅实现了埃隆·马斯克关于可重复使用火箭的创意和技术创新的价值,还激发了全球范围内对太空探索领域的更多创意和创新探索,推动了整个太空产业的发展。

通过营造良好的创新文化氛围、加强知识产权保护和完善创业支持体系等策略,可以促进创意、创新与创业的协同发展,从而推动社会经济的持续繁荣和进步。无论是科技企业的发展、传统产业的转型升级,还是社会民生的改善,都离不开创意、创新与创业的协同力量。

二、数字经济时代的创意、创新与创业

数字经济是一种以数字化的知识和信息为关键生产要素，以现代信息网络为重要载体，以信息通信技术的有效使用为效率提升和经济结构优化重要推动力的经济活动。从范畴来看，数字经济涵盖了数字产业化和产业数字化两大板块。数字产业化包括电子信息制造业、软件和信息技术服务业、电信业等；产业数字化则涉及传统产业如农业、工业、服务业借助数字技术实现转型升级，例如工业领域的智能制造、农业中的智慧农业以及服务业里的数字金融等。数字经济深刻地影响着创意、创新、创业，为它们注入了新的活力，推动着经济社会不断向数字化、创新型方向发展。

(一) 创意源泉的拓展与创意交流的加速

数字经济为创意的产生提供了海量的数据资源。通过大数据分析，人们可以洞察消费者的需求、行为模式和偏好等信息。例如，电商平台积累的大量用户购买数据，能够帮助企业挖掘出消费者潜在的需求，从而为产品创意提供方向。比如，根据消费者对健康食品的搜索和购买趋势，产生开发新型健康零食的创意。

数字技术创造了新的创意场景。虚拟现实(VR)和增强现实(AR)技术使创意可以在虚拟的三维空间中展开。例如，在建筑设计领域，设计师可以利用 VR 技术让客户身临其境地体验建筑建成后的效果，这种新的体验方式也会激发更多关于建筑功能、外观和空间利用的创意。

数字平台使得创意能够快速传播。社交媒体、在线创意社区等成为创意交流的重要场所。例如，在抖音、小红书等社交平台上，一个独特的创意想法(如一种新的手工艺品制作方法)可以迅速被大量用户看到并分享，这种广泛的传播能够吸引更多人参与到创意的讨论和改进中来，促进创意的进一步发展。

(二) 创新模式的变革与创新成果的扩散

数字经济催生了新的创新模式，如开放式创新和众包创新。企业可以通过数字平台与全球的供应商、客户、科研机构等进行合作创新。例如，小米公司通过其社区平台，让用户参与到手机产品的功能设计和改进中来，这是一种众包创新模式。这种模式打破了传统企业内部封闭的创新体系，提高了创新的效率和质量。

数字技术实现了创新过程的智能化。人工智能(AI)和机器学习技术可以用于产品研发、生产流程优化等创新环节。例如，在制药行业，AI 可以分析大量的药物分子结构数据，加速新药研发的进程，这是对传统药物研发创新模式的重大变革。

数字网络加快了创新成果的扩散速度。新的软件应用、数字技术等创新成果可以通过互联网迅速传播到全球各地。例如，一款新的办公软件如果具有创新性的功能，能够通过在线下载的方式快速被全球用户使用，这种快速扩散能够使创新成果在短时间内实现价值最大化。

数字经济中的平台经济模式为创新成果提供了增值的机会。以苹果的 App Store 为例,开发者的创新成果(各种 APP)可以在这个平台上获得大量的用户,通过应用内购买、广告等方式实现商业价值的增值。

(三) 创业门槛的降低与创业机会的涌现

数字经济降低了创业的资金门槛。云计算服务使得企业无需大量购置服务器等硬件设备,大大减少了创业初期的资金投入。例如,一家初创的互联网公司可以通过租用阿里云等云计算服务来开展业务,节省了构建数据中心的巨额成本。

数字平台为创业者提供了便捷的营销渠道。通过社交媒体、电商平台等,创业者可以以较低的成本进行产品推广和品牌建设。例如,许多小微创业者利用抖音直播带货,无需大量的线下门店和传统广告投入就可以将产品推向市场。

数字经济催生了许多新的行业和商业模式,为创业者提供了丰富的创业机会。例如,随着数字支付的发展,涌现出了移动支付安全、数字货币相关的创业机会;大数据和人工智能的发展带来了数据标注、算法优化等创业项目。

数字经济的全球化特性为创业者提供了更广阔的市场空间。创业者可以通过互联网将产品和服务推向全球市场,而不仅仅局限于本地市场。例如,一些中国的跨境电商创业者通过亚马逊、速卖通等平台将中国的特色产品销售到世界各地。

三、数字经济为创业带来的新机遇

(一) 市场需求与潜力

1. 消费市场的新变化

数字经济深刻改变了消费市场的格局。随着互联网的普及和移动终端的广泛应用,消费者的消费习惯发生了巨大变化。例如,线上购物成为主流消费方式之一,消费者对个性化、定制化产品的需求日益增长。这为创业者提供了广阔的市场空间,他们可以通过大数据分析消费者的偏好,开发满足个性化需求的产品或服务。以服装行业为例,一些创业公司利用数字技术,根据消费者提供的身材数据和时尚偏好,提供定制化的服装制作服务,满足了消费者对独特穿着体验的需求。

2. 新兴市场的崛起

数字经济催生了许多新兴市场,如数字内容市场、共享经济市场等。在数字内容市场,随着短视频、直播等形式的兴起,对优质内容的需求呈爆发式增长。创业者可以围绕内容创作、内容分发等环节开展创业活动。例如,许多短视频创作者通过创作有趣、有价值的内容,吸引大量粉丝,进而通过广告植入、电商带货等方式实现商业变现。共享经济市场则涵盖了交通、住宿、办公空间等多个领域,创业者通过构建共享平台,实现资源的优化配置,满足人们的临时使用需求。

(二) 技术赋能与支持

1. 数字技术的工具性价值

数字经济依赖的各种技术，如人工智能、大数据、区块链、云计算等，为创业者提供了强大的工具。人工智能技术可用于产品研发中的智能设计、生产过程中的质量检测、客户服务中的智能客服等环节。大数据技术则有助于创业者深入了解市场和消费者，做出精准的商业决策。例如，电商平台利用大数据分析用户的浏览历史、购买行为等数据，为用户推荐个性化的商品，提高用户的购买转化率。

2. 创新环境的营造

数字经济营造了鼓励创新的良好环境。开源软件、开放平台等数字经济的产物，降低了创业的技术门槛。创业者可以基于开源代码进行二次开发，快速构建产品原型，减少研发成本和时间。同时，数字经济中的创新生态系统，如科技园区、创业孵化器等，为创业者提供了资源共享、经验交流、政策扶持的平台，促进了创新思想的碰撞和创业项目的孵化。

(三) 资源整合的新途径

1. 虚拟资源的整合

数字经济使得虚拟资源的整合成为可能。创业者可以通过网络整合全球的知识资源、人力资源等。例如，通过在线协作平台，创业者可以召集来自不同地区、不同专业背景的人才组成虚拟团队，共同完成创业项目。这种方式打破了地域限制，拓宽了人才资源的获取范围，同时也降低了办公场地等实体资源的成本。

2. 供应链的数字化整合

在数字经济背景下，供应链管理实现了数字化整合。创业者可以利用物联网、大数据等技术，实时监控供应链的各个环节，提高供应链的透明度和效率。例如，一些农产品电商创业者，通过在农产品种植基地安装物联网设备，实时采集农产品的生长环境数据、生长周期数据等，一方面确保农产品的质量安全，另一方面可以根据市场需求精准安排采摘、运输和销售计划，实现供应链的优化。

(四) 商业模式的创新

1. 平台经济模式

数字经济推动了平台经济模式的兴起。平台企业作为连接供需双方的中介，通过整合资源、提供信息交流和交易服务，创造了巨大的商业价值。例如，电商平台为商家和消费者搭建了交易平台，收取交易佣金或广告费用；网约车平台连接了司机和乘客，通过动态定价机制实现盈利。创业者可以借鉴平台经济模式，根据自身的资源和市场定位，构建不同类型的平台，如知识共享平台、创意交易平台等。

2. 订阅经济模式

订阅经济模式在数字经济中得到了广泛应用。消费者通过定期付费订阅的方式获取产品或服务,这种模式有利于企业获得稳定的现金流和客户关系管理。例如,在线音乐平台、视频平台等提供的会员订阅服务。创业者可以在内容创作、软件服务等领域探索订阅经济模式,为用户提供持续更新的优质内容或服务,提高用户的忠诚度。

(五) 营销模式的创新

1. 社交媒体营销

数字经济时代,社交媒体成为重要的营销渠道。创业者可以利用社交媒体平台的庞大用户群体,开展精准营销活动。通过社交媒体的用户画像功能,创业者可以针对特定的目标受众投放广告、推广产品或服务。例如,美妆创业公司可以在社交媒体上针对年轻女性用户群体,通过美妆博主的推荐、试用分享等方式,提高产品的知名度和美誉度。

2. 数据驱动的营销

基于大数据的营销模式是数字经济下营销创新的又一体现。创业者可以通过分析用户数据,挖掘用户的潜在需求,制定个性化的营销方案。例如,根据用户的购买历史、浏览行为等数据,向用户推荐相关的产品或服务。这种数据驱动的营销模式能够提高营销的效果和效率,降低营销成本。

第二节 创新创业与人生发展

在当今充满机遇和挑战的时代,创新创业已成为推动经济发展、社会进步的重要力量。对于个人而言,创新创业不仅仅是一种商业活动,更是一种人生发展的战略选择,它深刻地影响着个人的成长轨迹、职业发展以及生活的意义和追求。

一、创新创业能力对职业发展的意义

(一) 创新创业能力具有普遍性与时代适应性

创业教育被联合国教科文组织称为教育的“第三本护照”,和学术教育、职业教育具有同等重要的地位。创业教育就是培养具有创新精神和创业能力的个体的教育,创业教育并不要求每个学生都去创办自己的企业、都去当“小老板”,而是强调高等教育必须适应知识经济时代社会快速发展与急剧变化,以创新性和创造性为基本内涵,更加注重培养大学生积极应对环境变化的职业迁移能力和创新创业能力,成为职业岗位的主动创造者,成为社会所需要的创新创业型人才。

因此,创业并不排斥就业,恰恰相反,创业需要以就业为基础,是就业的延伸和深化。大学生创新创业教育真正给予大学生的是一种未来的发展观念和发展能力,使得学生在未来的激烈竞争中能更主动更理智地去应对。因此,创新创业教育是学生未来个人职业

生涯发展的极佳切入点和选择。在社会转型的历史阶段，职业岗位日益成为社会稀缺资源，客观上需要更多的大学生从被动求职者转变为职业岗位主动创造者，这正是发达国家高度重视并普遍实施创新创业教育的根本原因。创业者进入市场、创建企业，是在为自己搭建一个发挥聪明才智、施展抱负、奉献社会、报效国家的舞台。因而，创业是最高层次的就业，创业能力决定了未来职业生涯的发展，因而具有普遍性与时代适应性。

（二）创新创业能力对个人职业生涯发展起着积极作用

创业的概念已不仅仅局限在自主创业上，更具有广义上的开创事业、开拓局面、创新业绩等含义，其内涵体现了开拓创新、创业能力和综合素质的提升与发展，而这些素质对于今天社会上各个领域的就职岗位都十分重要，因而对个人职业生涯发展起着关键性作用。

第一，培育和提升创新创业能力，使大学生能够从职业生涯规划的层面上，更加深入了解创业的内涵，把创业作为一种可能的就业选择来看待，在做出创业选择时更加理性。创业是就业的选项之一，是一种主动的自我聘用，更是一种创造更高社会价值，实现个人理想的重要途径之一。创业促使大学生从被动的职业接受变成主动的职业发展，促使大学生在人生挑战中探寻和铸就一个真正的自己，从而实现高质量的就业，实现人的自由而全面发展。

第二，在创业能力培育过程中，可以帮助大学生了解商业运作的基本规律和过程，初步掌握创业技能和市场分析方法，更加深入地理解市场需求和职业环境，为大学生未来的职业选择提供了方向和正确引导，从而增强了职业生涯规划的科学性和可行性。

第三，创业能力的培育有效增强了大学生重要的职业素质，包括机会识别能力、团队合作能力、沟通能力、创新能力、管理能力、资源获取与整合能力等，从而提高了大学生毕业后的职场适应能力和竞争力，有助于提升个体职业生涯发展空间的高度和广度。一个真正的人才需要具备创新精神、冒险精神、团队精神和敬业精神。不论大学生今后是否实际创业，这些精神的培育对于大学生未来的职业生涯和一生事业发展都十分重要。

案例 1-1

大学生返乡创业，发扬和传承汉文化，用文旅产业造福家乡①

2024 年 9 月 17 日，娄底市杉山镇集和村热闹非凡。一座静卧在田野之间的汉龙文化园，接待了全国各地慕名而来的游客。他们有的在古典壁画前打卡拍照，有的穿着汉服行走在亭台水榭间，在文化园内感受到传统文化的魅力。

这座“汉龙文化园”的女主人名叫谢迎千，出生于 1999 年。从小喜爱汉文化的她，大学毕业后毅然返乡创业，以独特的设计点缀园区，打造了自己的一片天地。

---

① 江昌法. 湘女大学生返乡创业，用汉文化美了乡村、浓了乡愁[N]. 今日女报，2024-09-22.

谢迎千也因此成为“集和村总设计师”,她的目标是“吸引同龄人回乡,一起打造年轻人的‘乌托邦’”。

把爱好做成事业,当汉文化的传承者

坐落在娄底市杉山镇集和村的汉龙文化园,是一座集汉龙别墅区、汉服体验馆、陶瓷体验馆、古风摄影基地等于一体的中华汉文化体验基地和修学度假目的地。

2018 年,乘着国家实施乡村振兴战略的东风,还在读大学的谢迎千用所学的专业对村里的破旧园区进行改造升级,打造出了一座吸引全国各地游客打卡的汉文化主题园,“这座文化园不仅融入了很多汉服文化元素,而且结合了中国人骨子里的乡愁,是我多年传承汉文化梦想的结晶”。

谢迎千是一个将爱好与创业结合的企业家。从小,她就十分喜爱汉文化,早在班上同学“哈韩”“哈欧”的时候,她就对在中国流传上千年的汉服文化情有独钟,“我觉得汉服是最美的服饰,展现了我们东方女性之美。”

谢迎千对汉服的喜欢,深受母亲的影响。她的母亲从事汉服文化传承工作 10 余年,制作汉服、传承国学、还原汉文化,还在当地成立了汉服协会。在母亲的耳濡目染下,谢迎千立志成为一名汉文化的传承者和传播者。

读高中时,谢迎千开始研究各个朝代的汉服样式。高中毕业后,她在高考志愿书上填报了陶瓷艺术设计专业。

大学四年,谢迎千见证了汉服文化的发展。在 B 站平台,仅 2021 年,国风爱好者人数超 1.77 亿,18～30 岁人群占比约七成。于是,大一那年,谢迎千就跟母亲一起管理湖南赟素服饰有限公司,主要负责汉服纹样图案的设计。在图案设计上,她以《诗经》《尚书》《周礼》等典籍为基础,既讲究外在形式的美,又注重色彩纹饰美。

与此同时,中国汉服市场规模呈现持续扩大趋势,2027 年中国汉服市场规模有望达到 241.8 亿元,展现出传统文化与现代商业融合的独特魅力。谢迎千是这一商机的敏锐捕捉者,在她的建议下,湖南赟素服饰有限公司扩大汉服生产规模,仅半年时间,就占据了娄底汉服产业的半壁江山。

然而,发展汉服产业的路上,也并非一帆风顺。曾有一段时间,汉服销量不佳。谢迎千开始寻找原因,她前往各地做市场调查,并在网上发起问卷调查,试图收集汉服爱好者的想法。

“很多人喜欢汉服,但汉服售价往往很高,要买一套汉服,成本很高。”掌握了客户的需求,谢迎千及时调整企业发展方向,把主要产品用在租赁业务上,并加大了和大中小学校的合作,“如今,在娄底许多学校的汉服活动中,都能看到我们的产品”。

改造旧房,让陶艺体验馆里有乡情

2022 年,谢迎千从丽水学院陶瓷艺术设计专业毕业,当大多数同学选择留在浙江时,她却义无反顾地选择回到自己的家乡创业,希望将汉龙文化园推广出去。

起初,很多人对谢迎千返乡的决定不理解。有人认为,考上大学的她,应该去大城市打拼。甚至有人嘲笑她,肯定会吃不了苦半途而废。但谢迎千不在意,她用行动来回应旁人的质疑。

后来，谢迎千在村里发起调研。经过走访，她有了意外收获：村里有许多空置的老房子，而且十分破旧，“如果我们都不去翻修，那房子会越来越破旧，整个村子也会更加冷清，慢慢失去乡愁的味道”。

于是，2022年10月，谢迎千将园区内一栋久无人居的老屋承租下来，开始改造。她按照自己想要的样子，对旧房子一点点重新修缮、装饰，让破败的老房子摇身一变为陶艺体验馆。

2023年，历经118天的改造，老屋焕发新生，谢迎千的梦工厂——“一九九九陶瓷工作室”正式运营。

汉服馆、美术馆……谢迎千在文化园里改造的旧房子越来越多。原本废弃并破旧不堪的旧房在她的设计下焕发了生机，也吸引了更多游客慕名参观。

除了打造工作室，她还对汉龙文化园进行了全方位改造：她将传统文化元素融入汉龙文化园的一砖一瓦、一花一石中，大到每一处风景设计，小到每一幅壁画着笔，她都自己动手，年纪轻轻便成了村民口中的“村总设计师”。

“城里人很少会见到这种房子，他们每次来这里，都会有一种回到了小时候的感觉。”谢迎千说，这也是她改造的初衷：“还原、保留这种乡愁的味道。”

创业路上，母亲一直是谢迎千的坚强后盾，不仅给她出创业点子，还帮她运营小红书等社交账号，“妈妈跟90后00后年轻人没有任何代沟，会使用时髦的网络用语，我们经常一起策划文化园的宣传方案。”在母亲的帮助下，汉龙文化园的社交账号，吸引了很多汉文化爱好者的关注互动。

就这样，抱着用文旅产业造福家乡的念头，谢迎千一直坚持到现在。她创办的汉龙文化园，先后获评“湖南省五星级休闲农业庄园”“娄底市省级四星级乡村旅游区(点)”等称号。她的爱好，也因为汉服产业的兴起，变成了更多人的爱好。

坚持公益，她把公益课堂开进乡村

追梦路上，谢迎千还关注着集和村里的妇女和儿童，“村里留守儿童没有过多的业余活动，妇女们也很难找到合适的工作，村落很安静，却少了点烟火气”。

2019年，还在读大学的谢迎千与母亲开办了扶贫车间，招收村里的留守妇女做汉服和手工艺品，让她们有自力更生的手艺和平台。该车间于2021年获评娄底市“巾帼创新创业基地”。

“授人以鱼，不如授人以渔。有一技之长，才能彻底脱贫。”谢迎千对留守妇女手把手地培训，从最基础的缝纫技术教起，再到复杂的陶瓷技术，不到半年，扶贫车间里的留守妇女都成为技术能手。

教授留守妇女缝纫技术，不仅是技术活，更需要异于常人的耐心。徐娟(化名)是一名患有抑郁症的妇女，在亲友的介绍下来扶贫车间上班。“面对她的特殊情况，我首先了解她的心理，一边让她学缝纫技术，一边也帮助她缓解病情。”谢迎千不仅给徐娟创造舒适的工作环境，还经常做她喜欢的美食给她吃。

一个月的朝夕相处，让徐娟慢慢打开了心扉，她在扶贫车间学到了技术，也有了收入。

关爱留守妇女的同时,留守儿童也是谢迎千关注的对象。每年寒暑假,她会在村里的“留守儿童之家”开设公益课堂,给孩子们免费上美术课和书法课,让农村的孩子了解汉文化,厚植汉文化之根。这几年暑假,她还会在集和村“留守儿童之家”开设防溺水课程。2024年,随着全省“向阳花”行动深入开展,谢迎千研发了家庭教育课程,把家庭教育课带到了公益课堂上。

“发扬和传承汉文化,这是我创业路上的不竭动力。”未来,谢迎千也给自己定下了小目标——她希望在传承传统技艺基础上,创新乡村美育和文化建设,用艺术驱动乡村振兴,把汉龙文化园打造成一个真正有文化底蕴的景区!

(三) 创新创业能力有助于就业者适应外部职业环境的变化

随着时代的发展,用人单位除了要求受雇者在事业上有所成就外,越来越重视受雇者的首创精神、冒险精神、创业能力、独立工作能力以及技术、社交和管理技能。

创新创业意识和能力使个人不再局限于传统的职业路径。创业者可以根据自己的兴趣、技能和市场需求创造新的职业领域。例如,在共享经济兴起的时代,出现了共享单车运营管理、共享办公空间规划等新兴职业。对于有创新创业精神的个人来说,他们可以主动参与到这些新兴领域的创建和发展中,而不是仅仅在传统的企业就业体系中寻找机会。创新创业过程中培养的创新思维、风险管理能力、团队协作能力等,能够极大地提升个人在就业市场中的竞争力。例如,一个参与过创业项目的大学生,在求职过程中可能会因为他在创业期间积累的市场分析能力、项目管理能力和解决实际问题的能力,而受到企业的青睐,相比其他没有创业经历的求职者更具优势。

人力资源专家认为,人的一生中职业转换一般达6～7次。美国的一些经济学家及统计学家曾利用近年的美国人口普查局(U S Census Bureau)的普查数据,统计美国人在职业生涯中一共从事了多少份工作。结果显示,1996年普通美国人为现有雇主的工作年限是3.8年,2000年是3.5年,2008年是4.1年。可见,职业迁移转换的频繁。

知识经济时代,“知识生产率”将取代传统的“劳动生产率”,迅猛发展的高新技术促进了知识型就业,也推进了经济结构和就业结构调整,每年都会有一批旧职业被淘汰,也有一大批新的职业诞生,就业者职业迁移转换将成为常态。因此,就业者首先需要打造自身适应职业快速变化的“职业迁移转换能力”,并逐渐形成职业能力储备,随时为外部变化造成的失业可能做好提前准备,以变应变,强者生存。

创新创业能力显然有助于增强“职业迁移转换能力”,能帮助就业者在职业生涯的发展变化中不断自我调整、自我更新、自我完善,以适应外部职业环境的变化。创业,几乎都会经历失败的过程,但失败所获得的远比成功获得的更珍贵,更有长远价值。从发展方面来说,一个创业者因为其亲身创业历程会更加容易实现就业,即便创业失败,这些创业者也会因为各方面能力素质的提高以及在创业过程中所锻炼出来的创业能力,使他们能够依靠自身的“职业迁移转换能力”解决就业问题,实现未来的多次就业和避免失业。

二、创新创业对人生发展的影响

(一) 知识体系的拓展

一方面，创新创业有助于实现跨学科知识的融合。创新创业项目通常涉及多个领域的知识。以开发一款智能健康手环为例，需要涉及电子工程、软件开发、健康科学、市场营销等多方面知识。创业者为了项目的成功，会主动学习和融合这些跨学科知识，构建更全面的知识体系。另一方面，创新创业有助于加深对行业动态的深入理解。创业促使个人深入研究所在行业的发展趋势、市场需求、竞争态势等。无论是传统制造业还是新兴的互联网行业，创业者只有掌握了行业动态，才能制定出合理的创业策略。例如，在共享经济行业的创业者，需要了解相关政策法规、用户消费习惯、技术发展趋势等，这种对行业的深入研究丰富了个人的知识储备。

(二) 综合能力的培养

创新创业需要个人具备多方面的能力，如创新思维、领导力、沟通能力、财务管理能力等。通过创新创业实践，个人能够全面提升这些能力。创新创业往往伴随着风险和挫折，在面对失败和困难时，创业者需要具备坚韧不拔的毅力。这种经历有助于塑造个人坚韧、勇于面对挑战的品格。

在创办一家初创企业时，要决定产品的研发方向、市场推广策略等。这些决策过程锻炼了个人的判断力、果敢性以及承担责任的能力，使创业者逐渐成长为具有领导力的个体。创新创业往往需要与不同背景的人合作，包括团队成员、投资者、合作伙伴等。创业者必须有效沟通想法、协调各方利益关系。在一个跨学科的创业项目中，技术人员、市场人员和财务人员需要密切协作，创业者要在其中起到桥梁作用，促进信息流通和团队和谐，从而极大地提升个人的沟通与协作能力。例如，埃隆·马斯克在创办特斯拉和 Space X 的过程中，需要不断创新以解决电动汽车电池续航和火箭可重复使用等技术难题，同时还要领导团队、筹集资金、与政府和合作伙伴沟通协调等，在这个过程中他的综合能力得到了极大的锻炼。

(三) 资源整合与财富创造

在创新创业过程中，创业者需要整合各种资源，如资金、人力、技术等。随着经验的积累，他们对资源的识别、获取和整合能力不断提高。例如，创业者在筹集资金时，会接触到不同的投资者，了解各种融资渠道的特点；在招聘人才时，会学会如何吸引和留住优秀员工。这种资源整合经验有助于他们在未来的经济活动中更有效地利用资源。

成功的创新创业项目有可能带来巨大的经济回报。例如，一些知名的互联网科技企业，如谷歌、阿里巴巴等，其创始人通过创新创业不仅实现了个人财富的大幅增长，还创造了大量的社会财富。创业者在企业发展过程中，通过股权增值、利润分配等方式积累财富，改善自己和家人的生活质量。

案例 1-2

李佳琦的创业与个人成长①

李佳琦原本是一名化妆品专柜销售员。随着互联网直播的兴起，他敏锐地意识到这是一个可以将自己的销售技能与新兴媒体相结合的机会。在这个全民消费升级、消费者更依赖线上购物和产品推荐的时代，直播带货成为一种新兴的销售模式，而李佳琦看到了其中的巨大潜力。李佳琦开始投身于淘宝直播，通过独特的直播风格、专业的美妆知识和极具感染力的销售话术，迅速在直播界走红。他不断创新直播内容，如增加产品试用环节、与明星合作直播、开展公益直播等，吸引了大量的粉丝关注。同时，他还积极拓展自己的商业版图，成立了自己的公司，培养了自己的团队，从一个单纯的主播发展成为一个具有完整商业运营体系的创业者。李佳琦的创业成功极大地改变了他的人生轨迹。他从一个普通的销售员成为年收入过亿的知名网红和企业家。在这个过程中，他不仅实现了财富的积累，还提升了自己的个人品牌价值、社交影响力和商业运营能力。

（四）自我实现与社会影响力的提升

创新创业为个人提供了将自己的想法和创意变为现实的机会。许多创业者怀揣着改变世界、解决某个社会问题或者实现个人独特创意的梦想踏上创业之路。当他们看到自己的创业项目取得成功，产品或服务被市场认可，会获得极大的成就感，觉得自己的人生价值得到了实现。例如，特斯拉和 Space X 的创始人埃隆·马斯克，他通过电动汽车和太空探索等创业项目，实现了自己对可持续能源和人类成为火星殖民者的理想追求。

成功的创业者往往会得到社会的广泛认可和尊重。他们的创新成果可能对社会产生积极影响，如创造就业机会、推动行业发展等。这种社会认可不仅满足了个人的自尊心，还提升了个人在社会中的声誉和地位。例如，一些社会企业家致力于解决贫困地区的教育或医疗问题，他们的创业项目得到社会的高度评价，成为受人尊敬的社会人物。

创新创业过程中，创业者会结识来自不同领域的人，包括同行、投资者、专家学者、政府官员等。这些人脉关系构成了一个广泛的社交网络。例如，参加创业大赛、行业论坛等活动，创业者可以与其他创业者交流经验、分享资源，还可以与潜在的投资者建立联系。这个社交网络不仅对创业项目的发展有帮助，也为个人的社会交往提供了更广阔的平台。

随着创业项目的发展，创业者的决策和行动会对周围的人、行业乃至整个社会产生影响。例如，一家倡导环保理念的创业企业，其创始人的经营理念和产品推广可能会影响消费者的环保意识，促使更多人关注环境保护问题，从而提升创业者在社会中的影响力。

---

① 根据网络资料改编。

案例 1-3

王兴与美团的创业历程①

王兴是一位具有敏锐商业洞察力的创业者。在互联网行业快速发展的时期，他看到了本地生活服务市场的巨大潜力。随着人们生活水平的提高，对餐饮、娱乐、酒店预订等本地生活服务的需求日益增长，但当时这个市场的互联网化程度较低，存在着巨大的整合和创新空间。王兴带领团队创建了美团，在创业过程中不断进行创新。美团早期以团购业务为主，通过创新的商业模式，整合线下商家和线上消费者，为双方提供优惠和便利。随着市场的发展，美团又不断拓展业务领域，如外卖配送、酒店预订、旅游等，实现了从单一团购平台到综合性本地生活服务平台的转变。在这个过程中，美团面临着诸多挑战，如与竞争对手的价格战、商家的信任建立、配送体系的构建等，但王兴凭借着创新的战略思维和坚韧不拔的毅力，不断调整商业模式，加大技术投入，提升用户体验，最终使美团在激烈的市场竞争中脱颖而出。

美团的成功对王兴的人生发展产生了深远的影响。他从一个有创业想法的创业者成为一位知名的企业家，个人财富大幅增长，在商业界赢得了很高的声誉。

创新创业为人生发展提供了丰富的机会和多样的路径，它能够影响个人的职业发展、个人成长以及财富创造等多个方面。同时，人生发展过程中的教育、实践、社交等因素也对创新创业能力的培养起着重要的作用。在当今充满变化和机遇的时代，积极培养创新创业能力，勇于投身创新创业实践，将有助于个人在人生发展的道路上实现更大的成就，创造更加丰富多彩的人生。无论是追求个人梦想，还是为社会作出更大的贡献，创新创业都将成为人生发展中不可或缺的重要组成部分。

第三节 大学的创新创业教育

一、创新创业教育的内涵

创业创新教育是以培养具有创新精神、创新意识和创新创业能力的高素质创新型人才为目标，在提高人才培养质量、推进素质教育、服务社会经济等方面发挥积极作用。大学生是最具创新创业潜力的群体之一。新时代新征程上，高校不断加强创新创业教育，明确其对于增强大学生创新意识、培养创业能力、提升综合素质意义重大，将创新创业教育融入高校育人的全过程。

创新教育是一种以培养人的创新精神和创新能力为基本价值取向的教育。它侧重于

① 根据网络资料改编。

激发学生的好奇心、想象力和探索精神。例如在教学过程中,教师鼓励学生提出独特的问题解决方案。创新教育也注重培养学生的批判性思维,让学生学会对现有知识进行质疑、反思和突破。

对于创业教育的定义,目前学术界存在以下几类观点:

第一类就是从狭义上对创业教育进行定义,认为创业教育是培养学生的创业意识、创业素质、创业精神、创业技能和创业能力,它是素质教育和创新教育的延续和创新。

第二类是从广义上进行定义,认为创业教育不仅涉及"如何创办企业",还要培养学生的创新创业能力。广义的创新创业教育注重追求全面的能力培养,能使人们在创业中懂得如何寻找机会、把握机会;懂得如何利用资源、分配资源;懂得如何通力合作、有序管理。

从广义角度看,显然,创业并不只是开办一家企业。知识经济时代的创业已经超越了"创建企业"的狭义概念,而更加注重开创事业、开拓局面、创新业绩等含义,创业已经成为实现人生理想、开创新的事业、创造社会财富、推动经济转型、实现社会变革的最为重要手段,是每个大学生应当具备的职业能力。

因此,创业教育是培养人的创业意识、创业思维、创业技能等各种创业综合素质,并最终使被教育者具有一定的创业能力的教育。它包括让学生了解企业是如何创办和运营的,例如学习商业计划书的撰写、资金筹集、市场营销策略等知识。同时,创业教育还注重培养学生面对风险和不确定性时的决策能力和心理承受能力,比如模拟创业场景,让学生体验在资金紧张、市场突变等情况下如何应对。

创办企业也许不是每个大学生的必经之路,但是通过创业基础的素质培养,可以将社会阅历、职场经验、行业知识、市场需求、专业技能、机会搜寻、人格塑造等宝贵的认知财富以"高度浓缩"的方式展示在受教育者面前,这对于每一个即将迈入社会的大学生来说极为重要。创新创业教育不是为了催生就业岗位而进行的教育,高校创新创业教育通过借助商业知识和商业活动的平台对学生进行综合素质培养以达到对学生的一种创新型教育,其核心价值是为了培育创新创业型人才,有效推进大众创业万众创新。

二、创新创业教育的理论依据①

创新创业教育作为一种认识活动和实践活动,具有其内在的规律,如要把握其发生和发展的规律,并进而指导创业教育实践,同样需要相关理论的指导。

(一) 人的全面发展的学说

马克思主义关于人的全面发展的学说,具有重要的教育学意义,是我国高校创新创业教育的指导思想。大学生创新创业教育是一种引导人生走向成才和成功的教育,它强调全面开发人的潜能,培养大学生的创新思维方式,使得大学生能够借助建立合理的价值取

① 袁芳逸.我国大学生创业教育研究[D].武汉理工大学,2016.

向与社会认知态度来发展自己的职业生涯，获得未来的创业成功。大学生创业教育应始终坚持以人为本，坚持面向全体学生，开发人的主体性和自由个性，使得大学生能够有效地管理和他人、组织以及社会的关系。大学生创业教育还能够使得大学生获得人生价值以及完善的个人人格，为未来能适应社会、完成自身社会化进程打下良好基础。大学生创业教育应注重提高学生的学习力、创造力、竞争力、适应力和自信心，让大学生在实践中获得新知识。大学生在创业教育与实际的创业发展期间，不仅可以塑造完善的个人人格，还可以进一步充实自身的理论知识与能力，最终完成个人价值的实际体现，成为推动经济社会发展的有用人才。

（二）个性发展理论

个性发展理论是大学生创业教育的重要理论依据。人的个性发展包括身心的和谐发展以及个体与社会的协调统一两个层面。所以，在大学生创业教育期间，应该充分尊重学生的个性，营造和谐健康的教育环境，使个体各方面素质能得到和谐发展。大学生创业教育属于新兴的教育模式，所以不管是在教育观点、人才培育模式方面，或者在教学规划、方案方面，都要遵循个性发展理论的要求。要推崇“以人为本”的教学理念，在教学方法上，教师应该根据不同学生在兴趣、爱好、特长上的差异，采取因材施教的方式，营造民主、平等、愉快的教学氛围，让学生们在轻松的教学环境中提升对创业课程的兴趣。只有这样，才能使学生能够主动积极地参与教学或创业实践活动，实现真正意义上的寓教于乐，最终达成大学生创业教育的目标要求。

（三）创新理论

创新理论最早是由奥地利经济学家约瑟夫·熊彼特于1912年首次提出的。在熊彼特看来，所谓“新”就是生成一个新的函数，换句话说，就是在一个生产系统中引进一种“新方式”，而这种方式是从未出现的生产资源或生产方式。“新方式”主要包括的具体内容有：开发新的供货源头、开发新的市场、引进高新技术人才、引用新材料、实现工业的新组织形式。管理学家德鲁克进一步将创新划分为两个方面：一方面就是所谓的社会组织上的创新，就是在系统中开发出一个崭新的管理部门、管理方法、管理才能，进而使其能在市场中获得更多的经济效益和社会效益；另一方面就是所谓的技术革新，即能够开发并利用新物质，挖掘其利用价值从而获得市场效益。

（四）创业理论

1999年，美国创业学家杰弗里·蒂蒙斯提出了著名的“创业模型”，后人将其进一步完善，形成了“创业理论”。创业理论认为，创业是一个高度动态的过程，商业机会、创业团队和创业资源是决定创业活动成败的关键。其中，商业机会是创业的主要因素和基础性条件，领导者的创业能力主要表现在识别商业进步的机遇、团结创业的队伍、组成企业最有利的竞争力和弘扬企业文化等方面，而其中最主要的就是能很好地掌握市场并抓住商业进步的机遇。此外，创业领导者通常还应具有一定的创业资源，并能通过自身能力调节市场资源配置,为市场创造更多的就业机会。

(五) 人力资本理论

舒尔茨认为,人力资本就是人本身所学的知识、人的体力和拥有技能的总和。从不同人的区别可以看出,可以把人力资本分成三种,一般型、专业型和创新型。教育是一种生产性投资,它能普遍提高人口的质量,教育的过程就是构建和创造人力资本的过程。教育之所以对我们经济的增长有着异常重要的作用,是因为经济的增长直接影响着劳动力质量的提高,并由此提高劳动生产率。从全世界各个国家来看,每个国家人口与劳动的能力基本上是趋于一种平衡的和相近的状态,不过后天学习或得到的技能,在不同地区的体现具备极大的差异。在知识经济快速发展的情况下,国家与国家的竞争总的来说属于人才之间的比拼,人力资本已成为当今各国经济发展的最重要因素之一。正如舒本茨所指出的:“经济的发展会受到很多因素的影响,而人这个因素的影响却是最关键的,经济的发展还是得靠提高人口质量,而不是一味考虑自然资源的情况和拥有量。”所以,我国要增强综合国力,就必须大力发展人力资本,实施科教兴国战略。一方面,要大力开展各级各类学校和社会对劳动者的教育和培训;另一方面,高校要大力开展创业教育,将大学生培养成具有创新性和创造性的高素质人才。

(六) 人职匹配理论

所谓人职匹配,就是个体根据自己的个性特征,找到与自己个性相符合的职业类型。人职匹配理论是由美国心理学家约翰·霍兰德于 1959 年提出的,这一理论的精髓是“适合”。霍兰德提出,个人的职业是否稳定与成功,是受到该个体的个性因素与其具备的职业技能的约束的,在寻找到合适的工作时,个人的能力才可以获得相应的体现。霍兰德人职匹配理论的产生,源于人格心理学理论和大量职业心理咨询的实践。霍兰德提出,每个人的人格(包含价值取向、价值需求等)都可以被整体性地区分为某种类型,拥有某种类型人格的人能够对相应的知识或者工作产生兴趣,同时职业价值取向属于判断一个人挑选某种类型工作的主要因素之一。根据霍兰德的研究,个体最为理想的职业选择,是从事与其职业性向重合的职业。创业者的追求应当符合理性,创业之路的目的是使自己的人生价值得以实现,而在这之前要使自己的事业与自己的能力、兴趣相符合,从而达到人职匹配的理想化。大学生创业教育是为社会培养未来的创业人才,只有紧抓创业教育培养目标,造就有主体性、独立性和创造性的全面发展人才,才能真正适应社会的需求。

三、国外创新创业教育的发展

世界多数经济发达国家,诸如美国、英国、法国、德国、日本、新加坡、韩国等,都较早地重视和实践了创新创业教育。大学生创新创业教育实践最早起源于 20 世纪 40 年代的美国,源头便是 1947 年 2 月哈佛商学院 MBA 课程“新企业的管理”的开设。1974 年美国有 75 所大学开设创业学课程,1994 年美国共有超过 12 000 名学生参加创业或者小企业方面的课程学习。1995年,数百所美国大学开设创业课程,成立创业教育项目。目前,几乎所有美国大学均已开设创业课程,有些商学院设置创业专业。著名的哈佛商学院设立了"创业精神管理学",加州大学洛杉矶分校的相关课程高达24门,MIT被全球公认为培养创新创业型人才的典范,实现"学术创业化、知识资本化"的创业型大学的教育模式,其他著名高校,如芝加哥大学、斯坦福大学等目前都倾力专注于这一领域。美国大学生的创新创业教育是关于"学生自由发展"的承诺,并非"就业式"教育。

美国康奈尔大学的斯特里特教授等将创业教育划分为"全校模式"(university-wide)和"聚焦模式"(focused)两类①。在"全校模式"中,创业教育面向全校不同领域的所有学生。其师资和课程既可以由某个特定学院(如商学院)提供("磁石模式",magnet model);也可以由其他多个院系提供("辐射模式",radiant model)。该模式的运用较为广泛,例如,在斯特里特等考察的38所创业教育名列前茅的美国高校中,有75%采用了"全校模式",其中包括康奈尔大学、麻省理工学院和斯坦福大学等一流大学。在"聚焦模式"中,创业教育的师资和学生均来自商学或商学与工程交叉的领域,即高校只针对该特定领域的学生开展专门化的创业教育,哥伦比亚大学、杜克大学、哈佛大学和马里兰大学等均采取了该模式。

随着创业教育的涌现,世界各国相继研制了一系列创业教育标准与发展规划。其中,由美国创业教育联盟在2004年先后发布的《创业教育国家内容标准》和《创业教育国家实践标准》对美国近十几年来的创业教育产生了巨大的影响,是美国创业教育理论与实践里程碑式的成果,研究这两部创业教育国家标准对我国创业教育相关标准的研制、开发以及实践具有重要的借鉴意义。

美国创业教育国家标准的制定单位——创业教育联盟组织通过数年来与企业家的交流,总结出十二条有关创业教育的基本理念。创业教育国家标准正是在这些理念指导下制定而成,具体理念详见表1-1。

表1-1 美国创业教育联盟组织提出的创业教育理念②

维度	创业教育的基本理念
创业	1. 创业是新经济社会中个体寻求新工作的主要途径 2. 创业不同于书本知识的学习 3. 创业在各行各业中 4. 任何人随时随地都可以创业 5. 因个人目标的不同,对创业成功的定义也不同,小到兼职收入大到新公司的成立和发展都可以定义为成功
创业者	6. 成功的创业者不是天生的,他们是通过后天经验积累而成的 7. 成功的创业者们可能有着多样的性格特征,但是有一个共同点,即他们敢于为利益承担风险

① 罗光雄,邢晖,谢鑫.开放与集中:我国"双一流"大学创新创业人才的培养模式分析[J].中国高等教育,2024(11).

② 黄瑶.美国创业教育国家标准研究[D].湖南师范大学,2017.

(续表)

维度	创业教育的基本理念
	8. 尽管成为成功的创业者没有任何学历要求,但是掌握创业技能非常重要,比如沟通、人际交往、对经济的理解、数字技术能力、营销、管理能力和数学/金融能力等
创业教育	9. 创业教育有利于增强创业者的创业自信 10. 创业教育可以使员工更加熟悉公司运营过程,从而更容易获得成功 11. 创业教育的机会对各个教育层次的人都很重要,下至小学生,上至企业家的能力发展 12. 创业教育是提升学术能力的重要途径

创业教育应当以培养学生的创业能力为主要任务,但是,什么才是创业能力?它包含哪些要素涉及哪些领域?如何判断学生是否掌握基本的创业能力?《内容标准》对这些问题进行了解答,它把创业能力分为创业特质能力、创业知识能力和商务运营能力3大模块,又把这3大模块分为15个方面的能力标准、51项具体表现性指标(详见表3-2),并且每项能力相互关联,环环相扣。

其中,创业特质能力是创业者区别于普通员工或者管理人员身上独特的品质、行为和经历;创业知识能力是创业教育学习的辅助条件,是创业者必须具备的创业知识体系;商务运营能力是创业者在商业活动中能够创建、运营商业流程的管理技能。《内容标准》以培养准备能力和商务能力为基础,以培养创业特质能力为最终目标。

从表1-3中的内容可看出,整个创业教育培养目标体系可分为两个部分,一部分以基础教育阶段为主,体现在小学、初中、高中的创业教育中,主要目标是帮助中小学生养成正确的消费意识与经济认知、增强学生的创业动机与创业自信、掌握基本的社会应用技能与商业识别,全面提升学生的基础创业教育技能。另一部分是以高等教育阶段为主,体现在大学与企业中,主要目标是增强大学生与企业职工的经济敏感力、职业认同感、自我价值感,并提升他们的创业应用能力与企业运营能力。

表1-2 美国《创业教育国家内容标准》内容框架

三大部分	十五大方面	表现性指标
创业特质能力	A. 创业过程	1. 发现能力 2. 理念开发 3. 资源整合 4. 实施能力 5. 收益
	B. 创业品质/行为	1. 领导力 2. 自我评估 3. 自我管理
创业知识能力	C. 商业基础	1. 商业理念 2. 商业活动
	D. 沟通与人际能力	1. 沟通的基础 2. 员工交流

（续表）

三大部分	十五大方面	表现性指标
		3. 沟通的道德规范 4. 团队关系处理 5. 突发事件处理
	E. 数字技术	1. 计算机基础知识 2. 计算机应用知识
	F. 经济学知识	1. 基本概念 2. 成本利润关系 3. 经济走势 4. 经济制度 5. 国际化走向
	G. 财务素养	1. 货币常识 2. 金融服务 3. 个人理财
	H. 专业发展与规划	1. 专业规划 2. 求职技巧
商务运营能力	I. 财务管理	1. 会计 2. 金融 3. 资金管理
	J. 人力资源管理	1. 组织架构 2. 人员配置 3. 培训发展 4. 激励士气 5. 评价
	K. 信息管理	1. 记录保存 2. 相关技术 3. 信息采集
	L. 营销管理	1. 产品服务/创新 2. 营销管理 3. 推广促销 4. 定价 5. 销售
	M. 运营管理	1. 商务系统 2. 渠道管理 3. 采购 4. 市场运营
	N. 风险管理	1. 经营风险 2. 合法性考虑
	O. 战略管理	1. 规划 2. 控制

表 1-3 美国《创业教育国家实践标准》中不同教育层次的创业教育培养目标

层次	创业认知	创业技能
小学	学会合理消费 养成自律意识 增强自控力	
初中	了解基本的创业流程 树立正确的消费意识与经济认知 提高职业素养增强创业动机	了解基本的创业流程 学会商业机会识别 学会多种社会应用能力 学会基本的创业问题解决技能 学会谈判、销售、营销的技巧
高中	增强创业兴趣与动力 增强创业自信心 增强自我实现需求	学会自我控制与管理 掌握计算机应用能力 学会人际沟通与交往 学会商业规划
大学	增强职业目标 增强个人责任感 增强自我价值感	掌握商业经营能力 提升财务管理能力 提升商业规划与管理能力 提升团队协作能力
企业	提高经济敏感力 增强社会责任意识 增强职业意识与职业决策	掌握创业应用能力 提升商业机会识别能力 掌握商业问题解决能力 掌握公司初创流程

案例 1-4

斯坦福大学的创新创业教育①

创立于1891年、位于加利福尼亚湾区、造就了硅谷的斯坦福大学是世界领先研究型大学之一,其以创业精神而闻名,是美国智力最活跃、文化最多元的地区之一。硅谷是创新发生的地方,是激发灵感、改变未来的理想创业场所。斯坦福校友创办的公司为世界带来了积极变化,著名校友企业有惠普、谷歌、耐克、特斯拉、思科等。斯坦福大学形成了包括商学院、工程学院、医学院、创业俱乐部等在内的动态网络组织的成熟创新创业生态系统。斯坦福大学创业研究中心于1996年创立,其创新创业教育实践项目主要由商学院、工程学院和普拉特设计学院提供,其创业教育方法是课堂前沿理论和现实世界专业知识的有机结合,课程模块由创业基础课、体验式课程、功能性课程、行业特定课程、社会创新课程组成,授课团队由斯坦福大学的教师和经验丰富的企业家组成。如两学期的"创办新

① 陆春萍,赵明仁.世界一流大学创业教育实践项目的特点分析——以麻省理工学院和斯坦福大学为例[J].高等工程教育研究,2020(4).

企业”课程教师团队来自资深硅谷创业者和本地风投公司；工程学院提供本科生和研究生“创业思想领袖研讨会”课程主要探讨风险融资和商业模式等如何影响企业成功。商学院和工程学院的咨询教师多是当地公司高管，他们分享其经验和洞察，其课程非常受欢迎，如苹果工程师提供为期10周的课程“手机应用发展”。这些课程教学和实践紧密联系，具有体验性和实践性。如强化的、实践性的以项目学习为基础的课程“创业车库”，学生通过团队设计能满足现实世界需求的新商业概念。两个季度课程中，学生与教学团队、经验丰富的顾问广泛互动，很好地实现了课程教学和项目学习深度结合。斯坦福大学还设有学生训练创业技能和探索创业的工作场所——创业工作室，将学生与资源、创业专业知识及志同道合的同龄人、校友组成的跨学科社群联系起来。除与现实紧密结合的课程外，创业项目锻炼了学生的实践能力，对整个大学的学生开放，如斯坦福技术创业计划为学生提供了多种项目实践途径，使创业教育扩展到课堂外。

案例1－5

麻省理工学院的创新创业教育①

美国麻省理工学院的一级创新创业教育管理机构是创新总部。它拥有223平方米的工作、会议和活动空间，专供学生、教职员工开展思想交流。创新总部负责为全校提供创新创业教育框架、课程、设施、咨询服务，以及严谨实用的定制化和综合性的配套教育体验。创新总部拥有50多个创新创业学生俱乐部，定期举行校级创新创业竞赛活动。创新总部下设85个普惠全校师生的二级项目，项目涉及专业技能训练、校内外资源整合、项目资金资助、成果开发与转化等，各有侧重、相互补充。在二级项目中，巴纳德·戈登-麻省理工学院工程领导力项目开设创新经验和创新理论课程，聚焦学生职业发展中所需要的技术教育和领导力培养，进行创业实践训练；德什潘德技术创新中心为那些具有创新创业潜质的教职员工提供研究资助和其他类型的帮助；勒格特姆发展与创业中心为具备创业型领导力并希望体验全球创业经历的学生提供奖学金资助；麻省理工学院D-Lab（发展实验室）与世界相关机构进行深层次合作，提供15门以上的课程，并为学生提供到全球多地开展实地考察和研究的机会；麻省理工学院创意全球挑战赛提供大学学生团队与社区企业合作平台，使他们可以运用专业知识开发解决方案，以应对世界各地的社会和环境挑战；麻省理工学院创新办公室支持大学的创新人员与合作伙伴开展活动，以服务于更广泛的创新创业社区。特别值得一提的是麻省理工学院设计X创新创业设计项目和使命创新X项目，在项目中，学生的多种综合创业能力得到锻炼，应对风险和挑战的信心得到加强。从麻省理工学院二级项目的功能可以看出，创新创业教育在校内形成了闭环式、全链条运行体系，为充分利用高质量的大学教育成果和社会资源，促进创新创业教育的可持续性发展和高水平成果转化提供了多方位的保障。截至2023年4月，麻省理工学院的大学

① 蔡鸿.美国高校创新创业教育的特色与启示[J].中国高等教育，2023(10).

毕业生创立的公司数量已达3 619家,其中包括52家独角兽公司。这些公司得到了来自6 701个投资者的资助,融资总额超过1 270亿美元。

四、国内创新创业教育的发展

创新型人才培养和创新型国家建设离不开高质量、高水平的创新创业教育。

目前业内普遍认为中国高校创新创业教育的初步探索是源于清华大学在1997年举办的“创业计划大赛”,在该大赛的影响下一批国内院校纷纷开始了相关教学任务和实践项目的调整,进而影响到学院体系的建设。

从1999年开始,由共青团中央、中国科协、全国学联主办,针对鼓励大学生创业,国内每两年会举办一届“挑战杯”创业计划大赛。

2002年,教育部确定了9所创业教育试点院校,创业教育试点正式启动。9所创业教育试点高校为:清华大学、北京航空航天大学、中国人民大学、上海交通大学、南京财经大学、武汉大学、西安交通大学、西北工业大学、黑龙江大学,国家对以积极探索高校创新创业教育项目为试点的高校给予多方面的全力支持。

2010年,国家教育部下发文件并召开相关工作会议,要求各部门将高校大学生创业创新教育列为重点工作项目,同时也呼吁各级政府职能部门、广大社会和相关企业能积极主动参与并全力配合。

2015年,为推动全社会支持高校创新创业教育的良好生态环境,《关于深化高等学校创新创业教育改革的实施意见》应运而生。同年国内举办了首届“互联网+”大学生创新创业大赛,之后伴随着相关高校教育的深化发展,每年参加相关的大学生创新创业大赛人数不断扩大。至此,我国的创新创业教育通过借助于“互联网+”相关技术的发展也迎来了新的改革契机。

创新教育旨在培养大学生的创新思维能力,这是一种突破传统思维定式、能够从不同角度看待问题并提出新颖解决方案的思维方式。例如,通过开展头脑风暴活动,鼓励学生在无拘无束的氛围中提出各种奇特的想法,就像设计专业的学生在进行产品外观设计时,不再局限于传统的形状和色彩搭配,而是大胆地融合不同文化元素和现代科技概念,创造出独一无二的设计作品。除了思维能力的培养,创新教育还包括向学生传授创新相关的知识和技能。这涵盖了对创新方法、新兴技术(如人工智能、大数据等在创新中的应用)等方面的学习。例如,在工程专业的课程中,引入现代设计工具和模拟软件的使用,让学生掌握如何运用这些工具进行创新设计和产品优化。

创业教育还为学生构建全面的创业知识体系,包括市场调研、商业计划书撰写、财务管理、团队组建与管理、市场营销等方面的知识。同时,要注重培养学生的创业能力,如领导力、沟通能力、风险应对能力等。例如,在创业课程中,安排学生分组进行模拟创业项目,从项目策划到运营管理,让学生在实践中掌握创业的各项知识和能力。

在当今快速发展的数字经济时代,创新与创业已成为推动社会进步和经济发展的关键力量。大学生作为社会中最具活力和创造力的群体之一,接受创新与创业教育具有深远意义。这种教育不仅有助于提升大学生的综合素质，增强其就业竞争力，更能为社会培养出具有创新精神和创业能力的新型人才，进而推动国家创新体系的建设和经济结构的转型升级。

大学生创新与创业教育是适应时代发展需求的重要教育内容。通过构建完善的教育体系，包括课程体系、实践教学体系和师资队伍建设等方面，可以有效地培养大学生的创新与创业能力。尽管在实践过程中面临着传统教育观念、资金资源短缺和评价体系不完善等挑战，但通过转变教育观念、多元化筹集资金资源和构建科学评价体系等应对策略，可以逐步克服这些困难。在未来的发展中，大学生创新与创业教育将在提升大学生综合素质、推动社会经济发展和促进社会创新文化形成等方面发挥更加重要的作用。

本章案例

创意、创新与创业的协同发展

体验式学习活动

管理游戏:大学生实习平台的构建与运营

游戏目标

通过模拟构建和运营大学生实习平台，让参与者深入理解创意、创新与创业在平台发展中的作用，锻炼团队合作、决策制定和问题解决能力。

游戏准备

分组:将参与者分成若干小组，每组5～7人，模拟创业团队负责实习平台的搭建与运营。

场地与道具:选择宽敞的教室或会议室作为游戏场地。准备一些卡片，分别写有不同的实习资源(如企业合作资源、高校人脉资源、资金来源等)、市场挑战(如竞争对手、学生需求变化、政策调整等)、创新策略(如技术创新手段、独特的服务模式、新颖的推广方式等)和地方特色(如本地企业优势行业、地方政策支持等)。为每个小组提供大白纸、马克笔等工具。

游戏过程

● 第一阶段:创意构思(20 分钟)

每个小组从卡片堆中随机抽取 3～5 张卡片,这些卡片将作为创意构思的基础元素。小组成员根据抽取的卡片内容,在 15 分钟内头脑风暴出一个大学生实习平台的创意概念。例如,如果抽到"本地科技企业资源丰富"和"高校有强大的计算机专业"这两张卡片,可能构思出一个专注于科技类实习岗位,连接本地科技企业与高校计算机专业学生的实习平台创意,平台可以提供针对性的职业技能培训课程等增值服务。

各小组将创意简要写在大白纸上,包括平台名称、核心服务、目标用户(企业和学生)等,并向全体参与者展示和讲解。

● 第二阶段:创新设计(25 分钟)

每个小组再抽取 2～3 张创新策略卡片。

针对第一阶段提出的创意,小组成员在 30 分钟内讨论如何运用这些创新策略来打造平台的特色。例如,如果抽到"采用人工智能进行岗位匹配"和"建立线上实习社区"这两张创新策略卡片,小组可以设计平台利用人工智能算法根据学生的技能、兴趣和企业需求精确匹配实习岗位,同时构建线上实习社区,让实习生可以分享经验、交流心得,企业也可以在社区发布企业文化等内容。

各小组选派代表详细阐述创新设计方案,包括创新点对平台运营、用户体验和市场竞争力的提升作用。

● 第三阶段:创业规划(30 分钟)

各小组抽取 3～4 张实习资源卡片和 1～2 张地方特色卡片。

根据所拥有的实习资源和地方特色,小组在 40 分钟内制定一个创业规划。内容涵盖平台架构(包括功能模块、技术选型等)、市场推广计划(如何吸引企业和学生使用平台)、盈利模式(如企业付费发布实习岗位、向学生收取增值服务费用等)、财务管理(启动资金预算、收支预测等)以及风险管理(如何应对可能出现的风险,如企业突然撤资、学生投诉等)。

各小组将创业规划整理在大白纸上,选派代表进行展示,展示时间为 5～8 分钟。

● 第四阶段:评估与反馈(30 分钟)

评委(可以由教师或部分有经验的参与者担任)根据每个小组在创意构思、创新设计和创业规划中的表现进行综合打分(满分 100 分),评估标准包括创意的独特性与可行性(30 分)、创新的有效性(30 分)、创业规划的完整性与合理性(30 分)、决策能力和应对挑战能力(10 分)。

评委对每个小组的表现进行点评,指出优点和存在的问题,并提出改进建议。

本章要点

创意是创新与创业的基础，创新是创意与创业的桥梁，创业是创意与创新的价值实现载体，三者紧密相连、不可分割。

数字经济涵盖数字产业化和产业数字化两大板块，深刻影响创意、创新、创业，为其注入新活力。

数字经济时代为创业带来新机遇，包括市场需求与潜力、技术赋能与支持、资源整合新途径、商业模式创新和营销模式创新等方面。

在创意方面，数字经济拓展创意源泉、加速创意交流；在创新方面，数字经济变革创新模式、加速创新成果扩散；在创业方面，数字经济降低创业门槛、涌现创业机会。

创业有狭义和广义之分，广义的创业包括开创新事业等多种形式，超越了创建企业的概念。

创新创业对人生发展有多方面影响，如拓展知识体系、培养综合能力、整合资源与创造财富、提升自我实现感和社会影响力等。

大学生创业教育有多种理论依据，如人的全面发展学说、个性发展理论、创新理论、创业理论、人力资本理论和人职匹配理论等。

重要概念

创意　创新　狭义创业　广义创业　创业能力　职业迁移转换能力　人的全面发展学说　人力资本论　人职匹配理论

思考题

1. 如何理解创意、创新、创业之间的关系？
2. 在数字经济时代，如何更好地将创意转化为创新成果？
3. 如何在广义创业的概念下，推动更多大学生培养创业能力？
4. 创业能力在适应职业环境变化方面，与传统职业技能有哪些本质区别？
5. 创新创业过程中如何更好地实现跨学科知识融合以提升综合能力？
6. 对比国内外高校创新创业教育，我国高校创新创业教育有哪些优势和不足？

参考文献

[1] 李双寿，李乐飞，孙宏斌，等.“三位一体、三创融合”的高校创新创业训练体系构建[J]. 清华大学教育研究，2017，38(2).

[2] 罗光雄，邢晖，谢鑫. 开放与集中：我国“双一流”大学创新创业人才的培养模式分

析[J]. 中国高等教育,2024(11).

[3] 梅伟惠. 美国高校创业教育. [M]. 浙江教育出版社. 2010.

[4] 克莱顿·克里斯坦森,迈克尔·雷纳. 创新者的解答[M]. 中信出版社,2013.

[5] 克莱顿·克里斯坦森. 创新者的窘境:领先企业如何被新兴企业颠覆? [M]. 中信出版社,2020.

[6] 丹·塞诺,索尔·辛格. 创业的国度:以色列经济奇迹的启示[M]. 中信出版社,2010.

[7] 彼得·德鲁克. 创新与企业家精神[M]. 机械工业出版社,2007.

[8] 理查德·佛罗里达. 创意阶层的崛起[M]. 中信出版社,2010.

[9] 本·霍洛维茨. 创业维艰:如何完成比难更难的事[M]. 中信出版社,2015.

[10] 彼得·蒂尔,布莱克·马斯特斯. 从0到1:开启商业与未来的秘密[M]. 中信出版社,2015.

第2章

创意与创造性思维

学习目标

1. 了解创意、创意开发过程、创意策划、创造性思维、思维障碍的基本内容。

2. 掌握创意策划的基本方法，形成对创意开发的兴趣，能够针对具体创意展开策划。

3. 掌握创造性思维的内涵和基础理论，以及提升创造性思维能力的多种方法。

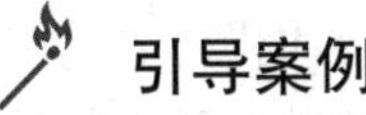

传统企业与虚拟世界，结成赚钱新联盟

第一节　创意开发

学习创意开发的理论和方法，发展创造性思维的多种技能，克服限制创造性思维的障碍，掌握并应用创意策划的系统方法，对于成熟的大中型企业与新兴的小微型科创企业都具有重要意义，是创新创业流程必备的基础知识。

一、创意开发过程的内涵

创意开发在不同层面有不同的内涵。在个人层面上，创意开发指提高个人创造性思维能力，开拓个人创造力以及提高个人产生创造性思想的能力。在组织层面上，创意开发指提升组织创造性解决问题的能力,提高组织对所面临问题的分析解决能力。从结果上来看,创意开发指产生解决问题的创造性方案。从过程上来看,创意开发指创造性解决问题的过程管理。

创意开发过程指创意开发者运用创造性思维和技能产生新思想的一系列活动。创造的发生,需先分析问题,产生明确的概念及认知,继而运用各种心智能力去开发解决问题的方案,而后验证其有效性,并付诸实施,此一连串心智上的连续运作,即为创意开发过程。

二、创意开发过程模型

创意开发过程通常是以对研究客体的分析为起点。通过分析现实问题或现象,形成明确的概念和认知。进而,调动人类的心智能力开发相应的解决方案。针对多个备选方案,讨论和检验方案有效性,为后续执行做准备。

综上可见,创意开发过程的两个关键环节分别是问题解决和创新思维。在实际工作中,两者是交叉融合出现的。接下来对两个环节的相关模式进行简要介绍。

(一) 问题解决过程模式

在开展对问题解决过程模式的阐述之前,首先需要明确"何为问题"。在认知层面,问题(problem)被定义为"以往知识经验无效,让个体感到无助的疑难困境"。学者们认为"问题"大致包含三个基础部件——给定条件(givens),即为一组已知的关于问题条件的描述,问题的初始状态;目标,是关于构成问题结论的描述,问题要求的答案或目标状态;障碍,即问题解决过程中遇到的困难。创意开发所针对的问题,通常是人们自己提出的全新的问题,或者是没有现成的解决办法或答案,需要创造者进行搜索和提出新的解决方案的问题。针对问题解决过程的模式,学者们展开广泛研究。一般认为,有以下几类主流模式。

1. 问题解决过程的一般模式

国内外学者对以问题为中心的解决模式进行了广泛研究,通常认为,创造性解决问题模式一般分为四个阶段:

一是准备阶段,解决问题者认识了问题并对其进行表达;

二是孕育阶段,针对问题收集资料,但问题尚未得到解决,处于内部孕育状态;

三是明朗阶段,解决办法逐渐明朗;

四是验证阶段,对提出的解决方法进行详细的验证。

案例2-1

长城哈弗公开试驾获得用户反馈后改进新产品[①]

企业在推出创新产品时，日益重视用户反馈的价值，利用用户测试来有效降低创新方案的风险。以国产SUV领域的佼佼者长城哈弗为例，该公司在2013年11月推出了一款全新国产豪华SUV——哈弗H8。此款车型的定价与配置均不输合资品牌，且获得了众多专业人士的好评。为进一步确保产品质量，长城哈弗组织了一场为期一周的公开试驾活动，允许普通民众自由申请免费试驾。然而，在这次试驾活动中，这款备受瞩目的国产豪华SUV却暴露出了不少问题。对此，厂家迅速作出反应，决定推迟三个月再行上市。这一决策明智且及时，因为如果仅凭厂家内部试驾团队的测评就匆忙上市，那么消费者在实际使用过程中发现的问题无疑会严重损害H8的豪华定位。

2. 现代认知学派的问题解决过程模式

从认知角度出发，学者们对问题解决的各阶段进行更深入的描述，是传统阶段论的一个螺旋式上升，并且更加注重各阶段之间的动态联系，更真实地描述了人类解决问题的动态过程，对问题解决技能的培养和教学具有更好的指导意义。现代认知派认为，问题解决过程就是解读问题后，从记忆中激活旧有的信息，或寻找新的信息，并检验解决办法，对原有的解答进行改进。这种问题解决不是线性的，问题解决者可以跨过或联合一些步骤。在问题解决的过程中，体现循环迭代和持续改进的特征。

案例2-2

奔驰持续创新，保持行业领先优势[②]

卡尔·本茨是世界著名品牌“奔驰”汽车的缔造者与汽车的原创发明者。本茨全身心投入汽车的研发与生产之中，其创意呈现出连环、爆发乃至原子能般的增长态势，这无一不归功于他深厚的创新思想与创意思维的引领。在奔驰公司，本茨提出了“不断技术革新，追求安全节能、坚固耐用、乘坐舒适、外形美观，始终超越同行”的口号与目标。公司上下在每一个生产环节都致力于追求新的创意，积极引入全新的工业技术应用于汽车制造之中。随着车型与性能的持续升级，“奔驰”始终站在全球汽车潮流的前沿，引领着行业的发展方向。专家研究指出，奔驰公司的成功之道，在于其将创新思想转化为创意思维，并不断地将其应用于实践之中。这一理念不仅塑造了奔驰品牌的辉煌历史，更为全球汽车

① 资料来源：李硕. 终成正果：参观长城工厂与体验试驾哈弗H8. 新浪汽车，2015-04-03. https://auto.sina.cn/review/2015-04-03/detail-ianfzhne7270753.d.html.

② 资料来源：薛玉建. 世界著名企业长盛不衰探秘. 发展研究，2000(8).

行业树立了创新的典范。

3. 问题解决的信息加工模式

信息加工理论将问题解决视为一个信息转换的过程,其中,原始信息通过一系列加工步骤被转换成最终所需的信息形式。在这一框架内,纽威尔和西蒙于1958年提出的“通用问题解决程序”是一个具有里程碑意义的模型。该程序深刻揭示了问题解决的本质:通过连续操作逐步逼近目标的过程。在这个过程中,问题解决者会面临各种具体的问题情景,这些情景的总和构成了所谓的问题状态。问题状态可以分为三个阶段:初始状态(问题的起点)、目标状态(期望达到的状态)以及连接这两者的一系列中间状态。问题解决者的核心任务是将思路从初始状态逐步引导至目标状态。为了实现这一转变,需要借助一系列操作手段,这些手段在信息加工理论中被称为算子。算子是问题解决过程中用于改变问题状态的具体操作或步骤,它们的作用是推动问题解决者从当前状态向目标状态前进。进一步地,所有这些问题状态以及用于转变状态的算子共同构成了一个“问题空间”。在这个空间中,问题解决者通过不断探索和尝试,寻找从初始状态到达目标状态的最佳路径。纽威尔和西蒙认为,这个“问题空间”实际上是对问题本身的一种表征或描述方式,它帮助问题解决者理解和把握问题的整体结构和解决路径。综上所述,信息加工理论视角下的问题解决过程是一个在“问题空间”中利用算子逐步从初始状态转变到目标状态的动态过程。这一理论框架为我们深入理解和分析问题解决过程提供了有力的工具和方法。

在问题解决的过程中,为了从初始状态达到目标状态,我们需要在问题空间中搜索并应用合适的算子。搜索算子的途径主要可以分为两种:算法式和启发式。

算法式搜索

算法式搜索是一种系统性的方法,它会穷举所有可能达到目标的方法。由于它考虑了所有可能性,因此能保证成功找到解决方案。然而,这种方法通常非常耗时且需要大量计算资源,特别是在问题空间很大或复杂时,实际中往往难以实现。

启发式搜索

启发式搜索根据目标的指引,试图不断地将问题状态转换成与目标状态相近的状态。启发式搜索的优势在于简单省时,能够迅速缩小搜索范围,只探索那些对成功趋向目标状态有价值的算子。其缺点是并不能保证一定能找到解决方案,因为它依赖于启发式规则或经验,这些规则可能并不总是准确的。

在实际应用中,计算机通常更倾向于使用算法式搜索,因为计算机具有强大的计算能力和存储能力,可以处理大量的数据和运算。而人在解决问题时,则更倾向于使用启发式搜索,因为人的思维是有限且灵活的,我们需要快速且高效地找到解决方案,而不是花费大量时间去枚举所有可能性。

综上所述,算法式搜索和启发式搜索各有其优缺点,选择哪种方法取决于问题的性质、复杂度以及可用的资源和时间。在实际问题解决中,我们往往需要结合这两种方法,以便找到既高效又准确的解决方案。

案例 2－3

服装设计大师的直觉与创意①

全球闻名的法国服装设计大师皮尔·卡丹被称为创新勇士，终其一生都在孜孜不倦地通过各种探索来获得灵感，在不断挑战传统、不断推出新的创意中取得巨大成功，缔造了备受争议的时尚商业帝国。当被问到成功原因时，他说道“直觉往往是把你引向成功的最佳途径”。

皮尔·卡丹的首次展览以丧葬服为主题，这一大胆尝试不仅挑战了时尚界的传统审美，更颠覆了人们对服装展的常规期待。他的这种勇于创新、敢于突破常规的精神，成为他后续成功的基石。面对因创新而引发的争议，皮尔·卡丹没有选择回避，反而巧妙地利用这些争议提升了自己的知名度。他被称为“出格”“大逆不道”，甚至被行业组织除名，但这些负面标签反而让他成为公众关注的焦点，为他的品牌带来了前所未有的曝光度。1959 年，皮尔·卡丹举办了一次“借贷展销”，旨在体现资金和资本运作的创意和营销，一举大获成功，不仅自己发了一笔财，而且被某营销团体推举为主席。自此，他的创意不断，连连冲破传统思维的禁锢，并且在创新服装的基础上打破“服装之围”，生产手套、围巾、拎包、鞋帽、手表、化妆品、打火机等等，并创办了自己的银行。皮尔·卡丹有一句名言：“创意就是我的生命，是最能刺激我神经兴奋的、最快乐的事情。”

4. 问题解决过程的其他模式

除以上问题解决过程模式之外，有代表性的模式如下：

试误说。美国心理学家桑代克通过猫走迷宫实验提出了试误说。这一学说认为问题解决过程要通过一系列盲目试错，发现问题解决的方法，即形成刺激情境与反应的联结，不断巩固这种联结，直到解决问题。

这一模式揭示了问题解决过程中建立刺激与反应联结的、试错的阶段，重视问题解决的过程和操作，对后来的模式都有一定的影响。但它认为问题解决的尝试错误过程是盲目的，忽略了认知因素在问题解决中的重要作用，毕竟动物没有高等的智能，而人类却可以运用高等智力解决问题。

案例 2－4

3M 便利贴诞生于研究人员的试误和逆向思维②

世间并无绝对的废品，只是尚未发掘其真正的价值。以 3M 公司的即时贴为例，这一

---

① 资料来源：石静. 皮尔·卡丹：世界时装大师. 中国社会出版社，2015.

② 资料来源：梁家广，欧内斯特·甘德林. 向 3M 学创新. 中华工商联合出版社，2017.

产品的诞生源于一次意外的“失败”。1974 年,3M 公司的研发人员斯宾塞·希尔弗在尝试研制强力胶水时,因配方失误而得到了一种黏性极高却不易干的胶水。面对这一看似无用的成果,他一度束手无策。然而,他的同事,化学工程师阿特·弗雷,却从中看到了解决自己的问题的可能。弗雷一直希望找到一种方法,能够方便地将纸片贴在唱诗班歌本中,并在不需要时轻松取下。于是,两人携手合作,经过一年半的研究与改良,最终成功推出了即时贴。如今,即时贴已风靡全球,更被誉为 20 世纪改变人类生活方式的十大发明之一。

顿悟说。心理学家苛勒提出了顿悟理论,该理论认为个体面对问题时,会重新组织问题情境的当前结构,以填补问题缺口,实现新的完形,进而联想到可行的解决办法。这一过程的核心特征即为顿悟。根据顿悟理论,桑代克的猫因无法观察到迷宫开关的结构,只能依赖逐步积累的经验来理解整体情境。

思维顿悟期标志着具体解决方案的发现,此时已形成解决问题的初步假设或找到问题的某个答案。顿悟是经过长时间酝酿后,创意思维如原子能般爆发,新观念豁然开朗的思维成果,它是创意过程中的重大转折。随后,便会产生“创意灵感”。这种灵感不同于一般的灵感,它是在创新性思考和创造性思索后产生的新观念主导的灵感,其诞生时伴随着如释重负、豁然开朗的感受。

案例 2-5

迪士尼先生的灵感顿悟与米老鼠的诞生①

美国人迪士尼曾从事美术设计工作,但不幸失业,与妻子一同陷入困境,甚至因无法支付房租而被迫搬离原住处。一日,他们在公园长椅上愁苦无助时,一只小老鼠意外地从迪士尼的行李中窜出。这只老鼠机灵滑稽的模样瞬间逗乐了夫妻俩,让他们暂时忘却了烦恼。就在这时,迪士尼灵感突发,对妻子兴奋地说:“我有了个好主意! 世上有许多人像我们一样生活困苦,内心苦闷。我要把这只小老鼠的可爱形象画成漫画,为无数人带去慰藉与欢乐。”于是,风靡全球数十年的“米老鼠”便这样诞生了。

问题中心说。肖云龙在《创造学》中阐述了以问题为核心的创造流程,该流程包括创造问题的提出、问题的求解、新方案的验证以及创造成果的表述等几个主要阶段。这一模式强调,创意开发活动起始于问题的提出,并在问题得到解决时达到终点。创造问题的产生,根源在于社会需求与个人发展的双重驱动。社会需求通过施加压力和形成研究课题来激发创造动力,而个人发展则更多地体现为追求自我实现的内在需求。在创意开发过程中,解决问题是至关重要的一环,它要求创意开发者充分发挥其创造性才能。为了求解

---

① 资料来源:露易丝·克拉斯薇姿. 给自己一个梦想:沃尔特·迪斯尼传. 中国友谊出版公司,2011.

创造问题，首先需要搜集并准备解决问题所需的信息。这包括回顾相关领域的知识和信息，尝试在现有理论和方法框架内解决新问题。然而，仅仅依赖重复他人的实践是难以取得创造性突破的。因此，必须对现有知识进行重新组合、转换等创造性应用，进行非传统的实践探索，以实现真正的创新。

案例 2－6

创始人对创业想法的执着与联邦快递的诞生①

FedEx(联邦快递)的创立是20世纪下半叶杰出的创业传奇之一，其背后的推动者弗雷德·史密斯，是一位勇于创新、敢于冒险的企业家。在大学时期，史密斯萌生了隔夜递送小包裹的创意构想，但当时未能付诸实践。大学毕业后，史密斯并未放弃这一梦想，而是委托专业咨询公司深入调研运输市场的现状与前景。咨询公司提供的关于美国邮政状况的报告，进一步证实了这个领域蕴藏着巨大的发展潜力。基于这些宝贵的信息，史密斯毅然决然地决定创立一家能够顺应高技术时代发展趋势的"隔夜快递"公司。在随后的市场潜力深入分析中，史密斯团队发现，随着新兴技术的蓬勃发展，美国传统的工业中心逐渐衰落，而一些原本默默无闻的小地方却迅速崛起，成为新的工商业中心。这一变化导致货运需求也发生了重大转变，以往那种大批量、长距离的货运模式正在被更小规模、更频繁的快递需求所取代。正是基于对快递服务市场的深刻洞察，以及史密斯本人不懈的努力、坚定的自信、卓越的领导能力和罕见的胆识，Fedex最终得以成功创立，并创造了商业史上的奇迹。史密斯的故事激励着无数创业者，证明了创新思维、市场洞察力和勇敢行动是实现创业梦想的关键。

(二) 思维过程模式

思维过程模式表明创造中的思维活动是由多种而非单一思维方式组成的系统结构，创意开发实际上也是由思维要素组成的思维系统运行的结果，其中包括创造性思维。创造性思维是创意开发过程中体现创造性解决问题的一种特殊思维。

1. 思维过程的一般模式

思维过程首先是解决问题的过程。一项创意开发活动的思维过程可以包括四阶段全过程，也可能只在其中某个阶段工作并取得成果。实际操作中，各阶段可以反复、交叉、同步或结合。

发现问题。科学研究的第一步就是善于认清矛盾，或者说善于发现问题。

了解情况。创意开发者对问题的解决必须依据事实材料，直接和间接取得问题背景

---

① 资料来源：徐晓静. 成功并非一夜之间——联邦快递集团总裁弗雷德里克·史密斯小传. 市场周刊(商务)，2005(Z1).

的事实材料皆可，重要的是让问题的解决有根有据。

深入思考。深入思考是指在掌握已有材料的基础上对其进行提炼，展开思考，得出解决方案，采用归类、综合、归纳、演绎、抽象、概括、想象、假设等思维模式可以帮助我们深入思考。

实践验证。实践是检验真理的唯一标准。创造成果的价值也只有从实践检验的效果中来确定。

2. 创造性思维过程的阶段模型

创造性思维过程即解决问题和创意开发的过程，具体可以划分为几个关键阶段，每个阶段都扮演着不同的角色并相互关联。首先，寻找目标是这一过程的起点，它为我们确定了一个明确的目标域，为后续的努力提供了方向。接着，寻求事实阶段要求我们收集与目标相关的各种信息和数据，为问题的深入分析打下基础。寻求观念阶段则是一个创意爆发的时期。在这一阶段，我们应该鼓励多样化的思维，激发尽可能多的观念和创意。这些创意的质量与数量往往成正比，即激发的创意越多，获得高质量解决方案的可能性也就越大。但这一过程需要审慎进行，避免过早的评估限制了创意的产生。寻求解决方案阶段是在前两个阶段的基础上，开始具体构思和制定解决问题的方案。然后，寻找问题阶段实际上是对问题的进一步界定和明确。在这一阶段，我们需要从不加评价地广泛收集材料开始，通过深入分析和筛选，最终确定问题的核心和关键点。最后，寻找认可阶段则是将我们的解决方案或创意呈现给相关方，寻求他们的认可和支持。这一阶段同样需要从广泛收集反馈开始，通过整理和提炼，最终获得最重要的认可和支持。

值得注意的是，这六个阶段并非必须完整实施。我们可以根据实际情况从某个阶段开始，或在某个阶段结束。但无论如何，重要的是在事实基础上做出判断，确保我们的决策和行动都是基于充分的信息和理性的分析。

三、创意开发的障碍

在实践过程中，创意开发活动会遭遇在个体和组织层面的多源头的障碍。认识分析这些阻碍，找到相应的解决方案，可更加准确把握创意开发的全过程。

（一）创意开发中的个体障碍

许多研究者深入探讨了阻碍创意开发的多种现象，指出这些障碍既源于个人特质，也受其所处环境的影响。个人障碍主要来源于个体的生理和心理层面因素，包括涉及感觉阈限和大脑信息处理能力等的生理因素，以及与个人的行为态度、个性紧密相关的心理因素。这些个体因素单独或者综合作用，塑造了创意开发者的心理和行动特征，限制了开发者创意的产生，因此应当努力克服。综合而言，在创意开发活动中广受关注的个人障碍主要有以下四种类型：

1. 思维定式

思维定式是指个体在处理信息时，对某一部分信息过分敏感，而对其他部分则相对迟钝的现象。这种心理定式在某些情境下确实有其积极作用，它能帮助我们对重要事物保持高度敏感，并让我们记住过去成功的方法。然而，在创意开发过程中，思维定式却往往成为阻碍创新的绊脚石。就像那个马戏团大象的故事一样，大象小时候因为无法挣脱绳子而形成的心理定式，导致其长大后即使有能力挣脱，也依然认为绳子是坚不可摧的。这种思维定式限制了大象(隐喻人们)对新情况的适应能力和创造性解决问题的可能。

思维定式通常表现为以下三种类型。首先，“只有一个正确答案”的思维方式。这种思维方式忽略了问题的多样性和复杂性，将解决方案局限于一个固定的答案。然而，许多问题实际上有多种解决措施，若只将正确答案限定于一个，我们将丧失许多创造性的可能性。第二，消极的，或“是的，但是”式思维方式。这种思维方式倾向于对提出的想法进行消极批评，从而抑制了创造性思维的发展。为了促进创意的产生，建议使用“是的，并且”这样的话语来替代“是的，但是”，以鼓励更多积极思考和建设性反馈。最后，过分注重逻辑思维。虽然逻辑思维在解决问题时非常重要，但过分依赖它也会阻碍创意的开发。生活中有许多事物是难以用逻辑形式完全说明白的，我们必须接受这一点。太过看重逻辑推理可能会导致在处理问题时缺乏灵活性，一旦逻辑派不上用场，问题就可能无从解决。

因此，在创意开发过程中，我们需要警惕思维定式的陷阱，努力打破固有的思维框架，以更加开放和灵活的心态来面对问题和挑战。

2. 从众心理

“从众”现象，即人们常说的“人云亦云”或“随大流”，是一种在社会中广泛存在的心理和行为倾向。作为群居动物，人类天生追求与群体的一致性，这种一致性不仅体现在行为实践上，还逐渐渗透到感情态度、思想乃至价值观层面。然而，群体内部的个体差异是不可避免的，因此，在保持群体凝聚力的同时，通常会出现两种主要的从众模式：一是全体成员共同遵循某个权威的指导，与权威保持一致；二是群体中的少数人顺应多数人的意见，与多数人保持一致。从众行为在一定程度上有助于个体学习新知识、拓宽视野，并避免过度固执。但是，当从众变得盲目时，它就会成为个性发展的绊脚石，限制创新思维，扼杀创造力，并导致个体丧失主见和变得墨守成规。这对于需要不断创新和突破的创意开发领域来说，无疑是一个重大的挑战。

因此，对于企业来说，克服从众心理、注重个性化和定制化已成为提升竞争力的关键。通过深入了解消费者的需求和市场变化，不断创新产品和服务，企业才能在激烈的市场竞争中脱颖而出，赢得消费者的青睐。

案例 2－7

芭比娃娃的没落与美国女孩的兴起①

芭比娃娃的兴衰就是一个生动的案例。芭比娃娃曾以其标志性的白人女孩形象、姣好的外貌和华丽的装扮风靡全球,成为许多小女孩梦寐以求的玩偶。然而,随着时间的推移,消费者的需求发生了变化。他们开始寻求更多元化、更贴近自己实际生活的玩偶形象。于是,“美国女孩”娃娃应运而生。这款玩偶可以根据客人的具体需求进行定制,从肤色、发色、眼睛颜色到五官和雀斑的位置都可以由消费者自行决定。这种高度的个性化定制不仅满足了消费者的专属感心理需求,也赢得了家长和孩子们的广泛喜爱。

3. 个人心态的负面效应

不同心态对创意开发具有深远影响,其中自满和自卑是两种尤为突出的负面心态。自满心态,表现为在取得一定成就后自我陶醉,固守现状,不愿进一步探索和挑战。这种心态会削弱个体的观察敏锐性和思维紧张度,降低创意动力,从而导致创造性思维能力下降。自满意味着创意的停滞,因为它阻碍了个体对新知识的吸收和对新挑战的应对。相比之下,自卑心态则使创造者陷入严重的畏难情绪中。他们满腹牢骚,缺乏行动力,同时过度的自我批评限制了他们的创新思路。自卑者常常畏惧失败、错误和困难,这种畏惧会磨灭他们的想象力和创造精神。过度的自我批评使他们不敢坦率地展现和表达自己的实际能力,久而久之,这种“自我否定”会导致自信心的丧失,进而失去创造性思维的能力。

为了克服这两种负面心态,个体需要培养积极的心态和自信。积极的心态能够激发创意动力,提高观察敏锐性和思维紧张度,从而有助于创造性思维的发挥。而自信则是克服自卑、勇于面对挑战的关键。通过不断学习和实践,个体可以逐渐增强自己的能力和自信心,为创意开发打下坚实的基础。同时,个体还应该学会接受失败和错误,将其作为成长的机会,而不是逃避或陷入自我批评的泥潭。只有这样,才能在创意开发的道路上不断前行,实现自我超越。

4. 屈从传统

创意,本质上是一种突破常规、勇于“出格”的社会行为。它挑战传统,打破循规蹈矩的框架,为创造性思维的出现提供了可能。没有创意,社会就会停滞不前,无法实现创新和发展。在现实生活中,每个人都有可能产生新发现和新想法。然而,这些宝贵的创意往往受到社会传统观念的束缚,被扼杀在摇篮之中。传统观念如同一道无形的枷锁,限制了人们的思维和行动,使许多有潜力的创意难以实现。

以餐厅为例,传统上餐厅被视为社交场所,主要服务于家庭、商务和情侣等就餐组合。

① 资料来源:王婉迪. 从“芭比娃娃”到“美国女孩”:玩偶背后的时代变迁. 澎湃新闻·思想市场,2018-10-07. https://www.thepaper.cn/newsDetail_forward_2497448.

然而，随着单身人口的递增，社会对于餐饮服务的需求也发生了变化。近年来，“一人食”餐厅应运而生，为那些希望独自享受安静用餐时光的人们提供了新的选择。这种餐厅的出现，正是对传统餐饮模式的一种突破和创新。香港著名的一兰拉面餐厅就是一个很好的例证。在这家餐厅里，食客坐在小格子里点餐，菜肴做好后通过面前的小隔板递送给食客，整个过程无需与他人面对面交流。这种独特的用餐方式不仅满足了单身人士对于私密空间的需求，也体现了餐厅对于传统餐饮模式的创新和变革。

社会的发展既需要传统的延续，也需要变革的推动。不屈从于旧传统，勇于追随和塑造新传统，是找到新创意来源的关键。只有敢于突破常规，勇于尝试新事物，才能在变革的浪潮中抓住机遇，实现创意的无限可能。因此，我们应该鼓励和支持那些具有创意精神的人们，为他们提供广阔的舞台和机会，让创意之花在社会各个领域绚丽绽放。

（二）创意开发中的组织障碍

创意开发同样存在组织障碍。具体而言，组织障碍表现在以下几个方面：

1. 管理控制的阻碍

激发创造力需要组织内部保持一定的灵活性。若组织氛围过于严苛，不鼓励新观念及新方法的提出与实施，创新的积极性将会显著受挫。从长远的创新发展来看，传统的财务控制方式并不适用。这种方式通常在投入一定数量的经费后，期望能迅速转化为利润以回馈投资。然而，创新与创造需要长远的视角，其投入往往无法立即获得回报。

2. 组织结构的障碍

官僚结构的僵化及部门间沟通的缺失，加之各自为政的现象，均会制约组织内部宽松、包容创新氛围的形成，进而妨碍创意的孕育。官僚主义实为创造力的一大障碍，它显著削弱企业的创新能力。因为组织内部上下级的顺畅沟通以及组织结构的灵活设计，对于构建创意开发的灵活开放环境至关重要。部门短视则是一种仅从单一维度思考问题的倾向，而部门间的本位主义会促使局部利益凌驾于整体，长此以往，将严重阻碍创造力的内在发展。

3. 心理层面的障碍

组织内的心理障碍主要源自对变革与风险的畏惧。变革可能涵盖工作习惯的调整、组织结构的变动、职责的重新分配、工作方式的革新，以及新产品、新工艺和新流程的引入等。新产品和新项目的研发无疑伴随着风险，尤其是在引入相对陌生的产品或服务时，风险可能无处不在。一旦某个环节出错，高风险项目可能带来严重后果。最后，人们普遍担心自己的行为受质疑、观点遭嘲笑。过度恐惧失败会让人陷入困境，但“高风险往往伴随着高回报”，不愿冒险则难以获得卓越成果。

第二节　创意策划

乌卡时代,创意策划扮演着推动企业创新创业与社会发展进步的关键角色。历史上,无数重大事件、大型企业的转型升级,以及新兴企业的诞生与壮大,均深受创意策划的影响。这一领域虽起源于营销学,但已与战略管理、企划应用等多学科交叉融合,发展成为一门既年轻又充满活力的新学科。

一、创意策划的概念

关于创意策划的起源与方式,学者们提出了多种理论。威廉·纽曼在《组织与管理技术》中指出,策划是在行动前确定目标、规划行动路径的过程。相反,日本策划大师星野匡在《策划力》中提出,策划是从虚构出发,创造事实,并赋予其正当理由,以正当方式实施的过程。我国战略学者周培玉教授则提出决策过程论,强调策划作为一种创新决策方式,揭示了其以少胜多、以无生有的特性和功能。综合上述观点,我们可以认为,创意策划是一个旨在社会交换中获取更多优势与利益,通过有效整合创造性思维,形成针对企业创意的完整执行方案的过程。

二、创意策划的要素

一个全面的创意策划方案通常涵盖五大核心要素:策划主体、策划对象、环境限制、资源条件及实施方法。具体而言,策划主体指的是负责策划的个人或团队,他们基于自身或委托方的需求开展策划工作,是创意策划活动的发起者与执行者。策划对象则涉及策划过程中旨在实现新目标、达成新状态的实体,包括具体的策划标的及预期达成的目标。环境限制要求策划者全面考量组织的内外部环境及竞争对手状况,因此,对内外部环境的深入调研与分析是制定策划决策的前提。资源条件指的是策划过程中可利用的资源,特别是独有的资源,对于创意策划而言,这些资源对于帮助企业获取竞争优势至关重要。最后,鉴于创意策划是一项复杂而系统的工程,它要求采用特定的方法来构思出新颖且具有独创性的方案,因此,创意策划的方法即代表了策划者的创新思路与实施手段。

结合系统思维,成功的创意策划在五要素方面缺一不可。但在某些特殊情况下,对于经验丰富的策划人而言,不受外部环境因素制约,一个好的创意也可获得成功。

三、创意策划的功能

创意策划的商务作用主要表现在,能够为组织创造增值的利益和竞争优势。对于组织主体,创意策划的作用主要表现在:

（一）创新企业商业模式

根据发展需求，企业可采用多种商业模式，如有的先市场后产品，有的先品牌后效益；有的追求规模，有的追求形象。创意策划可助力企业快速匹配适合自己的商业模式，如耐克的虚拟企业、安利的直销模式等。

（二）赢得企业生存机遇

成功的创意策划可助力企业安全地进入或退出某个行业，有“金蝉脱壳”的神奇作用，如史玉柱的“脑白金”广告策划，既顺利地进入了保健品行业，又避免了“巨人集团”死于非命。

（三）撬动稀缺资源

企业资源普遍有限，能否实现低投入高产出，是衡量其经营管理效能的关键指标之一。创意策划的放大效应在于它能够促进资源的节约与创新。以 2003 年蒙牛借助“神五飞天”进行的营销活动为例，仅通过提供数十吨优质牛奶和相对少量的广告投资，就成功奠定了其在中国液态奶市场的领先地位。

（四）加速企业发展

创意策划凭借其创造性、创新性及超常规的特性，能使企业在激烈的市场竞争中扭转局势，跃居领先地位，并据此赢得庞大的市场份额，加速企业的发展步伐。以 2005 年轰动全国的“超级女声”策划案为例，仅湖南卫视通过此活动获得的广告、冠名及短信等收入就高达数千万元；蒙牛的产品销量大幅增长，其中酸酸乳的销量更是实现了三倍的增长，对产品和企业形象的深远影响更是难以估量。更为深远的影响是，“超女”现象已扩展成为全国范围内的文化现象，成为媒体娱乐与市场经济联动成功的典范。

在当今社会，创意策划无处不在，缺乏策划便难以保持领先。但同时也应认识到，策划并非万能，它只能在策划对象具备生存或发展的内在条件时发挥作用，因为策划的本质在于发现规律，而非凭空创造规律。

四、创意策划的方法

创意策划作为创新思维的一种体现，本质上属于人类行为范畴，且往往展现出超越常规的特性。如何使这种自由奔放的创新行为变得有章可循，以及如何实现从常规思维向创新思维的转换，从而提升大众的创新思维能力，是策划科学亟待解决的关键问题。方法构成了行动的步骤与路径，而方法论则是关于认识与改造世界的理论指导。掌握创意策划的具体方法能让我们在市场中游刃有余，而深入理解创意策划的方法论，则能为我们提供指导创意策划的理论支撑。

(一) 创意策划的一般方法

科学研究创意策划的通用方法,并非聚焦于单一个体创意策划的特定方法,而是探讨策划方法中普遍适用的共性方法。这些共性方法的关键在于它们需要协同作用。接下来,我们将重点阐述几种在策划中广泛应用的基本方法,它们也是学习和精通创意策划通用方法的基础。

1. 系统分析法

系统分析策划法是一种策划分析方法,其核心在于将待研究的策划问题视为一个整体,进而将这个整体拆解成多个子系统。此方法会深入剖析影响这些子系统的环境、社会、经济、文化等多方面因素及其相互作用。在全面收集并整合相关信息后,通过综合、分析、判断与加工,最终选定最佳方案。采用系统分析方法处理策划问题时,一般遵循以下步骤:

确定目标

即从系统整体的要求出发,提出需要解决的中心问题,确定策划活动必须达到的目的与希望达到的目的。

拟订方案

即根据既定的策划目标,制定出可以实现目标的各种方案。拟订策划方案应遵循两个基本原则:一是,提供两个以上备选方案,防止出现越权和代替方案。二是,在多方案的情况下,坚持各方案间相互排斥性原则,即要么 A,要么 B。

评价方案

即通过各种分析方法,对提出的各种备选方案进行比较和评估,以找出各种方案的优缺点。在对诸多方案进行分析评估时,应掌握策划方案的价值标准、满意程度和最优标准。

方案优选

通过上述分析、比较和计算,从诸多备选方案中,选择出最优化的方案。根据系统和局部效益相结合、多级优化和满意性等原则,由策划人向策划委托部门提出书面策划报告,委托部门根据策划人提出的若干方案或建议权衡利弊,最终作出决策,选择最优方案,同时开始组织实施。

跟踪实施

策划委托部门还要求策划人给予协助,继续跟踪方案执行情况,以便及时发现问题,修改或补充原方案,使方案的实施结果能够始终朝着策划的目标前进,最终保证策划目标的实现。

案例2-8

“魅力”的全方位创意策划①

20世纪70年代初,“安妮”卫生纸在日本极为流行,甚至影响了对女性经期的称呼。高原庆一郎的策略首先体现在品牌命名上,“魅力”这一名称在某种程度上相较于“安妮”有所创新,这是其首个创意举措。其次,他致力于提升产品质量与舒适度,确保“魅力”在柔软度与吸水性上优于“安妮”,此为第二个创意点。此外,他还精心设计了产品包装,不仅图案精美,而且选用乙烯树脂薄膜作为包装材料,使产品更显高雅、美观与卫生,这是第三个创意亮点。在营销策略上,高原庆一郎巧妙地采用了“衬托法”,将“魅力”与“安妮”并排展示,既吸引了顾客注意,又大幅节省了广告费用,从而打开了销售市场,这是其第四个创意策略。随后,“魅力”系列产品不断推陈出新,最终成为知名品牌,其市场占有率远超“安妮”。

2. 综合分析法

综合分析法助力策划者全面且深入地理解策划对象的各类关系,进而精准地把握策划对象的本质。这种方法植根于系统分析策划的基础之上,展现出全方位的特性,使策划者能够更真实、更客观地贴近并掌握策划对象。因此,综合分析法是策划者不可或缺的工具,需贯穿策划活动的始终。为了深刻认识某一事物,关键在于全面探究其所有方面、中介因素及条件,这正是综合分析法所强调的核心内容。

案例2-9

制造企业生产能力闲置问题的系统分析过程②

在一家制造业企业中,生产记录与观察揭示了因机器故障导致的生产能力大量闲置问题,其中长时间等待专业维修人员到达现场是主要原因。该企业虽在大城市各区均有故障发生,但其维修服务却集中于一处,且统一由生产部门管理。针对这一问题,策划者提议分散维修机构。在初步考虑中,策划者注意到了等待维修的时间成本,尽管分散化或需增加维修人员,但这并不直接等同于时间利用率的提升。进一步探讨时,策划者遇到了来自生产部门经理的阻力,后者倾向于维持维修服务的集中模式。起初,这看似是推进改革的主要障碍。然而,策划者并未止步,而是深入探究了机器停工的技术根源及工人对故障的处理态度。通过收集更多信息,他发现机器操作者的薪酬并未与其维持机器有效运行的时间挂钩,且多数停工源于小故障,这些往往通过简单培训即可由操作者自行解决。

---

① 资料来源:许长荣,李良婷. 创新力. 黑龙江科学技术出版社,2008.

② 资料来源:刘登辉. 新编工业企业管理. 兰州大学出版社,2006.

基于此，策划者在建议中着重强调了薪酬制度的改革，旨在激励工人减少机器停工时间。同时，他还提出了培训工人掌握基础保养与维修技能，并对维修服务中心的职责进行适当调整的策略。

3. 逻辑分析法

逻辑分析法通过将策划对象的发展过程以逻辑形式在思维中展现，来构思策划方案。此方法着重于从对象的本质、纯粹状态及概括性角度，探究其发展的必然性，并基于其内在逻辑来复现这一过程。

该方法显著地展现出两个核心特征：一是其典型性，即能够超越策划对象自然发展的顺序，直接聚焦于最能反映其本质与规律的关键点进行深入分析；二是其抽象概括性，意味着逻辑分析策划法采用抽象且理论连贯的方式，对策划对象的发展进行综合性的研究。简而言之，此法通过纯粹的理论抽象，利用概念、判断及推理等思维工具，来洞察策划对象的本质并制定相应的策划策略。

4. 人本法

人是策划的执行者，如何以人为本，发挥好人才的优势，利用各种人才的互补与激励来提高策划的效果非常重要，这种方法本身就是一种策划。典型的人本法主要有三种：

集思广益法

针对特定的策划议题，鼓励每个人积极发言，贡献自己的观点，在此过程中，禁止提出反对意见，随后将众人的意见汇总提炼，以形成策划方案。头脑风暴法及其变体，如教学式头脑风暴法，是激发团队创意的高效决策手段，允许来自不同背景的人从多元视角出发，提出多样化的创新想法。以《西游记》中的唐僧师徒西天取经为例，若将其视作一个创业项目，孙悟空等侧重于具体事务与问题的解决，唐僧则深刻理解取经的深层意义，而观世音菩萨则从战略高度出发，擅长全局把控与资源调配，以推动目标的实现。

调查法

针对某一策划难题，策划者会组织进行调查以搜集相关信息，随后对这些信息进行分析并提炼出结论，最终依据这些结论来制定策划策略。在此过程中，德尔菲法和市场调查法是两种常用的方法。德尔菲法是一种系统性的方法，它要求专家以匿名方式提供意见，确保专家之间不相互讨论，仅与调查人员沟通。通过多轮问卷调查，不断征询专家对问卷问题的观点，经过归纳整理、反复修改后，最终形成专家们的共识，作为预测的依据。该方法因其广泛的代表性和较高的可信度而被广泛应用。

经验法

针对特定策划难题，策划者会根据自身丰富的策划历程与生活积累，竭力搜寻与当前策划情境相仿的案例。随后，他们会根据当前策划对象的特性、环境条件及资源配置等因素的差异，对这些案例进行改编与创新，形成新的策划方案。经验丰富的策划人员，在创意构思上往往展现出更为敏锐的直觉与灵感。通过广泛的联想、丰富的想象及发散性思维，他们能从经典案例中汲取各式各样的灵感线索，进而整合、融合这些元素，孕育出全新的策划思路。这种深层次的创意体验，是初出茅庐的新员工难以仅凭逻辑推理所能获得的。然而，值得注意的是，过分依赖经验也可能导致思维固化。因此，策划者应当积极学习新颖的观念与思维方式，合理利用而非完全依赖既有经验。即使面对似曾相识的问题，也应尝试从全新的视角去审视与思考。最终，要真正掌握创新与创意的原理，运用创意思维让经验主义在思维过程中退居次要地位。

案例 2－10

集思广益产生飞行式扫雪设备创意①

某年，美国北方遭遇罕见大雪，电信公司为应对雪积压电线的问题集思广益。有人提议通过电线发热来融雪，也有人建议摇晃电线以除雪。其间，一个看似荒诞的想法——“乘直升机用扫帚扫雪”被提出，却意外地激发了某位工程师的灵感。他从中捕捉到利用飞机清除积雪的潜力，并基于此思路深入探索，最终成功研发出一种创新的飞行式扫雪设备。

（二）创意策划的专用方法

创意策划主要针对企业及市场经营活动，其本质是一种以追求经济利益为目标的策划方式，遵循着特有的专业规律，这些专业方法具有广泛的适用性。

1. 罗列细分法

罗列细分法涉及将整体商务流程拆解成若干步骤或相对独立的子流程，其中罗列构成基础，而细分则是目标，两者相互补充，共同推进。此方法旨在依据策划目标，识别自身差异、优势及对手可能忽视的市场机遇与利润点，尤其在同质化竞争激烈的“红海”市场中，它帮助我们在广泛相似性中发掘细微差别。面对市场竞争日益激烈，对手实力不断增强的现状，寻找差异化变得愈发困难，这要求我们精通罗列，同时使分解工作更为精细、周密。在策划思维的过程中，细节不仅能激发新机遇，更是决定成功与否的关键因素。

2. 重点强化法

每个客观存在的事物都必然蕴含其独特的价值，策划创新思维的挑战在于发掘这一独特性，并有效地将其放大传播，旨在吸引目标对象的注意、赢得重视，激发其兴趣与欲望，最终实现商业目标。重点强化法，即聚焦于商务问题的核心特征，擅长从策划对象的某一关键点入手，实现突破性强化，并持续深化此点。该方法可视为“独特的销售主张（USP）”的一种广义应用。

在罗列细分法中，通过罗列与分解，我们获得了多个策划点，每一点似乎都蕴含着无限的策划潜力，可进行多维度的思维拓展。然而，鉴于客观条件的诸多制约，在实际操作中难以实现全方位的覆盖。当面临错综复杂的策划任务及对象时，首要任务是寻找并聚

① 资料来源：陈光岳. 直升机扫雪，别说不可能. 经营与管理，2006(6)：7.

焦于某一关键商务环节或特定业务等个别要点,主动缩减策划范围,使之更为简洁明了。通过首先攻克这一突破口,将局部策划的成效扩展至整体,彰显优势,最终达成全面策划问题的解决。重点在于放大核心、凸显要点、持续加强、反复强调以及强烈刺激。

案例 2－11

空中投递日本手表①

一款鲜为人知的日本手表问世,其制造商意在澳大利亚挑战瑞士手表的市场地位。日本企业避免了繁复的尝试与高昂的媒体宣传费用,反而在澳大利亚的主流媒体上低调发布了一则通告,宣告在某特定时间与地点,将有一场特别的“空中馈赠”——一架飞机将投放大量手表,幸运拾得者即可拥有。这一创意活动吸引了众多澳大利亚民众的好奇围观。及至约定时刻,一架直升机如约从百米高空缓缓投下手表,待其飞离后,人们争相捡拾,惊讶地发现这些历经高空坠落的手表竟依然精准运行！此奇景迅速激发了市民的惊叹,并主动吸引了市内多家媒体的关注与报道。借此独特策略,该日本手表以其卓越品质深入人心,成功地从瑞士品牌手中争取到了市场份额。

3. 整合求异法

为了寻找关键点而进行分解时,若发现难以明确重点,不妨转换策略,将分解得到的相关要素、问题及决策点等进行综合。在熟悉常规组合方式的基础上,应避免采用显而易见的组合模式,转而探索新颖独特的整合方式,甚至可以尝试将不相关的元素融合。

在创新思维的过程中,分解与整合是不断交替的两个环节。整合的核心在于创造出与同行不同的结果,实现“老内行”眼中的“异化”。此外,整合在实际应用中的另一种体现为“全面覆盖,无一遗漏”。这种整合方式同样是一种创新,它往往能让竞争对手无从找到反击的突破口。

案例 2－12

啤酒厂与《都市报》的合作双赢②

在某市,一家啤酒厂面临着市场被大品牌垄断的挑战,急于寻求突破。为此,该厂与本地《都市报》达成合作,推出了一项促销活动:收集两个该品牌啤酒瓶盖即可免费换取一份报纸。消费者考虑到夏日里啤酒消费频繁,且品牌间差异不大,同时还能享受免费阅读报纸的福利,因此纷纷选择购买这家啤酒厂的啤酒。此举不仅促进了啤酒的畅销,让消费者获得了实惠,还显著提升了《都市报》的发行量。

---

① 资料来源:顾小平. 商业促销数法. 现代商业,1994(6).

② 资料来源:李董. 兰州黄河嘉酿啤酒有限公司啤酒营销策略优化研究. 兰州财经大学,2024.

4. 借势增值法

所谓“借势增值”，指的是在策划思维的梳理与细化中，积极发掘并利用外部环境资源，甚至创造对策划对象更为有利的情境，以提升目标价值，从而使其成效与利益更加突出。这一策略涉及将这些资源有效地整合、融合或嫁接到策划对象的市场形象或商业活动中。例如，商品追求与知名品牌、标志或认证挂钩，邀请明星代言；企业展示与政治、文化或体育名人的合照于显眼位置；个人则可能通过获取名校学位或社会头衔来提升自我形象；而一些不法分子则可能伪造家世背景，这些都属于借势增值的策划思维。

在此策略中，借势是基础，增值是目标，两者相互依存，相互促进。借势增值策略利用了背景资源——社会势能的增值效应，组织通过与企业巨头结盟、与名人个人结谊、策划商业活动与政府公益项目相伴、将产品与名牌捆绑等方式，实现自身的快速增值。这类案例在产品营销和品牌传播领域屡见不鲜。在商务活动中，巧妙地利用“热点”话题，即那些引起社会广泛关注的问题或现象，能够激发具有感染力的创意，进而促成成功的商业行为和利益获取。

案例 2－13

雕爷牛腩的借势宣传①

雕爷牛腩是一家由餐饮行业外行人创立的餐馆。该餐馆在提升产品与服务质量上投入了大量的人力与财力，其老板更是每日密切关注顾客对菜品和服务的反馈。在开业前夕，餐馆斥资 1 000 万元进行了长达半年的封闭测试，其间邀请了众多明星、知名人士及微博影响力博主免费品尝。短短两个月内，雕爷牛腩便在该商场的餐厅中脱颖而出，评效排名第一，且估值达到了 4 亿元人民币。

5. 逆向变通法

“换一个角度”往往是创意与突破的起点，正如古诗所云：“山重水复疑无路，柳暗花明又一村”。面对思维僵局，无法寻得解决之道时，尝试颠倒当前的思维角度、方向、内容乃至目标，逆向探索可能的解决路径，不失为一种有效策略。逆向变通法，其核心在于摒弃既有思维定式，转换观察策划对象的视角，逆向重构策划课题，进而展开新的策划。企业通常在遭遇难以自行解决的难题时，才会求助于策划专家。此时，那些显而易见的角度往往已被反复考量，而逆向变通法则能开辟新的思路。

① 资料来源：李丽. 从雕爷牛腩看传统行业的互联网营销策略. 数码世界，2016(1).

案例 2－14

大学生农场创业的逆向思维①

一名大学生毕业后,依靠借款租下一片价格低廉的土地种植作物。然而,一整年的努力下来,庄稼的生长状况却不尽如人意。面对来自亲友和银行的债务压力,他陷入了深深的绝望之中。在农场独自沉思时,他偶然发现这片土地上竟有某种毒蛇栖息。这个发现让他眼前一亮,既然土地贫瘠不利于农作物生长,何不转型养殖毒蛇呢?于是,他重新燃起了希望,开始小规模尝试毒蛇养殖。通过提取毒蛇的毒液销售给制药公司,他的毒蛇养殖逐渐有了经济回报。随着业务的增长,他不断扩大养殖规模,并进一步开发了毒蛇观光旅游项目,成功吸引了众多外地游客前来参观。

6. 连环伏笔法

在当今这个产品过剩、信息泛滥、变化无常的市场环境中,要赢得目标受众的持久关注,并确保产品或服务的实际价值与效益能够持续输出,关键在于不断创新,预见趋势,并积极响应市场需求的变迁。连环伏笔法,作为一种高明的策划策略,便是在这样的背景下应运而生。连环伏笔法的精髓,在于执行当前策划时,巧妙地隐藏起真实的策划意图,以期达到更为宏大的策划目标。其中,“连环”构成了这一策略的基础,它要求各个策划环节之间紧密相连,形成一个有机的整体;而“伏笔”则是策略的核心目的,即在前一个策划中预设线索,为后续的策划埋下伏笔,从而引导目标受众的兴趣与期待,层层推进,使市场效益得以倍增。

案例 2－15

丹尼尔·路维格的连环创意策划②

在二战前后,当大多数人都陷入经济困境时,丹尼尔·路维格却凭借着他的智慧和胆识,找到了一个独特的商业机会。他首先通过向大通银行贷款购买了一艘旧货船,并将其改造成油轮后租给了石油公司。这一步骤不仅让他获得了船只的使用权,还通过租金收入偿还了银行贷款,实现了资产的初步积累。然而,丹尼尔·路维格并没有止步于此。他继续利用已经掌握的资产作为抵押,贷出更多的款项来购买更多的船只。这种连环式的投资方式,让他在短时间内迅速扩大了自己的船队规模,并增加了租金收入。由于有石油公司的稳定租约作为后盾,银行对他充满了信心,愿意为他提供贷款支持。在积累了一定的资本和经验后,丹尼尔·路维格开始着手筹建造船公司。他设计出新船只的蓝图,并在

① 资料来源:言守义,荒地变成聚宝盆.东方烟草报,2011-07-22. https://paper.eastobacco.com/html/2011-07/22/content_4_2.htm.

② 资料来源:胡羽.“隐身船王”——路维格[J].现代企业,1995(5).

船只还未开工建造时，就与人签订租船合同。然后，他利用这些租船合同作为抵押，向银行贷款造船。这种创新的融资方式，让他能够在不花费自己资金的情况下，实现船只的建造和运营。船只下水后，租船费开始支付给银行，贷款也逐步还清。最终，丹尼尔·路维格成为这些船只的真正主人，而整个过程中他几乎没有花费自己的资金。

7. 模板模仿法

模板模仿法，简而言之，就是借鉴某一领域或地区已经取得成功的产品、事物、模式或项目，对其进行本土化、个性化的复制与模仿，并将其应用到当前的策划对象上。这种方法虽然看似简单，实则蕴含着创新的精髓。因为模仿、复制、移植本身，在特定的时空背景下，对于策划人及其所针对的策划对象、行业市场来说，就是一种新颖的尝试和突破。模板模仿法并非简单地照搬照抄，而是需要在借鉴成功经验的基础上，结合实际情况进行本土化和个性化的创新。只有这样，才能在激烈的市场竞争中脱颖而出，实现策划对象的成功推广和发展。

案例 2-16

猫眼电影 APP 的模仿与超越①

在过去，观众想要看电影，往往需要先到电影院查询上映的电影和场次，这不仅耗时耗力，还可能因为信息不对称而错过心仪的电影。而猫眼电影 APP 的出现，彻底改变了这一状况。它借鉴了类似 Fandango 和 Movie Tickets 等美国电影票务平台的成功经验，但并未止步于简单的模仿，而是结合了中国市场的实际情况和观众需求，进行了本土化的创新。猫眼电影 APP 不仅提供了电影上映的影院、场次等详细信息，还实现了在线购票功能，让观众可以随时随地查询并购买电影票，大大提高了观影的时间效率。这种创新的模仿方式，不仅满足了观众的需求，也推动了电影票务市场的变革和发展。

8. 提供价值法

乔治·路易斯说过一句话："创意是什么？创意就是让 10 万元的东西看上去像 100 万元。"这句话深刻地揭示了创意的本质——通过深度开发潜质，打造卓越品质，进而塑造出超越实际价值的产品或服务形象。这种提升价值法并非仅仅关注于策划形式或方案的新颖性，而是更加注重通过各种途径提升产品或服务本身的内在价值。

从战略定位的角度来看，行业龙头企业在创意策划方面通常需要争当第一，以引起市场的关注和消费者的喜爱。这样做可以强化企业的地位感和消费者的信任度，同时淡化消费者对价格的敏感度，从而为企业带来长久的利益回报。而对于第二梯队的企业来说，更务实的策略是保持低调，充实自己，等待时机以超越领先者。

对于所有企业而言，为策划对象提供更多的"附加价值""认知价值"和"体验价值"是

---

① 资料来源：吕玥，好莱坞没有猫眼.凤凰网，2019-02-05. https://tech.ifeng.com/c/7k3LOlxNJ2W.

实现更好创意策划效果的关键。这些价值的提供可以带来“1+1>2”的聚合效应，使产品或服务在市场上更具竞争力。例如，将体育与地产相结合，创造出“体育地产”这一新模式，就成功地实现了让运动融入居民日常生活的目标。

最后，需要强调的是，创意策划的方法并非固定不变。只要能够达到明确的目标，且不违法、不违规、不损害公众利益，就可以根据实际情况灵活运用各种方法。创意策划的本质是创新，因此策划方法也会随着策划人的智力创造而不断涌现。这正是创意策划的魅力所在，也是企业在市场竞争中脱颖而出的关键。

第三节　创造性思维及训练

创造性思维是创新的核心动力，它融合独立、想象、灵感、潜力与敏锐，激发人们勇闯未知。这一思维现象是多元思维碰撞与融合的精妙平衡，虽难以量化，却赋予创造无限可能。研究表明，不同领域的创意实践背后，创造性思维的核心机制相似，具有普遍指导意义。对于个体，它是解锁新思维、重构认知的关键，可以引领个人潜能最大化释放，推动社会进步。

一、创造性思维的理论基础

在揭开创造性思维的神秘面纱之前，首要之务是深刻剖析其赖以生存的理论根基，精心构筑一个多维度且深邃的创造性思维理论框架，以此作为我们探索与理解这一思维模式的坚实基石。

(一)“神奇数字 7±2”理论与创造性思维

根据 George Miller 的研究，人类的短期记忆容量存在着一个自然的界限，即在短时间内我们能够清晰处理的信息块数量大致介于 5 到 9 个之间，平均为 7 个。这一理论揭示了记忆系统的基本规律，也就是说，我们的注意力资源是有限的，不可能同时高效处理大量复杂信息。然而，正是这一限制性条件，激发了人类进行更高效信息处理与创造性组合的潜能。在面对记忆容量限制时，我们被迫采用更为精简和高效的方式来组织、存储和检索信息，促使我们发展出了一套独特的思维模式——创造性思维，它允许我们在有限的信息处理能力内，通过重新排列、组合和关联现有信息，创造出新的意义、想法或解决方案。

案例 2－17

7±2 理论驱动的设计创新实践①

在导航设计中，苹果官网通过不超过 9 个的顶部导航模块，结合组块化压缩和视觉层级设计，实现了认知效率的革命性提升；而安卓版微信、支付宝、QQ 等移动应用，其底部导航严格控制在 5 个以内，通过强制聚焦核心功能和手势扩展，优化了用户体验。这些实践案例表明，7±2 理论通过揭示认知局限，反而催生了设计领域的创新突破，即设计师在遵循记忆容量限制的前提下，运用组块化、层级化、多模态设计等策略，不仅提升了用户体验，更推动了交互设计模式的迭代，印证了"限制是催生高效信息处理与组合创新的催化剂"这一底层逻辑。

（二）智力三维结构模型与创造性思维

Guilford 的智力三维结构模型（也称为智力结构立体模型）旨在解释和理解人类智力的本质和结构，该模型将智力划分为内容（包括视觉、听觉、符号、语义和行为）、操作（涉及认知、记忆、发散思维、聚合思维、评价）以及产品（包括单元、分类、关系、转换、系统、蕴含），这三个维度与理解创造性思维紧密相关。从内容维度来看，创造性思维需要广泛的信息来源和多样化的信息类型，因此，在培养创造性思维时，应注重拓宽知识面，接触不同领域的信息，以激发新的灵感和想法；从操作维度来看，发散思维是创造性思维的核心，而聚合思维则帮助我们从众多想法中筛选出最优解；从产品维度来看，创造性思维需兼顾成果的创新性和实用性。

案例 2－18

飞利浦的逆袭：从电子制造商到创新企业的蜕变②

在电子行业风起云涌的年代，飞利浦公司曾一度陷入困境。面对经济下行和市场竞争的双重压力，公司高层意识到，传统的电子制造业务已难以支撑未来的发展。于是，他们决定进行一场前所未有的战略转型，聚焦于健康科技领域，旨在成为全球健康科技的领导者。

为了彻底改造产品设计，飞利浦组建了一个多元化的咨询团队，这个团队涵盖了建筑、设计、媒体、医疗和艺术等多个领域。他们的任务是从不同角度、不同层面思考问题，

---

① 资料来源："神奇数字 7±2 法则"在设计中的应用. https://www.uisdc.com/magical-number-7%C2%B12-law.

② 资料来源：王安智. 从飞利浦和台积电的转型中，我们看到企业"创意思考"的价值. 澎拜新闻. https://m.thepaper.cn/baijiahao_11284703.

为飞利浦的创新提供丰富的素材。在这个过程中,飞利浦鼓励团队成员大胆提出各种想法,无论这些想法看起来多么不切实际。同时,公司也注重从其他领域汲取灵感,比如建筑设计中简约美学的理念、艺术领域对色彩和形态的新认知等。

经过一系列的努力,飞利浦成功推出了多款创新产品。例如,在医疗健康领域,飞利浦推出了搭载独创科技的电动牙刷和电须刀,还推出了多款先进的医疗设备,这些设备不仅外观时尚、操作简便,还融入了先进的医疗技术,为患者提供了更为便捷、高效的医疗服务。创新产品不仅满足了消费者的需求,也为飞利浦赢得了市场的认可。

最终,飞利浦成功实现了从电子制造商到创新企业的蜕变。公司的品牌价值得到了显著提升,业务范围也扩展到医疗、照明和生活时尚等多个领域。

飞利浦的逆袭之路,与 Guilford 的智力三维结构模型紧密相连。

内容维度:飞利浦在转型过程中,充分拓宽了信息来源。他们不仅关注电子行业的技术动态,还积极吸收建筑、设计、媒体、医疗和艺术等多个领域的灵感。这种多元化的信息输入,为公司的创新提供了丰富的素材,使得团队能够从不同角度、不同层面思考问题,产生更多新颖、独特的创意。

操作维度:飞利浦充分运用了发散思维和聚合思维。在创意初期,团队成员被鼓励大胆提出各种想法,这种发散思维的训练使得团队能够产生大量新颖、独特的创意。随后,通过聚合思维,团队对这些创意进行筛选和优化,最终确定最具潜力的方案。这种发散思维与聚合思维的结合,使得飞利浦能够在众多想法中找到最优解,推动企业的创新与发展。

产品维度:飞利浦注重成果的创新性和实用性。他们不仅追求产品外观设计上的突破,更关注产品能否真正满足消费者的需求。比如,公司推出的医疗设备就充分体现了这一点,它不仅外观时尚、操作简便,还融入了先进的医疗技术,为患者提供了更为便捷、高效的医疗服务。这种对创新性和实用性的双重关注,使得飞利浦的产品在市场上具有很强的竞争力。

综上所述,飞利浦的逆袭之路展示了企业如何通过创意思考和战略转型突破困境,同时也体现了 Guilford 智力三维结构模型在创造性思维培养和应用中的巨大价值。

(三) 内在动机理论与创造性思维

哈佛商学院教授 Amabile 提出的“创造力成分模型”是研究创造力来源的经典理论。该模型指出,创造力的产生至少依赖于三个基本成分:领域相关技能、创造力相关技能和工作动机。其中,内在动机作为工作动机的重要组成部分,对创造力具有显著影响。内在动机是指,个体对于某项活动本身的兴趣、好奇心、探索欲望等,当内在动机为主导时,个体更加关注任务本身,而非外部奖励或认可,从而跳出常规的思维模式,打破传统的思维框架,勇于尝试新的方法和途径,最终促进创造力的涌现。

案例 2－19

Google 的“20%时间”政策①

Google 公司自 2004 年起实施了一项名为“20%时间”的政策，这一政策允许工程师们将每周的 20%工作时间（即每周的一天）用于深入研究自己感兴趣的项目。工程师们可以在这个时间段内自由组队，基于自己的兴趣和好奇心进行创造，探索新技术、开发新产品或优化现有服务。为了确保这一政策的顺利实施，Google 为工程师们提供了必要的资源和支持，包括办公空间、设备、技术支持和指导等。这一政策激发了员工的内在动机，激发创造性思维，因而推动公司的持续创新。许多著名的创新产品，如 Gmail、AdSense、语音服务 Google Now、谷歌新闻和谷歌地图等都是这一政策的产物。这些产品不仅为用户提供了便捷的服务，也为 Google 带来了巨大的商业成功和品牌价值。

（四）心流理论与创造性思维

心流理论由心理学家 Mihály Csíkszentmihályi 在 20 世纪 70 年代提出。该理论认为，当个体完全沉浸在某个活动中时，会体验到高度专注、全情投入且充满愉悦感的心流状态。心流状态允许个体深入探索问题的本质，发现新的联系和解决方案，是创造性思维的重要前提。除此之外，心流状态下的个体能够更加高效地处理信息，快速迭代想法，对于解决复杂问题和推动创新至关重要。可见，心流理论为理解创造性思维的产生和激发提供了独特的视角。

为了促进心流状态产生，首先，需要设置清晰的目标，明确且具体的目标能够引导个体的注意力，使其集中在任务本身；其次，及时反馈有助于个体调整行为，保持对任务的专注和动力，从而不断优化和改进；最后，保持挑战与技能的平衡也是心流产生的重要前提条件，任务的难度需要与个体的技能水平相匹配，才能让其在完成任务的过程中感受到成就感和满足感。通过了解心流状态的产生条件，我们可以更好地激发个体的创造力，推动创造性思维的发展。

二、创造性思维的壁垒：思维障碍

在浩瀚无垠的创新海洋中，创造性思维犹如一艘破浪前行的巨轮，不断推动着社会进步与个人成长。然而，正如航船必须时刻警惕隐藏的暗礁，在追求创新的道路上也需要直面并克服重重思维障碍。这些障碍，如，认知的局限与偏见、根深蒂固的心理惯性，以及复杂多变的社会和组织性因素等，不仅阻碍着新颖见解的萌芽与绽放，更限制了创新实践的深度挖掘与广度拓展。接下来，让我们深入剖析这些思维障碍的本质，理解它们对创造性

① 资料来源：Eric Schmidt，Jonathan Rosenberg. Google 模式. 天下杂志出版社，2014.

思维的影响,以期在复杂多变的环境中,开启一扇突破思维障碍,通往无限可能的大门。

(一) 认知局限与偏见

框架效应。在探讨如何提高创新性思维时,一个不容忽视的障碍便是"框架效应"。框架效应指的是,个体在决策过程中,因问题的不同表述方式而产生不同偏好的现象,换句话说,认知框架塑造了我们对信息的解释,同时也限制了思维的多样性。我们往往难以摆脱既定框架的束缚,倾向于选择与已有认知框架相符的信息,产生认知固化,从而限制了思维的多样性和灵活性,阻碍了创造性思维的发展,甚至扼杀掉新颖的想法和解决方案。

案例 2-20

生死决策悖论:框架效应与选择心理学①

丹尼尔·卡尼曼因其在行为经济学领域的开创性贡献,于2002年荣获诺贝尔经济学奖。20世纪80年代,他与同事阿莫斯·特沃斯基进行了一项经典研究实验。实验中,参与者面临两种应对致命瘟疫的方案选择:若采用方案A,600名患者中将有200人获救;若采用方案B,则有1/3的概率救活全部600人,但2/3的概率无人幸免。结果,大多数参与者选择了方案A。这体现了"风险厌恶"原则,即人们倾向于选择确定的收益而非概率性的更大收益。

然而,当实验者改变问题表述方式后,结果发生了戏剧性反转:方案A被描述为"将导致400人死亡";方案B则描述为"有1/3的概率无人死亡,2/3的概率600人全部死亡"。此时,选择方案A的人骤减,绝大多数参与者转而选择了方案B。

这一实验清晰地反映了框架效应,即,信息是围绕"拯救生命"(收益)还是"死亡人数"(损失)来呈现,会强烈影响人们对同一客观事实的判断,导致截然不同的选择。

沉没成本谬误。由于人们往往对已经投入的资源(如时间、金钱、精力等)产生情感依恋,因此倾向于继续投资于已亏损的项目或关系,即使这些投资在未来可能无法带来回报,这就是沉没成本谬误。这种谬误不仅导致了资源的低效配置,更削弱了对创新探索与新兴机遇的投资能力。更为严重的是,沉没成本谬误还反过来进一步加深了人类固有的"损失厌恶"心理倾向,促使我们在决策时更加保守与谨慎,甚至可能因过分纠结于沉没成本,而忽视了眼前更为广阔且充满可能的新机遇与挑战,形成恶性循环。

① 资料来源:Tversky, A & Kahneman, D. The Framing of Decisions and the Psychology of Choice. Science,1981.

案例 2-21

诺基亚的沉没成本迷思:创造性思维缺失下的市场转型挑战[①]

诺基亚在功能机时代取得了巨大成功,其品牌影响力和市场份额均达到顶峰。然而,这种成功也成了后续创新的包袱。当智能手机市场开始崛起时,诺基亚的管理层和研发团队可能因过于依赖既有的技术和市场优势,陷入了"我们一直是这样做的,所以未来也应该继续这样做"的思维模式,因此,选择了继续在传统市场上挣扎,而非果断地转向智能手机领域,阻碍了创新发展。

诺基亚的案例告诉我们,创造性思维是企业持续发展的关键。企业必须时刻保持警惕,关注市场趋势和消费者需求的变化,勇于打破传统思维模式的束缚,不断探索新的技术和市场机会。

(二) 心理惯性与防御机制

认知惰性。认知惰性宛如心灵深处的一堵隐形高墙,悄然束缚着我们的思维边界。具体表现为,人们倾向于停留在自己熟悉的舒适区内,沿用旧有的思维模式和行为习惯来解决问题,忽略那些与既有知识相悖的新观点,而非主动寻求新的解决路径。诚然,认知惰性在应对日常琐事时或许能为我们提供一条快捷通道,但其对创新潜力的扼杀,对变化与机遇的漠视,却不容忽视。培养并激发创造性思维,关键在于突破认知惰性、解锁创新潜能。这需要我们勇于自我革新,敢于质疑既有观念,乐于接受新知,善于在矛盾与冲突中寻找灵感,在不确定中寻找确定。

自我服务偏差。自我服务偏差是一种普遍存在的心理现象,反映了人们在面对成功与失败时的一种自我保护机制。通常,个体为了维护自尊和自我价值感,在归因过程中倾向于将成功归因于自身能力或努力,而将失败归咎于外部因素或他人,进而高估自己的能力和贡献,低估他人的成就。虽然自我服务偏差能够帮助个体在遭遇挫折时保持较为积极的情绪状态,避免过度的自我否定和消极情绪,进而能够增强个体的自信心和动力,但是,这种对自己的能力和未来持过分乐观的态度,更容易忽视自身的不足和成长空间,使个体在技能和知识上停滞不前,限制了个人的创新发展。

(三) 社会与组织因素

组织文化束缚。由于稳定的文化传统和价值观体系,如,对传统的尊崇、对变革的抵触等在组织内部根深蒂固,或者领导风格,或者不同部门或个体之间可能存在的利益冲突等,新想法和创意会被视为异类而受到打压。因此,成员提出新想法时,可能面临来自组

---

① 资料来源:请勿过度留恋"沉没成本". 中国新闻网,2013-09-10. https://www.chinanews.com/sh/2013/09-10/5266564.shtml.

织的巨大心理压力和阻力,导致他们不敢轻易尝试创新,创新性思维被抑制。在这样的文化氛围中,新想法的提出与实施往往受到严格限制,个体创新性思维难以提升,组织容易陷入发展停滞困境,无法适应外部环境的快速变化和挑战。

群体极化。在群体讨论或决策过程中,成员们更倾向于接受与自己观点一致的信息,而忽略或排斥相反的意见,这种信息选择性接收的现象加剧了观点的极端化。对于持少数意见的个体来说,为了保持与群体的一致性和归属感,他们可能会放弃自己的独立判断,选择顺应群体的主流观点,而对于那些自己的观点得到支持的成员来说,他们更坚信自己的正确性,并进一步强化了自己的立场,最终促使了群体观点的极端化发展。群体极化不仅影响不同意见之间的交流与融合,还抑制了多元化思维和创造性思维的发展。

三、创造性思维训练

创造性思维不甘受限于既有的框架与规范,勇于跨越边界,从多元化的角度与层面深入探索,不断开辟新知的疆域,致力于发掘并塑造新理论、新方法乃至新技术的宏伟蓝图。创造性思维的本质,在于它并非孤立存在的思维样式,而是集直觉的灵光一闪、逻辑的缜密推理、集中的深度挖掘以及发散的广泛联想于一身的辩证综合体,因此,在进行创造性思维训练时,需要从直觉思维、逻辑思维、收敛思维和发散思维入手,实现理性与感性的和谐共鸣。

(一)直觉思维训练

直觉思维超越传统逻辑框架,凭借生动深刻的直觉印象,迅速把握事物本质与规律,体现人类卓越的领悟与创造力。柏格森指出,直觉不同于分析思维,它关注认知的变动与绵延,是直击事物核心的超逻辑能力。作为一种超脱利害、自我内省的本能,直觉是创造性思维的关键。为培养直觉思维,我们提供了以下练习方法,助力提升这一重要能力。

晨起直觉日记:每天醒来后,不要立即查看手机或做其他事情,而是用几分钟时间闭上眼睛,深呼吸,写下脑海中出现的第一个想法或画面。这有助于捕捉清晨的直觉灵感。

快速决策游戏:遇到生活中的决策时(如选择午餐、穿哪件衣服),尽量不做过多思考,快速听从直觉做出选择。之后反思为什么会有这样的直觉,并评估结果。

直觉涂鸦:准备一本空白笔记本和几支彩笔,定期进行直觉涂鸦。不设限制地画出脑海中浮现的任何图像或符号,不需要考虑美感或逻辑,只跟随直觉。

随机词汇联想:在纸上写下几个随机词汇,然后尝试通过直觉将它们连接起来,形成一个有趣的故事或想法,以训练直觉思维的联想能力。

环境敏感性训练:在散步或外出时,用心感受周围的环境变化。注意声音、气味、颜色等细节,并尝试通过直觉预测接下来可能发生的事情(如转弯处可能会遇到什么)。

直觉冥想:在冥想过程中,专注于感受身体的直觉反应。例如,感受手掌的温度变化、呼吸的节奏等,并尝试通过直觉来引导冥想的进程。

跨界对话:与来自不同领域的人进行交流,尝试从他们的角度看待问题。这有助于拓宽视野，激发新的直觉洞见。

（二）逻辑思维训练

逻辑思维，作为创新与决策中不可或缺的思维方式，其核心在于帮助人们基于理性分析做出正确判断。为了提升自身的逻辑思维能力，我们可以采用多种策略：

问题分解与条理化：将复杂问题分解为若干简单子问题，并通过列表等方式进行条理化展示。这有助于清晰界定问题边界，降低难度。

重新表述与可视化：采用更易理解的术语和句子重新表述问题，同时利用草图、图表等可视化工具将抽象概念具体化。这有助于提升思考效率。

思维搜索与简化：通过简化问题和摒弃无关细节，聚焦关键要素。

链式思维与解决方案探索：构建逻辑链、时间序列或分支树图，系统分析问题的各种可能性和解决方案。鼓励探索新颖的解决方案，并对其进行评估和优化。

反思与超越障碍：保持灵活性，遇到障碍时及时反思和调整思路。采用试错法、类比推理等方法寻找新的解决途径，并勇于挑战传统观念和既定框架。

归纳推理与演绎推理相结合：灵活运用归纳推理和演绎推理两种方法。归纳推理有助于从具体事例中提炼出一般规律，而演绎推理则能确保结论的必然性和普适性。两者相结合，能够更全面地分析和解决问题。

题示

逻辑推理谜题

有三个房间，每个房间都有一盏灯和一个开关，但每个房间的开关只能控制其他两个房间中的一盏灯。你需要在每个房间只进去一次的情况下，确定每个开关控制哪盏灯。请设计方案，实现在每个房间只进去一次的情况下，确定每个开关与灯的对应关系。

（三）发散思维训练

发散性思维的核心在于激发无限想象，打破常规束缚，从多个角度和层面探索问题的多样性和可能性。发散性思维的发散点包括直线发散（深度挖掘）、横向发散（跨领域联想）、放射性发散（多点发散）以及更全面的多向发散等多个维度。训练发散思维是一个系统性的过程，可以从多个角度和维度进行：

在认知与态度层面，一方面，对未知事物保持强烈的好奇心，愿意探索和学习新知识，尊重并接纳不同的观点、想法和文化，避免思维固化。另一方面，鼓励尝试新的方法、思路和解决方案，不畏惧失败，将失败视为学习和成长的机会，从中汲取经验和教训。

在思维技巧层面，直线发散思维需通过问题拆解与深度剖析，结合批判性视角审视局限；横向发散思维则强调跨领域知识融合，利用类比联想促进概念迁移；放射性发散思维围绕核心议题展开多元思考，借助思维导图可视化思维路径；而多向发散思维则要求整合上述策略,实施全方位思维训练。

在实践与应用层面,积极参与各种类型的活动,如艺术创作、科学实验、团队讨论等,以拓宽视野和思维,并通过选择跨学科的学习项目或课程,促进不同领域知识的融合与创新。除此之外,对学习和实践过程进行定期反思,经常与他人分享自己的想法和成果,接受他人的反馈和建议,促进思维的进一步发散和深化。

在工具与资源层面,一方面,充分利用工具,使用思维导图软件或其他创意激发工具,如,随机词生成器、创意卡片等,帮助产生新的想法和灵感。另一方面,拓展资源获取途径,通过广泛阅读书籍、文章和报告,了解最新的研究成果和趋势,或利用在线课程、研讨会和论坛等资源,与同行和专家进行交流和学习。

题示

红色联想

题目:以"红色"为形态点,可以想象红色在食品、服装、交通信号、紧急按钮等多个领域的应用,并思考如何通过红色来增强产品的吸引力或功能性。

(四) 收敛思维训练

收敛思维,又称集中思维或聚合思维,是与发散思维形成鲜明对比的一种思维方式。它以集中导向为核心,围绕某个特定的思考对象或问题展开,从多个已知条件或不同视角出发,最终汇聚成一点,力求找出一个唯一正确或最佳答案,乃至解决问题的最优方案。这种从面到点的内聚式思维形态,不仅是深化思考、提炼精髓的关键途径,也是挑选和优化设计方案的重要方法。运用比较多的收敛思维训练方法有目标识别法、聚焦法和层层剥笋法等。

目标确定法。目标确定法强调,在解决问题或规划方案之初,首要任务是设定一个清晰、具体且可量化的目标,以此为中心集中思维资源,实现高效精准的思考。目标的明确性直接影响实现效率与效果,因此应避免设定缺乏支撑或过于理想化的目标。目标具有多样性和层次性,可分为远近、大小不同类别。初学者宜从短期、小规模目标着手,通过实践积累经验,随着对方法的掌握,再逐步挑战更大、更长远的目标。

聚焦法。聚焦法的核心在于有意识地暂停广泛思维,将广度凝聚为深度,形成强大穿透力,以深入审视并准确判断事物。其独特性在于强制导向,促进创造性思维双重发展:一是通过实践训练培养定点思考习惯,使思维深度如聚光般增强;二是长期聚焦思考增强透视与理解力,使问题清晰透彻,助力问题解决。实施关键在于全面审视问题背景,多角度提出方案,然后细致区分问题层面,集中注意力于特定层面深入思考,通过持续投入实现量变到质变,洞察问题本质,促进思维飞跃。

题示

找一件日常用品(如手机、笔、水杯),尽可能多地列出它的非传统用途或创新应用。例如,手机除了通信和娱乐外,还可以作为手电筒、计步器、学习工具等。

层层剥笋法。层层剥笋法是一种深度解析与聚焦的思维方式,旨在逐步揭露复杂问题的本质。面对问题初期,我们的认识通常仅触及表面,肤浅且不完整。此法引导我们从这一起点深入探索,通过细致分析逐步剥离非本质、繁杂的特征,犹如剥去竹笋外皮,让问题核心逐渐显现。此过程中,批判性思维与开放心态至关重要:需勇于质疑既有假设,挑战认知边界;同时保持对新信息的敏感与接纳,灵活调整思考路径。善用工具与资源,则能助力系统组织信息、高效分析问题,加速剥笋进程,直达问题核心。

案例2-22

杰弗逊纪念大厦——光照连锁反应下的生态链溯源与破局①

杰弗逊纪念大厦,这座矗立于自然环境中的建筑,因长期经受风雨侵蚀,墙面逐渐显露出裂纹与斑驳的痕迹。初期,维护团队依据经验判断,将这一问题的根源归咎于酸雨的侵蚀作用,并据此设计了一套复杂的防护方案。然而,方案的实施并未能如预期般改善墙面的腐蚀状况,反而使得维护成本持续攀升,问题依旧悬而未决。

面对这一困境,维护团队决定引入一种更为深入的问题解决方法——“层层剥笋法”。他们开始从问题的表象出发,逐层剥离非本质因素,探寻问题的深层根源。

首先,他们注意到,对墙体侵蚀最直接的原因并非酸雨,而是由于每天冲洗墙壁所含的清洁剂对建筑物产生的酸蚀作用。墙面每日都需要进行清洗,以去除大量的鸟粪。

这一现象引发了他们的好奇:为何鸟粪会如此集中地出现在这座大厦的墙面上?经过调查,他们发现大厦周围聚集了大量的燕子,而这些燕子的排泄物正是鸟粪的主要来源。

那么,燕子又为何会选择在此处栖息呢?维护团队进一步追溯,发现燕子之所以被吸引至此,是因为墙面上密集的蜘蛛群为它们提供了丰富的食物来源。

接下来,他们又开始探究蜘蛛为何会在此大量繁殖。通过观察和研究,他们发现蜘蛛以飞虫为食,而墙面的裂缝恰好为飞虫提供了一个理想的繁殖环境。

最后,维护团队将目光投向了飞虫繁殖的条件。他们发现,大厦窗户透出的灯光在傍晚时分尤为强烈,这吸引了大量的飞虫聚集于此。正是这些飞虫,构成了蜘蛛的食物链基础,进而引发了燕子、鸟粪等一系列连锁反应。

基于上述因果链分析,维护团队终于揭示了问题的深层根源:光照条件引发了飞虫的聚集,进而形成了“飞虫—蜘蛛—燕子—鸟粪”的生态链,最终导致了墙面的酸蚀。针对这

① 资料来源:邱伟.思维风暴:22种黄金思维.中国华侨出版社,2012.

一根源,他们提出了一套简洁而有效的解决方案:调整大厦的照明系统,在傍晚时分关闭部分窗户或降低灯光强度。

这一方案的实施取得了显著的效果。飞虫的数量大幅减少,蜘蛛和燕子也随之迁徙他处,鸟粪问题自然得到了解决,墙面的清洗频率降低了 90%,维护成本也下降了 75%。杰弗逊纪念大厦的墙面终于恢复了往日的洁净与美观。

四、搭建创造性思维生态体系

(一) 理念引领:创新价值观的塑造

创新价值观的塑造,作为企业创新文化的灵魂与核心,正是创造性思维在企业层面的深度体现与生动实践。这一过程不仅要求企业将创新视为不可或缺的核心价值观,更需高层领导的示范、企业文化的宣导以及员工行为的引导。

高层领导的示范作用。高层领导应当以创造性思维为引领,勇于突破传统思维框架,通过自身的言谈举止,激发员工的创新热情。

企业文化的宣导。企业构建起富有感染力的文化体系,通过故事讲述、案例分享、表彰奖励等多种方式,将创造理念深植于员工心中。这种文化宣导不仅能够增强员工的归属感和使命感,还能激发他们的创造力和创新精神。

员工行为的引导。通过设计富有挑战性的工作任务、提供必要的创新资源和支持、关注员工的个人成长与发展以及建立灵活高效的创新机制等措施,引导员工积极参与创新实践,将创新理念转化为实际行动。

(二) 环境营造:创新氛围的培育

创新氛围的培育,作为企业创新文化不可或缺的基石,其核心在于激发和滋养创造性思维。通过打造开放、包容、鼓励尝试与容忍失败的创新氛围,影响创造性思维在企业日常运营中的全面展现与深化。

物理空间的设计:激发创意的灵感源泉

物理空间作为员工日常工作的场所,其设计直接影响着员工的思维状态和创新灵感。开放式办公区与私密讨论室的巧妙结合,创意工作坊的设立,以及灵活可变的家具布局等,都为员工提供了多样化的交流与思考空间,使得灵感得以在自由流动的环境中自由碰撞。

心理安全的建立:创造性思维的安全网

组织需展现出对创新的坚定支持与对失败的宽容态度,并建立有效的沟通机制,鼓励员工分享想法、提出建议,并确保他们的声音被听见、被尊重,进而构建起一个充满信任与尊重的沟通氛围,让员工在心理上感到安全,从而更加自由地发挥创造性思维。

团队氛围的营造:创造性思维的加速器

一个多元化、高协作、富有创造力的团队能够为创造性思维提供源源不断的动力。企业需注重团队成员的选拔与培养，鼓励具有不同背景、专长和创造性思维的成员加入，同时，加强团队协作机制，促进团队成员之间的信息共享与知识交流。在这种团队氛围中，成员们能够相互启发、相互学习，共同推动创造性思维的不断发展与深化。

(三) 机制保障：创新激励与容错机制

组织需要建立多元化的创新奖励体系以激发员工的创新动力，并设计合理的容错机制以鼓励员工勇于尝试和面对失败。

创新激励：创造性思维的加速器

企业建立多元化的创新奖励体系，如同为创造性思维点亮了明灯。员工深知，他们的每一份创新努力都将被看见、被认可，并可能带来职业晋升与个人成长的双重收获。这种正向的激励机制如同燃料，激发了员工内心的创新火焰，促使他们勇于跨越现状的界限，敢于挑战常规，不断寻求新颖的解决方案与创意灵感。

容错机制：创造性思维的避风港

在创新的征途中，失败如同必经之路上的风雨。然而，企业构建的合理容错机制，则如同为员工撑起了一把保护伞。它明确传达了一个信息："勇敢尝试吧，即使失败也是向前迈进的一步。"这种宽容与支持的态度，为员工的心灵筑起了一道坚实的防线，让他们能够卸下对失败的恐惧与顾虑，全身心地投入创新实践中去，从而激发了创造性思维的无限潜能，使其在失败与尝试的循环中不断跃升。

(四) 战略聚焦：创新战略的制定与执行

在快速变化的市场环境中，企业创新战略的制定与高效执行，不仅是驱动企业前进的双轮，更是激发创造性思维不可或缺的双重引擎。

创新战略制定：照亮创意之路，激发思维火花

通过深入分析市场趋势、技术动态及消费者需求，企业能够精准定位创新方向，为组织成员的创造性思维提供广阔的舞台和明确的目标。这种前瞻性的战略视野，激发了员工对未知的好奇心和探索欲，促使他们勇于挑战传统、敢于突破常规，从而迸发出更多的创意火花。

创新战略执行：实践创新构想，滋养思维成长

然而，仅有创新战略还远远不够，关键在于将其转化为实际行动并有效执行。企业需构建一套高效、灵活的执行机制，确保创新战略能够顺利落地并持续推进。这一过程中，跨部门协作、资源优化、计划制定及监督反馈等环节紧密相连，共同构成了创造性思维成长的土壤。

(五) 组织赋能：创新组织架构与流程优化

灵活高效的组织架构：释放创新潜能的催化剂

企业需打破传统层级与部门的壁垒，构建一种更加扁平化、网络化的组织架构。这种架构不仅能够加速信息传递，减少决策延误，还能促进跨部门之间的无缝协作，形成强大的创新合力。在这样的环境中,每位员工都能成为创新的主体,他们的声音被听见,创意被重视,从而极大地释放了创新潜能。

流程优化:为创新思维铺设快速通道

流程的持续优化是确保创新思维提升的另一关键。通过精简冗余环节、提升流程效率,企业能够确保创新活动以最低的成本、最快的速度推进,每一个创意都能得到及时的评估与验证,每一次尝试都能获得及时的反馈与调整,从而加速了创新成果的诞生与转化。

(六) 人才管理:创新人才的选拔、培养与保留

在创新驱动发展的时代背景下,创新人才的选拔、培养与保留构成了企业创新管理的核心灵魂,它们是激发创新性思维的不竭源泉与持续动力。

科学选拔:挖掘创新潜能的慧眼

企业需构建一套科学严谨的人才选拔机制,精准识别并吸引那些具备创造性思维、勇于探索的杰出人才。通过多元化的选拔渠道与全面的评估体系,企业能够汇聚来自不同背景、拥有不同视角的优秀人才,为创新团队注入源源不断的活力与创意。

定制化培养:浇灌创新思维的沃土

一旦吸引到这些宝贵的创新人才,企业便需提供定制化的培训与发展计划。这些计划应紧密围绕企业的创新战略与发展需求,结合每位员工的个性特点与职业规划,量身定制学习内容与实践机会。通过系统化的培训、挑战性的项目以及跨领域的交流合作,提升员工的专业素养与创新能力,激发他们的内在潜能。

个性化激励:锁定创新人才的磁石

为了进一步激发创造性思维,企业还需设计个性化的激励机制。这些机制应充分考虑员工的个性化需求与期望,包括但不限于薪酬福利、职业发展、工作环境、文化氛围等多个方面。通过提供具有竞争力的薪酬福利、清晰的职业发展路径等,增强员工的归属感与忠诚度,激发他们为企业的创新事业贡献更多的智慧与力量。

案例 2 - 23

谷歌:构建创新思维训练的全方位生态体系①

在当今这个日新月异的时代,创新已成为企业持续发展的核心驱动力。作为全球科技巨头,谷歌(Google)不仅以其卓越的技术产品和服务引领行业潮流,更在内部构建了一个独特的创新生态体系,致力于激发和培养每一位员工的创造性思维。从核心价值观的塑造到创新氛围的营造,从激励机制的完善到战略方向的明确,谷歌通过一系列精心设计

① 资料来源:Bill Kilday. 谷歌方法. 中信出版集团,2019. 谷歌开发者网站. https://developers.google.cn.

的措施，为员工提供了一个充满挑战与机遇的创新舞台。

● 理念引领：塑造创新导向的价值观。谷歌将“创新”视为企业的DNA，通过内部宣传、领导力示范和日常行为准则，不断强化“勇于尝试、拥抱变化、持续学习”的创新价值观。这种理念不仅指导着企业的战略方向，也深入每位员工的心中，成为他们提升创新性思维的内在动力。

● 环境营造：打造创新思维的摇篮。谷歌的工作环境充满了激发创新思维的元素。从物理空间到虚拟平台，谷歌都致力于创造一个鼓励自由思考、跨界交流的环境。例如，线下的“头脑风暴会议室”和线上的“创新社群”，都为员工提供了锻炼创新性思维的机会。

● 机制保障：建立创新训练与激励机制。谷歌设立了专门的创新训练项目，如创新思维工作坊、设计思维课程等，帮助员工掌握创新方法和工具。同时，通过设立创新奖项、表彰创新成果并提供创新项目的资金支持，确保员工的创造性思维得到充分认可和支持。

● 战略聚焦：明确创新训练的方向与目标。谷歌的创新战略不仅关注技术和产品的创新，也重视人才培养和创新性思维的训练。通过将创新训练纳入企业战略规划，谷歌明确了创新训练的方向和目标，确保所有训练活动都围绕提升员工创新思维的核心目标展开。

● 组织赋能：优化组织架构以促进创新训练。谷歌的扁平化组织架构和跨部门协作机制为创新性思维训练提供了有力支持。通过打破部门壁垒，促进跨领域交流，谷歌为员工提供了更多元化的视角和思维碰撞的机会。同时，灵活的团队组建和资源配置方式，也为创新训练项目的快速响应和高效执行提供了保障。

● 人才管理：选拔、培养与保留创新型人才。在人才管理方面，谷歌注重选拔具有创新思维和潜力的员工，并通过定制化的培养计划和个性化的职业发展规划，帮助他们不断提升创新能力。同时，谷歌还建立了完善的留才机制，通过提供具有竞争力的薪酬福利、职业发展机会和良好的企业文化氛围，确保创新型人才能够长期留任并为企业贡献智慧。

综上所述，谷歌通过一系列与“创新性思维训练”紧密相关的措施，不仅成功塑造了企业的创新文化，还为员工提供了丰富的创新训练机会和支持，从而保障了员工创新性思维的持续发展和提升。

本章案例

创造性思维启航——“梦织者”创意开发助力“智驭未来”品牌飞跃

体验式学习活动

探索城市交通拥堵的多元化解决方案

背景概述

随着城市化进程的加速,城市交通拥堵已成为制约城市发展的重要瓶颈,不仅影响了市民的日常出行效率,还加剧了环境污染、能源消耗及社会公平问题。为了构建更加宜居、高效、可持续的城市交通体系,本项目实训将围绕“解决城市交通拥堵问题”这一核心议题,鼓励学员跳出传统思维框架,从多个维度出发,进行系统性、创新性的思考与实践。

实训目标

1. 通过数据分析、现场调研等方式,精准识别城市交通拥堵的主要成因及关键瓶颈。

2. 分别结合直线发散、横向发散、放射性发散及多向发散思维等,制定出解决方案。

3. 选取典型区域进行试点实施,通过数据监测、社会反馈等手段评估方案效果,并不断优化调整。

参考思路

1. 直线发散思维强调深入探究问题的根源和直接解决方案,主要关注以下几个方面:

- 道路规划与建设:分析现有道路网络的瓶颈,提出拓宽道路、增设车道或建设新道路的方案。
- 公共交通优化:研究公交、地铁等公共交通系统的运营效率,提出增加班次、优化线路、提升乘车体验等改进措施。
- 交通管理:探讨如何通过信号灯控制、交通流引导等手段,提高道路通行能力,减少拥堵时间。

2. 横向发散思维鼓励从问题的不同侧面或相关领域寻找灵感,主要关注以下几个方面:

- 城市规划与土地使用:研究城市布局对交通流量的影响,提出通过调整土地使用性质、鼓励职住平衡等措施,减少跨区域通勤需求。
- 智能交通系统:探索利用大数据、人工智能等技术手段,实现交通信息的实时共享和智能调度,提高交通系统的整体效率。
- 非机动车与步行友好型城市建设:推广自行车、步行等低碳出行方式,建设更多的自行车道和步行道,减少机动车使用,从而缓解交通拥堵。

3. 放射性发散思维从一个核心问题出发，向多个方向进行联想和扩展，关注以下几个方面：

- 环境保护与可持续发展：思考交通拥堵对空气质量、噪声污染等环境问题的影响，提出绿色出行、低碳交通等环保理念，并将其融入解决方案中。
- 社会公平与包容性：关注不同社会群体在交通出行方面的需求和权益，提出无障碍交通、公共交通票价优惠等措施，促进社会公平和包容性。
- 经济效益与城市竞争力：分析交通拥堵对城市经济发展、投资环境等方面的影响，提出通过改善交通状况来提升城市竞争力和吸引力的方案。

4. 多向发散思维强调从多个方向同时出发，进行全面而深入思考，主要关注：

- 综合规划与治理：既深入探究道路建设、公共交通优化等直接解决方案，又从城市规划、土地使用、智能交通系统等多个角度进行横向思考；同时，还关注环境保护、社会公平、经济效益等多个方面的影响，形成综合性的治理方案。
- 跨部门协作与公众参与：认识到城市交通拥堵是一个复杂的社会问题，需要政府、企业、社会组织和公众等多方力量的共同参与和协作；通过建立跨部门协作机制、加强公众参与和沟通等方式，形成合力共同应对交通拥堵挑战。
- 多向发散思维的特点是全面而深入地思考问题，综合运用多种思维方式和方法论工具，形成多元化、综合性的解决方案。

本章要点

创意开发过程包括问题解决过程和思维过程两个层面。其中，问题解决模型包括一般模型，现代认知学派的过程模式，信息加工模式等多种模型。思维过程模式包括一般模型和阶段模型模式。创意开发过程中存在个体及组织层面的多个障碍。认识分析这些阻碍，找到相应解决方案，可更加准确把握创意开发的全过程。

创意策划具有多方面功能，对企业撬动稀缺资源、赢得竞争优势、获得生存和发展机会都具有重要影响。

创意策划存在一些通用方法，掌握创意策划的具体方法能让我们在市场中游刃有余。具体而言，创意策划的一般方法有系统分析法、综合分析法、逻辑分析法和人本法。此外，存在一些专用于创意策划的方法，如罗列细分法、重点强化法、整合求异法、借势增值法、逆向变通法、连环伏笔法、模板模仿法、提供价值法等。创意策划的方法并非固定不变，需根据实际情况灵活运用。

创造性思维的理论基础包括："神奇数字 7±2"理论（揭示记忆限制激发创造力的原理），Guilford 智力三维结构模型（关注多维度创新培养），内在动机理论（强调兴趣与好奇心的重要性），以及心流理论（阐述高度专注与愉悦感的推动作用）。

创造性思维障碍包括认知局限与偏见、心理惯性与防御机制以及社会与组织因素等，需通过克服框架效应、沉没成本谬误、认知惰性、自我服务偏差、打破组织文化束缚、避免群体极化等方式,激发创新潜能并推动个人与组织的发展。

创造性思维训练涵盖直觉思维、逻辑思维、发散思维与收敛思维等方面,通过精细化构建内在环境、深化知识体系、提升思维灵活性等策略与方法,全面激发与提升创造力,实现理性与感性的和谐共鸣,促进创造性思维的全面发展。

通过塑造创新价值观、营造创新氛围、强化机制保障、聚焦创新战略、优化组织架构及有效管理人才,全方位构建起能够激发并滋养创造性思维的企业生态体系。

重要概念

创意 创意开发 创意策划 创造性思维 思维障碍 创造性思维训练 创造性思维生态体系

思考题

1. 创意开发是否可等同于创意策划? 两者的关系是怎样的?
2. 怎样理解和应对思维定式与学习经验对创意开发者的不同影响?
3. 在创意开发的问题解决过程模型中,多个不同模式分别适用于什么类型的问题?
4. 如何利用 AI 技术克服创造性思维中的思维障碍?
5. 如何将直觉思维、逻辑思维、发散思维与收敛思维相结合,形成高效的创造性思维过程?

参考文献

[1] Amabile, T M. Creativity in Context: Update to the Social Psychology of Creativity[M]. Routledge, 2018.

[2] Amabile M T. A model of creativity and innovation in organizations[J]. Research in Organizational Behavior, 1988, 10(1).

[3] Guilford, J P. The Nature of Human Intelligence[M]. Mc Graw-Hill, 1967.

[4] 李伟,张世辉. 创新创业教程[M]. 清华大学出版社,2015.

[5] 梁良良. 创新思维训练[M]. 中央编译出版社,2000.

[6] 孙玉才. 创意策划之诠释与经典案例[M]. 山东人民出版社,2010.

[7] 王达林. 创造天下[M]. 清华大学出版社,2009.

[8] 吴显奎,松鹰. 青年科技创新读本[M]. 四川科学技术出版社,2016.

[9] 万钧. 商务策划学[M]. 南京大学出版社,2012.

[10] 杨德林. 创意开发方法[M]. 清华大学出版社,2006.

第3章

创新与创新管理

学习目标

1. 创新的科学内涵和特点。
2. 创新的过程和基本方法。
3. 创新战略的概念和类型。
4. 创新型组织的内容和结构。

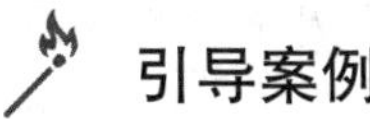

全球创新创业的楷模

第一节　创新概述

创业的本质是创新，创业过程本质上是创业者不断创新的过程。

创新是一个民族进步的灵魂，是社会进步的引擎。

纵观世界经济，一部经济史就是创新历史，创新是现代经济持续增长的唯一动力源。在当前，我国经济进入新常态、全球经济结构深度调整的关键时期，能否站上科技创新的制高点，能否真正依靠创新创业取得速度与质量并重的增长，将成为实现中国梦的关键因素。

锐意创新，是企业的成功之源，更是国家的发展之根，民族的振兴之要。如果把几十亿中国人民蕴含着的创新创业热情都激发出来，让“大众创业万众创新”成为现实，中国经济就一定会加快转型升级,中华民族伟大复兴指日可待。

一、创新的概念

"创新"早在《南宋·后妃传·上·宋世祖殷淑仪》中就已有提及。创新即创立或创造新事物。韦氏词典对"创新"的定义涵盖了两个层面:一是引入新的概念或者事物,二是进行革新。换言之,"革故鼎新"(前所未有)与"引入"(并非前所未有)均被视为创新的表现。

创新这一概念跨越了众多学科领域。在学术界,奥地利经济学家约瑟夫·熊彼特(J A Schumpeter)被誉为创新理论的奠基人。1912 年,熊彼特在其著作《经济发展理论》中首次阐述了创新的基本概念与思想,奠定了创新理论的基础。随后,他在 1939 年和 1942 年分别出版了《经济周期》和《资本主义、社会主义和民主主义》两部著作,对创新理论进行了进一步的补充与完善,逐步构建了一个以创新理论为核心的独特经济学理论体系。在《资本主义、社会主义和民主主义》中,熊彼特提出"创造性毁灭"(creation destruction)概念,用以描述创新如何通过破坏旧的经济结构和产业,同时创造新的经济机会和增长点。

具体来说,熊彼特的创新理论主要包括三个方面的内容:

创新是从生产函数出发,研究生产要素和生产条件的新组合

按照熊彼特的观点,所谓"创新",就是"建立一种新的生产函数",也就是说,把一种从来没有过的关于生产要素和生产条件的"新组合"引入生产体系。熊彼特所说的"创新""新组合",包括以下五种情况:① 引进新产品;② 引用新技术,即新的生产方法;③ 开拓新市场;④ 控制原材料的新供应来源;⑤ 创建企业的新组织。

创新是企业家的职能

在熊彼特看来,作为资本主义"灵魂"的"企业家"的职能就是实现"创新",引进"新组合"。所谓"经济发展"也就是指整个资本主义社会不断地实现这种"新组合"从而实现经济发展的动态性和循环性。熊彼特提出:"创新同发明是完全不同的任务,要求具有完全不同的才能。尽管企业家有可能是发明家,就像他们可能是资本家一样,但他们之所以是发明家并不是由于他们本特质和职能的性质,而只是一种偶然的巧合,反之亦然。"

创新是将发明成果付诸实践的过程

美国中小企业管理局对创新的定义清楚地表达了这样的观点:"创新是一种过程,这一过程始于发明成果,重点是对发明的利用和开发,结果是向市场推出新的产品和服务。"这个定义有助于人们更好地理解创新和发明的关系。

创新最初是经济学领域内的名词。随着时间的推移,创新的概念和应用范围也在不断扩大。自 20 世纪 60 年代起,管理学家们也开始将创新引入管理领域。现代管理大师彼得·德鲁克(Peter F Drucker)在《动荡年代的管理》[①]一书中发展了创新理论,他认为,创新是赋予资源以新的创造财富能力的行为。任何使现有资源的财富创造潜力发生改变

① 彼得·德鲁克. 动荡年代的管理[M]. 屠端华,吴力励,孟兴国译. 工人出版社,1989.

的行为，都可以称之为创新。他还在《创新与创业精神》[①]一书中提出：创新是企业家的特定工具。他们利用创新改变现实项目的机遇。

二、创新的基本特点

创新是人类独特的活动形式。它是在意识的引导下进行的创造性实践，区别于其他动植物的进化与演化，后者并不涉及真正意义上的创新。

创新是一种有规律的实践活动。它以扎实的专业知识为基础，依赖于艰苦卓绝的精神劳动，通过敏锐的观察力、丰富的想象力和深刻的洞察力来引导，反映出事物发展所遵循的基本规律。因此，创新不仅是随机的行为，而是一种系统化的、有规律的实践活动。

创新是突破性的实践活动。它不仅仅是对既有内容的重复，更不是简单的修补，而是必须实现突破性的发展、根本性的变革和综合性的创造。创新是在继承的基础上进行的升华，继承是创新的必然前提。创新具有以下几个基本特点：

一是新颖性。创新不是模仿或再造，而是对现有事物的扬弃，是一种深刻的变革。因此，新颖性是创新的首要特征。具体来说，新颖性可以分为三个层次：世界新颖性（绝对新颖性），即在全球范围内首次出现的创新；局部新颖性，指在特定领域或市场中具有独特性的创新；主观新颖性，即对创造者个人而言是前所未有的体验。

二是价值性。创新的最终目标是创造价值或增加价值，因此特别强调效益的实现。通过重新组合生产要素，创新能够改变资源的产出方式，从而带来明显的经济价值和社会效益。因此，创新不仅是创造财富的过程，更是推动社会进步的重要动力。对于企业而言，创新所带来的利润是其活力的核心体现。

三是风险性。创新的过程充满了不确定性，可能成功，也可能失败，这种不确定性构成了创新的风险。因此，在创新过程中，要求“只准成功、不许失败”的想法是不切实际的。相反，只有通过缜密地设计、严格地实施和科学地管理，才能尽量降低创新的风险，确保创新活动的可持续性。

四是动态性。创新是一个不断演变的过程。在知识经济时代，唯一不变的就是一切都在变化，而且变化的速度越来越快。因此，任何创新都不可能是一劳永逸的，只有通过持续的变革和创新，才能适应时代发展的要求，保持竞争优势。

三、当代企业创新理论

熊彼特开辟创新理论以来，学者们纷纷围绕创新展开研究，逐步发展并不断完善了创新理论。20 世纪 80 年代以来，随着经济全球化、全球信息化、知识化的发展，企业创新活动呈现出新的特点，形成了一批新的创新理论。

---

① 彼得·德鲁克. 创新与创业精神[M]. 张炜译. 上海人民出版社，2002.

(一) 开放式创新理论

20 世纪后期,许多美国公司呈现出从封闭式创新模式向开放式创新模式转变的新趋势。在这种趋势和背景下,美国一些领先企业创新管理出现了开放式全球搜索创意来源、多途径多目的进行集成创新、扩大知识产权内外收益等新动向。

麻省理工学院亨利・切斯布洛教授基于对实践的研究提出开放式创新模式,它是全球化背景下的一个重要创新战略。根据这一模式,在一些产业或领域利用企业内外资源,向内外研究开发机构、供应商、相关机构、用户等进行学习与合作,进而实施创新。

开放创新本质上要求更多并行、多角度的创新资源整合,实际上是一种以创新利益相关者为基准的多主体创新模式。这种模式重在强调打破自身边界界限,从创意到市场化等的每一步、每一个方案既可以是依托企业边界内的资源解决,也可以从外部获取或内外联合取得。创新主体——企业必须在与其他组织——供应商、用户、竞争者及大学、研究机构、投资机构、政府机构等的相互作用和相互影响中进行创新,而不能把创新过分控制在某一边界之内。

(二) 创新生态系统理论

创新生态系统论是从企业仿生学角度解释企业创新的一种理论,是开放式创新理论的进一步发展。20 世纪 70 年代,美国学者纳尔逊和温特在生物进化理论的启示下,创立了创新进化论这一独特新颖的理论分支,它推动了技术创新和制度创新的融合。之后,一些研究创新的学者受此启发,在研究开放式创新理论基础上,提出了创新生态系统论。

创新生态系统论认为,企业自身的创新系统是一个生态系统,它与其他企业的创新系统组成创新大系统中的多样性,同时它又是所栖息的更高一级的产业创新系统的有机组成部分,而不同产业的创新系统又是区域创新系统或国家创新系统的重要组成部分。每一个生态系统都是一个开放的、与社会有着全方位资源交换的,而且不断在做内部调整的动态系统,具有自身所在系统没有的特性和功能。

生态学强调整体的各组成部分之间是互相依赖关系,创新生态系统论也遵循这一规律,强调每个个体需要与系统内外其他个体互相合作。企业作为一层创新系统,需要各个部门通力合作,需要与企业系统之外的其他企业、科研机构、中介组织、顾客、政府等合作。缺乏合作则意味着脱离系统,意味着创新失败。

(三) 企业内部孵化理论

企业内部孵化理论由加里・哈梅尔(Gary Hamel)首次提出。该理论是受风险投资与科技企业孵化器的启发而形成,认为企业最高层的任务就是建立一个能够不断孵化出绝妙经营创意的组织结构,设计出新的环境刺激创新的发生,提供各种支持帮助创新行为获得最大成功。该理论还认为,企业员工特别是中低层员工,往往凭着对市场、技术、产品的直接接触,可以敏锐地发现一些以往不为人注意的新创意、新市场和新技术。

企业内部孵化模式的基本流程是:员工提出创新意见,企业评估可行性并根据评估结果给予天使投资和管理支持，帮助员工在企业内创业；新创业的公司完全以市场化方式运营，可以引入新的投资者，也可由原企业继续投资；创业者保持原企业员工的身份，企业保留创业人员的员工身份，根据契约在创业成功前给员工一定的生活补助，并承诺即使创业失败还可以回到原企业继续就职；随着创业公司业务的发展，组织结构也将逐步完善，成为完全独立的企业，与原企业只有股份占有关系。

企业内部孵化模式是在企业创新领域将外部市场机制内部化的重大创新，对企业发展发挥着重要的推动作用。该模式可以在体制上避免因管理者个人好恶而使创新建议失去起码的评估机会，使得企业快速形成鼓励创新、支持创新和奖励创新的机制和文化，发掘和培养一批人才，即使员工创业失败也将使得个人能力获得很大提高。同时，企业内部孵化模式还将有助于企业拓展一些新的业务领域和增长模式，有效规避在新领域的投资风险。因为企业开拓新领域时往往投资大风险高，而内部孵化模式的分步投入机制可以降低成本和风险。

（四）破坏性创新理论

破坏性创新理论由哈佛大学商学院教授克莱顿・克里斯坦森在 1997 年提出。该理论深刻地阐释了在技术剧变和市场竞争激烈的环境中，新兴企业如何通过创新技术或商业模式颠覆现有的市场格局。破坏性创新通常起始于市场的边缘或底层，初期产品或服务在性能上可能无法满足主流市场的需求，但它们具有价格低廉、使用方便等特点，能够吸引那些被现有产品忽视的消费者群体。随着技术的不断进步和创新产品的持续改进，这些起初被视为低端或边缘的创新逐渐提升性能，最终能够满足更广泛客户的需求，甚至超越传统产品，从而在市场中占据主导地位。这种创新不仅改变了竞争规则，还重塑了消费者的需求和期望。

在数字化转型的今天，破坏性创新理论的应用无处不在。云计算、移动支付、在线教育、电子商务、社交媒体、流媒体服务、远程工作工具、人工智能、物联网以及健康科技等领域，都是破坏性创新理论应用的典型例子。这些创新不仅改变了消费者的行为模式，也迫使传统企业重新思考和调整自己的商业模式。破坏性创新理论对企业战略管理具有重要的启示意义。它提醒企业领导者必须关注那些可能看似微不足道，但具有巨大潜力的市场和技术变化。同时，它也强调了企业需要具备快速响应市场变化的能力，以及在必要时进行自我颠覆的勇气。对于那些处于行业领先地位的企业而言，理解破坏性创新理论有助于其保持警觉，避免被新兴企业所取代。此外，破坏性创新理论也鼓励新兴企业寻找市场的空白点或薄弱环节，利用创新来打破现有的竞争格局。

（五）创新的 S 曲线理论

创新的 S 曲线理论由理查德・福斯特提出。该理论主要是针对企业组织在掌握创新机会以发展创新的问题上，提出了 S 曲线（图 3 - 1）作为一项预测的工具，从而掌握创新发展的最佳时机，以利于企业采取主动进取的策略，提高市场占有率。S 曲线显示了企业在进行创新发展的资源（如资金、人力、物力等）投入及其投资效益产出或回收之间的关系。

在产品或企业的草创时期,其发展速度相当缓慢,但是一旦发展到 A 点,其关键的成功因素已掌握并实现突破,这一阶段发展速度相当惊人;到了 B 点,因为该商品或企业发展到成熟期时,所需的资源也累积到相当高的境界,此时发展速度下降,同时边际收益将缓慢增长甚至出现下降,即到达 C 点,也就是其商品或企业发展的顶点。S 曲线在到达 B 点之际,该企业即应另辟新技术或新产品,发现创意点子与创新构想,再度展开下一代的 S′曲线。如此循环发展,就有可能使同一企业历经第五代、第六代……

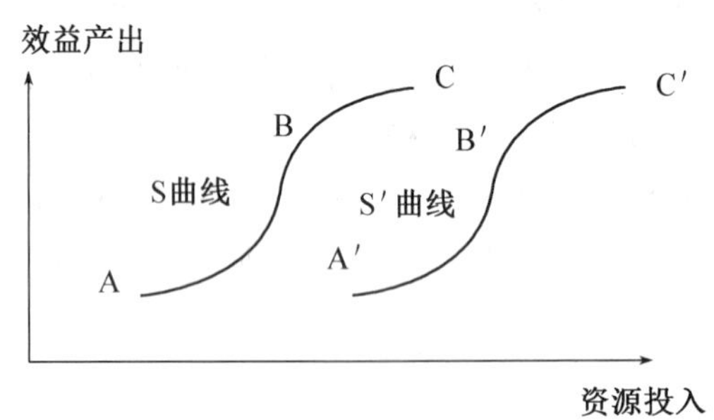

图 3-1　企业创新的 S 曲线

在各代 S 曲线衔接转换之时,约在 B—B′点之间即为此两代 S 曲线的不连续期,也就是新技术、新知识、新产品、新企业的变革时期。在此时期中,企业必须明确地寻找出替代的创新方案,并了解新一代 S 曲线所需要的各项资源以及 C 点,以利于不断地规划与实施创新发展方案。

(六) 引领性创新理论

引领性创新理论是在全面创新管理理论的基础上发展起来的。

全面创新管理理论由浙江大学的许庆瑞教授于 2002 年提出,其核心在于培养企业的核心能力,提升其持续的竞争力,并以价值创造为最终目标。郑刚教授进一步将全面创新管理的精髓提炼为“三全一协同”原则,即全要素创新、全员创新、全时空创新和全面协同。这一理念不仅推动了创新管理理论与实践的深入发展,而且为企业提供了全新的创新思维方式和实践路径。全要素创新强调了创新的系统性和全面性,要求企业在技术创新的同时,也应重视战略、文化、制度和组织等其他创新要素的协同发展。全员创新打破了创新仅限于研发人员的局限,认为每位员工都能成为创新的推动者。全时空创新则提出了创新无时无处不在的观点,强调即兴创新、即时创新和连续创新的结合。而全面协同则是在全员参与和全时空创新的基础上,实现各创新要素的全方位协同匹配,以产生更大的协同效应。

引领性创新在全面创新管理的基础上,进一步强调了创新的引领性和前瞻性。它不仅是企业内部创新要素的整合,更是企业在国家、行业层面上对创新的引领。引领性创新要求企业不仅要追求短期的创新绩效,更要着眼于长远,以价值实现和社会责任为导向,推动企业和社会的可持续发展。引领性创新的核心在于引领企业超越现有的市场和技术边界,通过长期主义、开放共享、价值共创和意义驱动的原则,实现创新的质的飞跃。它要求企业在创新过程中不仅要关注内部的创新要素和员工的创新能力，还要关注创新如何服务于国家战略、行业进步和社会责任。

在数字化和全球化的背景下，引领性创新为企业提供了一种新的创新管理范式，帮助企业在激烈的国际竞争中实现从追赶到引领的转变。通过创新驱动发展战略，企业能够提升国家的科技实力和产业竞争力。这种创新范式不仅适用于中国企业，也为全球创新管理领域提供了新的视角和思考。

四、创新与创业关系的讨论

创业的精神实质是创新，创业过程的核心就是创新精神，创新是创业的动力和源泉，是创业的主要标志。纵览世界历史，从本·富兰克林到托马斯·爱迪生，再到今天的比尔·盖茨、史蒂夫·乔布斯，整个20世纪，涌现出许许多多优秀的发明家和创业者，产生了改变这个世界的许多重大发明和科技成果，这都是创新。如果把创业比作是推动经济发展的发动机，那么创新就是发动机的气缸，它带动了重大发明和新技术的产生，推动了人类社会的不断进步。

（一）创新与创业的区别

知识经济的核心，就是社会经济由许许多多的创新活动构成，这些创新活动从创意、发明创造到创业，需要有两样东西的支撑，第一个是宏微观制度环境，另一个是资源的优化配置与有效运用，当然这两个东西也是互通的。

社会上有很多的发现(discovery)与发明(invention)创造(creation)，但是它不会自动成为事业(business)，因为缺乏良好的政策环境或商业模式(business model)或关键性资源，所以它没办法发展成创业，更形成不了价值，因而谈不上是真正意义上的创新(innovation)。

特别地，有些创业活动主要是在模仿甚至复制他人的产品或服务，自身并没有什么创新，但也是在创业。可见，创新与创业并不是完全等同的概念。瑞典管理学家Kaj Mickos(2004)就提出，“创业不是创新，创新也不是创业。创业可能涉及创新，或者也并不涉及；创新可能涉及创业，或者也并不涉及”。①

创新与创业主要区别在于：

关注点不同。创业不一定非得有创新，创业并不拘泥于当前的资源约束，甚至可以白手起家，创业者更加注重的是寻求机会和创造性地整合资源，关注的是机会、市场和顾客需求；创新则关注如何对现有的理论、技术、模式、方法等实现新的突破，或对现有资源——生产要素实施新组合，以提升其价值创造的能力。

手段不同。创业重“业”，往往通过创建新的企业或通过组织变革、商业模式创新来实

① 上海理工大学高等教育研究所. 创新和创业的联系与区别[EB/OL]. http://ghc.usst.edu.cn/s/38/t/380/4a/79/info19065.htm/2010-12-30.

现财富创造；创新重“新”，创新无须通过组织变革和商业模式创新的手段，哪怕仅仅在理论研究或者实验室中获得新发现和新发明，就可称之为创新。至于这些新发现和新发明能否推向市场、能否实现财富创造创新者则往往无暇顾及。因而，创新可能并不涉及创业。

主体与客体不同。创业的主体通常是创业者个人或由个人主导的创业团队；创新的主体除了个人外，还有企业、政府、高校或科研院所等多种形式；创新的客体可以是理论、技术、产品、工艺、组织、流程、管理、模式、观念、方法、秘诀等，而创业的客体通常就是一个企业或组织。

（二）创新与创业的联系

创新与创业都是赋予资源以新的创造财富能力的行为，以实现价值创造为归宿，并且成功的创业活动往往离不开创新。“创新型创业”是“创新”和“创业”的交集部分，会更容易形成独特的竞争优势，也更有可能为顾客创造新的价值，是创业中最具可持续发展的类型。

1. 创新是创业的灵魂、本质与动力

创新是创业的源泉，是创业的灵魂、本质与动力，是创业者的重要特征。

创业往往因创新而催生，创新因创业而实现其商业价值。

当今世界，企业竞争的焦点已从物质资本与市场的竞争转移到了企业间创新能力的竞争，创新是企业可持续发展的必由之路。创新精神是创业的灵魂、本质与动力。要创业，就必须具备追求新事物的强烈意识、对新生事物执着的探究兴趣、对新事物的敏感和好奇心、追求新发现和新发明的激情。创业者不论是创建新企业，还是在原有企业中开发新产品、实施新战略、开辟新市场、引进新技术或配置新资源，都是不同程度的创新活动，因而创业者首先是创新者，而创新的思维和能力则是创业者个体创造力水平的综合体现。

美国长期从事创业研究的著名学者加特纳教授（W Gartner）曾调查了 36 位学者和 8 位商业领袖，归纳出 90 个创业属性，最终发现对创业活动强调最多的属性是创新。诸如新事业的创造、新企业的创建与发展、新事物附加价值的创造、通过整合资源和机会的产品或服务创新、为了把握机会的资源筹集和创新等。很多创业者借助创新的产品或服务而创业，并努力将创新产品（或服务）推向市场，创造财富，造福社会。从这点看，创业实际上是一种不断挑战自我的创新过程，正如德鲁克所说：创业精神是一个创新过程，在这个过程中，新产品或服务机会被确认、被创造，最后被开发出产品并创造新的财富。

2. 创新的价值由创业体现

创新的前提是创意，创新的延伸是创业和市场。

由于当前世界经济的转型，创新的模式也发生了巨大的变化，仅按“基础—技术—应用技术—推广”的研发链进行创新，已经远远不够，要继续向下游延伸，形成产业链，将创新成果变成产品；而在此之后，还有很重要的一条市场链，将产品推向市场，形成价值。这三根完整的链条共同构成了“创新创业链”，每根链条的每一个环节都有创新的内容与需求。

可见，创新的最终价值就在于将潜在的知识、技术和市场机会转化为现实生产力，实现社会财富增长，造福人类社会。否则，创新也就失去了意义，而实现这种转化的根本途径是创业，创业者使得创新成果实现商品化和产业化，将创新的潜在价值转化为现实的社会财富。

市场是决定创新成败的试金石。彼得·德鲁克认为一项创新的考验并不在于它的新奇性、科学内涵等，而在于推出市场后为顾客接受的程度，也就是能否创造出新的价值。

创业者不一定是发明创造者，但必须具有能发现潜在商业机会并敢于冒险和勇于开拓创新的特质；发明家也未必能成为创业者或企业家，其发明的科技创新成果则往往经由创业者推向市场，使其潜在价值市场化，发明成果才能转化为现实生产力。事实上，我国每年有大量的科研成果被束之高阁，难以转化为现实生产力和社会财富，就是因为缺乏这种创业型的转化，因此谈不上是真正意义上的创新。

历史上每次划时代的创新成果都是通过创业后才进入市场，进而催生出一个或若干庞大产业部门，为创业者本人、为企业和社会创造出巨额财富。如1876年发明的电话成就了全球通信产业和诺基亚、摩托罗拉、贝尔、朗讯等一大批跨国公司；1885年发明的汽车造就了通用、福特、戴克、宝马等大批汽车业巨头；1946年制造出来的第一台计算机使得IBM和英特尔成了IT界的霸主；个人PC机诞生于1981年，催生出苹果、微软、戴尔等业绩令人惊叹的世界级企业；1995年前后电子商务投入市场，亚马逊、脸谱、阿里巴巴等一大批网络企业应运而生；2007年，智能手机的普及标志着移动互联网时代的到来，苹果的iPhone与谷歌安卓操作系统的问世，推动了全球应用生态和移动支付、共享经济等商业模式的繁荣，造就了腾讯、字节跳动、Uber、滴滴等互联网巨头。

3. 创业推动并深化创新

创业可以推动新发明、新产品和新服务的不断涌现，创造出新的市场需求，从而进一步推动和深化科技创新，推动经济增长。

美国国家科学基金会和美国商业部等机构在20世纪90年代发表的报告表明，二战以后，美国创业型企业的创新占美国全部创新的一半以上和重大创新的95%。

西门子创建于1847年，当年只有10个人。在跨越两个世纪的漫漫历程中，秉承创始人维尔纳·冯·西门子"一年两万项发明革新"的成功秘诀，系统建立了创新体系和创新机制，不断提升企业核心竞争力。在西门子公司的发明册上，一系列欧洲和世界第一。据统计，在德国电气技术方面的全部专利中，西门子公司竟占到1/4以上。

创业推动并深化创新，本质是创优。

乔布斯是一个勇于创新的人，但是在推出新产品这个角度，他又是一个吝啬创新的人。苹果手机，至今只推出了几部，而且样式只有2个，差不多1年才有一部手机面世。相比之下，昔日称霸手机市场的诺基亚，当年每年都推出四五十款新手机。单纯谈创新，诺基亚肯定更胜一筹，但诺基亚却在市场上节节败退，2013年9月最终被美国微软收购。苹果公司虽然每年才推出一款新手机，但背后研发的却可能是几十部、几百部，最终乔布斯只选择最好的一部推向市场，其他的全部否决掉，这就是创优。创优是适合市场的创新，这样的创新才能创造卓越，企业才能获得持续的竞争优势。

第二节 创新的过程与方法

一、创新的过程

在企业管理领域,创新是一个复杂的过程,涵盖从新思想的萌芽到实现市场价值的一系列步骤。它不仅依赖于企业内部多个部门的协同合作,还需要外部环境的支持,如政府政策、学术界的研究成果以及研究机构的技术支持。任何一个环节的缺失或不足,都可能导致创新无法顺利转化为实际的市场价值。因此,创新的过程可以被视作一个系统工程,涉及以下六个关键步骤:

(一) 新思想

创新的起点是新思想的萌芽。企业可以通过多种渠道获得新思想,包括内部的头脑风暴,组织员工进行跨部门的头脑风暴会议,激发多样化的创意思维。还可以通过客户反馈与市场调研,分析客户需求、市场趋势,识别潜在的创新机会。此外,研究竞争对手的产品和服务,寻找可能改进或差异化的点,也能够带来新的启发。最后,企业还可以利用开放式创新平台和合作伙伴网络,从外部获取新的想法和技术支持,为创新提供多维度的思想来源。

(二) 研究

在新思想产生之后,企业需要通过研究来验证其可行性和创新价值。首先,进行技术可行性研究,评估技术实现的可能性,包括基础技术的研究和实验。其次,进行市场需求分析,研究目标市场的规模、潜在需求及消费者的接受度,确保创新符合市场需求。最后,法律和知识产权审查必不可少,企业需要确认是否存在潜在的知识产权风险,并评估新思想的专利性和法律保护条件,以确保创新的独特性和法律可行性。

(三) 发展

经过研究确认可行性后,企业进入具体的产品或服务开发阶段。在这个阶段,首先需要进行概念验证,通过开发概念验证模型,确认核心功能和技术能否满足预期需求。接下来是原型设计与测试,企业设计并制造初步原型,通过内部测试和用户反馈不断改进产品。最后,制定项目计划与资源配置,确保项目按计划推进,资源合理调度,为接下来的试制和生产打好基础。

(四) 试制

试制阶段是将产品初步设计成果转化为可供测试的产品原型,并进行小批量生产和测试的过程。首先,企业进行小批量的试生产,以验证生产工艺的可行性及产品一致性。

随后，对试生产产品进行严格的质量检测，根据检测结果进行必要的改进和调整。最后，通过用户试用，收集用户反馈意见，进一步优化产品的性能和功能，为后续的规模化生产做好准备。

（五）生产制造

试制成功后，企业进入规模化生产阶段。在这一阶段，首先根据产品特点设计并优化生产线，以提升生产效率和质量稳定性。其次，建立稳定的供应链管理，确保原材料的及时供应及成本控制。最后，企业需要建立全面的质量管理体系，确保每件产品都符合设计和安全标准，实现高质量的批量生产，并且控制成本，保证市场竞争力。

（六）商业化

商业化是创新的最后阶段，决定创新能否转化为实际的市场价值。在这一阶段，企业首先制定市场推广策略，进行品牌定位和市场推广活动，以吸引目标客户。接着，建立并管理销售渠道，优化销售策略，确保产品迅速进入市场并占领市场份额。最后，提供完善的售后服务，收集客户使用反馈，持续改进产品或服务，保持市场竞争力。商业化的成功与否，直接关系到创新成果能否为企业带来实际的经济回报。

二、创新的方法

（一）组合创新法

人们往往认为，凡是发明创造都必须独出心裁，应用全新的知识。其实不然，在许多情况下，在已有知识平台基础上，把不同的知识或要素结合起来，或者把不同功能的产品巧妙组合在一起，往往就可以成为科学技术的发明与创新。

1. 优点组合创新法

优点组合创新法就是将各种产品的优点集中起来，进行新的创造的方法。可以说，大凡能够不断整合现有产品优点进而开发出新产品的企业，大都供不应求，市场热销。比如，新款 iPhone 上市立马引发全球“果粉”抢购热，苹果公司耗费了数年时间精心研发，推出了吸引用户的完美设计，究其实质无非是现有不同的设计、要素和功能的整合，智能手机已经成为 21 世纪的“瑞士军刀”，而且必将具备越来越多的功能。

案例 3-1

三菱电器火锅的发明①

台北一位叫陈浩林的先生到东京小住。他将中国常使用的火锅形状和构造予以改良,然后卖给日本著名的三菱电器公司,虽然他所得到的报酬只有120万日元,但当时不仅日本的各大报竞相刊登这项消息,连中国台湾的四大报——联合报、经济日报、"中央"日报、中国时报也纷纷加以报道,使得陈浩林一夜之间成了发明界的英雄。

陈浩林能够引起轰动的创新其实很简单,只不过在中国式的火锅用以放炭的洞里接根电热丝而制成。三菱电器公司见到这种富于中国古典情调的东西,大为动心,出价120万日元把它买下来,然后把它命名为"三菱电器火锅"。这种火锅推出之后,居然成了三菱公司最畅销的商品,替三菱赚了不少钱。

2. 多功能组合创新法

追求多功能是一条重要的创新捷径,功能的增加并非一定是由于原有产品或经营方式有明显的缺陷,它主要是从组合创新的思路出发,从而激发出许许多多的创新设想。运用组合创新法进行产品创新,可以有多种思路:产品的材料、产品的颜色、产品的体积、产品的功能等等。开始时,我们可以抓住其中某个方面进行思考,运用娴熟时,也可以拆解为多个单元,然后综合考虑,灵活组合。音乐贺卡、音乐喷泉、录放机、全自动洗衣机、数控机床、工业机器人、激光打印机、复印机等都是多功能组合创新的例子。

2010年,联想针对中小企业典型需求,设计推出了便捷高效的线上服务平台——扬天"芸豆"云服务平台。这个平台就体现了互联网多功能组合创新思路,它集成整合了在线会计服务、在线进销存管理、在线客户管理、在线对账平台、在线订货平台等多项功能。对于初创型的中小企业,这些现成的应用免去了企业管理者到处寻找管理系统的麻烦。

案例 3-2

e时代新型军刀②

维氏军刀以其小巧而多功能的组合刀具著称于世。在2011年的国际消费电子展上,这家公司推出了他们的最新产品——将军刀与小型固态硬盘组合在一起的新型e时代军刀。除了几款常见刀具外,最引人注目的要数这块固态硬盘,它的存储容量高达512 GB,

---

① 佚名.致富故事:富于东方情调的电火锅[EB/OL].创业网.http://www.795.com.cn/wz/55978.html.

② 资料来源:佚名.小巧多功能组合 创新硬盘瑞士军刀[EB/OL].慧聪五金网,2011-01-13.http://www.wujin.hc360.com.

同时带有小型黑白显示屏可以显示时间、存储容量等信息。将军刀与固态硬盘创新性地结合在一起，开启了军刀的电子时代之门，意义深远。

3. 主体附加创新法

主体附加创新技术以某一特定的对象为主体，然后置换或插入其他附加事物，从而导致创新的一种组合技巧。它是对材料、元件、原理和方法等组合方式灵活应用的结果。这种创新技法的优点是容易产生组合设想，但不能对原有事物产生重大突破性的改进。

主体附加创新法常采用两种方式。第一种方式是不改变主体的要素与结构，采用"纯粹"的附加。例如电脑屏幕前的"保护屏"，摩托车上附加的里程表、后视镜、车筐等，每附加一种相关设计，同时也就增加了一些相关功能。第二种方式是附加前主体内部结构要适当加以改变，以便使主体和附加物之间结构协调紧凑。如将盆景与壁灯的功能组合赋予一种新的结构，发明了盆景式壁灯；湖南赵忠诚发明的多功能健身手杖，通过对普通手杖进行改装，利用主体附加，使其具有拄杖助行、照明、按摩、磁疗、报警、健身和防卫等多项功能；又如，某品牌台灯附加聚集了播放音乐、收听广播、计算器、温度计、时钟等多项功能。

（二）模仿创新法

模仿创新是指在解剖他人样机的情况下，掌握他人设计、工艺、构造原理，或购买、破译领先者的核心技术和技术秘密，以吸取其先进经验并研究其缺陷与不足，进而在此基础上进行技术创新，改进产品性能或结构、提高质量、改善功能，获得经济效益的一种行为。

1. 模仿创新的优点

我们知道，开发一种全新的产品往往要耗费巨大的人力、物力、财力，并且需要相当长的研发时间，而采用模仿创新则可以最小的代价获得最大的收益。因为它无须从头研究开发，无须市场调研，投资少、风险小，只做有价值的新技术跟踪学习。长期模仿创新，能不断提高企业的基础竞争力，积累创新的能力与经验。模仿并不是全盘照搬照抄，模仿一定要结合实际情况灵活应变，根据中国的国情、民情、风情、人情等实际情况改进和变革，模仿创新才会有生命力。

出现下列一种或几种情况，被认为是企业模仿的最佳时机：

小企业开创了新市场的时候。小型先驱公司和大型市场后来者之间的营销能力存在本质上差异。这时，效仿者要迎头赶上就轻而易举。

不存在专利或可以避开专利时。专利可提供的保护比人们想象要少得多，因为有许多方法可绕过专利；具体的产品可申请专利，但抽象的创意却无法申请。

拥有共同的经验时。模仿者曾生产和销售过非常接近创新产品的东西时，成功的机会就大大增加。这种先前经验很容易抵消先驱者的优势。

先驱者的定位仅在某一端市场时。刚开始时，先驱者可能在最初的那端市场占据了最佳地位，但随着市场不断扩展，已超出原有界限，以至先驱者占据最佳地位的那端市场越来越无足轻重，这就为较晚进入市场的模仿者提供了抢占最佳市场地位的机会。

案例 3-3

后来居上的追随者①

录音电话:20 世纪 50 年代末期,Code-A-Phone(柯德电话公司)率先推出了这种产品。此后几年,这家小公司费尽千辛万苦力争使产品尽善尽美。但到了 80 年代,市场规模扩大、吸引力大增时,它的这些努力已经无济于事。对 AT&T 和松下等公司而言,这家公司为阻止其它公司进入市场设立的障碍完全形同虚设,最后这些公司进入并完全占领了这一市场。

微型相机:几十年来,市场先驱德国徕卡(Leica)相机一直是技术和市场的领先者。后来日本厂商,特别是佳能(Canon)和尼康(Nikon)模仿德国技术并加以改进,还降低了价格。莱卡却置若罔闻,最终只落得个做市场配角的结局。

个人电脑:当个人电脑转入商业用途后,IBM 进入市场,利用其声望和营销、分销技能,很快占领了市场。此后,戴尔(Dell)和康柏(Compaq)等模仿品制造商,模仿了 IBM 的标准,并低价出售产品,抢占了大量的市场份额,并进而成长为世界级大公司。

可见,研发力量薄弱的中小企业,尤其是新创企业,当发现自己某些新产品和服务不能抢先进入市场的时候,其实不用着急,采用模仿创新,常常可以后来居上。

为什么"迟人半步"也能走上成功之路呢?因为任何新产品都不可能一开始就完美无瑕,而"抢先一步"者本身又为取得市场的最初领先地位所陶醉,很难看出自己产品的不足,不能及时发现并加以克服产品的缺陷。而"迟人半步"者则处于静观默学的状态,先选准自己需要的产品和技术,跟踪研究他人首创产品核心技术,分析其优点与不足,然后自己集中研发力量,扬长避短,生产出款式更新颖、结构更合理、性能更先进、成本更低廉的同类产品,必能有效地战胜对方,最终取而代之。

2. 模仿创新策略

- 模仿设计品。引进竞争对手畅销产品的风格、设计或样式,或者发现某一领域中创新产品的潜在价值,就把它应用到其他领域。
- 创造性改造品。这是最具创造精神的模仿产品,人们拿来现有产品,对其加以改进,或者改变现有产品使之适应一个新的市场领域。
- 模仿创新出来的产品或服务,定价低于被模仿对象。

① 资料来源:Steven P. Schnaars. Managing Imitation Strategies: How Later Entrants Seize Markets From Pioneers[M]. Macmillan, Inc, New York, 2010.

案例 3－4

松下公司的技术追随策略①

日本索尼公司首先发明的贝塔马克斯牌录像机在市场上取得了最初的领先地位。

松下公司通过市场调查，了解到消费者最欢迎的是能放映更长时间的录像机。于是，松下公司就在贝塔马克斯录像机的基础上，设计出一种容量大、体积小的录像系统。性能更可靠，价格更低廉。结果松下公司的乐声牌和 RcA 牌两种录像机压倒了对方，从而占有日本录像机市场的三分之二。

松下公司不当技术先驱者，而是做技术追随者，没有投入大量资金去进行新技术开发，而只是静观他人之长，然后拿来为自己所用，从而节省了大量人力、物力，收到事半功倍之效，低投入，高产出。

案例 3－5

亚都超声波加湿器的模仿创新②

北京亚都科技股份有限公司创立于 1987 年，何鲁敏在国内率先推出超声波加湿器，是国内成立最早、规模最大、专业致力于优化室内空气品质的高科技公司。2006 年 5 月，亚都成为北京 2008 年奥运会空气净化、加湿器独家供应商。根据调研机构和中国国家信息中心的数据，近年亚都加湿器、净化器和除湿器各自的市场占有率分别为 55%、57%和 65%，三类产品均居国内榜首。

亚都在开发超声波加湿器时采用了模仿创新技术。

● 模仿。在日本了解到工业加湿器，其原理是通过把高频电振荡经过换能器转化为高频机械振荡，再利用这种振荡，使液体表面分子获得能量，以分子的状态脱离出来，达到加湿的目的。

● 国产化。回国后何鲁敏将其改制成家庭加湿器，使原价格由 690 多元降到 298 元。

● 再开发。引入北京家庭后，由于北京自来水硬度比国外饮用水标准高出 10 倍，水中矿物质沉降在桌面上、电器上，造成环境污染。于是，又研究开发了配套净水器。

● 处理噪声。我国的噪声标准是 45～50 分贝，而国外是 35～40 分贝。中国住房较小，噪声显得较大，何鲁敏又花了三年时间，耗费巨资，将噪声降到 30 分贝左右。为了解决“烟民”的需要，又开发出恒湿“换气机”。

● 全新产品开发。根据北京昼夜温差大的特点，设计出耗电 100 W，价格为 1 400 元

---

① 资料来源：王建兵. 迟人半步亦招财[J]. 科技致富向导，1996(8).

② 资料来源：杨轩. 亚都称霸小市场[EB/OL]. 第一财经周刊，2009-10-23. http://cbn. weekly. blog. 163. com/blog/static/12459503520099234412296/.

左右的创新产品,具有喷雾加湿、热交换等功能。产品上市后,受到消费者热烈欢迎。

(三) 联想创新法

联想应当源于现实、高于现实。联想要有知识准备。人的联想不是凭空产生的,需要有丰富的知识与经验积累为基础,一个人的知识经验愈是丰富,想象力驰骋愈宽广,创造成功的可能性就越大。伟大的发明家爱迪生从小勤奋好学,11 岁就阅读了科学百科全书、牛顿的著作以及其他各种书籍,积累了丰富的科学知识,为以后的 1 000 多项科学发明打下了坚实的基础。

联想的方法应当灵活和综合运用。人的大脑中,一旦确定了联想思路,常常会出现并联现象。这是多层次的立体联想,是联想的联想,是举一反三的联想,是联想的飞跃、升华。

被称为当代科学奇才的英国发明家辛克莱,在设计微型电视机时,虽然已把电路全部集中到一小片硅片上,但对如何把显像管长长的"尾巴"去掉却一筹莫展。终于有一天,他在整理资料的时候,思维的两个触点忽然被接通,将"长尾巴"做成 90°弯曲,使它从侧面而不是从后面发射电子。这样一改,一台长度略同于一包香烟大小、厚度只有 3 厘米的电视机终于问世。

1. 类比联想创新法

触类旁通、举一反三的类比联想,是人们运用联想创新的主要技法。

(1) 直接类比。在自然界或者已有的成果中寻找与创造对象相类似的东西。

鲁班发明锯子就是直接类比的典型例子。相传有一次鲁班进深山砍树木时,一不小心,手被一种野草的叶子划破了,他摘下叶片轻轻一摸,原来叶子两边长着锋利的齿,他的手就是被这些小齿划破的。他还注意到草地上的大蝗虫,两个大板牙上也排列着许多小齿,所以能很快地切割叶片。鲁班从这两件事上得到了启发。他想,要有这样齿状的工具,不是也能很快地锯断树木了吗!于是,经过多次试验,终于发明了锋利的锯子,大大提高了工效。

1764 年的一天,英国纺织工人哈格里沃斯为发明纺纱机又加班到深夜。他不知绞尽了多少脑汁,度过了多少个不眠之夜,仍然没有进展。这天傍晚,一不小心,"轰隆"一声,将妻子的纺车绊倒了。原来水平放置的纺车倒过来后,变成垂直竖立了,却一个劲仍在那转动。他从中得到启发,发明了比横锭纺车效率高八倍的竖锭纺车。珍妮纺纱机的发明,推动了英国纺织工业的迅速发展。

仿生学更是直接类比在当代的深化研究。比如,人们根据蛙眼的视觉原理,已研制成功一种电子蛙眼。这种电子蛙眼能像真的蛙眼那样,准确无误地识别出特定形状的物体。把电子蛙眼装入雷达系统后,雷达抗干扰能力大大提高,这种雷达系统能快速而准确地识别出特定形状的飞机、舰船和导弹等,特别是能够区别真假导弹,防止以假乱真。电子蛙眼还广泛应用在机场及交通要道上。在机场,它能监视飞机的起飞与降落,若发现飞机将要发生碰撞,能及时发出警报;在交通要道,它能指挥车辆的行驶,防止车辆碰撞事故的发生。

案例 3-6

卡文迪许测算地球重量[①]

当年，英国科学家卡文迪许准备解决地球的重量这一宏大的科学难题。

根据牛顿提出的万有引力定律，就是两个物体之间引力的大小与两个物体的重量成正比，与它们之间距离的平方成反比。卡文迪许想，如果有一个已知重量的铅球，它与地球之间的距离是可以测定的，如果引力常数是已知的，就能根据万有引力定律公式算出地球的重量。但是引力常数当时没有人能测出来。

1750年，19岁的卡文迪许开始向引力常数和地球重量的难题进军。他先拿两个铅球做引力实验。铅球的重量是已知的，距离也是已知的，他要先测出它们之间的引力，才能求出引力常数。但是引力是很微小的，要测出引力需要极精确的测量装置。卡文迪许根据细丝转动的原理做了一个引力测量装置，如果它受到引力，就会产生一个力，促使细丝转动，转动得越多，说明受到的力越大。尽管卡文迪许的装置比普通的弹簧秤精确许多倍，但是对于测量微小的引力来说，细丝转动的灵敏度还不够大。

一天，卡文迪许看到几个孩子在玩小镜子的游戏，深受启发。孩子们手里的镜子，对着太阳在墙上反射出一个个小光斑，小镜子轻轻转动一个很小的角度，光斑在墙上便会移动一大段距离。卡文迪许跑回家在他的测量装置上也安上了一面小镜子。细丝测力仪受到一点微小的力，它上面的小镜子就会转动一个微小的角度，而小镜子的反射光就会转动一个明显的角度。他利用这种放大的办法，使细丝测量引力装置的灵敏度大大提高。

1798年6月，伟大的化学家和物理学家亨利·卡文迪许发表了他著名的地球密度之测定，他成了世界上第一个测出地球重量的科学家。

(2) 象征类比。就是用具体事物来表示某种抽象概念或思想感情。这种方法多用于建筑方面的设计。

(3) 拟人类比。例如机器人的设计，设计者从人体的结构、动作中得到启发，使机器人能模拟人的动作，挖土机就是模拟人体手臂的动作设计的。

(4) 因果类比。两个事物的各个属性之间，可能存在着某种因果关系，因而我们可以根据一个事物的因果关系，推出另一个事物的因果关系。

(5) 对称类比。通过对称关系进行类比，创造出全新的东西来。如从女士化妆品中创造出男士专用化妆品；从热电发对称创新发明了冷电发。

日本HIOS会社的社长户津胜行被称为“螺钉社长”，而他自诩为“街头发明家”。他注意到了毫不起眼却经常使用的螺钉，并产生了独特的联想构思。早在35年前，HIOS就进行过一场“螺钉革命”，把一字槽的螺钉改为对称的十字槽，并逐渐成了主流。现在，他们又发现了十字槽的缺点，研制出Tostupura螺钉。这种螺钉的槽更深，使用的螺丝刀

---

① 资料来源：萧如珀，杨信男.1798年6月：卡文迪许计算地球的重量[J].现代物理知识，2009(3).

刀头也不一样,拧螺钉时咬合得更紧密,省力50%,时间只用原来的一半就可以拧得很紧。发明这种螺钉,就要用新的螺丝刀,HIOS的工业电动螺丝刀在日本的销售额已达70亿元,目前他们的目标是把螺钉和螺丝刀的市场扩大20倍。

(6) 综合类比。各种事物属性之间的关系虽然很复杂,但可以综合它们相似的特征进行类比。如将一个模拟飞机在风洞中进行模拟飞行试验。

2. 功能变异联想创新法

现代创新设计过程中的功能变异联想创新法,就是要奇思妙想,对现有产品和服务的功能进行变异性联想,并根据实际情况和具体需要加以灵活调整、改造和完善,从而构成一种有别于以往设计的创造性联想。

比如人们日常做饭炒菜总是热源在下,需要烧炒的食品在上,电烤箱即如此。烤鱼、肉等食品时,油烟飘逸,鱼和肉加热后析出的油脂下滴,掉在电热丝上,不仅产生大量油烟,而且缩短使用寿命。如果将炼钢使用的"氧气顶吹技术"或把芬兰浴中的蒸汽房技术转移过来,再构思将食品的位置颠倒过来,热源放在上面,食品放在下面,矛盾就迎刃而解了。如果在电烤箱内增加抽气过滤层,使用起来就更加清洁、方便、舒适。

案例 3-7

叩诊法诞生的故事①

叩诊法诞生于18世纪。一位奥地利医生在给一个患者看病时,尚未确诊,患者突然死去。经过解剖发现,其胸腔化脓并积满了脓水。能否在解剖前诊断出胸腔是否积有脓水?积了多少?

一天,在一个酒店里,他看到伙计们正在搬运酒桶,只见他们敲敲这只桶,敲敲那只桶,边敲边用耳朵听。他忽然领悟到,伙计们是根据叩击酒桶发出的声音来判断桶内还有多少酒的,那么人体胸腔的脓水的多少是否也可利用叩击的方法来判断呢?他大胆地做了试验,结果获得了成功。这样,一种新的诊断法——"叩诊法"从此诞生了。

3. 奥斯本检核表法

检核表法是一种简便易行的联想创新方法。

亚历克斯·奥斯本是美国创新技法和创新过程之父。他在1941年出版的《思考的方法》中提出了世界第一个创新发明技法"智力激励法"。1953年出版世界上的第一部创新学专著《创造性想象》,提出了奥斯本检核表法,此书的销量4亿册超过《圣经》。

奥斯本检核表法是以该技法的发明者奥斯本命名,引导创新主体在创造过程中对照9个方面的问题进行思考,以便启迪思路、开拓想象空间、促进人们产生新设想、新方案。

---

① 佚名.创新的一些例子[EB/OL].世界大学城.http://www.worlduc.com/blog2012.aspx?bid=720955,2011-6-21.

见表3-1。

表3-1 奥斯本检核表法

序	检核项目	含 义
1	能否他用	现有的事物有无其他的用途、能否扩大用途;稍加改变有无其他用途?
2	能否借用	能否引入其他的创造性设想;能否模仿别的东西;能否从其他领域、产品、方案中引入新的元素、材料、造型、原理、工艺、思路?
3	能否改变	现有事物能否做些改变?如:颜色、声音、味道、式样、花色、音响、品种、意义、制造方法;改变后效果如何?
4	能否扩大	现有事物可否扩大适用范围;能否增加使用功能;能否添加零部件;能否延长它的使用寿命,增加长度、厚度、强度、频率、速度、数量、价值?
5	能否缩小	现有事物能否体积变小、长度变短、重量变轻、厚度变薄以及拆分或省略某些部分(简单化)?能否浓缩化、省力化、方便化、短路化?
6	能否替代	现有事物能否用其他材料、元件、结构、动力、设备、方法、符号、声音等代替?
7	能否调整	现有事物能否变换排列顺序、位置、时间、速度、型号;内部元件可否互换?
8	能否颠倒	现有的事物能否从里外、上下、左右、前后、横竖、主次、正负、因果等相反的角度颠倒过来用?
9	能否组合	能否进行原理组合、材料组合、部件组合、形状组合、功能组合、目的组合?

检核表法有利于提高发明创新的成功率,创新发明的最大敌人是思维的惰性。大部分人思维总是自觉和不自觉地沿着长期形成的思维模式来看待事物,对问题不敏感,即使看出了事物的缺陷和毛病,也懒于进一步思索。不爱动脑筋,不进行积极的思维,因而难以有所创新。检核表法的设计特点之一是多向思维,用多条提示引导你去发散思考,检核表法中有九个问题,就好像有九个人从不同角度帮助你思考。你可以把九个思考点都试一试,也可以从中挑选一、二集中精力深思。检核表法使人们突破了不愿提问或不善提问的心理障碍,在进行逐项检核时,引导甚至是迫使人们思维扩展,突破旧的思维框架,开拓创新思路,提高了发明创新的成功率。

如表3-1中第四条,能否扩大。在创造设想上多用加法或乘法可使人扩大探索的范围,这是一种很常用又很有效的创造方法。例如,将电脑屏幕放大就得到"投影"显示的效果;远近兼顾的手电,带有两个不同方向灯泡的手电能帮助人们看清脚下的地方和要去的地方;现有钻孔器(手提电钻)功能单一,新型钻孔器既可钻孔又可拧紧螺丝;日本下村株式会社发明了一种可以变大或变小的新式铺盖,投放市场后供不应求;洗衣机从单缸到双缸,从半自动到全自动,从波轮到滚桶,从家用小尺寸到工业大尺寸;广告由于高科技发展已经出现激光广告、光纤广告、数字化图像广告、彩云图像广告等;飞机跑道有频闪信号灯光闪亮,能提示飞机起降,现在美国已将它用于人行道上,使繁忙的城市交通事故得以减少;有个中学生雨天与人合用一把雨伞,结果两人都淋湿了一个肩膀。他想到了"扩一扩",就设计出了"情侣伞"——将伞面积扩大,并呈椭圆形,结果这种伞在市场上很畅销。

又如,第五条,能否缩小。从"缩小""减轻"的思路出发搞创新发明是一种重要的技法,产品轻型化、微型化代表了当今世界低碳经济、节能减排的一种发展趋势。例如生活中常见的折叠伞、微型照相机、掌中宝电脑、折叠沙发和折叠桌椅、袖珍迷你型电视机、录音笔、缩微胶卷、微型电机等就是这种思路的产物。日本电子产品除质量上乘外很重要的一点,就是袖珍型、缩微型、便携式。把原有物品的体积缩小、缩短,变成新的东西,这都是"缩小"的结果。

运用奥斯本检核表法对手电筒进行产品创新的思路举例见表3-2。

表3-2 手电筒的创新思路

序	检核项目	引出的创新发明
1	能否他用	其他用途:信号灯、紫外线灯、装饰彩灯……
2	能否借用	增加功能:加大反光罩,增加灯泡亮度……
3	能否改变	改一改:改灯罩、改小电珠和用彩色电珠……
4	能否扩大	延长使用寿命:使用节电、降压开关……
5	能否缩小	缩小体积:1号电池→2号电池→5号电池→7号电池→8号电池→纽扣电池
6	能否替代	代用:用发光二极管代替小电珠……
7	能否调整	换型号:两节电池直排、横排、改变式样……
8	能否颠倒	反过来想:不用干电池的手电筒,用磁电机发电……
9	能否组合	与其他组合:带手电收音机、带手电的钟、带手电的防暴用品……

利用奥斯本检核表法可以产生大量的原始思路和原始创意,它对人们的发散思维有很大的启发作用。当然,运用此法时还要注意和具体的知识经验相结合。奥斯本只是提示了思考的一般角度和思路,思路的发展还要依赖人们的具体创新思维。运用此法要结合改进对象(方案或产品)来进行思考,运用此方法还可以自行设计大量的问题来提问,提出的问题越新颖,得到的结果往往就越有创意。

(四)逆向思维创新法

逆向思维又称反向思维、求异思维,是对司空见惯的似乎已成定论的事物或观点反过来思考的一种思维方式。敢于"反其道而思之",让思维向对立面的方向发展,从问题的相反面深入地进行探索,树立新思想,创立新形象。由于对立统一规律是普遍适用的,而对立统一的形式又是多种多样的,所以逆向思维也有多种形式。

逆向是与正向相较而言的,正向是指常规的、常识的、公认的或习惯的想法与做法。逆向思维则恰恰相反,是对传统、惯例、常识的反叛,是对常规的挑战。循规蹈矩的思维和按传统方式解决问题虽然简单,但容易使思路僵化、刻板,难以摆脱习惯的束缚,而逆向思维却能克服这一障碍,突破由经验和习惯造成的僵化认识模式,往往出人意料,令人耳目一新,获得创造性的成果。

逆向思维创新途径大致有四条。

1. 结构性反转

结构性反转就是从已有事物的相反结构形式去思考，设想新的技术创造。比如，日本的夏普公司就是突破“烧东西，火在下方”的思维定式，开发出烤鱼器，把电热铬镍合金丝装在鱼的上方，这样的结构不仅同样达到烧烤鱼的目的，而且在烧烤过程中滴下的鱼油不会燃烧冒烟。电吹风是向外吹热风，若去掉电热丝并把风扇反向安装，就可制作出袖珍型吸尘器，用于电脑等电子设备除尘。

2. 功能性反转

功能性反转就是从已有事物的相反功能去思考，设想新的技术创造或寻求解决问题的新途径。日本索尼公司名誉董事长井深大在理发时从镜子里看到电视画面是反像的，由此，他设想制造反画面电视机，不仅可供理发者观看，也可供病人躺在床上从天花板镜子中看，还可供乒乓球训练用，右手握拍的乒乓球员可看到左手握拍的球员接发球及扣杀动作，反之也可以借鉴。

翻阅国内外科技文献，发电机共同的构造是各有一个定子和一个转子，定子不动，转子转动。而我国发明家苏卫星发明的“两向旋转发电机”定子也转动，发电效率比普通发电机提高了近四倍。苏卫星说，我来个逆向思维，让定子也“旋转起来”。

案例3-8

奇思妙想　挑战传统①

苏卫星，男，汉族，1958年6月出生于河南省鹤壁市农村。从年幼时就崇拜发明家爱迪生，想成为爱迪生那样依靠科学发明改变世界的人。1976年高中毕业后，他在一无资金、二无场地、三无科研设备的情况下，凭着对科学的执着追求，凭着甘于吃苦的顽强毅力，刻苦钻研、勤奋自学，走上了自主创新发明创造之路。历经磨难，倾尽所有，取得了丰硕的成果。

2007年苏卫星获得中华人民共和国优秀专家荣誉称号，2010年被评为河南省十大杰出科技创新人物，2011年被评为央视网特别推荐十大杰出创新发明家。

苏卫星对发明创造有着浓厚的兴趣，遇到问题爱从多个角度去思考。他说：“发明，有时就是逆向思维的产物。发明就应该敢于走别人没有走过的路。”

苏卫星发明的“两向旋转发电机”正是基于这个思路而产生的，它改变了普通发电机定子不动的情况。

那年夏天格外热，苏卫星吹着电风扇发呆，看着电风扇不断地旋转，一个想法突然闪进他的脑海：如果让定子也旋转，而且是和转子相向旋转，应该可以提高转子的相对旋转

① 岳婷婷.苏卫星：追逐新能源的农民发明家[EB/OL].新浪博客，2013-02-18. http://blog.sina.com.cn/s/blog_6f04f37b01016i8b.html.

速度。他非常兴奋,立即进行了实验。

寒来暑往,1996 年,“两向旋转发电机”终于研制成功了,它实现了定子与转子相向转动,发电功率较普通发电机提高 3 倍以上,可用于风力发电机、水轮发电机等制造领域,降低制造成本、节省原材料,有着极大的经济价值和社会价值,对于节约无法再生能源和高效利用可再生能源方面具有极大的作用。

苏卫星发明的“两向旋转发电机”被国家权威部门确认为“国内首创,查阅国际文献也尚未发现同类产品”。1996 年 6 月 8 日,“两向旋转发电机”被正式批准授予国家专利,并相继获得日内瓦国际专利技术成果博览会“金质奖”、五十一届世界尤里卡世界发明博览会金奖、二十二届伯尔尼国际专利技术成果博览会金奖、中国高新科技杯金奖等。1996 年,丹麦某大公司曾想以 300 万元人民币买断其专利,可见其发明价值之巨大。

3. 角度性反转

角度反转是指当某种技术目标或技术研究按常规思路从一个方向屡攻不下时,可以变换角度,从另一个方向甚至相反方向来思考,这样往往能打开新的思路,实现新的创造。我国古代大禹治水就是角度反转逆向思维的典型例子。前人都采用堵来治水,而大禹却突破性地采用疏导的方式;司马光砸缸的故事也说明了同样道理,一般人是让人离开水,可司马光却砸缸让水离开人;曹冲称象也是采用转换思维角度的方法。

案例 3-9

一孔值万金①

美国一家制糖公司,每次向南美洲运方糖时都因方糖受潮而遭受巨大的损失。

后来有人设想,既然方糖如此用蜡密封还会受潮,不如用小针戳一个小孔使之通风,经实验,果然取得意想不到的效果,于是申请了专利。据媒体报道,该项专利的转让费高达 100 万美元。

无独有偶,日本一位 K 先生,听说戳小孔也算发明,于是也用针东戳西戳埋头研究,希望也能戳出个发明来。结果,他发现在打火机的火芯盖上钻个小孔,可以使打火机灌一次油由原来的使用 10 天变成 50 天。发明终于被他“戳”出来了。

4. 缺点逆用

缺点逆用不是以克服事物的缺点为目标,而是巧妙地利用缺点,化弊为利,获得创造。任何事物矛盾的两方面都是互相贯通,可以相互转化的,只要我们全面地研究事物的各种属性及其相互关系,就可以巧妙地利用其缺点,创造出新的技术、新的事物。

日常生活中,有许多通过这样的逆向思维取得成功的例子。某时装店的经理不小心

---

① 资料来源:李全成.用科学发展观指导创新[EB/OL].中国共产党新闻网,2009-05-08. http://dangjian.people.com.cn/GB/136058/141884/9268414.html.

将一条高档呢裙烧了一个洞，其身价一落千丈。如果用织补法补救，也只是蒙混过关，欺骗顾客。这位经理突发奇想，干脆在小洞的周围又挖了许多小洞，并精心修饰，将其命名为"凤尾裙"。一下子，"凤尾裙"销路顿开，带来了可观的经济效益，该时装商店也出了名。无跟袜的诞生与"凤尾裙"异曲同工。因为袜跟容易破，一破就毁了一双袜子，商家运用逆向思维，试制成功无跟袜，创造了良好的商机。

案例3-10

"丑陋"招财①

美国艾士隆公司董事长布希耐一次在郊外散步，偶然看到几个小孩在玩一只肮脏且异常丑陋的昆虫，竟然爱不释手。布希耐顿时联想到：市面上销售的玩具一般都是形象优美的，假若生产一些丑陋玩具，又将如何？于是，他布置自己的公司研制一套"丑陋玩具"，迅速向市场推出。

这一炮果然打响，"丑陋玩具"给艾士隆公司带来了收益，使同行羡慕不已。于是"丑陋玩具"接踵而来，如"疯球"就是在一串小球上面，印上许多丑陋不堪的面孔；橡皮做的"粗鲁陋夫"，长着枯黄的头发、绿色的皮肤和一双鼓胀而带血丝的眼睛，眨眼时又会发出非常难听的声音。这些丑陋玩具的售价超过正常玩具，但一直畅销不衰，而且在美国掀起了行销"丑陋玩具"的热潮。"丑陋"的灵感获得商业成功，其根本原因就是抓住了两种消费心理：追求刺激和逆反心理。

第三节　创新战略

一、创新战略概述

战略源于军事领域，是指导战争全局的计划和策略。战略通常包含目标、策略、行动计划和执行方案等四个要素。企业战略是企业为了竞争而正式采取的应急或计划的结果，企业制定战略的过程是将企业的内部资源与环境机遇、风险有机结合，以达到目标的过程。传统的企业战略涉及三个层面：首先是公司层战略，回答"企业在做什么样的生意"；其次是业务层战略，从公司战略推理而来，回答"在所处的行业中企业怎么竞争"；最后是职能层战略，回答"企业凭借什么来进行竞争"。

创新战略指企业依据多变的环境，积极主动地在经营战略、工艺、技术、产品、组织等方面不断进行创新，从而在激烈竞争中保持独特优势的过程。它涉及企业在实现其整体战略目标的过程中获取、开发和利用创新资源与能力方面做出的战略选择和行动。创新

① 丑陋玩具. 环球母婴[EB/OL]. http://www.world-my.com/News_View_108186.html.

战略是企业战略的关键组成部分,与企业战略保持一致,且服务于企业战略,同时对企业战略有推动作用。在当今的竞争环境下,企业需要制定与创新目标相匹配的创新战略,使其能自觉地应用创新,提高经营业绩。

创新战略必须能够应对外部复杂、多变的环境。创新战略的目的在于积累企业特定的知识。这种特定的知识是企业在竞争中取得成功的关键,需要企业在技术领域、业务职能和产品部门中识别并开发专业知识,并通过对技术领域、业务职能和产品部门的整合来探索专业知识,以使企业的内部结构和过程与可能的冲突性需求保持平衡。

案例 3-11

小米的性价比战略

小米成立于2010年,当时恰逢智能手机兴起。2007年iPhone手机成功上市,2009年谷歌发布开源操作系统安卓,这让雷军看到了机会,他立志"做全球最好的手机,只卖一半的价钱,让每个人都买得起。"

小米最早的创新切入点是"用互联网方式做操作系统",通过专注于优化打电话、发短信、通讯录和桌面这4项常用功能,每周迭代一次的MIUI很快吸引了30多万名用户和发烧友,从而为2011年发布的第一款小米手机打下了良好基础。小米能够在创立一年内就成功推出第一款产品,离不开企业家的创新精神,但也得益于苹果的创新示范效应和国内相对成熟的生产供应链。①

二、创新战略的类型

(一)领先创新战略

领先创新战略指企业赶在所有竞争者之前,率先采用新技术并将新产品投入市场,以获取较大的市场份额和利润的一种战略模式。这种战略的核心是通过不断推出具有突破性或革命性的产品、服务或技术,领先市场,成为行业的先锋。企业采取领先创新战略需要不断进行研发投入,保持技术和产品的创新步伐,避免被竞争对手超越。当然,通过创新,企业能够创造新的市场需求,或在现有市场中树立新的标准,引领行业发展方向。同时,由于领先创新通常涉及新技术或新市场,存在较高的不确定性和风险,但一旦成功,回报往往也非常丰厚。此外,领先创新战略往往伴随着强大的品牌建设和知识产权保护,能够确保企业在市场中的独特地位。比如,苹果公司通过iPhone、iPad等产品不断引领市场创新,保持其在智能设备领域的领先地位;一些制药公司通过开发新药、获得专利,保持

① 资料来源:张永军,邹宇峰.6种模式与5个阶段:中国科技企业的创新模式与关键成长期.哈佛商业评论,2024(9).

在医疗市场中的竞争优势。采用领先创新战略的企业能够确立行业领导地位，获取较高的市场份额，并构筑竞争壁垒，难以被模仿或替代。实施领先创新战略的企业必须时刻保持警惕，要坚持不懈地进行技术创新，否则稍有懈怠就会被其他企业赶超。领先创新战略的风险和成本高，因为开发领先的产品极易失败，而且研发费用以及开拓市场费用都很高。

案例 3 - 12

华为"星闪"技术①

华为的星闪(Near Link)技术是中国原生的新一代近距离无线连接技术，由华为等国内外众多企业和机构共同研发，旨在推动新一代无线短距离通信技术的创新和产业生态。星闪技术旨在提高设备之间的连接速度、稳定性和功耗效率。它结合了 Wi-Fi 和蓝牙的优势，能够实现高速率、低延时、低功耗和高可靠性的无线传输。该技术可以广泛应用于物联网、智能家居、车联网等领域。

(二) 跟随创新战略

跟随创新战略指企业不以抢先研究和开发新技术、新产品为目标，而是采取跟随方式，对市场上已出现的新技术、新产品进行及时改进和完善，迅速占领市场，以跟上技术发展的步伐，减少技术领先企业对其造成的威胁的一种战略模式。与"领先创新战略"不同，跟随创新战略不是通过创造全新的产品或技术来引领市场，而是通过在已有的创新基础上进行优化或成本控制，快速进入市场并取得成功。由于跟随创新是在已有市场验证过的成功案例基础上进行，企业在开发和市场推广时面临的风险相对较低。此外，通过规模化生产或优化供应链，企业可以以更低的成本推出类似或改进的产品，从而在价格上获得优势。跟随创新战略要求企业具备敏锐的市场嗅觉和快速的响应能力，能够迅速将创新成果商品化并推向市场。比如：许多智能手机厂商会跟随行业领导者(如华为或苹果)的创新步伐，推出功能类似但价格更具竞争力的产品。跟随创新战略对研发要求较低，市场风险也相对较低；能够通过改进和成本控制，快速占领市场份额；适应性强，能够快速调整产品以迎合市场需求。但这种战略模式缺乏独特性，容易被竞争对手复制；而且，过度依赖他人的创新，可能导致在技术或品牌方面缺乏核心竞争力，难以在市场中树立领先地位。

---

① 根据网络资料整理。

案例 3－13

小米 SU7①

2021 年初,面对美国的制裁,面对智能电动车不可阻挡的趋势,小米官宣“造车”。面对全球新能源汽车行业的竞争激烈,起步迟于新势力汽车企业 6—7 年的小米瞄准智能化电动汽车新赛道,成立全资子公司,首期投资 10 亿元人民币,由小米集团首席执行官雷军亲自带队,全力打造高品质智能电动车。通过对电机、大压铸、智能驾驶、电池包等一系列核心技术的自主研发,2024 年 3 月,定位“C 级高性能生态科技轿车”,以注重科技、智能化和性价比吸引消费者的小米 SU7 发布。小米 SU7 代表着小米进军电动汽车市场的一个重要里程碑,结合了小米在智能科技领域的经验和对消费者需求的深刻理解。

(三) 模仿创新战略

模仿创新战略指通过购买领先者的核心技术、专利许可或反向工程等方式模仿领先者的技术创新战略。采用模仿战略的企业从市场上已有的成功创新中汲取灵感,学习其核心技术或商业模式,然后加以模仿。因此,他们能够在短时间内推出新产品,迅速占领市场,尤其在变化快速的行业中,这种战略能够帮助企业抢占先机。由于已有的市场成功案例为企业提供了验证,减少了开发和推广中的不确定性,因此相较于原始创新,模仿创新的风险较低。当然,有的企业在模仿的基础上,会根据自身的优势或目标市场的特殊需求,进行调整和优化,使产品或服务更具针对性和竞争力。比如,一些小家电厂商通过模仿领先品牌的产品,结合自己的成本优势或渠道资源,推出价格更低的类似产品;一些科技公司模仿知名软件或应用的功能,但增加新的特色或优化用户体验,以争夺市场份额。通过模仿成功的创新,企业能够以较低的成本和风险进入市场,快速响应市场需求,满足消费者对类似产品的渴望。当然,模仿创新可以作为企业学习和积累经验的方式,为未来的原创创新打下基础。但凭借模仿创新出现的产品或服务在市场上缺乏独特卖点,容易陷入价格竞争,而且模仿可能涉及知识产权侵权,面临法律风险。此外,过度依赖模仿可能导致企业创新能力的不足,难以在市场中建立长久的品牌和技术优势。

案例 3－14

格力,从学习开始②

我国空调行业起步初期,压缩机基本依靠进口国外品牌的产品。2004 年,格力收购

① 根据网络资料整理。

② 资料来源:格力电器:追求完美质量永无止境. https://baijiahao.baidu.com/s?id=1645727415264915751&wfr=spider&for=pc.

珠海凌达压缩机有限公司，成为国内第一家拥有压缩机自主品牌的企业。然而早期由于知识的局限性，格力技术人员和质量人员遇到了技术瓶颈。

为了让技术员们更清晰直观地了解压缩机的构造，格力买回来一台解剖压缩机的机床，将一批从售后渠道退回来的压缩机进行大量的解剖，查找失效点。在此基础之上，精益求精的格力人开始测试不同构造的压缩机与空调的匹配性，搭建压缩机的寿命试验台。压缩机故障率的降低让格力自此牢牢守好空调质量的第一关。

（四）协同创新战略

协同创新战略是一种通过企业间或企业与其他组织之间的合作，结合各方的优势资源和能力，共同推动创新的战略模式。这种战略强调通过协作来实现单个企业难以独立完成的创新目标，从而在竞争激烈的市场中获得优势。首先，采用协同战略的各合作方通过共享技术、知识、市场资源等，共同开发新产品或技术，降低创新成本和风险。其次，合作各方通常具备不同的核心能力，通过协同创新，可以将这些优势结合起来，创造出更具竞争力的创新成果。再次，创新过程中可能面临较大的不确定性和风险，通过协同合作，企业可以有效分担这些风险，增强创新的成功率。最后，协同创新通常涉及开放式的合作模式，企业不仅与传统的供应链伙伴合作，还可能与高校、科研机构，甚至竞争对手进行协作。比如，小米与德国徕卡合作，将徕卡的影像技术和摄影经验融入小米的智能手机产品中，以提升手机摄影的质量和用户体验。协同创新战略可以通过整合不同组织的优势资源，显著提升创新的效率和效果；合作各方通过共享资源和信息，可以加快创新的速度，迅速推出新产品；帮助企业进入新的市场或细分领域，扩大市场份额。但协同创新过程中，不同企业间的文化、目标和管理方式不同，可能导致协同合作中的沟通和协调困难；如何合理分配创新成果的收益，如何保护各方的知识产权也存在不少挑战。

案例 3-15

产学研协同创新——冷轧废水生化-物化强化处理新工艺[①]

宝武水务科技有限公司、同济大学和中国科学技术大学成立联合研发团队，针对冷轧废水中 COD 和总氮的排放超标的“卡脖子”问题，开展跨区域协同创新，联合开发了冷轧废水生化-物化强化处理新工艺。该处理工艺成功实现了废水的超低排放，最大限度地降低吨钢废水排放量，提高废水系统运行质量和效益。在模式创新上，宝武水务作为研发主体，加大研发投入，支撑同济大学和中国科学技术大学开展基础领域研究，包括高效催化剂研发和微生物群落结构分析，同时宝武水务为基础研究的成果转化提供了多个应用场景，推动科技成果的应用转化。在技术创新上，形成了微生物精准控制控碳脱碳除氮、碳

① 资料来源：长三角科技创新共同体协同创新十佳典型实践案例. 新浪财经_新浪网. https://finance.sina.com.cn/jjxw/2023-11-04/doc-imztmqmm8681919.shtml.

基载体臭氧催化氧化、高效膜循环资源化回用和浓水三维电催化等四大核心技术，建立了冷轧废水达标处理和资源回用等不同处理目标的多层次技术体系。

在选择创新战略时，我们可能会使用一种或多种战略，应考虑企业的组织特征、产品的市场特征及产品的财务特征，并且针对企业所处的不同生命周期采取不同的创新战略，从而使企业的总体创新战略更具有前瞻性、目标性和可操作性。企业的技术能力、组织能力和反应能力，以及产品的市场需求、生产成本、营销费用和利润空间等要素是企业选择创新战略的重要参考依据。

三、数字化创新战略

数字经济的发展使企业意识到，对传统的创新战略进行变革是保持企业持续竞争优势的关键。数智时代的企业创新更加注重数据资源的获取和应用，以及大数据和人工智能如何赋能企业创新的各个层面。目前数字化创新战略涉及：开放式创新战略、平台创新战略、生态创新战略、数字创新战略。

（一）开放式创新战略

开放式创新战略是一种通过开放组织边界，与外部合作伙伴共同推动创新的战略模式。该战略打破了传统企业仅依靠内部资源进行创新的封闭式模式，强调通过与外部资源的合作来提升创新能力和市场竞争力。企业通过与外部的合作伙伴（如初创企业、研究机构、用户社区，甚至竞争对手）进行合作，获取外部的知识、技术和创意，以补充自身资源的不足。在开放式创新中，各方会共享技术、数据、知识等资源，以推动创新的速度和效率。这种共享不仅可以降低创新成本，还可以扩展创新的可能性。数字经济下，用户不仅是产品的消费者，还可以是创新的参与者。企业可以通过众包、开放平台等方式，直接从用户那里获取反馈和创意，以进行产品和服务的改进。开放式创新往往依托于数字平台和生态系统，企业通过建立或参与一个开放的数字平台，与多个合作方协同创新，共同推动整个生态系统的发展。

（二）平台创新战略

平台创新战略是一种通过构建和运营数字平台来推动创新和商业价值创造的战略模式。平台创新战略的核心是通过连接多个利益相关者（如用户、开发者、合作伙伴），促进其互动和合作，从而实现规模化的创新和增长。数字平台通常服务于多边市场，例如，平台同时吸引消费者和生产者（如电商平台上的买家和卖家），或开发者和用户（如应用商店）。这种多边性使得平台能够在多个方向上推动创新。平台的价值随着用户数量的增加而增强。这种网络效应促进了用户、内容、服务、应用的快速增长，推动创新不断涌现。平台通常开放给第三方参与者（如开发者、内容创作者），通过 API 等工具鼓励外部创新。这种开放性促进了整个生态系统的繁荣。平台通过收集和分析大量用户数据，了解用户行为和需求，从而推动个性化服务、产品创新以及商业模式的迭代。比如，亚马逊和阿里巴巴，通过连接买家和卖家，支持第三方卖家入驻，推动产品和服务创新。

（三）生态创新战略

生态创新战略是一种通过构建和维护一个由多个参与者（如企业、开发者、用户、合作伙伴等）组成的创新生态系统，共同推动创新和价值创造的战略模式。这种战略强调协同合作和共生关系，各方通过共享资源、能力和知识，形成一个相互支持、共同发展的生态环境。基于生态创新战略，生态系统内的多样性（如不同规模的企业、不同领域的技术）为创新提供了丰富的土壤，各方通过共生关系相互依存、共同成长。生态创新战略往往依托数字平台，这些平台为生态系统的参与者提供了一个开放的环境，促进资源共享、数据互通和创新合作。生态系统不是静态的，而是不断演化的。随着新技术、新需求的出现，生态系统会不断调整和扩展，以保持其活力和竞争力。比如，海尔的生态品牌战略，海尔将持续作为引领者与赋能者，带动整个生态体系向更高层次、更广领域发展，为中国乃至全球企业的转型升级提供宝贵的经验与启示①。

（四）数字创新战略

数字创新战略是一种以数字技术为核心驱动力，通过引入和应用新兴数字技术来推动企业或组织创新和转型的战略模式。这种战略旨在利用数字技术的力量，提升业务效率、创造新产品和服务、改善客户体验，以及开拓新的市场和商业模式。数字创新战略依赖于大数据、人工智能、物联网、云计算、区块链等新兴数字技术，这些技术为企业提供了新的工具和方法，促进创新。企业的数字创新战略体现在 4 个方面：① 业务流程数字化。企业通过将传统的业务流程数字化，实现自动化、智能化和精益化，提升运营效率和竞争力。② 产品与服务数字化。通过数字技术，企业可以开发出全新的产品和服务，或对现有产品进行数字化改造，使其更具市场竞争力和用户吸引力。③ 客户体验数字化。数字创新战略注重利用数字技术改善客户体验，如通过个性化服务、智能客服、全渠道营销等方式，增强客户满意度和忠诚度。④ 数据驱动决策。企业通过数字创新战略，建立以数据为基础的决策体系，利用数据分析和洞察来优化业务策略、预测市场趋势、识别创新机会。比如，电商平台通过大数据分析和人工智能技术，提供个性化推荐、精准营销和智能库存管理，实现了传统零售的数字化转型。

---

① 资料来源：《2024 中国最佳品牌排行榜》揭晓——海尔持续蝉联行业第一. https://baijiahao.baidu.com/s?id=1809189725333285925&wfr=spider&for=pc.

第四节　创新型组织

一、创新型组织的内涵

创新型组织是创新能力和创新意识较强,能够源源不断进行技术创新、组织创新、管理创新等一系列创新活动的组织。创新型组织以创新为核心驱动力,通过构建支持创新的组织文化、结构和流程,持续推动技术、产品、服务、流程和商业模式变革,旨在快速响应市场变化,保持竞争优势,并推动长期发展。

相较于其他,创新型组织呈现显著的特征:① 有机型组织结构。创新型组织通常具备有机型组织结构的特征,如组织层级较少,沟通效率高,重视授权,允许快速决策等。此外,为了推动创新,创新型组织内部往往会打破传统的部门壁垒,促进跨部门的协作和资源共享,使得不同专业背景的人员能够共同解决复杂问题。② 创新型组织文化。创新型组织通常具备开放、包容、鼓励冒险和试验的文化氛围,员工被鼓励提出新想法,并尝试不同的解决方案,错误和失败被视为学习和改进的机会。③ 学习型组织。创新型组织重视知识积累和能力提升,鼓励员工不断学习和发展新技能,以保持组织的创新活力。④ 用户导向。创新型组织通常高度关注用户需求和市场趋势,通过深入的市场调研和用户反馈,不断调整和改进产品和服务。⑤ 技术驱动。创新型组织往往处于技术前沿,积极探索和应用新技术,以推动产品和服务的创新。这可能包括数字技术、自动化、人工智能等领域的技术应用。

创新型组织能够迅速捕捉市场变化和机遇,通过快速创新来满足客户需求,保持组织的竞争优势,并推动相关行业的发展。同时,保持创新型组织的灵活性和高效性可能增加管理复杂性,持续的创新需要大量资源投入,包括资金、时间和人才,组织需要在短期收益和长期创新之间找到平衡,而创新想法的实施对组织的抗风险能力提出了挑战。

二、创新型组织文化

组织文化是被组织成员广泛认同、普遍接受的价值观念,思维方式、行为准则等群体意识的总称。每个组织都有自己特殊的环境条件和历史传统,也就形成自己独特的“哲学信仰”、意识形态、价值取向和行为方式,于是每种组织也都形成了自己特定的组织文化。组织文化的功能是在企业制度和层级结构不能触及的地方发挥作用,即用来调节不同成员在企业活动中的非正式关系。它反映了组织成员在日常工作中如何互动、沟通和决策,影响着员工的态度和行为,也在一定程度上决定了组织的成功与否。

创新型组织文化是一种坚持创新、崇尚变革的价值观、制度与人文精神。它通过一系列的价值观、信仰、规范和行为准则,激发组织成员的创造力和冒险精神,推动新想法、新产品和新流程的产生和实施。在创新型组织文化的影响下,组织成员拥有相同的信仰以及共同愿景和目标、工作充满激情和活力、个性自由得到尊重、冒险行为得到高层领导的支持，组织创造各种条件鼓励成员大胆尝试并且无需考虑失败、部门之间协调流畅、创新成为组织成员日常习惯和行为自觉。研究者认为，如果组织价值观看重创新结果，且员工也相信这是真的，他们就会积极寻求和实践创新观念，努力促成创新目标实现。

创新型组织文化具有 3 特点：① 开放性与灵活性。创新型组织文化鼓励开放的沟通和信息共享，支持多样性和包容性，欢迎不同的观点和创意。② 高风险容忍度。在创新型组织文化的影响下，组织接受尝试和失败，把失败视为学习和成长的机会，鼓励员工在创新过程中进行探索和实验。③ 领导风格多样化。领导力是创新型组织文化建设的最初来源，创新型组织文化构建初期，领导者通过组织权力强行植入个人的文化假设，之后领导者通过组织结构设计来规范组织成员行为，完成期通过组织仪式、符号及信念的传达来巩固已有组织文化，因此创新型组织文化的形成领导者兼具家长式领导、魅力型领导和变革型领导的行为特征。

案例 3－16

格力的创新文化

格力集团逐步从传统制造企业转型为以技术驱动的创新型企业，企业的创新型组织文化也在其创新发展过程中逐渐形成。

早期格力将企业发展重心放在销售环节，注重销售团队的培养，但这一价值导向使得格力在面临竞争对手对销售人员的恶意抢夺时陷入被动局面。自此，格力将重心从销售环节转移到生产环节，开始关注产品本身质量。但在提升产品品质过程中，格力选择了更为便捷的道路——从国外进口先进零部件。由于一批使用进口零部件生产的产品，在顾客使用过程中出现较严重的质量问题，返修率居高不下，消费者满意度持续走低，格力空调销量急剧下降。此次挫折使得格力开始关注隐藏在产品背后更核心的要素，即技术。2001 年，领导者董明珠带领团队奔赴日本购买多联式空调技术，但遭到日本企业的拒绝，这给其团队沉重的打击。自此，格力坚定了自主创新、技术创新的信念。发展过程中，倡导员工保持创新思维，自主提出新的产品概念、技术改进方案等，激发员工的创造力和主动性；公司设有创新奖励制度，对提出并实施创新项目的员工给予物质和荣誉奖励，以激励更多人参与创新；注重培养员工的团队合作精神，鼓励跨部门协作，以多元化视角解决问题，推动创新项目的顺利实施……①

经过多年的发展，今天的格力设立了多个研发中心，包括国家级企业技术中心和重点实验室，专注于前沿技术的研究和产品开发，在技术上积累了大量核心专利，在变频技术、智能控制等领域处于行业领先地位。随着数智技术的发展，格力大力推进智能制造，通过

---

① 资料来源：赵毅，朱晓雯. 组织文化构建过程中的女企业家领导力特征研究——以董明珠的创新型组织文化构建为例[J]. 中国人力资源开发，2016(8).

建设智能化生产线和自动化设备,提升生产效率和产品质量;探索工业互联网的应用,推动生产设备的互联互通,实现数据驱动的生产管理模式。此外,格力致力于可持续发展,推行绿色供应链管理,并采取多项创新措施减少生产过程中的碳排放和资源消耗。

格力员工的创新行动不仅为公司的发展注入了新动力,也为个人职业发展提供了广阔空间,进一步强化了公司的创新型组织文化。格力集团的创新发展模式不仅提升了其在全球市场的竞争力,也为中国制造业的转型升级提供了典范。

三、创新型组织结构

(一) 组织结构的定义

关于组织结构的定义,学界有不同的说法。Ambrose和Schminke(2003)将组织结构定义为组织成员之间关系(正式关系和非正式关系)的循环集合,包括权力和报告关系,对组织成员行为的要求,以及组织成员之间的决策模式(如分权)和沟通等。Fredrickson(1986)则认为组织结构是一个从小而简单到大而复杂的连续体,包括规模、横向和纵向差异化以及角色专业化等因素,是组织本身的客观属性。李云和李锡元(2015)的研究认为,组织结构是组织对如何开展工作、完成目标所需要的资源进行规划和安排时形成的某种体现分工与协作关系的框架。卢艳秋等(2021)认为,组织结构是一个组织对各种工作角色的正式安排和对各项工作进行管理和整合的机制。结合已有研究的观点,我们认为组织结构是依据组织战略目标确定的一种规范和约束组织内部关系及其资源分配的框架,涉及层级水平、组织规模、控制范围三个方面。

(二) 创新型组织结构的特点

组织的层级水平和控制范围决定了两种基本的组织结构类型:机械型组织结构和有机型组织结构。在机械型的组织结构中,权力集中,沟通遵循严格的等级渠道,管理风格和职位描述统一,正式的规章制度主导决策。但由于工作被过度细分,以至于没有一个单位能独立地与其他单位协调运作,且领导者从高层施加压力来部分克服无法协调运作的缺陷,导致糟糕的人际关系、较低的满意度和生产率随之出现。而且,高层的压力会在执行和监督的团队中制造一种焦虑和忧虑的气氛。这种气氛在组织中向下移动,上层适度的压力在到达下层时,往往会被极大地放大,影响对中层或下层组织成员的管理。与之相比,在有机型的组织结构中,正式的权力路线不那么明确,权力是分散的,沟通渠道是开放的和灵活的,在帮助员工实现目标的适应性方面,正式的规章制度是次要的。此外,在以广泛的管理权力下放为特征的系统中,管理主要依靠组织内人员的个人主动性和能力。一方面,因为缺乏详细的监督和正式的控制,高管和监督者(在很大程度上是普通员工)在完成任务的方式上享有相当大的自由,这往往会带来态度的改善、更有效的监督和雇员更大的个人责任和主动性的潜力。另一方面,这种组织结构中,人们主要根据结果来评判组织成员。这种对最终结果的关注(而不是对系统和控制的关注),再加上管理层对良好结果的认可和奖励的警觉性,发展了主动性和自力更生能力,并产生了一种比自上而下施加的强大得多的驱动力。

创新型组织需要更好地适应市场变化,激发员工的创造力,从而保持持续的竞争优势,因此,在组织结构上呈现出有机型组织结构的特点,如倒金字塔型组织结构、二元性组织结构。

1. 倒金字塔型组织结构

倒金字塔型组织结构是一种以服务和支持为核心的管理架构,其特点是将传统的管理层级颠倒,管理者处于"底层",而一线员工处于"顶层"。这一结构的主要目的是强化员工的自主性和责任感,激发了员工创造力,也增强管理层对员工的支持和服务职能。具体而言,首先,在倒金字塔型结构中,管理层的主要职责是为一线员工提供支持、资源和指导,帮助他们更好地完成工作。其次,管理决策权下放,员工有更多的自主权,可以根据实际情况快速做出决策,可以更灵活地应对客户需求和市场变化,减少层级指令传递的时间。再次,因为决策链条缩短,企业对市场变化的响应速度更快,更具灵活性,最后,倒金字塔结构强调一线员工与客户的直接接触和互动,使得企业能够更及时、准确地理解和满足客户需求,客户满意度通常较高。

案例 3-17

海尔"人单合一"商业模型下的倒金字塔型组织结构①

海尔集团创始人张瑞敏先生认为,传统科层制最大的问题在于将员工分级别管理,员工听从命令执行项目,这导致员工追求晋升更高的级别,重视与领导的关系,或者小心谨慎地工作以避免出差错,员工创造力被极大地扼杀。为增加海尔员工的自主性和创造性,张瑞敏先生提出一种创新管理理念和组织模式"人单合一"。在这个商业模式下,员工("人")应直接面对用户,创造用户价值("单"),并在为用户创造价值中实现自己的价值分享。海尔由此逐步取消科层制,组织结构向倒金字塔型发展。在这种组织结构中,员工不从属于岗位,而是因用户而存在,有"单"才有"人"。一线员工直接面对用户需求、创造用户价值,员工与用户零距离,形成一级经营体;同时,原有的职能部门大幅精简,并从下指令转变为提供资源,成为二级经营体;此外,以前的主管构成三级经营体,是海尔集团的战略经营体,对内促进协同优化,负责机制创新,对外负责发行和抓住战略性机会。这种组织结构层级简单,上级对下级的控制较弱,员工拥有决策权,呈现有机型组织结构的特点。

① 资料来源:文字由本书整理,图片来自百度图片。

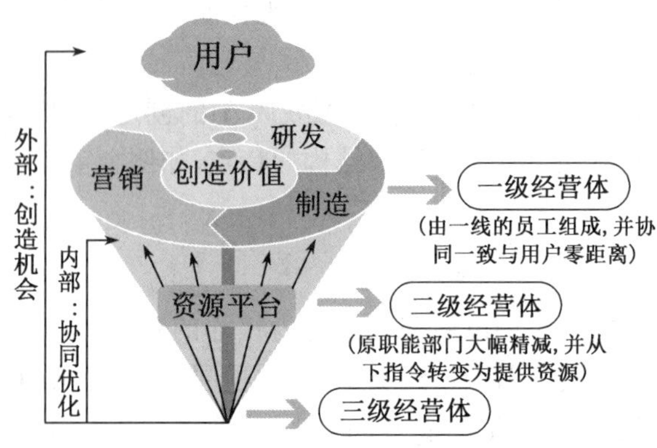

图 3-2　海尔集团“倒金字塔型”组织结构

2. 二元性组织

依据创新程度的不同，创新可区分为渐进式创新和突破式创新。渐进式创新指企业依托原本的产品技术与营销能力，根据时下顾客需求对产品及服务进行细微改变与逐步调整；突破式创新渐进式创新指企业依托原本的产品技术与营销能力，根据时下顾客需求对产品及服务进行细微改变与逐步调整。比如，智能手机中相机像素的逐步提升；数字货币对交易方式的颠覆。基于这两种创新模型，研究者提出“二元性组织”的创新组织模式。二元性组织通常将渐进性创新与突破性创新在组织结构上进行分离。一个部门或团队从事渐进式创新，注重改进和优化现有的产品、服务和流程，提升效率和绩效，确保企业在当前市场中的竞争力；另一个部门或团队从事突破型创新，关注新产品、新服务和新市场的探索，进行前沿技术的研究和新业务的开发，以确保企业的长远发展和未来竞争力；两个部分拥有独立的资源、目标和文化，以确保彼此不受干扰，实现各自的目标。这种组织结构使企业保持现有核心业务的稳定性和效率的同时，也能够探索和开发新的业务机会和技术创新。虽然组织在结构上有所分离，但高层管理团队需要在战略层面进行协调，确保利用性创新与探索性创新相互支持，并最终整合到公司的整体战略中。常见的组织形式有：内企业、新事业发展部、创新小组、新产品开发委员会、虚拟创新组织等。

案例 3-18

腾讯游戏事业部①

2005 年，腾讯将以往的传统职能式组织结构改为事业部制，即将不同的业务板块划分为多个事业部，每个事业部负责特定的业务领域，如社交、游戏、金融科技、广告、云计算等。这些事业部相对独立运作，拥有自己的管理团队和资源配置。事业部制破除了腾讯职能部门横向协调困难、决策反应速度慢等管理困境。通过事业部制，腾讯专注于各个核

① 资料来源：根据网络资源整理。

心业务领域的深耕细作，更好地满足用户需求和市场变化；各个业务单元更加灵活地应对市场变化，迅速调整战略和产品，增强了市场竞争力；各事业部也可以根据自身的业务特点和市场需求，自主进行创新，推动新产品和新服务的快速开发。事业部制使腾讯由一家初创公司转向生态协同的规模型企业。也正是这次变革，腾讯员工研发出了多个爆款应用产品，使“腾讯”这个名字进入了上亿用户的视野。

腾讯游戏事业部就是腾讯极具代表性的创新性的组织，全球最大的游戏公司之一。腾讯游戏业务涵盖从移动游戏到 PC 端大型网络游戏、社交游戏等多种类型。包括《王者荣耀》《和平精英》《英雄联盟》等在内的多个爆款游戏都有腾讯游戏推出或代理。腾讯游戏事业部由多个业务单元组成，包括腾讯天美工作室群、光子工作室群、琳琅天上工作室等。这些工作室各自负责不同类型和风格的游戏开发，形成了多元化和高效的研发体系。虽然各工作室在具体产品开发上具有较高的独立性，但腾讯通过强大的数据支持、平台资源、市场推广等手段，确保不同工作室间的协作和资源共享。

在面临突破性创新时，企业可以通过二元的组织结构来摆脱困境，即一方面继续在企业主流组织中运用渐进性创新来稳定发展；另一方面，即时转换思路，成立相对独立的突破性技术研发小结构。二元组织模式强调在组织结构和文化上保持突破性创新与渐进性创新的隔离，使突破性创新组织独立于主流组织，并形成新的文化价值取向。

本章案例

创新不止铸就创业辉煌

体验式学习活动

创新工作坊

学习目标　让学生通过实际操作来理解创新的过程和方法。

准备工作

确定一个具体的创新主题，例如“智能家居设备”。

准备相关的材料和工具，如纸板、电子元件、电线、胶带等。

设定一个时间限制，比如 2 小时内完成。

活动流程

引入:简短介绍创新的概念和重要性,以及当天的工作坊目标。

分组:将学生分成小组,每组 4～5 人。

头脑风暴 每组进行头脑风暴,围绕主题提出创新想法。

原型制作 给每组分配材料和工具,让他们将想法转化为实际的原型或模型。

展示与反馈 每组展示他们的创新原型,并接受其他组的提问和反馈。

总结讨论 讨论创新过程中的挑战、收获和学习点。

本章要点

创新是一个民族进步的灵魂,是现代经济持续增长的唯一动力源。当前,我国经济进入新常态,创新是中国经济新常态发展的引擎,是改革必不可少的推进器。

按照熊彼特的观点,所谓"创新",就是"建立一种新的生产函数",也就是说,把一种从来没有过的关于生产要素和生产条件的"新组合"引入生产体系。

彼得·德鲁克发展了创新理论,他认为,创新是赋予资源以新的创造财富能力的行为。任何使现有资源的财富创造潜力发生改变的行为,都可以称之为创新。

创新具有以下几个基本特点:新颖性,价值性,风险性和动态性。

当代的创新理论包括:开放式创新理论,创新生态系统理论,企业内部孵化理论,引领性创新理论,创新的 S 曲线理论等。

从企业管理角度,创新是一种新思想从产生,到研究、发展、试制生产制造,再到首次商业化的过程。

创新的基本方法包括:组合创新法,模仿创新法,逆向思维创新法等。

创新战略指企业依据多变的环境,积极主动地在经营战略、工艺、技术、产品、组织等方面不断进行创新,从而在激烈竞争中保持独特优势的过程。

创新型组织是创新能力和创新意识较强,能够源源不断进行技术创新、组织创新、管理创新等一系列创新活动的组织。

重要概念

创新　创新过程　开放式创新　逆向思维创新　创新战略　数字化创新战略　创新型组织

思考题

1. 试述创新的内涵和特点。

2. 谈谈开放式创新理论和创新的S曲线理论对企业创新的启示。
3. 在当前数字化转型的背景下,企业如何运用组合创新法来开发新产品或服务?
4. 企业的数字创新战略表现在哪几个方面?
5. 举例说明创新组织的特点及在日常工作生活中的应用。

参考文献

[1] Ambrose M L, Schminke M. Organization structure as a moderator of the relationship between procedural justice, interactional justice, perceived organizational support, and supervisory trust[J]. Journal of Applied Psychology, 2003, 88(2).

[2] Fredrickson J W. The strategic decision process and organizational structure [J]. Academy of Management Review, 1986, 11(2).

[3] Hansen K, Rush H. Hotspots in complex product systems: Emerging issues in innovation management[J]. Technovation, 1998, 18(9).

[4] Leonard N, Ambrose G. Innovation Design Thinking[M]. China Youth Press, 2014.

[5] Utterback J M. Mastering the Dynamics of Innovation [M]. Harvard University Business School Press, 1994.

[6] Worthy J C. Organizational structure and employee morale[J]. American Sociological Review, 1950, 15(2).

[7] 陈劲,郑钢.创新管理[M].北京大学出版社,2021.

[8] 陈卫旗.组织创新文化、组织文化强度与个体员工创新行为:多层线性模型的分析[J].心理科学,2013,36(5).

[9] 官建成,王军霞.创新型组织的界定[J].科学学研究,2002(3).

[10] 何刚,廖琦菁.张瑞敏:物联网时代的生态品牌战略创新[J].哈佛商业评论,2021(10).

[11] 李寿生.企业创新方法论[M].机械工业出版社,2016.

[12] 李云,李锡元.上下级"关系"影响中层管理者职业成长的作用机理——组织结构与组织人际氛围的调节作用[J].管理评论,2015,27(6).

[13] 卢艳秋,宋昶,王向阳.战略导向与组织结构交互的动态能力演化——基于海尔集团的案例研究[J].管理评论,2021,33(9).

[14] 埃里克·冯·希普尔.创新的源泉[M].柳卸林,陈道斌,等译.知识产权出版社,2005.

[15] 刘海兵.引领性创新:理论脉络、基本内涵与结构构件[J].科学学研究,2022,40(4).

[16] 刘强.协同创新战略与专利制度发展[M].知识产权出版社,2018.

[17] 王德胜,李婷婷,赵丽.渐进式还是突破式——老字号企业的跨界创新[J].科研

管理,2022,43(6).

[18] 魏江,陈劲. 中国创新管理前沿[M]. 知识产权出版社,2006.

[19] 熊彼特. 经济发展理论[M]. 商务印书馆,1990.

[20] 杨震宁. 创新管理[M]. 高等教育出版社,2024.

[21] 袁志刚,毛大立. 创新与转型[M]. 复旦大学出版社,2011.

[22] 张振刚,李云健,周海涛. 企业创新管理:理论与实操[M]. 机械工业出版社.

[23] 彼得·德鲁克. 创新与创业精神[M]. 张炜译. 上海人民出版社,2002.

[24] 彼得圣吉. 第五项修炼——学习型组织的艺术与实务[M]. 郭进隆译. 上海三联书店,1995.

[25] 约翰·E. 艾略特. 创新管理:全球经济中的新技术、新产品和新服务[M]. 王丽华,刘德勇,王彦鑫译. 上海财经大学出版社,2008.

[26] 乔·蒂德,约翰·贝赞特. 创新管理:技术变革、市场变革和组织变革的整合[M]. 陈劲译. 中国人民大学出版社,2012.

[27] 周三多,陈传明,贾良定. 管理学原理[M]. 第六版. 复旦大学出版社,2016.

第4章

创业与创业过程

学习目标

1. 创业的定义、关键要素和类型。
2. 创业精神的本质、来源、作用与培育。
3. 创业过程与阶段划分。
4. 创业过程模型。

引导案例

任正非创业精神解读

第一节　创业与创业精神

一、创业

(一) 创业的定义

“创业”本义是“创立基业”“创建功业”。《孟子·梁惠王下》有“君子创业垂统、为可继也”，把创建功业与一脉相承、流传后世联系起来。

创业是一个跨学科、多层面的复杂现象，这一特点使得这一领域既引人注目又显得复杂。早在两三百年前，“创业”就已见之于经济学文献，在过去的几十年里，创业领域引起了国内外许多学者的关注,不同学科都从其特定的研究视角、运用本领域的概念和术语对其进行观察和研究,因而创业被不断地赋予全新的内容(见表 4-1)。

表 4-1　有关创业定义的比较①

定义的焦点	作者	定义/解释	定义中的关键词
识别机会的能力	Knight(1921)	成功地预测未来的能力	成功;预测未来
	Kirzner(1973)	正确地预测下一个不完全市场和不均衡现象在何处发生的套利行为与能力	正确; 预测; 不完全市场和不均衡现象
	Leibenstein(1978)	比你的竞争对手更明智、更努力地工作的能力	更明智、更努力地工作
	Stevenson, Robertsand Grousbeck(1985)	是对机会的追寻,而不拘泥于当前的资源条件	洞察机会; 追寻机会
	Conner(1991)	按资源观点,从根本上来说,辨识合适投入的能力属于创业家的远见和直觉。但在目前,这种远见下的创造性行为却还没成为资源理论发展的重点	资源观点; 辨识合适投入; 远见和直觉
创业家个性与心理特质	William Bygrave(1989)	首创精神、想象力、灵活性、创造性、乐于理性思考和在变化中发现机会的能力	创造性; 在变化中发现机会
获取机会	Stevenson, Roberts and Grousbeck (1994)	根据已控制的资源去获取机会	控制资源; 获取机会
	Shane and Venkataraman (2000)	创业就是发现和利用有利可图的机会	发现和利用机会; 有利可图
	The USNational Commission on Entrepreneurship(2003)	不断地变化会产生创造财富的新机会,(创业就是)经济(主体)利用这些新机会的方式	不断地变化; 利用机会
创建新组织与开展新业务的活动	Schumpeter(1934)	进行新的组合	新组合
	Cole(1968)	发起、维持和开展以利润为导向的有目的业务活动	发起、维持和开展; 有目的
	Vesper(1983)	开展独立的新业务	新;独立的
	Gartner(1985)	建立新组织	建立;新
	The Academy of Management(1987) Management(1987)	创办和管理新业务、小企业和家族企业,创业家特征和创业家的特殊问题	创办和管理新业务; 创业家特征
	Low, MacMillan(1988)	创办新企业	创办;新

① 资料来源:郭军盈.中国农民创业问题研究[D].南京农业大学博士学位论文,2006.

我国学者倾向于赞同哈佛大学著名创业学教授史蒂文森（Stevenson H.）的定义：**创业是指创业者突破现有资源条件的限制，通过整合不同资源来寻求和开发机会，进而创造价值的过程。**①

（二）创业的类型

创业的类型可以从创业动机、创业形式、创业主体的性质、创业起点等不同角度来划分。

1. 基于创业动机的分类

2001 年，《全球创业观察》(Global Entrepreneurship Monitor，GEM）首次提出两种不同的创业类型：生存型创业和机会型创业。

（1）生存型创业

生存型创业一般是指创业者迫于生存压力，为获得个人基本生存条件不得已而选择的创业行为。社会上绝大多数下岗人员的创业就属于生存型创业。

生存型创业的特点：① 创业者属于被动创业，创业只为谋生，以获得必要的生活来源；② 生存型创业一般可确保创业者及家人的生计，但一般无太大的发展空间；③ 生存型创业主要解决创业者个人就业问题，一般不会雇用过多的劳动力，因而不会产生就业倍增现象。

（2）机会型创业

机会型创业是指创业者为抓住现有机会，以实现价值创造而选择自主创业的行为。机会性创业一般以政府公务人员、职业经理人、高校教师、科研机构人员、专利技术发明者的创业为典型。如比尔·盖茨的退学创业，张茵、马云的辞职创业都是典型的机会型创业。

研究表明，两种类型的创业不论在产品的新颖性、市场的竞争性，还是在增长潜力方面，都有着很大差距。

生存型创业由于普遍缺乏创新，导致增长潜力很弱，难以成为“高成长型企业”，对于经济增长的贡献亦非常有限；机会型创业是一种主动性创业，它有两大特征：① 产品/服务的科技含量高；② 创建的新企业往往属于成长型企业，发展潜力及所创造的就业岗位质量也较高。当然，生存型创业者在积累了市场经验后，如果具有创新能力并能抓住某个有潜力的市场机会，也有可能转化为机会型创业者。

2. 基于创业形式的分类

关于创业的类型，还有一种较有代表性的观点是，克里斯汀(B Christian)等人依照创业对市场和个人的影响程度，把创业分为四种基本类型，即复制型创业、模仿型创业、安家

---

① Stevenson H. The Heart of Entrepreneurship[J]. Harvard Business Revie. March-April, 1985.

型创业和冒险型创业。

(1) 复制型创业

复制型创业指的是在原有的经营模式基础上的复制,这种创业形式在现实中有特别多的例子,同时,因为创业者往往具备丰富的生产经营的经验而使得这种创业形式获取成功的可能性相对比较高。比如某创业者在原来的一家电商平台公司中承担着主管职务,后因各种原因自行离职后,创建了与原就职的这家公司相似的电商企业,并且组建的新公司的管理方式也与老东家是相似的。在这种形式的创业中,因是简单的模仿其创新贡献率相对比较低,同时也缺乏创新创业精神的深刻内涵,因此,这种创业模式并未能成为研究的主流形式。

(2) 模仿型创业

模仿型创业可能很少给顾客市场带来新的价值创造,创新的深度和广度并不是很高,但是相对于创业者来说,很可能是一种全新的改变。典型事例是,一个传统制造企业的管理者离职后,经过和朋友沟通后,决定模仿其朋友成立一家新的游戏公司。因为该创业者在新的领域缺乏成熟的运营管理经验,从而导致创业活动具有较高的不确定性和失败的风险。然而,如果这类创业者具有较高的创业精神,同时得到系统的专门化的培训指导,能够有效把握市场进入的契机,创业成功的可能性会有较大的提高。

(3) 安家型创业

这种创业形式指在保持稳定经营的基础上,进行适当的创新和拓展。这种创业方式适合稳定经营的企业,需要在保持原有优势的基础上,进行拓展和创新。尽管这种创业形式所从事的仍旧是原先熟悉的工作,但的确不断地在为市场创造新的价值。例如,企业内部的研发小组在开发完成一项新产品后,继续在该公司开发另一种新产品项目。安家型企业所强调的是个人创业精神的最大程度实现,而并不对原有组织结构进行重新设计和调整。

(4) 冒险型创业

冒险型创业是指在创业过程中,进行大胆尝试和创新,承担高风险,追求高回报的创业方式。有可能会改变个人的命运,从事一项全新的产品经营,个人前途的不确定性也很大,并且由于是创造新价值的活动,失败的可能性也很大。尽管如此,因为这种创业预期的报酬较高,对那些充满创新精神的人来说仍旧极富有诱惑力。但是,它需要创业者较强的个人能力、适当的创业时机、合理的创业方案、科学的创业管理,具备这几个条件才可能获得成功。

3. 基于创业主体性质的分类

(1) 个人独立创业

所谓个人独立创业,指创业者个人或几个创业者共同组成创业团队,独立地创建企业的活动。在现代社会,随着科学技术的快速发展和技术周期的缩短,一个人在有生之年,完全可能经历“从理论研究到应用研究,再到研究开发和创建企业”这种技术创新成果商业化的全过程。因此，个人独立创业也就成为一种很普遍的社会现象。此外，基于商业模式创新、市场营销创新等非技术创新手段而创建企业，以及随着“创业家”阶层的出现，具有创业特长的创业家还可以通过购买专利的方式直接创建企业。

(2) 公司附属创业

公司附属创业指由一家已经相对成熟的公司重新创建一家新的附属企业。公司附属创业的动力主要来源于三个方面：一是通过创建一家具有更高效率的附属新企业，构建新的经营与销售模式，促进创新产品的商业化；二是通过创建新企业，建立起能够对市场需求作出快速反应的窗口，以保持公司的总体创新活力；三是通过创建新企业所体现的成长性，吸引社会资本的投资。正是在上述三大动力的推动下，公司附属创业日益成为现代创业经济中的一道亮丽的风景。

(3) 公司内部创业

公司内部创业通常是由一个企业内部、具有创业愿望的员工发起，在组织支持下，由员工与企业共担风险、共享创业成果的一种创业形式。其主要目的是将企业家精神注入现有公司内部，鼓励员工在企业内部像企业家一样行事，培养造就内部企业家，为员工营造更大的发展空间和市场潜力，从而有利于留住优秀员工，推动企业的不断创新和可持续发展。

1985 年，美国学者吉福特·平肖详细考察了一批包括 3M、杜邦、IBM、德州仪器、GE、施乐等大公司内部创业的实践，提出了“内部创新者”的概念。1990 年后，美国很多大企业开始此方面的尝试；不久，日本松下、富士通，中国台湾的宏碁，也开始了推行内部创业；2000 年以后，我国以华为公司为首的一批企业也加入这方面的实践。

瑞士洛桑管理学院(IMD)科技管理专业教授乔治·豪尔曾把“公司内部创业”概括为“利用大公司的资金和资源，鼓励员工进行创业的一种活动”。他认为，内部创业最终的目标是为了给公司创造更多的价值，即如果内部创业成功，风险投资能带来收益；鼓励一种尊重企业家精神的创新文化；利用新技术制造一批新公司，成为母公司有用的窗口；创造一种灵活积极的企业形象，吸引投资者，提高股价等。

案例 4 - 1

华为的内部创业[①]

2000 年下半年，华为出台了《关于内部创业的管理规定》，规定凡是在公司工作满两年以上的员工，都可以申请离职创业，成为华为的代理商，公司为创业员工提供优惠扶持的政策。除了给予相当于员工所持股票价值 70%的华为设备之外，还有半年的保护扶持期，员工在半年之内创业失败，可以回公司重新安排工作。

① 资料来源：吴建国. 集体辞职与内部创业——解读华为的新老接替[J]. IT 经理世界，2004(2).

当时,数以千计的华为员工自发组织起来,开始了自己的创业历程,其中包括李一男、聂国良二位公司董事常务副总裁。任正非在欢送李一男的讲话中,把华为鼓励内部创业的目的概括为:一是给一部分老员工以自由选择创业做老板的机会,二是采取分化的模式,在华为周边形成一个合作群体,共同协作,一起做大华为事业。潜在的含义是希望通过创业员工的自我尝试,蹚出一条血路,弥补华为在分销渠道方面与竞争对手的明显差距。然而,任正非没有道出更加深层次目的,却是实施第二次有组织的新老接替运动,将一部分老员工分流出去。

2000年,是华为在IBM帮助下进行业务流程变革的第二个年头,华为正从职能型组织向市场导向的流程型组织转变,这种转变的结果之一,就是管理层级的减少和中层管理编制的压缩。因此,内部创业的举措,实际上是给一批在公司长期工作的中层管理者寻找一条良好的出路。任正非是一个深念旧情的人,基本上不主张直接裁员的精简方案,在他看来,采取内部创业模式,企业拿出一笔费用来支持老员工,既保护了离职创业员工的基本利益,也为华为未来发展培植了良好的周边关系,是一件一举多得的大好事。

广州市鼎兴通信技术有限公司就是一家华为内部创业公司,他们承担了华为公司在湖南、江西及广东市场近1/3的工程安装调试工作。这样的公司存在为华为解决了很多后顾之忧,减少了市场运作成本,双方获利。

二、创业精神

创业精神(entrepreneur spirit/ entrepreneurship)是创业者在创业过程中的重要行为特征的高度凝练,主要表现为勇于创新、敢担风险、团结合作、坚持不懈等。

(一) 创业精神的本质

创业精神概念最早出现于18世纪,其含义一直在不断演化。熊彼特将创业精神看作是一股“创造性的破坏”力量,创业者采用生产要素的“新组合”使旧产业遭到淘汰,原有的经营方式被新的、更好的方式所摧毁。而今天大多数经济学家都认为,创业精神是在各类社会中刺激经济增长和创造就业机会的一个关键因素。

创业精神本质上至少包含四个方面关键要素。

1. 勇于创新

创业的本质是创新。创业精神的核心首先应当体现为创新精神。管理学大师彼得·德鲁克(Peter Drucker)认为,“创业就是要标新立异,打破已有的秩序,按照新的要求重新组织。”“创新和创业精神也必须成为维持我们组织、经济和社会之生存所不可或缺的活动。”(《创业精神与创新》,工人出版社,1989)

创业就意味着创新,创新就意味着突破。这样的突破可能是产品创新——比如苹果手机,可能是技术创新——比如英特尔的芯片,可能是商业模式创新——比如亚马逊的网络图书销售。如果忽视创业背后所蕴藏的创新、社会责任感等创业精神本质要义,将金钱作为创业的全部，那么这种创业很可能就会沦落为个体户或者是暴发户式的创业，而这种企业肯定是长不大的。

2. 把握机会

创业是不拘泥于当前资源约束、寻求机会、进行价值创造的行为过程。因此，创业精神表现为创业者不断地跟踪、关注环境的趋势和变化，而且往往是尚未被人们注意的趋势和变化，在获取尽可能充分信息的基础上寻找新趋势和把握机会。因此，机会把握成为创业者的首要任务。随着企业的发展，这种建立在个人基础之上的机会把握意识和能力，便会在更广阔的市场和更繁多的资源面前捉襟见肘。这时，就需要建立一套完整的系统，在制度上保证机会的识别和把握，以不断开发新的机会，创造更大的价值。

3. 敢当风险

创业精神是一种善于捕捉和利用机会，敢于承担风险，为创造某种新的价值，竭尽智慧勇往直前的文化与心理过程。市场经济的不确定性和企业间的激烈竞争，使得创业过程必然面临多种风险，没有敢担风险的胆识，则创业无从起步。

任何事业的成功都不可能一蹴而就、坐享其成，只有坚韧不拔、卧薪尝胆、求真务实才能有所创造；只有敢想敢干、敢冒风险、敢担责任才能有所作为。敢冒风险并不是说创业者必须“主动寻找风险、主动拥抱风险”，而是指要有敢于承担风险的胆识，善于降低乃至规避风险的能力，以保证企业的生存和健康发展。

4. 团结合作

世界上数不清的宏伟事业都是集体智慧和劳动的结晶，一个没有合作精神的人是成就不了大业的。团结合作和齐心协力是创业成功的关键一环，一个成功的创业企业必定有一支团结合作的创业团队，而且必定有良好的团队之间的合作意识。北京中关村曾有不少企业，在合伙创业兴旺发达之际，分家各当老板，结果纷纷垮台。这说明依靠合作能创业，没有合作事难成。

合作精神要求为人诚信。诚则心凝，伪则心散，精诚所至，金石为开。为人处世，应当说到做到言必信，行必果。彼此之间都能以诚相待，信守承诺，才能实现真诚的合作。

合作精神要求为人宽容。要顾全大局，不要斤斤计较个人得失；要律己严、责人宽，对别人的缺点和错误不要过分挑剔。

5. 自我超越

自我超越就是追求卓越，就是创优，这体现创业精神的归宿。没有自我超越的信念，人就无法确定创业精神与社会需要之间的价值关系，就难以使创业的理念变成现实，也无法实现创业的根本价值。从本质上讲，自我超越的目的就是不满足于停留在小规模或现有的规模上，而是希望创业企业能够可持续增长，不断地创造更多的价值和财富，追求卓越。自我超越是创业者不断设立新的、更高的目标，推动企业不断创新，在变化的环境中保持竞争优势，从而在激烈竞争的市场环境中更好地生存和发展。

创业精神除上述五方面要素外，还表现为坚持不懈、艰苦奋斗、社会责任感等。

1993年3月31日，江泽民同志在八届人大一次会议闭幕式上就提出64字创业精神："解放思想、实事求是，积极探索、勇于创新，艰苦奋斗、知难而进，学习外国、自强不息，谦虚谨慎、不骄不躁，同心同德、顾全大局，勤俭节约、清正廉洁，励精图治、无私奉献。这些都应该成为新时期我们推进现代化建设，所要大力倡导和发扬的创业精神。"①

（二）创业精神的来源

创业精神来源于多个方面，同时创业精神又主要是在学习和实践中，尤其是在创业实践过程中逐步培育、发展和形成的。

就个体而言，创业精神来源于创业者个性特质、认知模式、教育培训和工作经验影响。

1. 创业者个性特质

个性特质主要由创业者素质（包括政治素质、品德素质、知识素质、心理素质、身体素质等）和创业者能力（包括经营决策能力、沟通协调能力、专业技术能力、开拓创新能力等）这两方面因素所决定，创业者个体特质差异对创业精神的培育与形成有着重要的、内在的影响。McClelland（1961）对创业者和其他群体在成就需要方面的比较研究表明，创业家的出现和成就需要之间存在高度相关性。

2. 创业者认知模式

研究表明，创业者在一些认知过程中与其他人有差异，创业者在评价商业情景时更显乐观，他们通常把商业情景归类为具有优势的机会。由于创业者经常处在新的、复杂的、可能产生信息超载的环境中，工作时间长、经常疲劳、体验到高度的压力和紧张，对理想和业务具有强承诺，因此周期性地处在考验他们认知能力极限的环境中，因而增强了对机会、对风险、对各种偏差或误差的敏感性。

3. 创业者资源禀赋

企业资源是创业精神萌生、形成、提升的水分和营养。资源禀赋是创业精神形成的资源保障。创业者的资源禀赋包括创业者所能拥有或能够筹集到的物质资本、社会资本和人力资本。丰富的物质资本是创业精神形成的物质保障，多样化的社会资本是创业精神形成的重要社会关系保障，先进的人力资本则是创业精神形成的智力保障。

4. 教育、培训和工作经验影响

研究表明，创业者经过教育和培训过程，有系统地学习各项创业所需的技能，其创造力与思维能力因受教育而有效提升，工作经验（包括创业经验）则有助于创业者进行创业决策。Jo H 等（1996）通过对韩国 48 家新生企业的研究，发现在早期阶段，创业者背景与企业绩效相关，有过更好教育和更多商业经验的创业者经营的企业利润较高；没有良好教育背景，只有初创、管理和高成长经验的创业者经营的企业利润较低，在企业的成长阶段，也有相同的效应。Charney 和 Libecap（2000）通过对美国亚利桑那大学创业学专业与商学院其他专业毕业生的跟踪调查证实，创业教育确实能有效提高大学毕业生的创业能力、

① 中共中央文献研究室. 十四大以来重要文献选编（上册）[M]. 人民出版社，1996.

创富能力和职业生涯的发展空间。①

上述创业者个性特质、认知模式、资源禀赋、教育培训和工作经验对创业者的创业决策、对创业过程的影响是长期性的、综合性的。

案例4－2

从"电池大王"到"汽车大王"②

一个占地2.387平方公里的电动汽车项目，已经在深圳、惠州两市交界处拔地而起，那是2010年7月30日正式挂牌的"深圳比亚迪戴姆勒新技术有限公司"。戴姆勒和比亚迪将以双方共同创立及拥有的品牌，将新一代电动汽车推向市场，并计划于2013年推出首款新能源奔驰汽车。

王传福，比亚迪的创始人，早年只是一位从安徽无为农村走出来的穷小子。2009年胡润富豪榜排名第一人物：个人财富，350亿元；领域：汽车、手机零部件、充电电池。

看准机会　辞职创业

1987年7月，21岁的王传福从中南工业大学冶金物理化学系毕业进入北京有色金属研究院工作。1992年，26岁的王传福被破格委以研究院301室副主任的重任，成为当时全国最年轻的处长。1993年，研究院在深圳成立比格电池有限公司，由于和王传福的研究领域密切相关，王传福顺理成章成为公司总经理。

在当时，日本充电电池一统天下，国内的厂家多是买来电芯搞组装，利润少，几乎没有竞争力。如何打开局面？经过认真思考，王传福决定依靠自身技术研究优势，从一开始就把目光投向技术含量最高、利润最丰厚的充电电池核心部件——电芯的生产。事实证明，王传福这一招可谓是后发制人、一招致命的关键所在。

不久，王传福从一份国际电池行业动态报告中了解到，日本宣布本土将不再生产镍镉电池，而这势必会引发镍镉电池生产基地的国际大转移，并带来全球电池产业的新格局。王传福立即意识到这将为中国电池企业创造前所未有的黄金时机。镍镉电池经济耐用，是一种非常理想的直流供电电池，正因为日本的退出，国际镍镉电池的缺口正在扩大，其市场前景毋庸置疑。

在有了一定的企业经营和电池生产的实际经验后，王传福坚信，技术不是什么问题，只要能够上规模，就能干出大事业。于是，王传福作出了一个惊人的决定——脱离比格电池有限公司自主创业。

1995年2月，王传福从做投资管理的表哥吕向阳那里借了250万元钱，注册成立了比亚迪科技有限公司，领着20多个人在深圳莲塘的旧车间里扬帆起航。

---

① Charney, A & Libecap, G D. Impact of entrepreneurship education. Insights: A Kaufman Research Series[R]. Kauffman Center for Entrepreneurial Leadership, 2000.

② 资料来源：田志明，黄应来. 内地新首富王传福解码：从电池大王到汽车狂人[N]. 南方日报，2009-10-2.

那时，日本的一条镍镉电池生产线需要几千万元投资，再加上日本禁止出口，王传福买不起也根本买不到这样的生产线。但世上无难事，只怕有心人。王传福根据企业的特点，充分利用中国人力资源成本低的优势，自己动手建造一些关键设备，然后把生产线分解成一个个可以人工完成的工序，结果只花了100多万元人民币，就建成了一条日产4 000个镍镉电池的生产线。

比亚迪的总体成本比日本对手低了40%。利用成本上的优势，比亚迪逐步打开了低端市场。为进驻高端市场，争取到大的行业用户和大额订单，王传福不断优化生产工艺、引进人才，并购进大批先进设备，集中精力搞研发，使电池品质稳步提升，销量不断上升。

1997年，创业仅仅两年，比亚迪公司镍镉电池销售量就达到1.5亿块，排名上升到世界第四位。

2000年，王传福投入大量资金开始了锂电池的研发，很快拥有了自己的核心技术，并成为摩托罗拉的第一个中国锂电池供应商。

目前，比亚迪以近15%的全球市场占有率成为中国最大的手机电池生产企业，在镍镉电池领域全球排名第一，镍氢电池领域排名第二，锂电池领域排名第三。

产业转型　不断超越

2003年1月23日，比亚迪以2.7亿元收购了西安秦川汽车有限责任公司77%的股份，从而成为继吉利之后国内第二家民营轿车生产企业。

消息传出后，全无汽车生产经验的比亚迪遭到了很多人的质疑和反对，无论是公司高管，还是将比亚迪带到香港上市的瑞银亚洲区主席蔡洪平，几乎一致强烈反对；收购秦川消息宣布后，比亚迪的股价连跌3天，由18港元跌至12港元。

但是王传福对此无比坚定。在王传福看来，汽车产业恰恰就是比亚迪未来所依靠的新突破。

王传福认为，比亚迪的电池销售已经快要到达“瓶颈”期了，不可能再有什么大的发展。在这种情况下，要想公司长远发展、获取更多的利润，只有考虑公司的转型。国内私家车市场每年增长60%以上，不做简直没有天理，所以“我下半辈子就干汽车了”。王传福甚至放言说汽车业务要做“两个第一”：“2015年要成为中国第一、2025年全球第一”。

2008年9月，巴菲特宣布以18亿元人民币认购比亚迪的10%的股份，比亚迪声名鹊起。

2011年，历经短短8年，比亚迪飞速跨过了100万辆的销量门槛，跻身汽车企业的“百万俱乐部”。

（三）创业精神的作用

1. 创业精神是推动社会经济转型的引擎

富有创业精神的创业者采用“新组合”打破原有经营方式，代之以新的、更好的经营方式，乃至推动转型升级；或成功创办各类小微型企业，创造就业机会、增加收入和减少贫困。正是基于此，各国政府对创业的支持已经成为一项极为重要的国家发展战略。根据对世界经济发展历史的考证，世界上经济发达的国家大都是创业精神强劲的典范。有的国家在现代化追赶时期人们的创业精神表现强劲，这主要得益于国家政策创新释放了人们的创业精神；有的国家存在持久而强劲的创业精神，这主要得益于整个社会文化氛围的影响和人们的价值追求使然。

欧洲新教徒迁移美国后，焕发出空前的创业热情，使得美国市场经济得以确立、企业得以创立、近代资本主义经济得以繁荣和发展。这种创业精神，是美国爆发第二次、第三次技术革命的思想基础和精神动力。创业精神与高新技术相结合，更是美国保持世界经济领先地位的"秘密武器"。

以色列只有1.5万平方公里国土面积和710万人口，却是全世界创业公司密度最高的国家，人均创业投资是美国的2.5倍，欧洲的30倍，中国的80倍，印度的350倍。更令人惊讶的是，该国在纳斯达克上市的新兴企业总数，超过全欧洲在纳斯达克上市的新兴企业总和，甚至超过日本、韩国、中国、印度四国的总和。仅2008年，以色列就吸引了近20亿美元的风险资本，相当于英国6 100万人口所吸引的风险资本，或德国和法国合计1.45亿人口所引入的风险资本总额。

在中国，创业精神指数排名在前的地区，大都是改革开放的前沿，是非公有制经济发展十分活跃的地区。根据近年来以中小微型企业为主体的非公有制经济对各省(区、市)GDP的贡献率来看，贡献率超过60%的广东、江苏、浙江等省份，均是私营企业户数超过70万户、注册资金总额超过2万亿元的地区，它们在地区GDP、城乡居民工资性收入和财产性收入、拥有百强县数量等方面的排名皆位于全国前列。①

经济结构不合理，一个重要原因就是资源的非均衡配置。创业是将不同资源加以整合、开发利用并创造价值的过程。在市场经济条件下，创业者往往能够敏锐地发现市场在资源配置方面的"失误"，创业者通过大量中小企业的创立和倒闭，会发现更多的市场机会，加速产品和服务的升级换代，更好地实现了市场供求平衡。而这种市场供求平衡的自发调整力量促进了社会资源的优化配置，进而优化经济结构，推动经济发展由粗放型向集约型转变。

2. 创业精神是个人实现人生价值的原动力

人活着应该有一定的梦想和追求，自我实现是人生追求的最高境界。马斯洛的需求层次论告诉我们，人类需要温饱、安全、关爱与归属感，但自我实现的最高需求层次则很少人能够达到。

个人创业对于今天的中国则具有更为现实的意义。在创业精神激励下，创业者从事自己愿意做的事，按自己的意愿开拓属于自己的事业。创业过程尽管艰辛但却能给创业者带来很多乐趣，当你的想法一步步得到实施，当你亲手创建的公司一天天成长，当你的财富一年年积累，当你的业绩一次次得到社会认可的时候，成就感、满足感和自豪感就会油然而生，人生的最大快乐莫过于此，人生价值在创业中得以实现。不仅如此，当创业者

① 林泽炎.创业精神应该成为一种国家竞争优势[N].中华工商时报，2012-08-23.

的财富积累到一定的程度后,往往就会有更高层次自我实现的欲望——以自己的财富来造福他人、造福社会,个人的创业精神得到升华。

3. 创业精神是和谐社会的稳定剂

弘扬创业精神、促进企业家成长,有利于推进社会主义和谐社会的建设。每个人的创业精神可以体现在创立个人事业、家庭事业或企业事业,体现在服务于国家和社会的大业中。一个具有创业精神的人,不管他在社会生活中从事什么样的职业,担任什么样的职务,都会有更高的积极性、更富于创造性,这正是我们构建社会主义和谐社会的力量之源。

构建社会主义和谐社会,首要的任务就是消除社会中的不和谐或影响和谐的因素,而解决就业矛盾是其中很重要的方面。就业是民生之本,创业是就业之基。就业离不开创业,创业是最积极、最主动的就业,创业者通过“自谋职位”和“自我雇佣”实现就业的倍增效应,在就业弹性不断下降的背景下,“以创业促就业”是解决我国就业问题特别是农村大量富余劳动力出路的根本途径,对于构建和谐社会具有深远的战略意义。和谐社会要求共同富裕,创业精神激励全民创业,有利于全体人民在更大程度上分享发展成果,共同拥有更多、更公平的发展机会,享有更具保障的生活,实现共同富裕。

创业精神将在新时期将发挥更大的作用,有利于加快经济发展方式转变,促进经济社会又好又快发展。

案例 4-3

弘扬企业家精神,推动全社会共同进步①

自改革开放以来,我国涌现出众多具有远见卓识和创新精神的企业家,他们构成了一支具有时代特色、民族风格和国际竞争力的中国企业家队伍。在新时代背景下,企业家精神要求中国的企业家们以榜样为镜,将企业的发展与国家的繁荣、民族的振兴和人民的幸福紧密相连,在追求企业利益的同时,促进社会的共同发展。在这一过程中,一些企业家以其在各自领域的杰出成就脱颖而出。例如,中国航天科技集团有限公司的党组书记兼董事长吴燕生,中国交通建设集团有限公司的党委书记兼董事长王彤宙,滨化集团股份有限公司的董事长于江,以及阳光电源股份有限公司的董事长曹仁贤等。

2022 年,中国航天领域取得了一系列重大成就,包括神舟十五号飞船的成功发射、中国空间站首次迎来六名航天员同时在轨、神舟十四号飞船的顺利返回。这些成就标志着中国空间站的关键技术验证和建造阶段任务的圆满完成。吴燕生始终牢记自己的使命和责任,继承和发扬航天精神,推动企业不断创造中国航天的新纪录,助力中国跻身世界航天强国之列。他以国家战略需求为导向,强化国家战略科技力量的使命感,注重原创性研究,坚持补短板、跟踪发展和超前布局,突破航天领域的核心技术,抢占未来竞争的制高点。

① 资料来源:康源.弘扬企业家精神,系列十佳典型案例可借鉴[N].中国企业报,2023-05-10.

中国交通建设集团有限公司党委书记、董事长王彤宙认为，企业家精神是国有企业核心竞争力的关键组成部分。他提出，国有企业要实现高质量发展，关键在于增强企业的科技创新能力、产业链控制力、价值创造能力和体制机制活力，同时弘扬企业家精神。他还提出了从"业务国际化"向"公司国际化"的战略转型，推动企业管理体系的全面国际化。中交集团连续16年在全球国际承包商排名中位居亚洲和中国首位，全球排名第三。

于江作为一家有着多年奋斗和创新历史的民营企业的领导者，带领滨化集团股份有限公司向世界级化工龙头企业迈进。他深植家国情怀，致力于"绿色低碳发展"，全面履行社会责任，连续八年获得全国重点用能行业产品能效"领跑者"称号，并入选国家"水效领跑者"名单。于江高度重视企业文化的建设，将员工的福祉和"获得感"作为企业人文追求的核心，融合"价值创造"和"人文精神"两大目标，让员工共享企业发展的成果，使"双向奔赴"成为滨化持续发展的精神动力。

曹仁贤被称为新能源领域的"凶猛杀手"，在新能源赛道竞争加剧的背景下，不仅带领阳光电源克服困难，迈向更辉煌的未来，还鼓励同行敢于竞争、勇于创新，在全球碳减排行动中紧密合作、共同承担责任，推动产业链实现共生共赢。2022年，曹仁贤带领阳光电源实现了光伏逆变器出货量全球第一，储能系统全球出货量连续7年位居中国企业之首，光伏电站开发商排名全球第一，阳光风电变流器全球出货量再创新高，同比增长53%。

(四) 创业精神的培育

培育当代大学生的创业精神是建设创新型国家和人力资源强国的战略举措，是深化高等教育教学改革、提高人才培养质量、促进大学生全面发展的重要途径。

1. 在全社会大力弘扬创新创业文化

培育大学生的创业精神，必须在全社会，尤其是大学校园大力营造创新创业文化氛围，为创新创业型人才成长创造良好的社会环境。

中国有着几千年的悠久历史和灿烂文化，中华大地物华天宝、人杰地灵，历史上名人辈出，积淀了深厚的历史文化资源。充分利用和开发这些资源，发展先进文化、加快人文精神建设，对于全社会进一步凝聚和弘扬创新创业精神、推动创新型国家建设，具有十分重要的作用。

培育创业精神，弘扬创新创业文化，首先要破除官本位意识，打破学而优则仕、商而优则仕的传统观念。通过创业教育引导大学生走出官场，走向市场，成为全民创业的倡导者和先行者；其次，要破除计划经济意识的束缚，弘扬重商的社会文化，像浙江人一样敢于白手起家，争当老板，吃苦耐劳，甘冒风险，合作拼搏，积极向上，形成人人追寻商机，处处推崇创新创业，大力弘扬创业精神，创造无穷的社会财富。第三，要使艰苦创业、自主创业、全民创业成为当代思想文化的显著特征，形成家业殷实、企业兴旺、事业发达的生动局面。使全国人民进一步增添创业的勇气、创新的锐气、创优的志气，把社会各个阶层和全体建设者的积极性充分调动起来，使一切有利于创新创业的愿望得到尊重，创新创业活动得到支持，创新创业才能得到发挥，创新创业成果得到肯定，为"小康社会"广开活力之源。

2. 构建并完善创业型经济体系

创业精神产生于特定的经济和政治体系中。诺贝尔经济学奖获得者罗伯特·蒙代尔认为,企业家精神的培养不仅需要领导力、创造力、冒险精神等这些来自企业家自身的内功,成长环境同样非常重要。创业者所处的环境自由度对于塑造创新创业精神非常重要,国家应该为创业者提供自由发展的环境和制度。

政府应当深化体制机制改革来激发人们创新创业精神,着力改善软环境,加大开放力度,加快转变政府职能,为创业者和企业创造公平竞争的市场环境,创造有利于千千万万企业家脱颖而出的环境。为此,必须加快消除制约创业的制度障碍,建立创业绿色通道,降低创业门槛,扩大和规范市场准入,减少行政审批,规范行政执法,切实降低创业成本。通过优化制度环境,从体制机制层面到政策法规层面全面构建并完善创业型经济体系,充分释放和激发民众的创新创业热情,让最稀缺的企业家资源充分配置,以创造最大的经济和社会价值。

构建并完善创业型经济体系还必须建立健全创业服务体系。通过政府购买服务的方式,引导各类社会中介组织为创业者提供服务。根据各地产业布局和资源优势,加快建立健全为创业者提供服务的专门机构,尽快建立一支创业辅导专业队伍,支持创业辅导(孵化)基地建设,为小企业提供创业咨询、创业培训、政务代理、市场开拓、信息咨询等一条龙服务,努力形成功能完备的创业辅导服务网络。根据企业创业期出现的问题,适时提供管理咨询、法律咨询、技术支持等服务,提高创业者的创业能力和创业小企业的成活率。

3. 全面实施正规的创业教育

创业精神成为推动经济社会持续发展的一个重要因素,在很大程度上依赖于正规的创业教育。我国创业教育的落后一度严重制约着大学生创业精神的培育和发展。2012年8月1日教育部下发《普通本科学校创业教育教学基本要求(试行)》,强调面向全体高校学生开展创业教育正有力改变这一状况。

近年来,随着我国发展进入"新常态",国内经济下行压力持续加大,必须通过大众创业、万众创新,充分激发和释放新的消费潜力,唤醒社会资本投向新技术、新产品、新业态和新商业模式,加速中国经济结构转型升级。在此背景下,创业教育显得更加突出和重要。

2014年9月的夏季达沃斯论坛上,时任中国政府总理李克强就提出,要在960多万平方公里土地上掀起"大众创业""草根创业"的新浪潮;2015年3月5日,李克强总理在政府工作报告中又一次强调提出:推动大众创业、万众创新。① 2015年7月,李克强总理更是一周之内三提"创新创业":"大力推动大众创业、万众创新,支持创新型企业特别是创新型小微企业发展,让各种创新资源向企业集聚,让更多金融产品和服务对接创新需求,

---

① 李克强政府工作报告[EB/OL]. 人民网-人民日报,2015-03-06. http://politics.people.com.cn/n/2015/0306/c1024-26645424.html.

用创新的翅膀使中国企业飞向新高度。”①

因此，在“十三五”期间，“大众创业、万众创新”被提至长期性战略任务高度。在此政策倡导下，高校应在“创新引领创业、创业带动就业”战略实施中发挥更大的作用。我们应当从中小学开始就重视创业意识和创业能力的培养，同时在全社会开展多层次的创业知识培训，在高等院校实施正规的创业教育，把创业教育融入人才培养体系，贯穿人才培养全过程，促使社会成员普遍具有良好的创业意识、创业精神和创业能力，形成赞赏创业、支持创业的社会氛围，从而有利于形成新的社会风尚和价值体系。

案例 4－4

思路创新决定创业成败②

两个青年一同开山，一个把石块儿砸成石子运到路边，卖给建房人，一个直接把石块运到码头，卖给杭州的花鸟商人。因为这儿的石头总是奇形怪状，他认为卖重量不如卖造型。三年后，卖怪石的青年成为村里第一个盖起瓦房的人。

后来，不许开山，只许种树，于是这儿成了果园。每到秋天，漫山遍野的鸭儿梨招来八方商客。他们把堆积如山的梨子成筐成筐地运往北京、上海，然后再发往韩国和日本。因为这儿的梨汁浓肉脆，香甜无比，就在村上的人为鸭儿梨带来的小康日子欢呼雀跃时，曾卖过怪石的人卖掉果树，开始种柳。因为他发现，来这儿的客商不愁挑不上好梨，只愁买不到盛梨的筐。五年后，他成为第一个在城里买房的人。

再后来，一条铁路从这儿贯穿南北，这儿的人上车后，可以北到北京，南抵九龙。小村对外开放，果农也由单一的卖果开始发展果品加工及市场开发。就在一些人开始集资办厂的时候，那个人又在他的地头砌了一道三米高百米长的墙。这道墙面向铁路，背依翠柳，两旁是一望无际的万亩梨园。坐火车经过这里的人，在欣赏盛开的梨花时，会醒目地看到四个大字：可口可乐。据说这 是五百里山川中唯一的一个广告，那道墙的主人仅凭这座墙，每年又有四万元的额外收入。

20 世纪 90 年代末，日本一著名公司的人士来华考察，当他坐火车经过这个小山村的时候，听到这个故事，马上被此人惊人的商业化头脑所震惊，当即决定下车寻找此人。当日本人找到这个人时，他正在自己的店门口与对门的店主吵架。原来，他店里的西装标价 800 元一套，对门就把同样的西装标价 750 元；他标 750 元，对门就标 700 元。一个月下来，他仅批发出 8 套，而对门的客户却越来越多，一下子发出了 800 套。

日本人一看这情形，对此失望不已。但当他弄清真相后，又惊喜万分，当即决定以百万年薪聘请他。原来，对面那家店也是他的。

---

① 李克强何以一周三提“创新创业”[EB/OL]. 中国政府网，2015-07-19. http://news.nen.com.cn/system/2015/07/19/018171066.shtml.

② 资料来源：穆林. 创业，先要炼就一双好眼睛[EB/OL]. 阿里巴巴创业资讯，2008-04-18. http://blog.china.alibaba.com.

第二节 创业的过程与方法

创业过程包括创业者从产生创业想法到创建新企业或开创新事业并获取回报,涉及识别机会、组建团队、寻求融资等活动,可大致划分为机会识别、资源整合、创办新企业、新企业生存和成长四个主要阶段。

一、创业过程

(一) 机会识别

创业机会识别是创业过程的核心,也是创业过程中最困难的、最没规律可循的一个环节。创业活动首先取决于个人是否愿意并决定创业,即个人是否有创业动机,进而才可能成为一名创业者;有了创业动机,创业者就需要细心观察、广泛获取信息并积极分析思考,从以往的工作、对市场的调研或周边的事物变化中发现问题,激发创意,找到机会。有市场价值的创意是百里挑一的,它是对最初模糊的创业想法结合市场调研进行的理性分析、判断、选择、创新,最终形成比较成熟的某种创业设想。对于自认为看到的机会,创业者需要对机会进行评估,以判断机会的价值。

创业机会识别是创业过程的起点。无论创业者从事何种事业,对创业机会的识别都起着举足轻重的作用。国家产业政策的调整、新技术的出现、人口和家庭结构的变化、人的物质精神的需要变化、流行等都可能形成潜在的商业机会。作为创业者,应该具有敏感的嗅觉,能够及时准确地识别创业机会。创业机会识别可以分为两个层次,一方面,创业机会的把握离不开对宏观环境的分析;另一方面,创业机会识别也需要对行业状况和已有资源进行分析。只有这样才能做到有的放矢,根据掌握的资源选择行业、确定项目和业务范围,这也是减少创业风险的需要。

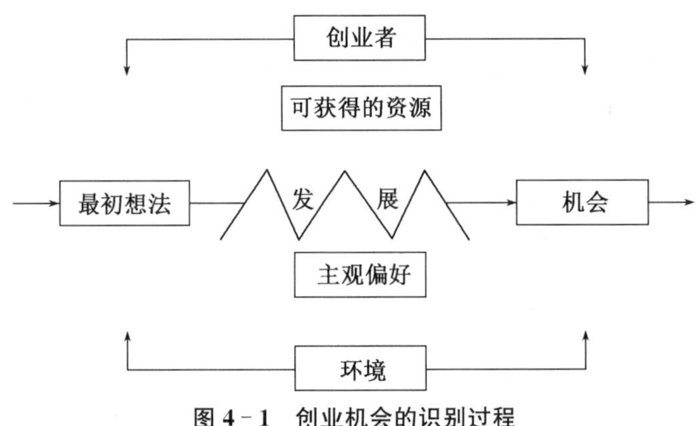

图 4-1 创业机会的识别过程

巴林杰和爱尔兰(2010)认为,开发成功的商业创意是创业成功的关键。创意和机会之间存在着重要的区别。从根本上说,创业机会是营造出对新产品或新服务需求的一组有利环境。从最初想法到创业机会,机会识别的关键在于创业者需要识别人们需要且想要购买而不是创业者想要制造和销售的产品和服务。因此,创业机会识别具有四个本质特征:一是吸引力。二是及时性。三是,持久性。四是依附于购买者或终端用户创造或增加价值的产品或服务。相比之下,创意是一种思想、概念或想法,可能满足也可能不满足机会标准。因此,并非所有的创意都能够提供创业者追求的机会。因此创业者因商业创意而激动兴奋之前,需要了解创意是否填补了某种需要以及是否满足机会标准至关重要。

(二) 资源整合

创业机会识别和必要资源的评估和整合是互相补充的。创业时机直到个体勾勒出创意开发的蓝图才算存在。创业过程总是表现为一个时机识别、时机评价、决定开始并以资源获取并取得结果的连续过程。建立资源平台,进行资源整合是开创企业的一个重要过程。首先,企业必须聚集资源,即根据商业概念确定资源需求及其潜在的供给者;然后,企业必须参与获取必要资源的交易过程;最后是整合看中的资源,推动商业概念转换成可销售的产品或服务。在这个阶段,创业者拥有的不再是一个商业概念,而是一种现实产品或服务。它将用于指导企业与消费者的具体交易,从而创造出价值。实际开发过程如图 4-2 所示。

资源整合是创业者开发创业机会的重要手段。成功的创业者不在于贪图完全拥有资源,而是着眼于最大化整合外部资源,控制并高效使用资源。为此,首先要吸引和凝聚志同道合者,组建优势互补的创业团队,单打独斗很难成就大业;其次,要尽可能多接触各种信息与资源渠道,诸如专业协会及团体、政府部门、银行和担保机构等,这些渠道与机构不仅拥有你需要的资源,而且可以帮助你评估自己的创业机会与潜力,并可以尽早让创业计划到位;再次是要围绕创业机会设计出切实可行的商业模式,向潜在的资源提供者陈述清晰而有吸引力的盈利模式,必要时需拟订详细的创业计划,根据合理的资金预算,善用各种管道去募集充足的创业资金,筹集其他创业所必需的资源,诸如专业人才、技术、设备、原材料等等;最后,还必须考虑并落实上下游的原材料供货与产品/服务销售渠道。

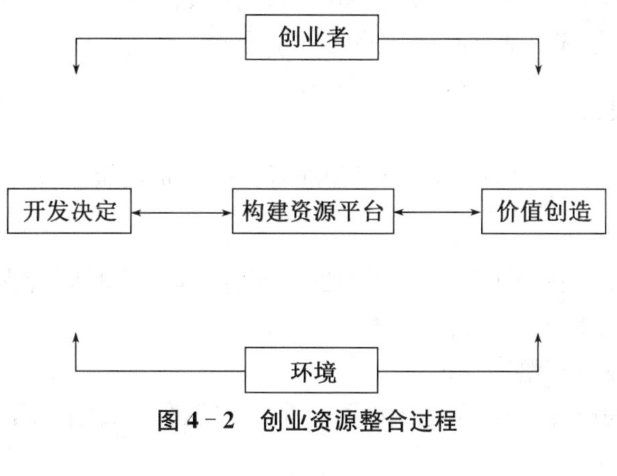

图 4-2 创业资源整合过程

（三）创办新企业

第三阶段是创办新企业。首先,你必须选择适合你创业大计的法定组织架构,是独资或是合伙创业,是有限责任公司或是股份有限公司制,公司的起始资本额如何筹集与分配等,完成公司的制度设计。接下来最重要的恐怕就是经营地址的选择了。专家的看法是,不论创立何种企业,地点的选择都是决定成败的一大要素,尤其是以门市营业为主的零售、餐饮等服务业,店面的选择往往是成败的关键。可以说,好的选址等于成功了一半。第三,必须了解创业的有关法律,主要包括专利法、商标法、著作权法、反不正当竞争法、产品质量法、劳动法等,以及合同法律法规,工商、税务等法律法规,了解掌握经济以及经营管理等相关知识。最后,选择好你的品牌和公司名称,确定进入市场的途径,通过法定的程序完成公司注册登记,正式建立公司,进入企业实际操作过程。

（四）新企业生存和成长

新企业一旦进入市场就面临极为严峻的挑战。首要的任务是如何争取到第一位顾客,如何从竞争对手手中将顾客争夺过来,这意味着新企业要为顾客创造更多的价值,意味着为获得同样的收益新企业要付出更多的代价和成本。

确保生存是新企业成立初期的首要目标,新创企业关键的生存期为 2～3 年。在这 2～3 年中,新企业易遭遇资金不足、团队分裂、员工流失等多种风险,要想方设法降低和化解创业初期阶段的风险,同时还需要考虑企业成长,不成长就不可能生存得更长远,激烈竞争的环境中尤其如此。为此,必须管理好保持企业持续成长的人力资本,及时实现从创造资源到管好用好资源的转变,培育和形成比较固定的企业价值观和文化氛围,依靠创业团队、市场和组织资源等,使机会的价值得到充分的实现,并不断地开发新的商业机会,实现企业的健康可持续发展。

二、创业阶段划分

根据企业生命周期理论,新创企业是从 0 到 1 的过程,其成长阶段是指从筹备到成熟之前的各个时期,可以分为种子期、起步期、成长期和成熟期。各阶段不仅具有不同的特征,而且所承担的任务和可能存在的风险也各不相同。

（一）第一阶段:种子期

种子期也就是新创企业的萌芽期,是创业者为成立企业做准备的阶段。

1. 阶段主要特征

(1) 企业的事业内容是作为"种子"的创意或意向,尚未形成商业计划:产品(服务)、营销模式都没有确定下来;

(2) 创业资金也没有落实;

(3) 创业者之间虽然已经形成合作意向,但是并没有形成创业团队。

2. 主要活动

此时企业尚处于“设想”之中，创业者需要投入相当精力从事以下工作：

(1) 验证其创意的商业可行性并评估风险；

(2) 确定产品(服务)的市场定位；

(3) 确定企业组织管理模式并组建管理团队；

(4) 筹集资本以及准备企业注册设立事宜等。

3. 主要风险

新创企业在种子期的风险主要有两种，即决策风险和时机风险，表现在对项目的选择上。

(1) 决策风险也就是因为错误地选择项目导致创业的失败，由于新创企业在人力、物力和财力方面的资源匮乏、获取市场信息的渠道有限，一旦选择项目失败，就意味着创业努力付诸东流。

(2) 时机风险是指做出一种选择而丧失其他选择的时机。创业者一旦选择创业，就会失去其他的时机，如放弃原有的工作、失去在其他方面的发展时机等。由于种子期企业尚未成立，这一阶段在经济方面的风险相对较小。

(二) 第二阶段:起步期

新创企业成长的第二阶段为起步期，以完成注册登记为开始标志。

在这一时期，企业已经确定业务内容，并按照创业计划向市场提供产品和服务，但是业务量较小，市场对产品和企业的认知程度较低。

1. 阶段主要特征

(1) 企业已经注册成立；

(2) 产品(服务)已经开发出来，处于试销阶段；

(3) 商业计划已经完成，并开始进行融资；

(4) 人员逐渐增多，创业团队的分工日益明确等。

2. 主要活动

(1) 根据试销情况进一步完善产品(服务)，确立市场营销管理模式；

(2) 形成管理体系、扩充管理团队；

(3) 撰写商业计划书，筹集起步资本等。

3. 主要风险

新创企业在起步期的风险与种子期相比会明显增加，甚至会危及企业的健康发展。这一时期的风险主要有以下几种。

(1) 市场风险:因为需求量、价格等方面的原因导致企业的产品和服务得不到消费者的认可；

(2) 管理风险:由于管理方面的原因导致效率低下、成本上升，从而使企业的产品和

服务失去竞争力;

(3) 财务风险:由于尚未形成规模,加上在产品的研制与开发、市场调研、广告、公共关系等方面投入较大,很难形成正现金流,如果不能进行有效的会计控制,势必会使企业的经营活动陷入困境。

(三) 第三阶段:成长期

新创企业的成长期是指从完成起步到走向成熟的时期。

1. 阶段主要特征

(1) 产品进入市场并得到认可,生产和销售均呈现上升势头,产量提高导致生产成本下降,市场对产品或服务的认可又反过来促进销售,形成良性循环;

(2) 管理逐渐系统化,随着企业规模的扩大和人员的增加,各个部门之间的分工越来越明确;

(3) 企业的研究开发和技术创新能力不断增强,部分企业开始实施多元化战略;

(4) 企业的产品和服务形成系列,并逐渐形成品牌;

(5) 企业的声誉和品牌价值得到提升等。

2. 主要活动

(1) 根据市场开发情况,尽快确定相对成熟的市场营销模式;

(2) 适应不断扩张的市场规模和生产规模的需要,进一步完善企业管理,并考虑企业系列产品的开发或进行新产品开发;

(3) 根据企业的实际情况,及时调整企业的经营战略;

(4) 募集营运资本等。

3. 主要风险

成长期的风险涉及很多方面,主要有冒进风险、技术风险、管理风险。

(1) 冒进风险是指企业进入快速成长期之后,因为急于求成盲目地扩大生产规模导致资源分散,引起财务状况的恶化。

(2) 技术风险则意味着由于技术的普及和竞争对手的模仿使得新创企业原有的技术优势逐渐丧失。

(3) 管理风险是指企业规模扩大后容易出现一些问题,如:组织机构臃肿、人工成本上升、沟通渠道不畅、创新精神衰退等。这也就是通常说的"大企业病"。如果不能克服这些弊端,企业就会走向衰退乃至灭亡。

总之,新创企业从 0 到 1 的过程,完成起步到成熟不是一蹴而就的,而是一个逐步发展的过程。一般来说,当企业经过起步阶段之后,随着产品市场占有率的上升,会有一个快速成长的过程;但是快速成长并不会一直持续下去,当正现金流出现的时候企业会进入稳步增长时期;当企业成长开始稳定之后,产品在市场上的影响逐步扩大,产品品牌优势形成,企业就开始走向成熟阶段。

第三节　创业过程模型

20世纪90年代以来,创业过程逐渐成为创业研究的焦点。创业过程的动态性与复杂性决定了创业过程研究的独特性,是创业研究成为独立学术领域的基础,而且对创业者的创业实践和创业投资者的投资选择都有重要的指导意义。

一、蒂蒙斯(Timmons)创业模型①

蒂蒙斯于1999年在他所著的《新企业创立:21世纪的创业学》(New Venture Creation: Entrepreneurship for the 21st Century)一书中提出了一个影响深远的创业过程理论模型。Timmons认为,创业过程是一个高度复杂的动态过程,其中商机、资源、创业团队是创业过程中最重要的驱动因素,它们的存在和成长,决定了创业过程向什么方向发展。Timmons模型采用三要素的动态平衡过程来描述创业过程,高度揭示了创业过程的动态性与复杂性特征,奠定了规范创业管理理论的基础。见图4-3。

1. 机会

Timmons强调了商业机会在创业过程中的重要作用,认为机会是创业过程的核心推动力,是创业成功的首要因素,特别是在企业创立之初。真正的商机比团队的智慧和技能、可获取的资源都重要得多,所以创业者应当投入大量的时间和精力寻找最佳的商机。

2. 资源

资源的多寡是相对的。Timmons认为,对资源最有效的保证是企业首先要有一个强大的创业团队,当创业团队在推动机会实现的过程中,相应的资源也就会随即到位。他还提出,成功的创业企业更着眼于最小化使用资源并控制资源,而不是贪图完全拥有资源。

3. 团队

创始人/创业团队是创业成功的最重要因素。事实上,在选择合适的投资项目时,吸引风险投资家们的往往是创业团队的卓越才能。创始人或创业团队必须在推进业务的过程中,在模糊和不确定的动态的创业环境中要具有创造性地捕捉商机、整合资源和构建战略、解决问题的能力,要勤奋工作、富于牺牲。

蒂蒙斯模型的特点是,三个核心要素构成一个倒立的三角形,创业团队位于三角形的底部。在创业初始阶段,商业机会较大而资源较为缺乏,三角形将向左边倾斜;随着企业的发展,企业拥有较多的资源,但这时原有的商业机会可能变得相对有限,这就导致另一种不均衡。成功的创业活动必须能将机会、创业团队和资源三要素做出最适当的搭配,并

---

① 姜彦福,张炜.创业管理学[M].清华大学出版社,2005.

且要能随着事业发展不断调整,最终实现动态均衡,这就是新创企业发展的实际过程。

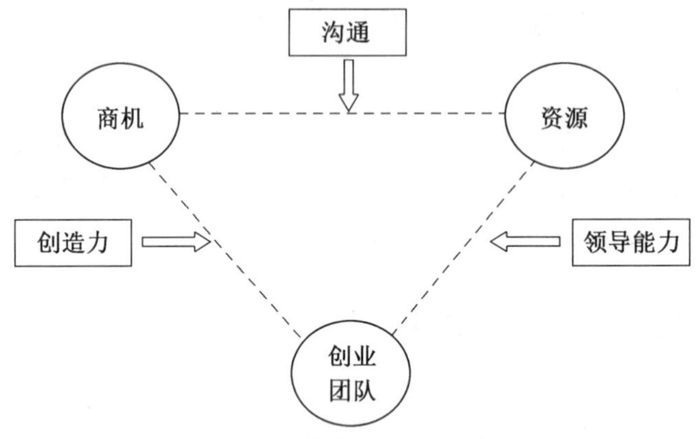

图 4-3　蒂蒙斯创业过程模型

二、威克姆(Philip A Wickham)创业模型

威克姆创业过程模型是由创业者、机会、资源、组织四个要素构成的,创业者处于创业活动的中心地位,是创业活动的主导者,其作用在于识别和确认商业机会,整合和管理创业资源,创立和领导创业组织。其基本任务就是有效地管理机会、资源和组织之间的关系。

创业者管理的重心是,使组织不断适合所要开发的机会,整合资源以形成组织,将资源集聚于追逐的商业机会。资源、机会、组织间的动态平衡是创业者有效管理的目标。同时,创业过程是一个不断学习的过程,创业组织不仅要对商业机会做出及时的反应,还要根据变化的情势及时总结、积累、调整,通过"干中学",组织在不断成功与失败中学习和锤炼,从而不断发展、完善和壮大。见图 4-4。

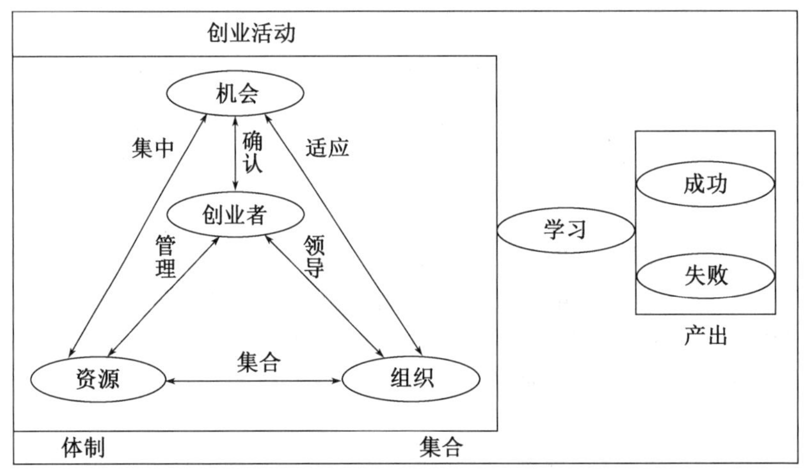

图 4-4　威克姆创业过程模型

三、加特纳(William B Gartner)创业模型

加特纳于 1985 年在其名篇“描述新企业创立现象的理论框架”(A conceptual framework for describing the phenomenon of new venture creation)中提出了创业过程理论模型。见图 4-5。

加特纳认为描述新企业的创立主要包括四个维度:个人,即创立新企业的个人;环境,围绕并影响组织的情势;组织,即所创立的新企业;过程,指个人所采取的创立新企业的行动过程。任何新企业的创立都是这四个要素相互作用的结果。

Gartner 的创业过程理论模型,突破了尝试识别创业者特殊人格特质研究的局限,率先从创业过程的复杂性出发解释创业过程,比较全面地概括了创业过程的构成要素,为后续的创业过程理论模型提供了雏形。然而,该模型侧重创业过程的复杂性,只对一系列的构成要素进行集合(四个维度下的变量总数达 50 个以上),使模型显得非常复杂,未能清晰阐释各要素之间的相互作用关系。

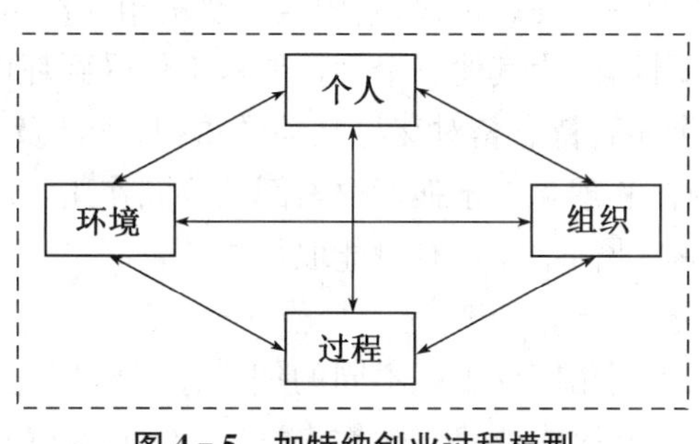

图 4-5 加特纳创业过程模型

四、萨尔曼(Sahlman)创业模型

萨尔曼在其著作《商业计划的思考:创业型企业》(Some Thoughts on Business Plan: The Entrepreneurial Venture)中构建了其独特的创业框架模型。该模型强调,为了更有效地开发商业机会和创建新企业,创业者必须把握人(people)、机会(opportunity)、外部环境(external context)和其自身的交易行为(deal)四个关键要素。

萨尔曼认为描述新企业的创立主要包括四个维度:人员,即为创业提供支持或者资源的人,包括经理、雇员、律师、会计师、资金提供者、零件供应商以及与新创企业直接或间接相关的其他人。机会,即任何需要投入资源的活动,不但包括亟待企业开发的技术、市场,而且还包括创业过程中所有需要创业者投入资源的事务。外部环境,即无法通过管理来直接控制的因素,如资本市场利率水平、相关的政策法规、宏观经济形势以及行业内的进入威胁等。创业者的交易行为,即创业者与资源供应者之间的直接或间接关系。

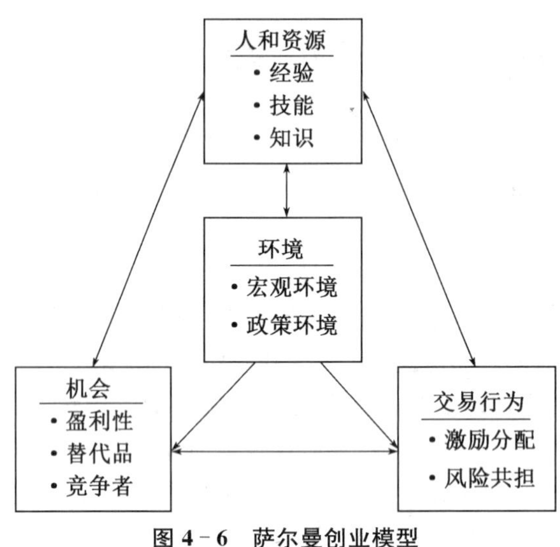

图 4-6 萨尔曼创业模型

该模型中,创业被视为一个动态过程,其中四个要素相互作用并相互促进。该模型特别强调了环境因素的重要性,认为其他三个创业要素不仅受到环境的影响,同时也能对环境产生影响。模型的一个显著特点是对交易互动的重视,这涉及创业者与利益相关者之间的互动。此外,模型的核心理念在于强调要素间的协同作用,即只有当人员、机会、交易与环境因素协调一致时,创业活动才更有可能取得成功。

需要说明的是:

第一,尽管学者们从不同角度提出了不同的创业过程模型,但是在创业实践中,创业过程实际上并没有一个固定的或严格遵循的模式。Reynolds(1995)的实证研究表明:① 创业活动的发生并没有一定的顺序;② 不同的创业个案各创业阶段所花的时间差异极大;③ 从长期看,并非所有创业行为都遵循一套固定的流程。

第二,创业模型的构建很大程度上依赖于以发达国家,尤其是美国为背景的案例。由于国别及其环境的不同,这些模型能否在中国得到应用,需要时间和实践的检验。

我们应该立足中国国情和创业实践,借鉴国外的研究成果,总结出符合我国国情的创业过程理论模型,以引领我国的创业实践。

本章案例

李开复职业生涯的转换

体验式学习活动

《西游记》取经团队的人员裁撤

《西游记》是中国古代四大名著之一，由明代作家吴承恩所著。这部小说以唐僧师徒四人西天取经的故事为主线，讲述了他们一路上克服重重困难、战胜妖魔鬼怪的传奇经历。以下是以唐僧为首的取经团队的主要成员和他们的故事概要。

- 唐僧（玄奘）：取经团队的领导者，原名陈玄奘，法号玄奘，是唐朝的一位高僧。他被唐太宗李世民派遣前往西天（天竺，今印度）取回真经，以弘扬佛法。唐僧性格温和、慈悲为怀，但有时显得有些懦弱和优柔寡断。
- 孙悟空：又称美猴王、齐天大圣，是团队中的主要战斗力。他是由一块仙石孕育而生，拥有七十二般变化和筋斗云等神通。孙悟空性格机智、勇敢、顽皮，但也有些自负和叛逆。他曾大闹天宫，后被如来佛祖压在五行山下，直到唐僧路过将其解救，从此跟随唐僧取经。
- 猪八戒：原名朱悟能，因调戏嫦娥被贬下凡，错投猪胎，因此得名猪八戒。他性格憨厚、贪吃好色，但也忠诚可靠。猪八戒在高老庄被孙悟空收服，加入取经团队。
- 沙僧：原名沙悟净，因打破琉璃盏被贬下凡。他性格沉稳、勤劳，是团队中的后勤保障。沙僧在流沙河被唐僧师徒收服，加入取经团队。
- 白龙马：原是西海龙王的三太子，因犯错被贬，后化身为白龙马，成为唐僧的坐骑。

如果你是唐太宗，为节约人力成本需裁掉一人，你裁谁？为什么？

如果你是唐太宗，为节约人力成本需裁掉两人，你裁谁？为什么？

本章要点

创业是不拘泥于当前资源约束、寻求机会、进行价值创造的行为过程。创业的关键要素包括机会、团队和资源。创业机会是具有商业价值的创意，表现为特定的组合关系。

创业精神是创业者在创业过程中重要行为特征的高度凝练，主要表现为勇于创新、敢担风险、团结合作、坚持不懈等。创业精神将在新时期发挥更大的作用，有利于个人价值的实现，有利于加快转变经济发展方式，促进经济社会又好又快发展。

创业过程包括创业者从产生创业想法到创建新企业或开创新事业并获取回报，可大致划分为机会识别、资源整合、创办新企业、新企业生存和成长四个主要阶段。

创业并不只是开办一家企业。知识经济时代创业远远超越了“创办企业”的狭义概念，而更具有广义上的开创事业、开拓局面、创新业绩等含义，创业已经成为实现人生价值和理想抱负、为社会创造财富、推动社会经济转型和变革的最为重要的途径。

重要概念

创业机会　创业精神　创业过程　生存创业　创业能力　职业生涯

思考题

1. 试述创业、创业机会的概念。能不能试举一例身边的创业机会?

2. 试述创业过程与主要阶段的划分,主要创业过程模型的内容和特点。

3. 简述狭义创业和广义创业的异同。对我们有何启迪意义?

4. 简述蒂蒙斯、威克姆、加特纳等创业模型的异同之处。

5. 互联网、大数据、人工智能对创业的影响越来越大,请搜索并阅读相关企业案例,结合具体的案例谈谈这些技术的变化对创业活动可能产生哪些影响。

参考文献

[1] Brusoni, S, Prencipe, A, Pavitt, K. Knowledge specialization, organizational coupling, and the boundaries of the firm: Why do firms know more than they make?[J]. Administrative Science Quarterly, 2001, 46(4).

[2] Cooper, R G, Kleinschmitdt, E J. Benchmarking firms' new product performance & practices[J]. IEEE Engineering Management Review, 1995, fall.

[3] Timmons, J A. New Venture Creation[M]. 5 ed. Singapore: Mc Graw-Hill, 1999.

[4] William B Gartner. A conceptual framework for describing the phenomenon of new venture creation[J]. Academy of Management Review, 1985(4).

[5] 杨俊.创业过程研究及其发展动态[J].外国经济与管理,2004,9.

[6] 王岩.新时期创业精神的本质特征[J].南京航空航天大学学报(社会科学版),2008,1.

[7] 李肖鸣.大学生创业精神导论[M].清华大学出版社,2011.

[8] 赵炎.创业精神的主体要素[J].清华管理评论,2012,3.

[9] 林泽炎.创业精神应该成为一种国家竞争优势[N].中华工商时报,2012-08-22.

[10] 赵薇.企业家创业精神视角下的高校创业人才培养模式研究[J].东岳论丛,2010,12.

[11] 谢志远,刘元禄,等.大学生创业创新精神培养的对策研究[J].高教探索,2011,1.

[12] 罗玉华,游敏惠,胡敏.论新时期高校毕业生创业精神培养[J].中国校外教育,2009,8.

[13] 张玉利,杨俊.国外企业家精神教育及其对我们的启示[J].中国地质大学学报(社会科学版),2004,8.

[14] 刘兴民,黄志斌.创业企业家创业精神和心理素质的培育[J].现代管理科学,2009,10.

[15] 许新宇.基于职业生涯规划的大学生创业教育[J].科技创业月刊,2009,8.

[16] 曹殊.创业促进就业:以创业教育带动创新人才的培养[N].中国教育报,2008-03-02.

[17] 巴林杰,爱尔兰.创业管理:成功创建新企业[M].机械工业出版社,2010.

第5章

创业者与创业团队

学习目标

1. 掌握创业者与创业团队的相关知识与技能。
2. 树立正确的创业观念和社会责任意识。
3. 培养团队合作精神和创新能力，为未来的创业之路奠定坚实的基础。

引导案例

“中国潮玩第一股”泡泡玛特：王宁和他的盲盒模式

第一节　创业者

一、创业者

在欧美学术界和企业界，创业者被定义为组织、管理一个生意或企业并承担其风险的人。创业者的对应英文单词是 entrepreneur，它有两个基本含义：一是指企业家，即我们日常理解的在一个成熟的企业中负责经营和决策的领导人，更准确地说应该是那些具有创业特征如创新、承担风险、超前行动、积极参与竞争等的领导人；二是指企业创办人，即我们平时所说的即将创办新企业或者刚刚创办新企业的领导者。日本学术界把这些人称为“起业家”，也很形象。

需要强调的是，企业创办人是创业者，企业家在本质上也是创业者，企业家是那些在现有企业中具有创新精神和创业行为的领袖型人物。但在特定的研究环境下，当着重研究新创企业或新业务的发动者时，更多使用“创业者”这一术语；当泛指具有创新精神和创业行为的商业行为人时，一般用“企业家”。对于一个新创企业，伴随着企业的成长，创业者所扮演的角色毫无疑问会发生转变，创业者就逐步成长为企业家。从企业生命周期看，当一个企业达到成熟期时，如果不能够保持创新就会走向衰退，因此，即便成功转变为企业家的创业者，仍然需要保持旺盛的创业精神。

创业者并不是特殊人群，创业本身并不神秘。具备一些独特技能和素质有助于成功创业，创业精神和创业能力是可以通过后天培养而习得。

创业教育创始人之一彼得·德鲁克指出：“创业不是魔法，也不神秘。它与基因没有任何关系。创业是一种训练，而就像任何一种训练一样，人们可以通过学习掌握它。”另一位创业教育专家布罗克豪斯在“企业家精神与家族企业的比较研究”一文中也指出：“教一个人成为创业者，就如同教一个人成为艺术家一样。我们不能使他成为另一个梵高，但是我们却可以教给他色彩、构图等成为艺术家必备的技能。同样，我们不能使他成为另一个布朗森，但是成为一个成功的创业者所必需的技能、创造力等却能通过创业教育而得到提升。”可见，一个人通过适当的学习和实践经验的积累，在具备了一些基本的创业技能和素质后完全有可能成功创业。

实证研究也支持这样的观点：创业者可以通过创业教育培养和提高创业素质和能力。2000 年美国学者查尼和利贝卡（Charney，A and Libecap，G D）对亚利桑那大学创业教育的跟踪调查表明，参加创业教育的毕业生平均创业能力为未受过创业教育毕业生的 3 倍；创业学专业毕业生自己开办的公司或者雇佣他们的那些初创型公司，在销售额与员工数量的增长上比那些非创业学专业毕业生所在的公司高约 5 倍；创业学专业毕业生的平均工资、年收入比非创业学专业毕业生高出 27%，毕业后聚积的个人财富比其他专业学生要高出 62%。①

可见，**创业者可以通过创业教育培养和提高创业素质和能力。**

二、创业者素质

创业者素质是个综合性很强的概念，其内涵丰富而且具有广泛的外延。

素质是能力发展的基础。创业者素质泛指构成创业者的品德、知识、技能、经验和身体诸要素在特定时间和环境内的综合状态，是创业者主体通过学习和自身的实践而形成和发展起来的，具有内在的、本质的及相对稳定的身心要素的整体系统。

对于创业者素质的界定，国内外众说纷纭。1992 年，美国的一个研究部门对数千名企业老板与最高管理层人员的调查结果显示，创业家（或企业家）最重要的 20 项素质与能

① Charney，A & Libecap，G D. Impact of entrepreneurship education. Insights：A Kauffman Research Series[R]. Kauffman Center for Entrepreneurial Leadership，2000.

力按重要程度排列顺序如表 5-1。

表 5-1 创业家素质与能力排序表[①]

序	素质与能力内容	序	素质与能力内容
1	财务管理经验与能力	11	行业及技术知识
2	交流与人际关系能力	12	领导与管理能力
3	激励下属的能力	13	对下属培养与选择能力
4	远见与洞察能力	14	与重要客户建立关系的能力
5	自我激励与自我突破	15	创造性
6	决策与计划能力	16	组织能力
7	市场营销能力	17	向下级授权能力
8	建立各种关系的能力	18	个人适应能力
9	人事管理的水平	19	工作效率与时间管理水平
10	形成良好企业文化的能力	20	技术发展趋势预测能力

美国百森商学院管理学专家威廉·D.拜格雷夫将优秀创业者的基本禀赋归纳为10个“D”:理想(Dream)、果断(Decisiveness)、实干(Doers)、决心(Determination)、奉献(Dedication)、热爱(Devotion)、周详(Details)、命运(Destiny)、金钱(Dollar)和分享(Distribute)。

事实上,创业者的个性特征形形色色,成功的途径各有千秋,学者们对创业者素质的界定也不尽相同。结合我国学者的研究和有关媒体对中国上千创业案例的调查[②],可提炼出中国创业者十大素质。

(一) 梦想

一个人的梦想有多大,他的事业就会有多大。将“梦想”列在中国创业者素质的第一位,为什么? 因为有梦想,想得到,而凭自己现在的身份、地位、财富得不到,所以要去创业,要靠创业改变身份、提高地位、积累财富、实现梦想,这就构成了许多创业者的人生之路。

习近平总书记提出:中国梦是民族的梦,也是每个中国人的梦,“只要我们紧密团结,万众一心,为实现共同梦想而奋斗,实现梦想的力量就无比强大,我们每个人为实现自己梦想的努力就拥有广阔的空间。”[③]因此,要创造条件为每个青少年播种梦想、点燃梦想,

---

① 资料来源:田千里.老板论[M].经济科学出版社,2000.

② 辛保平.中国创业者十大素质[J].科学投资,2003,9.

③ 佚名.习近平主席如何诠释“中国梦”[EB/OL].人民网.http://news.china.com/zh_cn/focus/2013lh/news/11136226/20130317/17731818.html.

让更多青少年敢于有梦、勇于追梦、勤于圆梦。

案例 5－1

一个没能实现的梦想成就了扎克伯格①

1992 年的某个周四的下午，比尔·盖茨来到纽约的一所小学，看望那里的师生，并且给全体小学生做了一场励志报告。临走时，盖茨表示，自己会在某个周四的下午再次来学校看望大家，如果发现到时谁的课桌收拾得最整洁、最有条理性，谁就将会获得他赠送的一台个人电脑。电脑在当时还非常昂贵和稀有，大家自然都希望能得到。

因此当盖茨走后，每逢周四的下午，大家都会不约而同地将课桌收拾得整整齐齐，因为这是盖茨承诺来访的时间，而其他时候则不愿意动手收拾。但有一个学生却觉得盖茨有可能会在周四的上午就来，于是，每个周四的上午他就开始动手收拾课桌。

之后，他又觉得，盖茨也许会在除周四之外的其他日子里来访，于是他又决定每天都要收拾一次课桌，可是，每次收拾后不久，桌子便又会乱了，他想，如果刚好这个时候盖茨恰巧来了，那么自己之前付出的劳动和坚持岂不是白费了。

于是，他又决定，必须让自己的课桌每时每刻都保持整洁，这样就万无一失了。

可遗憾的是，盖茨此后却一直也没能再来，其他的同学早就忘记了要继续收拾课桌，但这个学生却因此养成了一个随时保持整洁的习惯，并且从此学会了做事一定要有条理性和坚持性，正是朝夕操持而潜移默化的行为与思维习惯让他在后来的人生中受益颇丰。

多年后，他终于再次见到了盖茨，但这次见面，盖茨并不是为了兑现当年的承诺——送他一台电脑，而是来送给他一件更大的礼物——用 2.4 亿美元购买他的公司 1.6%的股权，这还是因为他感激当年盖茨对他的无形影响而做出的让步。

没错，他创立的公司就是 FACE BOOK（脸谱网），世界第一社交网站，而他则是马克·扎克伯格。

（二）诚信

诚信是企业家的立命之本，是企业家最看重的财富品质。做事首先是做人，诚信是做人的第一品质，做人必须诚信，无诚信不能创造财富。

市场经济是法治经济，更是信用经济、诚信经济。没有诚信的商业社会将充满极大的道德风险，显著抬高交易成本，造成社会资源的极大浪费。

一些创业者为了获得眼前利益不惜违背商业道德、铤而走险，其实这是一种最短视的行为。只有卓越的产品质量、良好的客户服务，再加上诚实守信等可靠的社会信誉，企业才能赢得众多顾客的信任，它的前途才会一片光明。

创业者诚实和信誉是最重要的品质，要对股票持有者诚实守信，对职工诚实守信，对

---

① 牧徐徐. 扎克伯格的“天价”习惯[J]. 做人与处世，2012(12).

供应商和客户诚实守信。只有这样,才不会出现一夜暴富,财富又转瞬即逝的情况。一个人拥有良好的信誉就如同拥有一笔无形无价的财富,只要你用心经营,不去损害它,那就是取之不尽用之不竭的财富宝藏,你可以一辈子享用。不论是你认识的还是不认识的人,都会尊重你,乐于和你交往,乐于和你合作。

(三) 勤奋

勤奋几乎是所有成功企业家的普遍特质,企业家在巨大热情或美好远景的鼓舞下,身先士卒,勤奋不辍,恰如为你的事业引擎源源不断地加满了汽油,无论雨雪风霜,都将赋予你不断前进的无穷能量。

李嘉诚说过:"事业成功虽然有运气在其中,主要还是靠勤奋,勤劳苦干可以提高自己的能力,就会有很多机会降临在你面前。"《2006 胡润百富榜》中国首富、被称为"全球女人白手起家挣钱最多的人"玖龙纸业张茵认为:"勤奋和厚道是创业者第一要素"。

案例 5-2

天道酬勤①

宗庆后上山下乡 15 年,坚持理想,坚持挑灯夜读;1987 年创业,从儿童营养液到果奶,AD 钙奶、纯净水、非常可乐、营养快线、婴幼儿配方奶粉……年年坚持推陈出新;每天超过 16 小时的工作时间(早上 7 点上班到晚上 11 点后下班);坚持自己走市场,看终端;每年出差 200 多天;每年亲笔撰写 100 多篇的销售通报。20 多年如一日!

2010 年大年初三,有媒体专门报道企业家如何过年,当说到宗庆后时,记者是这么写的:"年三十陪员工吃年夜饭,百桌宴后再回家陪家人,娃哈哈集团董事长宗庆后迎接新年的方式一贯如此,只不过,年夜饭吃的桌数越来越多,家人能等到他回家吃团圆饭的时间越来越晚。大年初一,比平时多睡了半个小时的觉,宗庆后就起身去上班。2 月份本来就短,又去掉春节 7 天,对于他来说,时间真是不够用。年初四,开了一场市场分析会,而年初八还有零售商终端推广会。也因此,这几天的中午,宗庆后照样在办公室吃着盒饭"。

20 多年来,宗庆后就是凭着这样的一股劲,将娃哈哈打造成了国内饮料行业的龙头企业,同时,也被许多企业家和媒体誉为"中国最勤奋的企业家"。

(四) 忍耐

忍耐是创业者必须具备的素质。成语里有一句"艰难困苦,玉汝于成",还有一句"筚路蓝缕",意思都是说创业不易。《孟子·告子下》:"天将降大任于斯人也,必先苦其心志,劳其筋骨,饿其体肤,空乏其身,行拂乱其所为,所以动心忍性,增益其所不能。"可见,肉体

① 资料来源:王淑丽."宗庆后式致富"更值得推崇[EB/OL].中国经济网,2010-03-20. www.ce.cn.

上和精神上的“折磨”是创业者成功路上的必修课，创业者一定要有一种坚忍不拔、宠辱不惊的“定力”与意志。

乔布斯在斯坦福大学毕业典礼上的演讲中自述当年的穷困潦倒：“当我休学之后，我没有宿舍，所以我睡在友人家里的地板上，靠着回收可乐空罐的五先令退费买吃的，每个星期天晚上得走七里的路绕过大半个镇去印度教的神庙吃顿好饭。追寻我的好奇与直觉，我所驻足的大部分事物，后来看来都成了无价之宝。”

万通集团董事长冯仑对忍耐另有见解：一旦确定要走上创业的路，必须做好牺牲的准备。“你得牺牲房子，钱都用到创业上了；你得牺牲稳定的生活，创业有风险，没有百分百的成功；你得牺牲跟家人相处的时间，创业者大量的时间是面对不确定性，不确定的情况下你要花很多时间去摆平这些事；你还得牺牲面子、尊严，以前不屑做的，现在不做不行，创业做老板并不是件很爽的事，许多人都得罪不起，许多事都难以处理，许多委屈都需要你自己来承受。”“所以这些牺牲的心理准备非常重要。当你开始创业的时候，至少前三年你得有做孙子的准备，否则你很难在万人之中冒出来。”①

案例 5-3

残疾人竟然成了中关村百万富翁第一人②

王江民 40 多岁到中关村创业，靠卖杀毒软件，几乎一夜间就变成了百万富翁，几年后又变成了亿万富翁，他曾被称为中关村百万富翁第一人。王江民的成功看起来很容易，不费吹灰之力。其实不然，王江民困难的时候，曾经一次被人骗走了 500 万元。他的成功，可以说是偶然之中蕴含着必然。

王江民 3 岁的时候患过小儿麻痹症，落下终身残疾。他从来没有进过正规大学的校门，20 多岁还在一个街道小厂当技术员，38 岁之前不知道电脑为何物。王江民的成功，在于他对痛苦的忍耐力。

从上中学起，他就开始有意识地磨炼意志，“比如说爬山。我经常去爬山，五百米高很快就爬上去了，慢慢地爬上去也就不感觉到累。再一个就是下海游泳，从不会游泳喝海水，最后到会游泳，一直到很冷的天也要下水游泳，去锻炼自己、在冰冻的海水里提高忍受力。比如，别人要游到一千米、二千米，那么我也要游到一千米、二千米，游到两三千米以后再上岸的时候都不会走路了，累得站不起来了。就这样锻炼自己，来磨炼自己的意志。”当他 40 多岁辞职来到中关村，面对欺骗，面对商业对手不择手段、不遗余力地打击，都能够坦然面对。中关村能人虽多，却让这样一个外来的残疾人拔了百万富翁的头筹。

---

① 优米网. 伟大是熬出来的——冯仑与年轻人闲话人生[M]. 中国发展出版社，2011.

② 资料来源：佚名. 中关村百万富翁第一人[EB/OL]. 中国创业致富，2012-02-17. http://blog.sina.com.cn/zgcyzf.

(五)眼界

对于创业者来说,必须见多识广,广博的见识、开阔的眼界,可以很有效地拉近自己与成功的距离,使创业活动少走弯路。眼界决定了创业者的创业思路,一般而言,创业者的创业思路有几个共同来源:第一是职业,第二是阅读,第三是行路,第四是交友,这些往往都和眼界密切相关。

1. 职业。由原来所从事的职业下海,对行业的运作规律、技术、管理都非常熟悉,人头、市场、渠道也熟悉,这样的创业成功的概率很大。

2. 阅读。阅读使人思维敏捷,眼界开阔,丰富信息,洞察变化。对创业者来说,阅读就是工作,是工作的一部分,一定要有这样的意识。

因为阅读了一份报刊/书籍而启迪灵感,找到并抓住机会,获得创业第一桶金的例子数不胜数。代表性人物如华人首富李嘉诚、香港超级富豪霍英东、中国首富王传福,甚至还包括俄罗斯首富乌斯马诺夫。

阿利舍尔·乌斯马诺夫,生于1953年9月9日,经营矿石和钢铁生意起家,后进入电信和传媒行业。2014年3月,他以186亿美元身家,成为当年的俄罗斯首富。①

20世纪70年代末,乌斯马诺夫莫名地卷入一场政治陷害被判8年徒刑,1986年,当时的苏联领导人戈尔巴乔夫搞司法改革,复查疑案,他被提前释放。出狱后,一贫如洗的乌斯马诺夫拖着一条在狱中受伤的腿到处找工作、找机会。有一次,他在酒店和一个化工厂的工程师住在一个房间,后者留下了一本书,乌斯马诺夫无聊中翻阅此书,发现1吨塑料原料可以做3万到3.6万个塑料袋。当年,苏联物资匮乏,塑料袋多数人舍不得丢,总是洗洗再用。1吨原料卖437卢比,1个塑料袋卖1卢比。乌斯马诺夫马上借钱办了个工厂,淘到了第一桶金。

案例5-4

霍英东阅报获商机②

抗战胜利后的香港,百废待兴。一天,霍英东在翻阅一些报刊资料时,无意中看到我国香港特区政府的宪报,上面刊登不少拍卖战时剩余物资的通告。霍英东脑袋一转,心想:"有不少物资是目前市面上需要的,一买一卖,也许能赚些钱。"一次,他看中40部轮船机器,这些机器略经修理,就可使用。参加投标,须支付100港元的费用。他向妹妹借了100港元参加投标,出价是1.8万元港币。几天后,港府通知霍英东,他中标了,要他准备1.8万元去取货。

接到中标通知,霍英东又发愁了:这1.8万港元去哪儿拿?

---

① 江明,余驰疆.大牢里走出的俄罗斯首富[J].环球人物,2014(22).

② 资料来源:冷夏.霍英东全传[M].中国戏剧出版社,2005.

霍英东搭船过海，到九龙去找一位好朋友。他把此事说给朋友听，希望朋友帮他想办法做成这桩买卖。这位朋友一听，很感兴趣，就一起去仓库看机器。看了机器，这位朋友对霍英东说："别到处找人借钱了，干脆4万港元，把这些机器卖给我算了。"

他的朋友给他4万港元，他把1.8万港元付给政府，然后把机器运到朋友处。这宗无本生意，霍英东净赚2.2万港元，身无半文的霍英东一跃成为一个小财主。

发财，有时就这么简单！

3. 行路。俗话说，"读万卷书，行千里路。"行路，各处走走看看，是开阔眼界、了解市场、结交朋友的好方法。开阔的眼界意味着你不但在创业伊始可以有一个比别人更好的起步，有时候它甚至可以挽救你和你企业的命运。创意的来源，往往就源于眼界开阔，见钱眼开，莫如说眼开见钱，眼界开阔才能看见更多的机会，赚到更多的钱。

4. 交友。广交朋友，更是创业者必须高度重视并努力践行的事。因为，这是在编织创业成功所必需的社会关系网络，在为自己积累创业的人脉资源。

信息时代，交友的一个重要途径是互联网，尤其对于年轻人而言。创立 Segment Fault 的"90后"高阳，出身农村，自小信息闭塞。高阳将自己的成功归结为互联网带来的信息便利，"我大部分工作机会都是通过互联网认识然后获得的，包括我的原始人脉积累"。当年，他在网上发布一条信息希望去北京找一份工作，正在北京创业的 Magnetjoy CEO 郭启睿给他留言，"到我这儿来吧。"这家社交游戏开发公司的成长速度让高阳第一次意识到创业可能带来的数量级成功，没多久公司的流水收入超过一亿元人民币。

高阳此后在网络上组织了一个"丧心病狂的90后小组"，组里有1/3的人在创业，60多人的项目加起来超过了5亿元人民币。①

（六）敏感

创业者需要具备敏锐的直觉，并对外界环境的变化保持高度关注和敏感，尤其是在应对商业机会和市场变化时，能够快速反应。这种能力是创业成功的关键，因为创业环境充满不确定性，市场变化迅速，能够先人一步抓住机会往往是创业者成功的决定因素。创业者需要具备识别市场需求和变化的能力。他们能够通过观察消费者行为、行业趋势以及竞争动态，发现潜在的商机。这种敏锐的洞察力要求创业者不断保持对行业的学习和研究，以便在市场变化发生时迅速捕捉到机会。面对复杂多变的外部环境，创业者需要果断做出决策，并迅速执行。市场机会稍纵即逝，尤其是在竞争激烈的行业中，能够迅速行动是决定创业成功与否的关键。创业者必须具备处理不确定性和风险的能力，在信息有限的情况下快速判断，做出最有利的决定。创新是创业成功的重要因素之一，创业者需要不断寻找新的创新机会。敏锐的直觉使创业者能够在新技术、新产品或新服务领域提前布局，抢占先机。例如，随着数字化、人工智能等新兴技术的发展，创业者需要积极探索这些

---

① 李纯，雷顺莉. 90后创业：你们打拼世界 我们定义世界[N]. 南都周刊，2014-08-20.

领域的应用场景,寻找颠覆传统商业模式的机会。①

案例 5-5

课余时间创办快递公司 大学未毕业即赚 500 万②

5 月 19 日下午,河北经贸大学 13 号学生宿舍楼旁的树上,悬挂着“博强快递——毕业生行李托运”的红色条幅,条幅下设有博强快递的摊位,旁边堆放着 12 个白色大包裹,里面是一些大四毕业生寄回家的物品。

身穿白色短袖 T 恤的 5 个身强体壮的小伙子,正在打理着包裹。他们的身份既是本校学生,又是博强快递的代理,依据业务量大小提成。这些包裹都是他们从 5 层宿舍楼抬到楼下的。一些想要寄包裹的学生询问着情况,还有些已经寄出包裹的学生,正在进行登记。

“包裹邮不回去,直接到公司找我!”河北体育学院大四学生、博强人力资源咨询有限公司总经理李海洋,亲临学校指导,很多学生看到他,直喊:“李哥!”

面带笑容的李海洋向同学们介绍了博强快递的特色,因为他现在也是大学生,所以做事情都是以服务学生为出发点,做的是“情感快递”,他们的包裹不计重量,统一提供的袋子随便装,省内投递费 50 元,省外 60 元起价,比一些快递公司业务便宜 20 多元。

博强快递河北经贸大学总代理李帆同学说,他们 5 月 13 日就在这里设了摊位,截至 20 日,已经邮递出去 100 多个包裹。随着 6 月毕业时间的到来,快递业务会逐渐增加,预计会有 3 000 个包裹的快递业务,属于赚钱的黄金季节。

李海洋说,他们公司实际上独揽了位于石市的 30 多家高校快递业务。

家贫志不贫,大三当上百万富翁

1988 年,李海洋出生在河北省承德市承德县岔沟乡下局子村一个贫苦家庭。父亲左手四级伤残,妈妈高血压,大姐罹患神经性分裂症。一家 5 口人,只有二姐和他是个健康人,家里穷得以至于 2008 年 8 月,他收到河北体育学院运动训练系网球专业录取通知书的时候,连一万元学费都掏不起。从那时起,年仅 20 岁的李海洋就发誓,一定要珍惜大学时光,发愤图强,10 年内成为百万富翁。没想到他仅拼搏了三年,就实现了这个梦想。

李海洋说,入学前,为了挣够 1 万多元学费,他到处打工。入学后,仍痴心不改,在保证学业不受影响的情况下,从大一开始,就给别人发广告单子,自己摆地摊卖手机贴膜。他创业赚取的第一桶金是卖“情侣卡”,两个月赚了 50 万元。

一次偶然的机会,让他发现了高校快递这个利润丰厚的市场,说干就干,李海洋开办起了自己的快递公司。为了找到足够的学生给自己快递业务做代理,李海洋几乎跑遍了

---

① 肖宇佳,裴佳琦,王海光. 夫妻创业:概念界定、研究脉络与未来展望[J]. 外国经济与管理,2022,44(7).

② 李梓,李杰. 石家庄:体院一名大学生在校创业赚 500 万[EB/OL]. 燕赵都市网,2013-05-23. www. yzdsb. com. cn.

附近几家高校的每栋宿舍楼。而作为一名没资本、没经验的在校大学生，如何说服邮递公司跟自己签订合作协议是他创业之初面临的最大难题。

“如果做不了，我就把所有的收入全都给你！”李海洋的诚意打动了邮递公司，生意也慢慢走上了正轨，现在，李海洋已经包揽了石家庄市30多家高校的快递代理业务，并与3家快递和托运公司签订了合作协议，仅一个月的时间，快递业务就销售16万元。2011年，年利润超过百万元。

敏锐关注市场，300多名大学生为他做代理

2012年，李海洋因父亲生病，休学一年，毕业时间推迟到2013年6月。

在休学的时间里，他一边照顾父亲，一边又创建了一家人力资源公司，谋划更大发展。他将人力资源公司发展方向锁定于文化产业，不仅为大学生服务，而且将来还要为小学和中学生服务。也就是在这一年，他推出了一体化远程教育，在大学生考研、专升本考试、公务员考试、职业规划等方面，提供全套学习课程。大学生只要花498元，从他那里买一张学习卡，足不出户就可享受清华、北大等名校老师的教学。

从兼职为别人打工，再到自己当老板，实现了质的飞跃。但他的用工成本却是“零”。他赚钱的很多生意，都是通过公关艺术首先获取总代理权，然后再代理给大学生。目前，有300多名在读大学生帮他销售学习卡，没有一分钱底薪，全靠销售业绩提成。凭借这种办法，每天学习卡销售额达万元，最多达五六万元。

6月份，他就要毕业了，屈指算来，这几年他至少积累了500万元财富。

评论：创业更能激发人的潜能和才智。李海洋创业成功在于，一是对身边的市场需求高度敏感和关注，看到机会就抓住不放，用信心和恒心坚持到底；二是“零成本”的商业模式，找大学生做代理，充分整合了高校的优势人力资源。当然，积累实践经验也很重要，李海洋自己就认为，如果自己兼职时间再长些，创业效果会更好。

(七) 人脉

创业不是引“无源之水”，栽“无本之木”。创业需要资源，而其中最重要的是人脉资源，即创业者构建的人际关系网络或社会网络。一个创业者如果不能在最短时间之内建立自己最广泛的人际网络，那他的创业一定会非常艰难。即使初期能够依靠领先技术或者自身素质，比如吃苦耐劳或精打细算，获得某种程度上的成功，但可以断言，他的事业一定做不大，正所谓有钱比不过“有人”。

创业者的人脉资源，第一是同学资源，第二是职业资源，第三是朋友资源。

1. 同学资源。同学之间因为平等相处、接触密切，彼此比较了解，同时大多数从五湖四海走到一起，彼此间也甚少利害冲突，同学情谊更加牢固。

赫赫有名的《福布斯》中国富豪南存辉和胡成中就是小学和中学时的同学，一个是班长，一个是体育委员，后来两人合伙创业，企业做大以后才分了家，分别成立了浙江知名的正泰集团和德力西集团；目前，仅北京大学各种各样的同学会就不下几百个，据说其中有一个由金融投资家进修班学员组成的同学会，仅有200余人，控制的资金却高达1 200

亿!一位成功的创业者在接受记者的采访时说,他在中关村创立公司前,曾经花了半年时间到北大企业家特训班上学、交朋友。他开始的十几单生意,都是在同学之间做的,或是由同学帮着做的。同学的帮助,在他创业的起步阶段起了重要的作用。

与同学相似的,是战友;可以与同学和战友相提并论的是同乡。共同的人文地理背景,使老乡有一种天然的亲近感。曾国藩用兵只喜欢用湖南人,中国历史上最成功的两大商帮,徽商和晋商不管走到哪里,都是老乡互助,成群结伙。正是同乡之间互为犄角,互相支援,才成就了晋商和徽商历史上的辉煌。同学资源和同乡资源,可并称为创业者最重要的两大外部资源。

2. 职业资源。对创业者来说,效用最明显首推职业资源。所谓职业资源,即创业者在创业之前,在就业职场所建立的各种资源。充分利用职业资源,从职业资源入手创业,符合创业活动"不熟不做"的教条。

比亚迪的王传福创业前就是搞电池的;碧桂园的杨国强原先是搞建筑的;尚德施正荣创业前是专门研究太阳能电池;苏宁的张近东大学毕业后曾在一家服装企业工作,业余时间帮人安装空调,积累了第一桶金,并开始意识到空调销售、配送、安装、维修一体化的重要性。1990 年张近东辞职创业专门销售空调,一举成为国内家电业翘楚。据调查,国内离职下海创业的人员,90%以上利用了原先在工作中积累的资源和关系。

案例 5-6

为获职业资源:大学生"卧底"取经①

创业不到一年便赚了几十万,还清了公司的所有贷款。南京信息职业技术学院通信学院大二学生陈烨创业不仅有眼光、能吃苦,还特别有创意,为了解行业最新动态,他利用假期到大公司去"卧底"取经。

学通信却创办传媒公司

"进入大学以来,我参加了学校和同学们组织的不少大小活动和比赛,每次活动的宣传费用和舞台费用都是很大一笔开销。加上学校给我们开设了专门的创业课程,我就想,与其请商家来做活动不如自己创业自己赚钱。"陈烨说干就干,怀揣着梦想,筹备资金、注册、购买设备……大二初,他的图文公司就成立了。"但图文既烦琐又耗时间,加上仙林地区的价格战,我们一点优势都没有。"经过调研,他毅然放弃了"图文",转移到舞美策划上。

到大公司"卧底"取经

一般公司的舞美策划也就帮着调调灯光,调调音响。陈烨没有把自己的工作局限在这块。他购买了灯具音响等舞台设备,并亲自学习如何安装,使其在承接的活动中做到最好。为了学到更好的技术,他还到一些大公司去实习,学习人家的经验,以弥补自己公司

---

① 资料来源:吴笑欢.大二学生到大公司卧底取经 创业一年净挣几十万[N].南京日报,2012-07-27.

的不足。

陈烨认为:“首先,创业开始再困难再辛苦,都要学会忍耐坚持,要以积累、学习经验为主;其次学会看清自己,到单位一切要从头开始,学会低调、做事勤快;最后,也是最重要的一点,人际关系是第一生产力!”

现在陈烨公司的业务越来越多。“不仅仙林大学城很多大学的活动都由我们来帮着做,很多品牌公司如江苏银行、中国福利彩票、健力宝的活动,也都找到了我们。”

公司到 2012 年 9 月份成立 1 年,目前已经还清了五十万元的贷款。

3. 朋友资源。朋友应该是一个总称。同学是朋友,战友也是朋友。老乡是朋友,同事一样是朋友。一个创业者,需要广结好友,朋友犹如资本金,对创业者来说是多多益善。“在家靠父母,出门靠朋友”“多一个朋友多一条路”是至理名言。

(八) 谋略

商场如战场,在产品同质化严重、市场有限、竞争激烈的情况下,创业者的智谋,将在很大程度上决定其创业成败。谋略,说白了就是一种思维的方式,一种处理问题和解决问题的方法。对于创业者来说,智慧不分等级,它没有好坏、高明不高明的区别,只有好用不好用,适用不适用的问题。

案例 5－7

冯仑的“空手道”①

1991 年,冯仑和王功权南下海南创业的时候,兜里总共才有 3 万块钱。3 万块钱要做房地产,即使是在海南也是天方夜谭。但冯仑想了一个绝妙办法。

信托公司是金融机构,有钱。冯仑就找到一个信托公司的老板,先给对方讲一通自己的经历。冯仑毕业于中共中央党校,曾在中央党校、中宣部、国家体改委和海南省委任职,经历很耀眼,对方不敢轻视;再跟对方讲一通眼前商机,自己手头有一单好生意,包赚不赔,说得对方怦然心动。冯仑提出:不如这样,这单生意咱们一起做,我出 1 300 万元,你出 500 万元,你看如何? 这样好的生意,对方又是有这样的经历,有什么不放心? 好吧! 于是该老板慷慨地甩出了 500 万元。

冯仑就拿着这 500 万元,让王功权到银行做现金抵押,又贷出 1 300 万元。他们就用这 1 800 万元,买了 8 幢别墅,略作包装一转手,赚了 300 万元,这就是海南万通的第一桶金。

---

① 资料来源:辛保平. 成功创业:靠脑子不是靠力气[EB/OL]. 阿里巴巴,2006-11-16. http://info.china.alibaba.com/detail/5965615.html.

(九) 分享

作为创业者,一定要懂得与他人分享。一个不懂得分享的创业者,不可能将事业做大,甚至创业尚未成功就"财聚人散"。南存辉就曾说过:"分享不是慷慨,对创业者来说,分享是一种明智。"正泰集团的成长历史,有人说就是修鞋匠南存辉不断分享财富的历史。在南存辉的发家史上,曾经进行过 4 次大规模的股权分流,从最初持股 100%,到后来只持有正泰股权的 20%,每一次当南存辉将自己的股权稀释,把自己的股权拿出来分流到别人口袋里去的时候,都伴随着企业的高速成长。但是南存辉觉得自己并没有吃亏,因为蛋糕做大了,自己的相对收益虽然少了,但是绝对收益却大大地提高了。

白手起家的郭凡生之所以成为亿万富翁,其成功的秘诀就在于懂得与人分享。慧聪公司是郭凡生 1991 年创立的,1992 年慧聪的章程里已经写入了劳动股份制的内容。学经济出身的郭凡生这样解释他的劳动股份制:我们规定,慧聪公司任何人分红不得超过企业总额的 10%,董事会分红不得超过企业总额的 30%。"当时我在公司占有 50%的股份,整个董事会占有的股份在 70%以上,有 20%是准备股,但是连续 8 年,慧聪把 70%以上现金分红分给了公司那些不持股的职工。"

案例 5-8

李嘉诚如何看待情和义[①]

李嘉诚一直认为,有钱要大家赚,利润更要让大家一起分享,做人不可自私自利,有情有义才有人愿意与之合作。作为最大投资商,你拿 10%的股份很公正,拿 12%也没什么,但是如果只拿 8%的股份,将其余回报给那些曾经支持过你的人,虽让小利,但你将财源不断。重情重义不是用嘴巴说说那么简单,而是要实实在在地去做,从内心对每一个帮助过自己的人带着感激之情,更要以实际行动来表达。

1973 年,当世界危机波及香港的时候,李嘉诚做了一件功德无量的事,至今仍被香港商界传为佳话。香港经济的依赖性很强,塑料原料全部依赖进口,因此受价格的影响也最大。危机爆发前每磅塑料原料的价格是 0.65 港元,危机爆发后涨到每磅 4.5 港元。当时李嘉诚由于在塑料业的实力以及在经商过程中获得良好的声誉,已经是香港塑料制造业商会主席,但他的经营重点已经逐步转移到地产上了,因此,这场塑料危机,对他的影响并不是很大。况且,长江塑料公司本身也有充足的原料储备。

尽管这件事与自己的利害关系不大,李嘉诚还是毫不犹豫地挂帅救业。

在他的倡议和组织下,数百家塑料厂入股组建了联合塑料原料公司。原先单个塑料厂家的购货量太小,无法达到交易额度,现在由联合塑料公司出面,需求量比进口商还大,可以直接由国外进口塑料原料,进行交易。所购进的原料,全部按市价分配给股东厂家。

① 张笑恒. 李嘉诚的哲学[M]. 万卷出版公司,2015.

在厂家的联盟面前,进口商的垄断也就不攻自破了。这样笼罩全港塑料业达两年之久的原料危机,一下被消除了。

不但如此,李嘉诚在这次救业大行动中,还将长江塑料公司的 12.43 万磅原料,以低于市价一半的价格救援待料的会员厂家。可以直接购入国外出口商的原料后,他又把长江塑料公司本身的 20 万磅配额,以原价优先转让给需求量大的厂家。在此次危难中,得到李嘉诚帮助的厂家达数百家。李嘉诚因此被称为香港塑料业的"救世主"。李嘉诚救人于危难中的义举,为他树立起崇高的商业形象,他的名气和声望回馈的无疑是无尽的生意和财富。

(十) 自省

自省其实是一种学习能力。创业既然是一个不断摸索的过程,创业者就难免在此过程中不断地犯错误。自省,正是认识错误、改正错误的前提。对创业者来说,自省的过程,就是学习的过程、进步的过程。成功创业者有一个共通之处,就是都非常善于学习,非常勇于进行自我反省。一个创业者,遭遇挫折、碰上逆境都是常有的事,在这种时候,反省能力和自我反省精神能够很好地帮助你渡过难关。曾子说:"吾日三省吾身。"对创业者来说,应该时刻警醒、反省自己,唯有如此,才能时刻保持清醒。

案例 5-9

难以入眠的高德康①

高德康做波司登,经常"晚上睡不着,想心事。常常半夜里醒过来一身冷汗。"

高德康,江苏常熟白茆镇山泾村的一个农民。1976 年,高德康组织了村里一个缝纫组,靠给上海一家服装厂加工服装赚钱,每天要从村里往返上海购买原料,递送成品。"从村里到上海南市区的蓬莱公园,有 100 公里路。我骑自行车每天要跑个来回,骑了几次车就不行了。于是我就挤公共汽车,背着重重的货包挤上去,再挤下来,累得满头大汗。因为我挤车也是在上班时间,车挤得不得了。我背着货包好不容易挤上去,车上的人闻到我一身臭汗,就把我推下来,有一次把我的腰都扭伤了。有时候他们还要骂一句,你这个乡下人,乡巴佬。神气得不得了……可是包重呀,你把我推下来,我怎么办? 那个时候我是哭也哭不得,我想那些人一点都不理解我。有时甚至考虑还要不要和上海人做生意? 但是不去上海,家里就没有活干,吃不上饭。只能上,乖乖地上。做生意龙门要跳,狗洞要钻,没办法的,只能受点委屈。"在这种情况下,高德康睡不着觉。

后来他的事业做大了,波司登已经成为中国羽绒服第一品牌,自己也变成了千万、亿万富翁了,却仍然常常睡不着觉。高德康总是在反省自己,为了一些想不明白的问题,他还特意跑到北大、清华上了一年学。他说:"我经常总是在听人家讲,听了以后抓住要害,

---

① 资料来源:辛保平. 中国创业者十大素质[J]. 科学投资,2003(9).

再在实践中去检验,到最后看结果,看到底是不是真的。”

三、创业能力

面对创业机会,能否有效地把握并成功实施创业决策,就必然涉及创业能力。创业能力涉及面很广,主要包括创新能力、学习能力、经营管理能力和人际关系能力等。大多数创业能力主要通过后天培养而习得。

(一) 创新能力

彼得·德鲁克曾指出:“创业者首先需要具有创新精神。”新经济的本质就是创新,就是鼓励和促使个人的创新潜能得到充分激发。

在激烈的市场竞争中,缺乏创新的企业很难站稳脚跟,改革和创新永远是企业活力与竞争力的源泉。正是创业者持续不断地推动创新,创业企业才一步步成长壮大,产生了像华为、中兴、三一重工、海尔、联想、沙钢等这样一批世界级大型企业,也产生了像百度、腾讯、阿里巴巴等这样一批横空出世的新兴信息产业,还产生了像天地伟业、中芯电子、华中数控等这样一大批“小而强”科技型企业。

案例 5-10

大三学生创业 打造“透明农场”①

在南京农业大学有家金麦云蔬菜配送点,这里的蔬菜比菜场贵好几元一斤,却卖得很火。配送点每天为附近100多户居民送货上门,一个月能卖掉一万多斤蔬菜。这里的蔬菜究竟有什么秘密呢?这家配送点的老板是南农大大三学生张轩,从大一起他就当起“卖菜仔”,打造起“透明农场”,他的蔬菜从种子、土壤、化肥到农药全程公开,居民在电脑上随时能看到蔬菜的生长情况。近日张轩当选2012年度“中国大学生自强之星”标兵。

为了创业下地种菜

“我的家在城乡接合部,我的外公是一个很朴实的农民。”2012年张轩的外公病重,“他眼睛不好,耳朵却很灵,听到新闻报道中常讲到‘蒜你狠’‘豆你玩’等问题,我发现他的眼泪都流了出来,超出了他们那个时代良知所能承受的范围。”这一幕深深触动了张轩,“土壤重金属化、农药过量,部分农产品质量存在问题是事实,我看到的是身边大部分农民都在勤勤恳恳地种田。有什么办法能改变这个现状呢?”张轩心中萌生创业的念头,“我们来打造一个生态农业园,让城市居民放心购买生态园里的农产品。”大一暑假起,他就跟着农学老师下农场,一蹲就是两个月。“要学的东西太多,比如检测土壤,看重金属是否超

① 许天颖,蔡蕴琦.为了创业下地种菜 大三男生当老板办蔬菜配送点[N].扬子晚报,2013-05-15.

标；学怎么使用农药；甚至学种菜，一个夏天浑身晒得黝黑，手臂、脸都脱皮了。”

用物联网打造“透明农场”

磨炼一段时间后，张轩和其他四名同学合伙成立了南京金麦风农业科技有限公司。“我们的想法是先打造一个现代化农场。”张轩和伙伴们用上了物联网技术。在老师的帮助下，经过几番波折，张轩终于说服了常州一家农场，“老板投入了 15 万元，学校的创业基金支持 5 万，我们几个同学凑了 4 万多。”张轩的合伙人、南农大大三的曾凡功介绍说，现代农场里面有一套完整的物联网感应设备，控制采集系统、温感、光感等设备。“经过智能化改造，40 亩地只需要 10 个人，既减轻了成本，也减少了污染。”农场里还装有摄像监控，“我们开发了一个网络平台，登录后可以看到农场里面的一举一动，物联网还提供一个信息库，这块地用的是什么种子、化肥的品牌、撒了多少农药，点点鼠标都能查到。对于消费者来说，这个农场是透明的。”曾凡功说，如果出现病虫害等问题，他们还请农业专家通过远程视频进行“问诊”。“专家凭平台账号登录进去，上面会有农场的反馈，一些图片，长了什么虫，生了什么病，他在线解答。”

建立透明农场还只是第一步，“解决销售渠道，才能提高农民的积极性。”张轩的技术研发团队又在网络平台上研发出网上订购蔬菜系统。第一个配送点就选在南农大。“我们在南农大附近，挨家挨户上门推销。开始一天只能卖几斤，大家觉得我们的蔬菜卖得比市场贵 10%～20%。当我们打开网络平台，向居民展示农场的种植实时画面时，很多人开始动心了。”曾凡功告诉记者，前段时间蔬菜供不应求，2013 年张轩的透明农场从常州的那一个扩展到四个，农产品品种丰富了起来，“有蔬菜基地、大米基地，也有养鸡场，我们严格按照国家对有机食物的标准来打造农场。”现在蔬菜配送点每个星期都是几千斤的蔬菜，每个月是一万斤。“很多居民办了年卡，我们请营养老师配餐，每天配好种类送上门。”

希望能解决食品安全难题

“我们从大一开始摸索，到大三初见规模，坚持了两三年，第一批客户正是南农老师。”张轩透露，他们目前正在进行大客户拓展，“农产品可以定制。比如可以提前一年下单，希望得到什么样的农产品。我们负责寻找合适的农场，打造安全的现代种植环境，配送安全的种子、化肥和农药，整个过程对客户公开。一年后按照客户要求交货。”张轩说：“我们提出‘透明农业’。希望整个社会，城市中的孩子，能对农民、农业有个深入了解，并从服务模式上探索一条解决中国食品安全的途径。”

（二）学习能力

人类已步入知识经济新时代，一次性学校“充电”、一辈子工作中“放电”的时代已成为历史，终身不断学习必将成为一种重要的生存方式和生活方式，同时也必将成为人们追求幸福与财富品质的主要诱发因子及原动力。

终身学习的价值就在于培养一种学习习惯，使得人生各阶段都能获得相应的学习机会，不断提升自身能力和素质，才能应对知识经济和信息时代的挑战。

案例 5－11

终身学习的创业典范①

“不学习,就死亡”,这就是新希望集团总裁刘永好的一个观点。刘永好把学习视为日常必修课,他随身都携带一支笔和一个本子,把学习到的东西都记在上面,并且每年花1/3 的时间用在与国际国内优秀人士的交流上。

世界最大的微波炉生产企业格兰仕的总裁梁庆德 42 岁才开始创业,只有小学文化。但 30 多年来,梁庆德坚持学习、不断超越自我,员工们亲切地称梁庆德是“交通大学”毕业生。因为梁庆德无论在飞机、火车还是汽车上都始终坚持学习,可谓手不释卷,正是这种坚持不懈的学习精神,带动了整个企业的学习热情,使得格兰仕一步步成长壮大。

2009 年的中国首富沙钢沈文荣学历不过中专,学的又不是冶金专业,但他对“钢铁”不耻下问、谦虚好学在国内外同行中是出了名的。他的办公室、家里,堆满了全球有关冶金的书籍杂志,一谈到钢铁技术他就像吃了兴奋剂,一谈到风花雪月他就打瞌睡。一次他去法国旅游,在埃菲尔铁塔下打起呼噜震怒了法国导游:他还从来没有看到一个像这样对铁塔不仰慕的人。

波司登的高德康只有小学文化,而他现在最大的爱好竟然是看书。“时间再紧张,学习也不能马虎。”随着波司登的发展壮大,工作越来越繁重,在时间很紧的情况下,高德康坚持每个月一定要集中 3 天时间学习,把自己的思路理顺。高德康认为,“作为一个领导来说,不一定整天忙得不得了就是好领导,你必须把思路理顺,有一种思维的状态来考虑这个企业的发展。”

(三) 经营管理能力

成功的创业者应当具备决策能力、组织协调能力、资源整合能力、交往沟通能力等经营管理才能,才会拥有一批坚定的追随者和拥护者,才能使组织有序运营,取得良好绩效。经营管理能力已成为决定创业活动的效率和成败的关键因素。

《全球创业观察中国报告》通过对 2002～2007 年中国创业能力的总体变化的研究发现,中国相对于所有 GEM 成员的总体水平看,在创办企业的经验和技能方面较为欠缺。大多数创业者缺乏创办新公司的经验,未能组织创办公司所需的各种资源,也不知道如何管理这样一家新成立的小公司。在调查对象中,拥有创业经验和技能的人比例为38.9%,相比较前几年,这一比例变化不大。② 可见,努力提高经营管理能力已成为中国创业者的当务之急。

---

① 刘志伟. 企业生存策略[M]. 中国纺织出版社,2007.

② 高建,等. 全球创业观察中国报告(2007)[M]. 清华大学出版社,2008.

(四) 人际关系能力

人际关系能力是指妥善处理组织内外关系的能力,包括激励能力、说服能力、沟通能力及谈判能力等。自创业起步,创业者就需要取得组织内外诸如员工、股东、顾客、政府、银行、供应商甚至所在社区等的支持帮助。良好的人际关系能力是建立和谐人际关系与搭建广泛社会关系网络的基础,良好的"人脉"会为创业者提供许多重要信息和资源,是创业企业生存和发展的必要条件。为此,创业者必须具备与利益相关者打交道时处理各种人际关系的能力。

案例 5－12

"中国女大学生创业第一人"谈人际关系能力①

2009 年 3 月,广州日报记者采访了"中国女大学生创业第一人"——原华中科技大学学生李玲玲——一位现在身家已达 4 000 多万的女企业家。

17 岁时,李玲玲发明"高杆喷雾器",受到诺贝尔奖得主杨振宁颁奖。一年后,她考入华中科技大学(原华中理工大学)。1999 年,她发明的防撬锁在第七届中国专利博览会上获金奖。1999 年 7 月,高杆喷雾器和防撬锁两项专利被武汉世博公司看好,成为世博公司第一笔投资的对象。双方签订协议:由世博公司出资 60 万元(实际到账 10 万元),创立天行健科技开发公司。李玲玲以专利入股,占公司四成股份,出任公司董事长兼总经理,世博公司占六成股份。

但事情并没有按既定轨道运行,不到一年时间,公司匆匆倒闭收场,这个"中国女大学生创业第一人"就这样迅速陨落。

李玲玲总结自己最初创业失败的原因"最大的障碍还是在于人际关系的处理不当""大学生整个创业圈子都有一个与生俱来的缺陷,那就是办事无头绪,人脉资源匮乏,不会处理人际关系"。她说,天行健公司倒闭后,2001 年,她在长沙又开一家公司,半年也挺不下去了,原因也在于缺乏人际关系能力。

四、创业动机

动机,在心理学上是指由特定需要引起的,以满足各种需要的特殊心理状态和意愿。动机是激励和维持人的行动,并将行动导向某一目标,以满足个体某种需要的内部动因。

(一) 创业动机的含义

创业动机的概念学者们众说纷纭。Timmons(1994)综合各种观点后指出,创业动机

① 资料来源:梁硕芳. 大学生创业第一人:毕业就创业成功率不高[N]. 广州日报,2009-03-17.

是各种环境因素和创业者个人特征的产出。Shane、Locke 和 Collins(2003)认为,创业动机是个体的一种意愿和一种自发性,这种意愿会影响人们去发现机会、获取资源以及开展创业的活动。Baum 和 Locke(2004)认为,创业动机是创业者在追求成就的过程中,在头脑中形成的一种内部驱动力,有目标导向和自我效能感两个衡量指标。何志聪(2004)则认为创业动机是内化为创业者个体的目标,激励创业者的行为,激励创业者去寻找机会,把握机会,并最终实现创业成功的动力。

综上所述,创业动机是指个体或团队选择自主创业的内在驱动力和外部促成因素。它反映了创业者为什么决定从事创业活动的原因和动力来源。创业动机不仅影响创业者的行为和决策,也在很大程度上决定了创业的方向和企业发展的模式。

(二) 创业动机的类型

巴林格和爱尔兰(2006)提出三类基本创业动机:一是做自己的老板;二是追求自己的创意;三是获得财务回报。①

粘永昌(2009)提出我国大学生创业的四类动机:②

1. 生存的需要

由于经济的原因,许多家庭越来越难以负担昂贵的学费,国家有助学贷款、奖学金制度也不能完全解决问题。在沉重的经济负担压力之下,为了顺利完成学业,这部分学生中的一部分人利用课余时间打工来维持正常的学习和生活。在打工的过程中一部分具有创业素质的大学生会发现并追逐商机,开始走上了创业的道路。

2. 就业的需要

当前,大学毕业生就业形势严峻,一方面表现为需求不足,另外一方面表现为大学毕业生的工资待遇降低、专业难以对口。在这种情况之下,自主创业成为大学生解决就业难的选项之一。

3. 成长的需要

随着大学生年龄的增长,对于参与社会和自我成长的需要逐渐强烈。一部分大学生为了增加自己的实践经验,丰富自己的社会阅历,为了今后的发展或实现某个目标做好经济上的、经验上的准备,在条件成熟的情况下也会利用课余时间走上创业道路。这类创业者往往以锻炼为目的,承受失败的能力较强。

4. 自我实现的需要

心理学研究表明:25～29 岁是创造力最为活跃的时期,这个年龄段的青年正处于创造能力的觉醒时期,对创新充满了渴望和憧憬。另外,大学生知识面的迅速拓展及与社会

---

① 布鲁斯·R. 巴林格,R. 杜安·爱尔兰. 创业管理:成功创建背后企业[M]. 张玉利,等译. 机械工业出版社,2006.

② 粘永昌. 大学生创业动机与创业模式探析[J]. 法制与社会,2009(15).

的信息交换量猛增，政府提供给大学生自主创业的优惠政策、更多的机会，也会促使大学生萌生创业想法。特别是大学生在学习中接触到新的知识、科技发明和科研成果，或者他们中的一部分人本身就拥有具有自主知识产权的科技成果，为了尝试科研成果的转化，他们中的一部分人也开始了自己的创业生涯。

五、产生创业动机的驱动因素

创业者选择创业的动机受诸多直接和间接因素的影响。

Gilad 和 Levine(1986)提出了创业动机的"推动理论(push theory)"和"拉动理论(pull theory)"。推动理论认为个体是被外在的消极因素"推动"去创业的，例如失业或寻找工作困难，或对当前工作不满意、工资低、非弹性工作制等，这些生活压力因素激活了创业者创业动机。而拉动理论则认为个体在创业活动中被寻求独立、理想、人生目标等自我实现的需求因素所吸引。显然，推动因素形成的主要是生存型创业者，按照马斯洛的需求层次理论，生活压力使得他们处于生理需求或安全需求等较低的需求层次；而拉动因素形成的主要是机会型创业者，他们的创业动机主要受自我实现需求的激励，因此需求层次高于生存型创业者。学者们普遍认同，主要是"拉动"因素激励个体成为创业者(Keeble, Bryson & Wood, 1992; Amit & Muller, 1995; Orhan & Scott, 2001)。

Gilad 和 Levine 还在其研究的基础上总结出创业活动的影响公式：

$$E_t = E(PL_t, PS_t, O_t)$$

公式中，以 E_t 来表示在 t 时的创业活动的程度，它受到在 t 时测得的"拉动"力量强度(PL)、"推动"力量强度(PS)和除这两个因素以外的其他影响因素的力量强度(O)三者的共同作用。

高日光等(2009)通过实证分析提出我国大学生创业动机驱动因素的 4 个内容维度和 16 种典型行为的模型，见表 5 - 2。

表 5 - 2　大学生创业动机驱动因素及典型描述①

维度	追名求富	家庭影响	环境支持	自我实现
驱动因素描述	为了提高社会地位	亲戚朋友鼓励创业	学校创业氛围浓厚	实现自身的价值
	羡慕权力和地位	亲戚朋友拉你入股	学校提供基金和条件	证明自己的才华
	崇拜创业偶像	亲戚朋友创业影响	国家提供优惠政策	提升自己的素质
	为了发财致富	家庭能提供帮助	当地政府积极扶持	发挥自己的专长

综上所述，创业动机是个体因素与环境因素相互作用的产物，并且，创业动机的驱动

① 资料来源：高日光，孙健敏，周备. 中国大学生创业动机的模型建构与测量研究[J]. 中国人口科学，2009(1).

因素并非单一的,往往是多维的,具有动态复杂性。

第二节　创业团队概述

事实上,无论是在传统的制造业、服务业,还是在现代高新科技领域中,由团队创业的企业要比个人创业的企业多得多。用 Kamm 等(1990)的话来说,"团队创业现象如此普遍,以至于无论从创业所在地域或行业、创业类型还是创业者性别来看,大多数新创企业都是由团队创办的。"[①]从创业绩效看,团队创业无论是成功率还是新创企业的绩效表现,都要比个人创业好得多(Lechler,2001)。[②]

一、创业团队概述

(一) 创业团队的内涵

创业团队指的是一群有共同创业目标和愿景的个体,在初创企业的建立和发展过程中,基于不同的技能、背景和经验,协同合作、共同承担风险、应对挑战,实现创新和商业目标的组织形式。[③]创业团队的核心特点不仅在于他们所拥有的专业能力,还在于他们所具备的创新精神、领导力、执行力和应对不确定性的能力。创业团队是一种特殊团队,学者们从不同角度对创业团队给出定义。

创业团队有广义和狭义之分。狭义的**创业团队是指由两个以上具有一定利益关系、共同承担创建新企业责任的人组建形成的工作团队。**广义的创业团队不仅包含狭义创业团队,还包括与创业过程有关的各种利益相关者,如风险投资商、供应商、专家咨询群体等。

(二) 创业团队的重要性

创业团队是团队而不是群体。团队中成员所做的贡献是互补的,而群体中成员之间的工作在很大程度上是互换的。即在团队中离开谁都可能不行,而在群体中离开谁都无所谓。

与个体创业相比较,团队创业具有多方面的优势,对创业成功起着举足轻重的作用。

---

① Kamm J B, et al. Entrepreneurial teams in new venture creation: A research agenda[J]. Entrepreneurship Theory and Practice, 1990, 14(4).

② Lechler T. Social Interation: A determinant of entrepreneurial team venture success[J]. Small Business Economics, 2001, 16(4).

③ 刘方龙,李新春. 创业团队的动态演化机制——基于人力资本产权周期视角的多案例研究[J]. 管理世界, 2024, 40(5).

一个喜欢单打独斗的创业者固然可以谋生，然而一个团队的领导者却能够创建出一个组织或公司，而且是一个能够创造重要价值并获得丰厚回报的公司。创业团队的凝聚力、合作精神、立足长远目标的敬业精神会帮助新创企业渡过危难时刻，加快成长步伐。团队成员之间的互补、协调、支援、合作和努力，对新创企业起到了降低管理风险、提高管理水平的重要作用。

拜尔斯公司合伙人约翰·都尔认为，“当今世界拥有丰富的技术、大量的创业者和充裕的风险资本，而真正缺乏的是出色的创业团队。如何创建一个优秀的团队将会是你面临的最大挑战。”

可见，组建一支优秀的创业团队对于成功创业十分必要和重要。

二、团队创业的优劣势分析

依据不同逻辑组建创业团队既可能带来优势，也可能带来障碍，对后续创业活动会带来潜在影响。

(一) 团队创业的优势

“人是最宝贵的资源”，优秀的创业团队是新创企业的基石，是任何新创企业人力资源的关键组成部分。一流的创业团队能够带来出色的知识、经验、技能和对公司的承诺，团队成员间强烈的和有效的工作关系对任何新创企业来说都是一笔宝贵的财富。

与个体创业相比较，团队创业具有多方面的优势。优势互补，资源共享，拓宽渠道，凝聚智慧，群策群力，降低风险。

大量的实证研究也表明，团队创办的企业在存活率和成长性两方面都显著高于个人创办的企业(Timmons，1990)。美国 20 世纪 60 年代一项针对 104 家高科技企业的研究报告指出，在年销售额达到 500 万美元以上的高成长企业中，有 83.3%是以团队形式建立的；而在另外 73 家停止经营的企业中，仅有 53.8%有数位创始人。而这一模式在一项针对美国波士顿地区“128 公路 100 强”企业的研究中表现得更为明显：100 家创立时间较短、销售额高于平均数几倍的企业中，70%都是属于团队创业的类型。

创业团队相比于传统企业组织，具有一些独特的优势，这些优势能够帮助团队在竞争激烈的市场中获得灵活性、创新力和执行力。创业团队通常规模较小，组织结构扁平，决策链短。这种灵活性使得团队能够迅速应对市场变化，快速做出调整和决策，而不需要经过烦琐的层级审批流程。面对市场机会和挑战时，创业团队能更快地试错、迭代和创新。创业团队往往以解决市场空白或痛点为使命，成员具有开拓精神和创新意识。多样化的背景和思想碰撞促使团队在产品、服务或商业模式上不断创新。由于没有传统大企业的固有路径依赖，创业团队能够更加自由地探索新思路和新方法。①总之，创业团队的优势

① 周冬梅，陈雪琳，杨俊，等.创业研究回顾与展望[J].管理世界，2020，36(1).

在于灵活性、创新力、凝聚力和高效的资源利用能力。通过快速决策、开放的沟通和强烈的使命感,创业团队能够迅速适应市场变化,在有限资源下创造出更大的商业价值,并在激烈的竞争中保持竞争力。

(二) 团队创业的劣势

团队创业也可能带来障碍,对后续创业活动会带来潜在的风险。

近年来,中关村每年的企业倒闭率一直保持在25%左右,其中很重要的一个原因就是创业团队内部不团结。企业倒闭后,原来的创业伙伴基本上都是分道扬镳,能够继续共事的相当少。核心创业成员合作破裂,往往会导致创业团队解体或解散,创业团队解体的较好结果是新企业分拆或由某个或某些成员接盘,而最糟糕的结果是破产清算。

1. 团队成员个性不合带来风险

因为经验、友谊和共同兴趣结成合作伙伴,发现商业机会后共同创业的例子比比皆是。这种关系驱动的模式比较适用中国文化的特点,其团队的稳定性相对较高。但人际上的交集往往掩盖了团队成员性格上的差异、处理问题的态度,关系的远近亲疏也经常会成为制约团队发展的瓶颈。如果创业成员之间性格、个性、兴趣不合,很容易导致创业磨合期就出现分歧甚至分裂,引发团队解散的风险。

案例 5-13

两位史蒂夫分道扬镳①

两位史蒂夫——史蒂夫·乔布斯与史蒂夫·沃兹尼亚克(绰号沃兹,The Woz)曾是老友,在1976年共同创立了苹果电脑。在创办苹果的过程中,沃兹与乔布斯堪称黄金组合,一个搞技术,一个负责市场,又迎合了个人电脑兴起的第一波浪潮,苹果很快就风生水起了。

乔布斯和沃兹尼亚克是这样一对“兄弟”:其中一人毕生致力于管理公司,用各种手段激起消费者的欲望,创造盈利的神话;而另一人则言谈幽默,爱好技术,对一些小玩意感兴趣,在世界上挖掘趣闻,并乐在其中。

沃兹是技术牛人,在苹果公司发展初期,沃兹在公司里的作用很重要,他在1970年代中期创造出苹果一号和苹果二号,苹果二号风靡普及后,成为1970年代及1980年代初期销量最佳的个人电脑,苹果公司早期产品的专利权属于共同创办人沃兹。罗伯特·克林利曾在他的著作《偶然帝国》一书中说:“沃兹称得上是苹果公司首席雇员。因为从技术的角度来看,沃兹就是苹果电脑。”但没过多久,两位共同创始人的矛盾就公开化了。

乔布斯创业早期常被批评为脾气坏、顽固、倔强、喜怒无常。他有着近乎摇滚明星的坏脾气,是一个小心眼的微观管理者,让自己的雇员不能不时刻分心提防。乔布斯的任性

① 姜洪军.曾与乔布斯创业 沃兹苹果传奇之后淡出江湖[N].中国计算机报,2012-10-23.

以及这种自我为中心的工作作风得罪了太多的人，让他迅速走向危机。1985年，苹果董事会最终投票作出了一个艰难的决定：剥夺了乔布斯在苹果公司的一切公职。

就在这一年，沃兹也离开了苹果。

两位史蒂夫共同成就了一家伟大的公司。但是，两个伟大的人物终究未能一直携手。

2. 利益分配争议带来风险

曹垣亮(2006)对200多位创业者“创业管理调查”表明，团队散伙排在前三位的原因是团队矛盾(26%)、利益分配(15%)、有效沟通(12%)。团队矛盾的背后或多或少地有利益的成分存在，这两项合计占41%，而被竞争对手打败的只有1%。①

创业初期，一起打拼的伙伴很容易有共患难精神，但是等到要“同甘”的时候，却容易出现问题。例如利益分配时，若团队在组建初期没有明确完善的分配方案，则随着企业的成长壮大、股票价值的与日俱增，就会因分配不公导致团队矛盾激化。人的自利性使得多数成员潜意识中往往认为自己贡献更大，都会有“这个公司没有我早垮了，而我只得到如此少的利益”这种想法。

因此，“先小人后君子”，凡涉及权利义务与利益分配问题，必须一切先说清楚讲明白形成书面协议，不能感情用事，也不能回避不谈。利益分配问题越早提出来讨论越好。

无锡尚德太阳能电力有限公司在创业初始的两年里一直处于亏损状态，后来业务稍有起色，就因为利润分配方案不完善，五个人的创业团队走了四人，只剩下施正荣独立支撑尚德公司，而且离开的四人后来均进入了光伏电池行业，成为尚德的竞争对手。可见，利益分配对于创业团队、对于企业稳定发展有着重要影响。

3. 团队成员经营理念不同带来风险

创业之初，团队成员选择难免出现随意性和偶然性，或是在团队中承担某种角色的人才过多，团队成员之间角色和优势重复；或是团队成员的经营理念、处理问题方式不一致，团队思想不统一；或是随着企业的成长，有些成员能力难以适应更大规模、更加规范的企业经营管理的需要，都会引发各种矛盾，最终导致整个创业团队的散伙。这种情况是非常普遍的，一个典型的例子就是联想的倪光南和柳传志。柳传志是一位有科技背景的企业管理者，而倪光南是一名著名的科学家，他们的分歧是经营理念的不一致，柳传志是市场导向，而倪光南是技术导向，这一根本的分歧导致了曾被誉为“中关村最佳拍档”的联想创业组合的分裂。

4. 目标不一致带来风险

在创业初期，创业团队的目标一般并不十分清晰和明确，随着创业的进程以及外界环境的变化，团队成员可能会发现原先确定的目标和现实之间存在差距。此时如果团队成员之间缺乏沟通，意见难以调和，或是个人目标与组织目标出现较大的不一致，甚至有些成员不认可公司的目标和战略，价值观有冲突，那么团队面临着解散的风险。

---

① 曹垣亮.创业股东利益博弈分析[J].科技创业月刊，2006(1).

第三节　创业团队组建与管理

一、创业团队的组建策略及管理

如何组建创业团队并无明确的标准答案,理论研究的结论和创业实践的结果常常自相矛盾,真所谓"一半是科学,一半是艺术"。这是由于创业团队的成员往往是个性各异,能力、知识、经历、志趣、背景差异很大的个体,凝心聚力、团结协调、激励并发挥每个成员的聪明才智需要领导艺术;而根据团队成员的不同特征,在特定创业环境中采取恰当的后续管理措施维护团队的稳定和绩效则体现为科学性。

(一) 组建创业团队策略

1. 组建人数

一般而论,3 人及 3 人以上就形成了群体,当群体有了共同的奋斗目标就形成了团队。创业之初,核心创业团队人数不宜过多,通常控制在 3～5 人。人数太少,难以发挥团队优势,太多则无暇顾及,思想意见难于统一。不过,非常有趣的是,美国的英特尔、惠普、微软、苹果、雅虎、谷歌这些技术流企业的共同创始人数目均为 2 人。

2. 组建模式

(1) 合伙制。合伙制是由各合伙人订立合伙协议,共同出资、合伙经营、共享收益、共担风险,并对合伙企业债务承担无限连带责任的营利性经营组织。创业团队投资采取合伙制,有利于将激励机制与约束机制有机结合起来。合伙人执行合伙企业事务,有全体合伙人共同执行合伙企业事务、委托一名或数名合伙人执行合伙企业事务两种形式。

在我国现阶段,主要有四种合伙方式:亲戚间合伙、家族内合伙、朋友间合伙、同事间合伙。咨询类、律师事务所和会计师事务所多采用合伙制形式,在我国农村,农民们创办的很多企业也都采用了合伙制形式。不同类型的合伙形式都有其自身的优势和不足。就家族内合伙制来说,创业初期,创业者凭借血缘、家族关系,能够以较低的成本迅速网罗人才、聚集资本、团结奋斗,从而使企业能在短时间内获得竞争优势,且内部信息沟通顺畅,对外部市场信息应对及时,总代理成本比其他类型的企业低。这类企业的缺点是难以得到真正优秀的人才、资金筹集量较小,在某种程度上制约其迅速发展。

(2) 公司制。创业团队采用公司制形式,即设立有限责任公司或股份有限公司,运用公司的运作机制及形式进行创业。采用公司制的优势主要体现在:一是能有效集中大量资金进行投资活动;二是公司以自有资本进行投资有利于控制风险;三是投资收益公司可以根据自身发展,做必要扣除和提留后再进行分配;四是随着公司的快速发展,可以申请对公司进行改制上市,使投资者的股份可以公开转让,套现资金可用于循环投资。一般非家族成员的创业者采用公司制较多。

3. 组建原则

(1) 优势互补。创业团队虽小,最好“五脏俱全”。团队成员不能是清一色的技术流成员,也不能全部是搞终端销售的,优秀的创业团队应该是每个成员各有长处,大家结合在一起,正好互补,相得益彰。在一个创业团队中,如果出现两个核心成员优势重复,重要能力完全一样,那么今后必然少不了各种矛盾的出现,甚至导致整个创业团队散伙。这样的例子举不胜举。

(2) 共同的价值观。创业团队的成员应该是一群认可团队价值观的人,团队的目标应该是参加团队的每个成员所认可的,是团队的共同目标。没有共同的价值观和目标,那就不是一个创业团队,而是一群乌合之众。

上海复星集团董事长郭广昌曾劝告创业者:“在你决定谁可以成为合作伙伴的时候,最重要的是要找到两种感觉,一是对于人生的根本价值的信条,他跟你一致不一致;二是找到彼此之间有互补性的人。”

(3) 确立好团队主管。创业团队必须确立团队领袖,团队领袖责无旁贷地担当权威主管的职责,他应当有宽广的胸怀和高尚的品质,有较高的素养和能力来组建、凝聚团队并在激发团队热情和创造力、维系团队稳定方面起着非常重要的作用,在创业过程中随时做好团队成员间的沟通、协调与激励,使团队的整体水平不断提高,适应企业成长的需要。

创业团队领袖是创业团队的灵魂,是团队力量的协调者和整合者。创业团队领袖应该不仅仅靠资金、技术、专利来决定的,也不是谁出了好点子、谁最先提出创业创意就谁当头。团队领袖应当是在多年共事基础上,在长期创业实践过程中团队成员发自内心认可、拥戴和胜任的带头人。不过,创业之初,由于缺乏了解和实践检验,通常由发起人或大股东暂行创业团队主管职责。

(二) 创业团队的管理

1. 稳定性与流动性

维持创业团队的稳定性无疑十分重要,**创业团队管理的重点就是在维持团队稳定的前提下发挥团队多样性优势**。创业团队的多样性带来了不同的技能、背景和观点,但这也可能引发方向不一致的问题。[①]因此,管理的首要任务是确保团队成员在一个共同的目标和愿景下工作。清晰的愿景能够引导多样化的团队力量朝着相同的方向努力,避免因观点分歧导致团队不稳定。在多样化团队中,不同成员的思维方式、沟通习惯和解决问题的方式各异。为了有效发挥这些差异的优势,必须建立开放透明的沟通机制,确保每个成员的意见都能被倾听和理解。这不仅能激发创造力,还能减少误解和内部冲突,维持团队稳定。多样性往往伴随着冲突和不同意见,如何有效管理冲突是团队稳定的一个重要方面。管理者应培养团队成员的冲突管理能力,建立有效的冲突解决机制,确保不同的意见能够在健康的讨论中达成共识,而不影响团队的团结和稳定。

---

① 曾楚宏,王钊,官志华. 创业团队成员变更:研究述评与展望[J]. 管理评论,2020,32(12).

但稳定不等同于团队的固化与僵化。创业之初,团队成员选择难免出现随意性和偶然性,或是价值观不一致,或是团队某种类型的人才过多、团队成员之间角色和优势重复,或是随着企业的成长,有些成员能力难以适应更大规模、更加规范的企业经营管理的需要。因此,创业团队应当保持适度的流动性,呈现动态性与开放性。一方面,要努力发现和吸纳真正优秀的、价值观相合、优势互补型人才,为团队不断补充新鲜血液;另一方面,对于不适应企业发展需要的团队成员要设计好退出机制。对于寻求更好的发展空间而想退出的成员,哪怕是企业紧缺、急需的人才,也不要强留。因为这样的成员即便强行留下,也往往是"身在曹营心在汉",会造成企业更多的内耗。

毫无疑问,在稳定的前提下,适度的流动性使团队实现成员不断优化,从而实现资源不断优化,进而促进新创企业不断成长的重要手段之一。

2. 同质性与异质性

"物以类聚,人以群分"。创业者往往倾向于欣赏和选择那些在背景、教育、经历、志趣上与自己非常相似的人。然而,"相似性"即同质性倾向存在着严重的缺点,最为突出的一点是冗余问题,相似的人越多,他们的知识、经验、技能和欲望重叠的程度就越大,内耗随之增加,创业之路愈加凶险。因此,组建创业团队的第一原则就是,建立优势互补的团队。

当创业团队的所有成员在各重要方面都高度相似时,成功不太可能出现。理想的状况是,如果一个团队成员所缺少的东西可以由另一个或者更多的其他成员提供,那么,整体的确大于各部分之和,因为团队能够整合人们的知识和专长。[①] 因此,在很多情况下强调创业团队的互补性、异质性可能是更好的策略,因为团队成员在知识、技术、经验和社会资本方面存在的异质性和高度互补性,能提供给新企业多样化、丰富的人力资源基础。

不过,实践中存在很多相反的例子。例如,经历相同、趣味相投且技能相近的微软比尔·盖茨和童年伙伴保罗·艾伦,惠普的戴维·帕卡德和大学同学比尔·休利特,创业后团队合作良好、业绩惊人;三一重工的梁稳根、袁金华、毛中吾、唐修国是同事也是好兄弟,四人辞职创业共同奋斗成就了今天中国重工业的脊梁;腾讯创业的"四大金刚",马化腾、许晨晔、张志东和陈一丹都是大学或中学同学,共同的兴趣和理想将他们结合到一起,团队"相似性"极高,但创业至今合作良好、成就斐然。相反,知识、技能互补,堪称"黄金搭档"的苹果乔布斯与沃兹、联想的倪光南和柳传志却最终分道扬镳。

由此可见,创业团队的成员究竟是考虑同质性还是异质性,并非绝对的。Hmieleski 和 Ensley(2007)的实证研究表明,在动态变化的环境中,异质性团队由指令型领导者领导表现最佳,而同质性团队由授权型领导者领导则表现最佳;但在稳定的环境中情况刚好相反。美国北卡罗来纳大学的迈克尔·恩斯利(Ensley,1999)教授对美国《公司》500 强企业的实证研究也表明,在动荡的环境下,创业团队的异质性能够发挥积极的作用,或者

① Carpenter, M A, Geletkanycz, M & Sanders, W G. Upper echelons research revisited: Antecedents, elements, and consequences of top management team composition [J]. Journal of Management, 2004, 30.

说，动荡的环境需要创业团队具有异质性特征。①

实践中很难说究竟依据哪种逻辑组建的创业团队更好。通常，按照恩斯利的研究，如果创业机会蕴含的不确定性较高，价值创造潜力较大，往往也意味着创业过程面临的任务就越复杂，越具有挑战性，此时采用理性分析逻辑组建的异质性创业团队可能会更好地应对创业过程中的障碍与风险；而如果创业机会蕴含的不确定性较低，价值创造潜力一般，这种情况下创业团队成员之间的团结协作和信任感更加关键，此时采用非理性逻辑组建的同质性创业团队更可能成功。例如，在服装、零售、餐饮等传统产业，夫妻店、兄弟店、父子店比比皆是。②

二、创业团队的管理技巧和策略

创业是基于对理想的追求，来自一股激情的支撑。创业之初，团队成员可能彼此都有高度的承诺与无悔的付出，但随着时间流逝、企业成长，权力分配、理念分歧、利益冲突等问题就会浮出水面，创业团队必须高度重视并妥善解决这些问题，才能确保团队的稳定。

（一）确立团队领袖

企业需要权威的主管，创业团队也必须有强势领导人。团队成员共同创业，但谁应该是主导者？谁来作最后决定？在发生利害冲突或彼此意见严重分歧时由谁来裁定拍板？

创业团队领袖是创业团队的灵魂，是团队力量的协调者和整合者。确立团队领袖是团队建设中的重要环节，合适的领袖能够带领团队有效协作、实现目标，并提升整体绩效。创业团队必须确立团队领袖，团队领袖责无旁贷地担当权威主管的职责，他必须有宽广的胸怀和高尚的品质，有较高的素养和能力来组建、凝聚团队并在激发团队热情和创造力、维系团队稳定方面起着非常重要的作用，在创业过程中随时做好团队成员间的沟通、协调与激励，使团队的整体水平不断提高，以适应企业成长的需要。

确立团队领袖的过程通常涉及以下几个方面：③

1. 明确团队的需求与目标。在确立领袖之前，首先需要明确团队的目标、任务性质以及团队成员的技能和工作方式。不同的目标和任务需要不同类型的领导，比如某些任务可能需要决策果断的领导，而创新型任务则可能需要激发团队创造力的领袖。

2. 领导力评估。团队领袖应具备良好的沟通、协调和决策能力，还要具备对团队成员情感和需求的敏锐感知力。通过对候选者的评估，可以判断他们是否具备沟通能力（清

---

① Ensley, M D & Amason, A C. Entrepreneurial Team Heterogeneity and the Moderating Effects of Environmental Volatility and Team Tenure on New Venture Performance[EB/OL]. http://fusionmx.babson.edu/entrep/fer/papers99/XXVII/XXVII_A/XXVII_A.html.

② 张玉利. 创业管理[M]. 第 2 版. 机械工业出版社，2011.

③ 朱秀梅，裴育，费宇鹏，等. 团队创业激情形成与作用机制研究[J]. 外国经济与管理，2021，43(1).

晰表达愿景和任务,确保团队成员理解方向)、决策能力(在关键时刻能够做出理智和高效的决策)、激励能力(能够鼓励和支持团队成员,提升团队凝聚力)和情商和应变能力(处理团队冲突、解决问题,维持团队和谐)。

3. 领导风格与团队匹配。不同团队可能需要不同的领导风格。例如,某些团队可能更适合民主型领导,强调团队成员的共同决策;而某些团队在面对紧急任务时可能需要更加专制型的领导者。因此,了解团队文化和工作节奏对于确立合适的领袖至关重要。

4. 团队成员的参与。在确立团队领袖的过程中,团队成员的意见和参与也至关重要。让团队成员参与领袖的选拔过程,不仅可以确保领导者能赢得团队的信任,还能增强团队的向心力和合作精神。

5. 实践与调整。确立团队领袖之后,仍需要通过实践来验证领导者是否适合当前团队。有时,随着任务和环境的变化,领导风格也需要调整。因此,团队领袖的作用应在实践中不断评估和优化,确保其能够持续带领团队取得成功。

确立团队领袖是一个系统的过程,需综合考虑团队需求、候选者的领导能力与风格、团队成员的参与度,以及实践中的调整。一个合适的领袖不仅能有效推动团队达成目标,还能增强团队凝聚力,提升整体效率和创新能力。

(二)发挥创业团队多样性优势

互补型创业团队成员的多样性往往带来团队成员在个性、特长上很大的差异,也使得团队管理承受了巨大压力。有效的沟通与协调是舒缓压力的重要渠道,要维持团队的稳定性,加强有效沟通与协调就应当成为创业团队的主要工作方式。团队领袖在组织团队和管理团队时,应当努力掌握和提高沟通与协调能力,善于倾听不同意见,善于概括总结出正确的意见,克服分歧和矛盾。

从人力资源管理的角度来看,建立优势互补的创业团队是保持创业团队稳定的关键,而对于非理性逻辑组建的创业团队,创业者应当注意吸纳并培养具有不同专长的核心员工、聘用外部专业顾问,来增强团队的互补性。实践表明,创业团队规模越大,团队成员的经验越是迥异(原则是要求互补性),新企业存活的概率就越高,其成长也将更快。

根据团队成员的个性特征和能力,创业者在组建创业团队时应当结合团队的领导角色,对团队成员进行恰当的岗位配置,尽可能把“主内”与“主外”、耐心的“总管”和具有战略眼光的“领袖”、擅长技术与精通市场等方面的人才凝聚在团队中,在维持团队稳定的前提下充分发挥团队多样性整体优势。

毫无疑问,创业团队需要发展。在保持核心团队成员稳定的前提下,通过吸纳新成员和让部分不适应新形势的老成员退出的方式来调整创业团队的成员构成,是实现团队结构优化,从而促进资源优化,推进创业成功并促进新创企业不断成长的重要手段之一。

案例 5-14

不离不弃的创业团队①

外界常常用“沉浮”“动荡”来形容对史玉柱团队的印象，但谁也不能否认其“嫡系”十分稳固。陈国、费拥军、刘伟和程晨被称为史玉柱的“四个火枪手”，史在二次创业初期，身边人很长一段时间没领到一分钱工资，但这四人始终不离不弃，一直追随左右。

按刘伟的介绍，尽管经历了巨人公司数年的停业，但脑白金分公司的经理有一半都是最初跟随史玉柱起家的人马，这些人在脑白金已工作六七年，而脑白金和征途的多数副总更是早在 1992 至 1994 年期间便是巨人公司的员工。

人们的疑惑在于，史玉柱，这位出身于技术而又近乎偏执的独裁者，何以在“巨人”倒下之时，整个团队二十余人几乎都没有离开他，却追随他蛰伏了数年而后东山再起？从最早的计算机产品到保健品，再到现在的网游，几乎是同一帮人马在策划运作。究竟是什么原因，使这批人才聚集在这个鬼才身边？

作为史玉柱“新嫡系”的征途项目负责人纪学锋，是史玉柱成立征途公司时挖来的第一批网游骨干之一，他的看法是：“公司各方面都很开明公平，只要有实力，就会有机会。在管理上不会拘泥于太多的规则，大家做事的时候拼命做，小事则不拘泥于细节，整个过程能够让人实现个人价值。很多企业包括外企规则管理，把人管得太死。”巨人大厦失败后，对于怎样维系团队的奋斗向上、保证企业的向前发展，史玉柱的做法是：不定目标，缜密论证，步步推进，一咬到底。这一习惯，贯穿着征途两年多的发展轨迹。

脑白金 2001 年销量突破了 13 亿，史玉柱随即授权大学时睡在他上铺、时任上海健特总经理的陈国打理日常事务。翌年，陈国发生车祸。据知情人士透露，当时史玉柱正在兰州开会，撂下电话后连夜飞回上海，赶到医院时陈国已奄奄一息。和巨人的倒掉相比，这件事对于史玉柱的打击同样巨大，公司把所有业务全部停掉专门处理陈的后事。史玉柱在后来回忆时表示，那是一种“断臂之痛”。从此，史玉柱对车要求很高，“坐 SUV 为主，另外加了一条规定，干部离开上海禁止自己驾车”，他和公司高层每年清明都要去给陈国扫墓。

史没有在陈国去世后重新接管脑白金，而是将担子交给了文秘出身的刘伟。“刘伟做上海健特副总，她分管那一块，花钱就是比别人少很多。”史玉柱说，“跟了我十几年，没在经济上犯过一回错，我自然非常相信她。”刘伟表示，自己虽然能叫出这三百多个县、市、省办事处经理的名字，但具体管理还需要史玉柱提供思想和方法。

史玉柱力求让每一个员工明白，评价业绩“最终凭的是功劳而不是苦劳”。公司只有一个考核标准，就是量化的结果。正是以结果论英雄，他才练就了一个强有力的队伍。他用人的一个原则是“坚决不用空降兵，只提拔内部系统培养的人”。他认定的理由是，内部

① 朱敏. 史玉柱和郭广昌谈创业团队管理：两种类型的“孔雀王”[N]. 新经济导刊，2008-01-03.

人员毕竟对企业文化的理解和传承更到位,并且执行力相对更有保障。对于一个商业模式定型、管理到位的企业来说,执行的保障比创造的超越更为重要。从这个方面来讲,史玉柱是个典型且极端的实用主义者。

在检讨巨人集团失败的教训时,史玉柱曾表示,原来公司董事会是个空壳,决策就是由自己一人说了算,认识到了"决策权过度集中危险很大"。

今天,这位自诩为"著名的失败者"的成功者似乎已经洗心革面,他说:"独裁专断是不会了,现在不管有什么不同想法,我都会充分尊重手下人的意见。"由此,他成立了七人投资委员会,任何一个项目,只要赞成票不过半数就一定放弃,否决率高达三分之二。

(三) 公平感知与利益分配

对公平的感知是创业者所面临的既棘手又关键的问题。根据经济学原理,人们在经济活动中都有自利性倾向。一般说来,人们希望贡献与回报对等,并且希望这种对等对于任何人都一样,这样,贡献大的人所获得的回报应当越高,这被称为分配公正。但自利性偏见导致我们在认知上总是夸大自己的贡献,然后得出结论认为,我们事实上没有被公正地对待。

当成员感觉利益分配不公正时,创业团队的冲突就不可避免。一种表现就是消极对待——减少努力或推卸责任,而更具破坏性的反应则是分裂退出——愤愤不平的合作者会选择离开企业,把他们的经验、知识、技术甚至关键性资源带走。如果这些人是团队的核心成员,这可能标志着新创企业开始走向死亡。

因此,创业团队必须高度重视和谨慎对待公平感知与利益分配。

重视契约精神。创业之初,就必须把所有权分配方案写入公司章程,以契约形式明确团队成员的利益分配机制,这是创业团队长期稳定的制度保障。在实际操作中,依据出资额确定股权分配比例是常见的做法,但对于没有投入资金却持有关键技术的团队成员,则需要谨慎考虑技术的商业价值,在资金和技术之间做出合理的权衡;此外,从企业长远发展考虑,还应给未来进入公司的优秀人才预留部分股权。

体现个人贡献差异。个人贡献要以团队成员在整个创业过程中的表现为依据,而不仅仅是某一阶段的业绩。利益分配要公平、公正,报酬就必须与业绩挂钩,切实体现出贡献越大所获得报酬越高。

关注成员利益诉求。不同类型的人员对于利益分配的诉求不尽相同,有些成员将物质追求放在第一位,而有些成员则是希望能够获得荣誉、发展机会、能力提高等其他利益。因此,创业团队的领导者必须加强与团队成员的沟通交流,针对各成员的利益诉求采取恰当的方式,并能够根据团队成员的期望进行适时调整,这是有效激励的重要前提。

坚持控制权与决策权的统一。所有权的分配本质上是对公司控制权的分配方案。实践表明,股权比例最大的团队成员如果不拥有公司的控制权,则创业初期就非常危险,因为该成员极有可能挑战决策者的决策权威,进而引发团队矛盾和冲突。

案例5-15

马化腾五兄弟:难得的创业团队[①]

从当年的5条电话线和8台电脑所组成的局域网,到今天为4亿注册用户提供基于QQ的各种通信服务、全球市值名列第三位的创新型互联网企业;从当初只是5个人的创业团队、5万元创业起步,到2004年6月上市后的8.98亿港元身价;从14年前10多平方米的一间办公室,到今天高度190多米建筑面积8.8万平方米的腾讯大厦。腾讯公司2010年实现收入人民币196.46亿元,同比增长57.9%,实现净利润80.54亿元,同比增长56.2%。

腾讯创造出如此奇迹靠的是团队。

1998的秋天,马化腾与他的同学张志东“合资”注册了深圳腾讯计算机系统有限公司。之后又吸纳了三位股东:曾李青、许晨晔、陈一丹。这5个创始人的QQ号,据说是从10001到10005。为避免彼此争夺权力,马化腾在创立腾讯之初就和四个伙伴约定清楚:各展所长、各管一摊。马化腾是CEO(首席执行官),张志东是CTO(首席技术官),曾李青是COO(首席运营官),许晨晔是CIO(首席信息官),陈一丹是CAO(首席行政官)。

之所以将创业5兄弟称之为“难得”,是因为直到2005年的时候,这五人的创始团队还基本是保持这样的合作阵形,不离不弃。直到腾讯做到如今的帝国局面,其中4个还在公司一线,只有COO曾李青挂着终身顾问的虚职而退休。

在企业迅速壮大的过程中,要保持创始人团队的稳定合作尤其不容易。在这个背后,工程师出身的马化腾从一开始对于团队合作的理性设计功不可没。

从股份构成上来看。5个人一共凑了50万元,其中马化腾出了23.75万元,占了47.5%的股份;张志东出了10万元,占20%;曾李青出了6.25万元,占12.5%的股份;其他两人各出5万元,各占10%的股份。

虽然主要资金都由马所出,他却自愿把所占的股份降到一半以下,47.5%。“要他们的总和比我多一点点,不要形成一种垄断、独裁的局面。”而同时,他自己又一定要出主要的资金,占大股。“如果没有一个主心骨,股份大家平分,到时候也肯定会出问题,同样完蛋”。

保持稳定的另一个关键因素,就在于搭档之间的“合理组合”。

据《中国互联网史》作者林军回忆说,“马化腾非常聪明,但非常固执,注重用户体验,愿意从普通用户的角度去看产品。张志东是脑袋非常活跃,对技术很沉迷的一个人。马化腾技术上也非常好,但是他的长处是能够把很多事情简单化,而张志东更多的是把一个事情做得完美化。”

许晨晔和马化腾、张志东同为深圳大学计算机系的同学,他是一个非常随和而有自己的观点,但不轻易表达的人,是有名的“好好先生”。而陈一丹是马化腾在深圳中学时的同

---

① 资料来源:樊力.马化腾:打开腾讯[J].商界,2011(7).

学,后来也就读深圳大学,他十分严谨,同时又是一个非常张扬的人,他能在不同的状态下激起大家的激情。

如果说,其他几位合作者都只是"搭档级人物"的话,只有曾李青是腾讯5个创始人中最好玩、最开放、最具激情和感召力的一个,与温和的马化腾、爱好技术的张志东相比,是另一个类型。其大开大合的性格,也比马化腾更具备攻击性,更像拿主意的人。不过或许正是这一点,也导致他最早脱离了团队,单独创业。

后来,马化腾在接受多家媒体的联合采访时承认,他最开始也考虑过和张志东、曾李青三个人均分股份的方法,但最后还是采取了5人创业团队,根据分工占据不同的股份结构的策略。即便是后来有人想加钱、占更大的股份,马化腾说不行,"根据我对你能力的判断,你不适合拿更多的股份"。因为在马化腾看来,未来的潜力要和应有的股份匹配,不匹配就要出问题。如果拿大股的不干事,干事的股份又少,矛盾就会发生。

当然,经过几次稀释,最后他们上市所持有的股份比例只有当初的1/3,但即便是这样,他们每个人的身价都还是达到了数十亿元人民币,是一个皆大欢喜的结局。

可以说,在中国的民营企业中,能够像马化腾这样,既包容又拉拢,选择性格不同、各有特长的人组成一个创业团队,并在成功开拓局面后还能依旧保持着长期默契合作,是很少见的。而马化腾成功之处,就在于其从一开始就很好地设计了创业团队的责、权、利。能力越大,责任越大,权力越大,收益也就越大。

三、创业团队的社会责任

(一) 企业社会责任的概念

企业社会责任(Corporate Social Responsibility, CSR)是指企业在创造经济效益的同时,主动承担对社会、环境和利益相关方(如员工、消费者、社区等)的责任。其核心理念是,企业不仅要关注股东利益,还要考虑其经营活动对社会的整体影响,追求经济、社会和环境的协调发展。① CSR的概念强调企业作为社会的一部分,应该在追求经济利益的同时,履行相应的社会和环境责任,以实现企业与社会的共同繁荣和可持续发展。

"企业的社会责任"概念最早于1924年由英国人奥利文·谢尔顿(Oliver Sheldon, 1924)提出。直至1953年霍华德·博文(Howard Bowen)发表了他的《商人的社会责任》一书之后,人们才真正地开始了这场关于"企业社会责任"的现代讨论。霍华德·博文将企业社会责任定义为:企业家按社会的目标和价值向相关政策靠拢,作出相应的决策,采取合理的具体行动的义务。

1997年,总部设在美国的社会责任国际组织(Social Accountability International, SAI)发起并联合欧美跨国公司和其他国际组织,制定了SA8000社会责任国际标准,它是

① Tai F M, Chuang S H. Corporate social responsibility[J]. I Business, 2014, 6(3).

全球首个道德规范国际标准。SA8000对社会责任的定义是：公司对于整个社会肩负起应有的责任，以遵从及尊重国家规定的一些关于人权、平等机会、生活基本需要、合理的劳动待遇、健康与安全等法规或条例。SA8000认证标准共有三个部分54项条款，由9个要素构成社会责任管理体系：童工；强迫劳动；健康与安全；结社自由及集体谈判权利；歧视；惩戒性措施；工作时间；工资报酬；管理体系。2001年12月SAI发表了SA8000标准第一个修订版，即SA8000：2001。SA8000标准原则上每4年修订一次。

近年来，人们对企业的社会责任日益关注，连《财富》和《福布斯》等杂志都将"社会责任"作为企业排名的重要评价指标。但迄今关于社会责任尚无统一的定义。

21世纪以来，我国开始关注社会责任。2024年7月1日起施行的新的《中华人民共和国公司法》第二十条规定，公司从事经营活动，应当充分考虑公司职工、消费者等利益相关者的利益以及生态环境保护等社会公共利益，承担社会责任。国家鼓励公司参与社会公益活动，公布社会责任报告。

（二）企业承担社会责任的原因

美国学者戴维斯(1960)就企业为什么以及如何承担社会责任提出了自己的看法，这种观点被称为"戴维斯模型"。①

1. 企业的社会责任来源于它的社会权力。由于企业对诸如少数民族平等就业和环境保护等重大社会问题的解决有重大的影响力，因此社会就必然要求企业运用这种影响力来解决这些社会问题。

2. 企业应该是一个双向开放的系统，即开放地接受社会的信息，也要让社会公开地了解它的经营。为了保证整个社会的稳定和进步，企业和社会之间必须保持连续、诚实和公开的信息沟通。

3. 企业的每项活动、产品和服务，都必须在考虑经济效益的同时，考虑社会成本和效益。也就是说，企业的经营决策不能只建立在技术可行性和经济收益之上，而且要考虑决策对社会的长期和短期的影响。

4. 与每一项活动、产品和服务相联系的社会成本应该最终转移到消费者身上。社会不能希望企业完全用自己的资金、人力去从事那些只对社会有利的事情。

5. 企业作为法人，应该和其他自然人一样参与解决一些超出自己正常范围之外的社会问题。因为整个社会条件的改善和进步，最终会给社会每一位成员(包括作为法人的企业)带来好处。

张圣兵(2012)对企业为什么承担社会责任作出有说服力的解释：企业作为社会经济发展的主体，享有社会赋予的相应权利，支配和消耗着属于全社会的资源，并对社会以及自然资源和环境带来负面影响，这些都不是通过市场交易所能补偿的。因此，根据责任和

---

① Davis, K. Can business afford to ignore social responsibilities? [J]. California Management Review, 1960 (2:3) .

权利对等的原则,企业不仅应为社会提供产品和服务、推进社会经济发展,还须承担相应的社会责任。①

(三) 企业社会责任的内容

企业社会责任内容涵盖多个方面。第一,经济责任。企业通过合法、合规的方式创造利润,保障投资者的合理回报,同时促进经济的可持续发展。第二,法律责任。遵守国家和地区的法律法规,确保企业经营活动符合法律标准,避免违法行为和不正当竞争。第三,伦理责任。超越法律要求,遵循道德和伦理规范,公平对待员工、客户和合作伙伴,推动公平、公正的市场环境。第四,环境责任。采取可持续的经营模式,减少生产过程中对环境的负面影响,如降低碳排放、节约资源、减少污染等。第五,员工责任。提供公平的工作环境、合理的薪酬和福利,关注员工的职业发展和健康安全。第六,消费者责任。提供高质量、安全可靠的产品和服务,尊重消费者权益,维护客户隐私。第七,社区责任。积极参与社区建设和公益活动,支持社会弱势群体的发展,贡献于社会福祉。②

社会学家卡罗尔(Carroll,1979)构建了企业社会责任内容的四层次框架模型:第一层次也是最基本层次是经济责任;第二层次是法律责任;第三层次是伦理责任;第四层次是企业自行裁判的责任,也是最高层次的责任。③

陈迅、韩亚琴(2005)结合我国国情,依据社会责任与企业关系的紧密程度提出企业社会责任分级模型——企业社会责任的三层次理论,④即基本企业社会责任,包括对股东负责,善待员工;中级企业社会责任,包括对消费者负责,服从政府领导,搞好与社区的关系,保护环境;高级企业社会责任,包括积极慈善捐助,热心公益事业。陈、韩还通过问卷调查和数据统计分析得出上述分类方法是合理的结论,并指出我国企业承担社会责任的状况尚处在“基本企业社会责任”阶段。

(四) 创业企业如何承担社会责任

无数事实和案例表明,缺乏社会责任、损害公众利益的企业注定是长不大、走不远的。中国经济正处于高速发展的转型期,中国的企业也正处在一个充满挑战和机遇的历史阶段。创业团队要想开创自己的事业,要想有所作为,必须摆正企业与社会的关系,充分履行企业的社会责任。

惠普创始人戴维·帕卡德就曾提出:一个企业对社会的责任远远重于对股东的责任。这位亿万富翁住在一栋简朴的房子里,却为许多大学和公益基金会捐了无数款项。

马云曾指出:办企业的目的就在于承担社会责任,为社会创造价值。社会责任不该是

---

① 张圣兵.企业为什么应承担社会责任[N].人民日报,2012-07-19.

② 李维安,张耀伟.新时代公司的绿色责任理念与践行路径[J].董事会,2018(12).

③ Carroll, A B. A three-dimensional conceptual model of corporate social performance[J]. The Academy of Management Review, 1979(4).

④ 陈迅,韩亚琴.企业社会责任分级模型及其应用[J].中国工业经济,2005(9).

一个空的概念，也不单纯局限于慈善、捐款，而是与企业的价值观、用人机制、商业模式等息息相关。让员工快乐工作成长，让用户得到满意服务，让社会感觉到我们存在的价值，这才是阿里巴巴的社会责任感所在，至于捐钱和社会回报，那是水到渠成的事。

1. 树立和强化全员社会责任意识。创业团队必须学习和了解社会责任相关知识和内容，树立和强化全员社会责任意识，正确处理好股东、客户、员工及其利益相关者之间的利益关系，不仅要对股东负责，对员工负责，还要对客户、供应商负责，对自然环境负责，对社会经济的可持续发展负责。明确将承诺和履行社会责任的内容写进公司章程，使之成为团队共识，并落实到每个成员实实在在的自觉行动之中。

2. 承担并履行经济责任。创业团队在为客户、合作伙伴、利益相关者创造价值的同时，应当努力实现企业的价值最大化，诚信经营、确保质量、善待员工，在不断提高员工薪酬和福利待遇的同时，努力实现企业稳定可持续发展。

3. 承担并履行法律责任。目前，我国一些企业在创业过程中存在大股东侵犯小股东的利益、侵害员工基本权益、污染环境、破坏生态、假冒伪劣坑害消费者等现象。因此，企业必须自觉遵纪守法、合法经营，遵守承诺，全面履行合同义务，不断打造企业新的竞争优势。

4. 积极承担社会公益责任。创业企业应当努力像其他自然人或企业一样，在慈善、教育、环保和文化等方面做一些力所能及的事情，因为整个社会环境条件的改善和进步，最终会给社会每一位成员（包括创业企业）带来好处。

事实上，创业团队履行社会责任并不意味着只是在付出。企业履行社会责任与经济绩效之间存在着正相关关系。首先，企业承担对内部员工的责任，使员工和企业受益，会促进员工努力工作，为企业创造更多的价值，这是激励机制的体现；其次，企业对外部社会承担责任，热情支持公益事业，形成良好的社会口碑，是对企业信誉和社会形象的投资，不仅有助于改善和营造更为和谐的发展环境，而且反过来，对企业的发展将产生强劲的支持作用，为企业长远发展提高了信誉、品牌和企业形象，有利于企业经营绩效的持久提升。

因此，企业履行社会责任首先就是企业本身的发展。

本章案例

初心立命：爱彼迎（Airbnb）创业团队的成功秘诀

体验式学习活动

创业团队管理实验

背景介绍

实验以一个初创公司为背景,学生扮演公司创始人,前期学生在系统引导模式下理解基于创业团队逻辑和知识,后期自主决策在模拟创业经营活动中加以应用以获得最好的经营绩效。

实验目的

1. 了解创业者的素质对创业成功的重要性;
2. 了解团队组建要考虑的主要问题;
3. 了解创业团队演变的一般规律;
4. 掌握优秀创业团队的主要特征;
5. 理解创业型领导特点。

实验评分

步骤序号	步骤目标要求	目标达成度赋分模型	步骤满分
1	背景学习	知识学习 2 分	2
2	股权分配	知识学习 2 分 会议决策 4 分	6
3	团队组建	知识学习 2 分 完成团队组建 2 分 团队能力合格 2 分,不合格 0 分	6
4	决策框架	知识学习 2 分 会议决策 3 分,每题正确得 1 分 企业绩效优 2 分,中 1 分,差 0 分 团队管理优 2 分,中 1 分,差 0 分 团队能力合格 1 分,不合格 0 分	10

本章要点

从狭义层面来看,创业者是那些全身心投入创业活动,并在创业过程中发挥作用的人。

创业者素质是创业者主体通过学习和自身实践而形成和发展起来的,具有内在、本质的及相对稳定的身心要素整体系统。大多数创业能力可以通过后天培养而习得,创业者可以通过创业教育培养和提高创业素质和能力。

创业动机是引发个体从事创业活动,并使活动朝向创业目标,激励和引导个体为实现创业成功而行动的内在动力。创业者选择创业的动机受到诸多直接和间接因素的影响。

创业团队是由两个以上具有一定利益关系、共同承担创建新企业责任的人组建形成的工作团队。创业团队是团队而不是群体。与个体创业相比较,团队创业具有多方面的优势,对创业成功起着举足轻重的作用。

依据不同逻辑组建创业团队既可能带来优势,也可能带来障碍,对后续创业活动会带来潜在影响。组建创业团队在知识、技能和经验方面主要关注互补性,而在个人特性和动机方面则应考虑相似性。

创业团队领袖是创业团队的灵魂,是团队力量的协调者和整合者。创业团队管理的重点是维持团队稳定的前提下发挥团队多样性优势。

企业社会责任是指企业在创造利润、对股东承担法律责任的同时,还要承担对员工、消费者、社区和环境的责任。主要包括:基本企业社会责任(包括对股东负责,善待员工);中级企业社会责任(包括对消费者负责,服从政府领导,搞好与社区的关系,保护环境);高级企业社会责任(包括积极慈善捐助,热心公益事业)。

重要概念

创业者　创业者素质　创业动机　创业团队　创业文化　核心价值观岗位配置　社会责任

思考题

1. 什么是创业者?哪些素质对创业者至关重要?为什么?

2. 如何评估自己是否具备创业所需的关键特质?如果不完全具备,应如何弥补?

3. 什么是创业动机?产生创业动机的驱动因素有哪些?如何设定既具挑战性又可实现的短期与长期目标?

4. 创业团队应如何塑造和维护积极向上的文化氛围?核心价值观如何引导团队行为,促进长期成功?

5. 一个高效的创业团队应具备哪些关键要素?在组建团队时,如何平衡技能、经验、性格和文化背景的多样性?加强创业团队的管理?

6. 什么是企业社会责任?创业团队为什么,又应当如何承担社会责任?

参考文献

[1] Brenkert, George G. Innovation, rule breaking and the ethics of entrepreneurship[J]. Journal of Business Venturing, 2009,24(5).

[2] Barney J. Firm research and sustained competitive advantage[J]. Journal of Management, 1991, 17(1).

[3] Busenitz, Lowell W, et al. Entrepreneurship research in emergence: Past trends and future directions[J]. Journal of Management, 2003, 29(3).

[4] Robert J Sternberg. Successful intelligence as a basis for entrepreneurship [J]. Journal of Business Venturing, 2004, 19(2).

[5] Simon C Parker. Intrapreneurship or entrepreneurship? [J]. Journal of Business Venturing, 2009,19(5).

[6] Amit R, Muller E. Push and pull entrepreneurship[J]. Journal of Small Business and Entrepreneurship,1995, 12(4).

[7] Baum J R, Locke E A. The relationship of entrepreneurial traits, skill, and motivation to subsequent venture growth[J]. Journal of Applied Psychology, 2004 (89).

[8] Boyd N G, Vozikis G S. The influence of self-efficacy on the development of entrepreneurial intentions and actions[J]. Entrepreneurship Theory and Practice, 1994 (18).

[9] 温源,陈恒. 创新驱动创新至上[N]. 光明日报,2012-11-20.

[10] 刘国存. 大学生创业倾向影响因素分析[J]. 中国成人教育,2014(10).

[11] 窦大海,罗瑾琏. 创业动机的结构分析与理论模型构建[J]. 管理世界,2011(3).

[12] 薛静. 创业者特质、社会资本与创业企业绩效——研究述评及展望[J]. 管理现代化,2018,38(6).

[13] 曾照英,王重鸣. 关于我国创业者创业动机的调查分析[J]. 科技管理研究,2009(9).

[14] 曹祎遐. 创业团队成员选择机制研究[J]. 云南社会科学,2014(4).

[15] 彭莹莹,范京岩,段华. 创业团队构建风险分析与控制[J]. 科技经济市场,2007(11).

[16] 曹垣亮. 创业股东利益博弈分析[J]. 科技创业月刊,2006(1).

[17] 段锦云,王朋,朱月龙. 创业动机研究:概念结构、影响因素和理论模型[J]. 心理科学进展,2012,20(5).

[18] 庄晋财,杨万凡. 基于资源和能力观的农民工新创企业成长路径探析[J]. 西北农林科技大学学报(社会科学版),2015,15(3).

[19] 高建,姜彦福,等. 全球创业观察中国报告(2007)——创业转型与就业效应

[M]. 清华大学出版社,2008.

[20] [美]马丁·J·格伦德. 成功企业家的9大素质[M]. 中信出版社,2004.

[21] 辛保平. 中国创业者十大素质[J]. 科学投资,2003(9).

[22] 沙彦飞,贺小刚,郭立新,等. 企业家意志与企业生成——兼评主流企业起源理论[J]. 技术经济与管理研究,2018(9).

[23] 李姝. 后危机时代基于竞争战略的企业社会责任研究[J]. 现代管理科学,2011(1).

[24] 王国红,周建林,秦兰. 创业团队认知研究现状探析与未来展望[J]. 外国经济与管理,2017,39(4).

[25] 陆建军. 团队精神[M]. 中华工商联合出版社,2010.

[26] 陈向东. 做最好的团队:打造卓越团队的九大黄金法则[M]. 中信出版社,2010.

[27] 柯林·格雷厄姆. 怎样锻造"黄金团队"[J/OL]. 中欧商业评论,2010-01-13. http://old.ceibsreview.com/show/index/classid/4/id/859.

[28] 谢科范,吴倩,张诗雨. 基于七维度分析的创业团队岗位配置与角色补位[J]. 管理世界,2010(1).

[29] 刘方龙,李新春. 创业团队的动态演化机制——基于人力资本产权周期视角的多案例研究[J]. 管理世界,2024,40(5).

[30] 李志刚,杜鑫,杨德林,等. 新创企业与在位企业视角下裂变创业研究评述与展望[J]. 管理学报,2023,20(3).

[31] 肖宇佳,裴佳琦,王海光. 夫妻创业:概念界定、研究脉络与未来展望[J]. 外国经济与管理,2022,44(7).

[32] 朱秀梅,裴育,费宇鹏,等. 团队创业激情形成与作用机制研究[J]. 外国经济与管理,2021,43(1).

[33] 曾楚宏,王钊,官志华. 创业团队成员变更:研究述评与展望[J]. 管理评论,2020,32(12).

[34] 刘志阳,王泽民. 人工智能赋能创业:理论框架比较[J]. 外国经济与管理,2020,42(12).

[35] 周冬梅,陈雪琳,杨俊等. 创业研究回顾与展望[J]. 管理世界,2020,36(1).

第6章

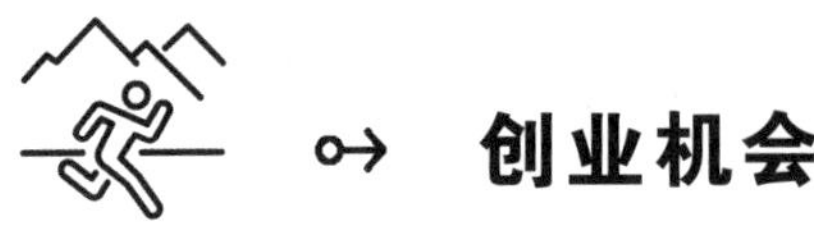

创业机会

学习目标

1. 什么是创业机会？创业机会从何而来？
2. 如何识别创业机会，并从哪些方面对创业机会进行评价？
3. 在评价创业机会以后，如何选择适合自身的创业机会？
4. 在数智时代，如何准确识别和选择创业机会？

引导案例

手握好创意，引领新风尚

第一节　创业机会识别

哲学家歌德说，善于捕捉机会者为俊杰。对于创业者而言，也需要发现并抓住机会。机会是创业活动发生的前提，也是创业过程的关键要素。创业机会作为创业研究的核心，对于新创企业起步与发展方向至关重要。

一、创业机会概念与特征

(一) 创意与机会

创意是传统叛逆、打破常规的哲学，是大智大勇的同义，是智能拓展、文化底蕴的闪现，也是创造与毁灭的循环。简而言之，创意就是具有新颖性和创造性的想法，其核心是创造性思维。创意来源于生活积累。创意的新颖性、独特性要求创意者深入思考、努力实践、全面涉猎多学科知识，提高知识素养和思维能力，日积月累，厚积薄发。

创意是否具有商业价值存在不确定性，但具有价值潜力的创意往往具备以下特征。

新颖性。新颖性指创意应具备创新和领先性，包括新技术、解决方案或差异化方法，以吸引投资者和消费者，增强创业者动力。没有新颖性的想法不仅不会吸引投资者和消费者，对创业者本人都不会有激励作用。大多数的想法只是想想而已，并不会付诸行动。新颖性还可以加大模仿的难度。

真实性。真实性要求创意基于现实，可通过开发实际产品或服务来满足市场需求。创意是否能够实现，简单的判断标准是能否开发出可以把握机会的产品或服务，并找到让消费者接受该产品或服务的方法。

价值性。创意具有价值性是根本，好的创意要能给消费者带来真正的价值。创意的价值要靠市场检验。好的创意需要进行市场测试。

案例 6-1

迪士尼的卡通创意①

当年，年轻的美术设计师迪士尼因为经济拮据，与太太租住在一间破陋的屋子里。无论白天黑夜，都有成群结队的老鼠在房间里上蹿下跳，疲于奔命的迪士尼夫妇也常借着老鼠的滑稽动作慰藉心情。

一天，因付不起房租，他们被房东赶了出去。穷困潦倒的年轻夫妇只好来到公园，坐在长椅上暂度时光。太阳开始西沉，夜幕即将降临，迪斯尼夫妇几乎感到穷途末路。这时，从迪士尼的行李包里忽然伸出一个小脑袋，原来，那是他平时最喜欢逗弄的一只老鼠，想不到一只小动物也有点人情味，跟着他们一起离开了公寓。迪士尼望着老鼠那滑稽的面孔，脑海里忽然冒出一个前所未有的创意，他惊喜地叫了起来。"对啦，世上像我们这样的穷人一定不少，他们也得有自己的快乐，让可爱的老鼠去逗他们开心吧。"

第二天，迪士尼便开始了别出心裁的创作，不久，一个活泼可爱的"米老鼠"(Mickey Mouse)卡通形象来到人间，一家公司老板慧眼识珠，特邀迪士尼合作制作米老鼠卡通连

---

① 资料来源：佚名. 征服命运[J]. 学苑创造，2008(12).

环画和电影。

迪士尼靠“米老鼠”开始了自己的创业生涯。

机会具有时效性,是创业的基础和前提。纽约大学教授柯兹纳(Kirzner)认为,机会就是未明确的市场需求或未被充分使用的资源或能力。在创业活动中,机会主要是“市场机会”“商业机会”或“创业机会”。目前人们对机会的认识主要存在两种视角:发现视角——机会是被发现的;创造视角——机会是被创造出来的。

发现视角将机会看作环境中的给定对象。机会的形成是创业者发现尚未被使用的资源并在市场中发现“漏洞”,这也意味着机会的来源是个人对当前市场信息的认知。这是一种静态视角,创业机会客观存在,随着时间变化保持不变、相对稳定。

创造视角则认为机会与个人的行动紧密相关。个人根植于社会情境,需要与他人以及整个环境互动,而所有互动都有助于创造机会,机会产生的过程需要有创造力的个人进行干预。既然创造机会的过程是多种因素相互作用的结果,那么机会就会不断变化,因此,这一视角是一种动态视角。

(二) 创业机会的概念

有关创业机会并无统一的学术定义,但可以从相关经典论著理解其概念内涵。

英国雷丁大学经济学教授 Casson(1982)认为,创业机会是一种新的“目的—手段(means-end)”关系,它能为经济活动引入新产品、新服务、新原材料和新组织方式,并以高于成本价出售①。

美国凯思西储大学教授 Scott A Shane 和 Sankaran Venkataraman(2000)认为,创业机会是一种可以为经济系统引入新产品、新服务、新生产原料和新生产方式,并能以高于成本价出售的可能性②。

Jonathan T Eckhardt 和 Scott Shane(2003)提出,创业机会本质上是一种能带来新价值创造的“目的手段”关系③。“目的”是创业者计划服务的市场或要满足的需求,表现为最终产品或服务;“手段”是服务市场或满足需求的方式,表现为用于供给市场最终产品或服务的价值创造活动要素、流程和系统。

奥地利经济学派认为,创业机会是一种独特的商业机会,它具有创造超额经济利润的潜力,而一般的商业机会只可能改善现有的利润水平。

综合上述经典论述,可以认为,**创业机会涉及市场中未被充分利用或未被发现的潜力和可能性,是一种能带来新的价值创造的特定组合关系。**

---

① Casson M. The Entrepreneur: An Economic Theory[M]. Barnes & Noble Books, Totowa, 1982.

② Shane S, Venkataraman S. The promise of entrepreneurship as a field of research[J]. Academy of Management Review, 2000, 25(2).

③ Eckhardt J T, Shane S A. Opportunities and entrepreneurship[J]. Journal of Management, 2003, 29(3).

(三) 创业机会的特征

创业学的先驱 Timmons(2005)认为,创业机会具有吸引力、持久性和适时性的特征,并根植于为客户或最终用户创造或增加价值的产品或服务中①。

1. 吸引力。创业机会应该能够吸引创业者和投资者,因为它解决了一个现实问题或满足了市场需求,具有潜在的盈利能力。

2. 持久性。一个好的创业机会应该具有长期的市场潜力,能够在一段时间内持续产生价值,而不仅仅是昙花一现。

3. 适时性。创业机会的出现往往与市场条件和时机有关,创业者需要把握正确的时机进入市场,太早或太晚都可能影响成功的可能性。

4. 创造顾客价值。如果消费者认为购买你的产品或服务比其他产品或服务能获得更高价值,那么创业机会就可能转化为现实。

蒂蒙斯还提出了一个著名的理论——机会窗口模型,该模型描述了市场机会随时间的变化和行业发展周期的关系。在行业发展的初期,机会窗口尚未打开,市场机会不明显;随着行业的成长,机会窗口打开,市场机会增多并变得明显;当行业成熟后,机会窗口开始关闭,市场机会减少。因此,创业者需要在机会窗口打开期间进入市场,以提高成功的可能性。

二、创业机会的类型

创业机会可以从机会均衡、机会来源、目的—手段的明确程度分成三种类型。

(一) 从机会均衡角度进行划分

根据机会均衡性,创业机会可以划分为"熊彼特式机会"和"柯兹纳式机会"。这两种机会分别见之于 Schumpeter(1934)②和 Kirzner(1973)③这两位理论家的著作中。

熊彼特式机会认为,机会将通过现有资源的新组合而出现,它们会打破现有的观念和做事方式。

---

① 杰弗里·蒂蒙斯,小斯蒂芬·斯皮内利. 创业学[M]. 人民邮电出版社,2005.

② Schumpeter J A. The theory of economic development[M]. Harvard University Press, Cambridge, M A, 1934.

③ Kirzner I. Competition and Entrepreneurship. University of Chicago Press, Chicago, I L, 1973.

案例 6－2

从自然中汲取灵感,革新防弹背心设计①

在2000年,一位工业设计师通过观察昆虫的结构,获得了新型防弹背心的专利。这个故事展示了如何将不同领域的知识结合起来,创造出全新的产品。昆虫的身体结构通常外部坚固而内部柔软,这种结构为设计师提供了灵感,使得新型防弹背心在保持防护功能的同时,也增加了穿着的灵活性和舒适性。这位设计师在观看探索频道的昆虫节目时,得到了这一创新设计的想法。通过将昆虫的生物学特性与防弹背心的设计相结合,他成功开发出了一种新型的防护装备,这不仅体现了跨学科创新的力量,也展示了自然界在现代科技设计中的巨大潜力。

柯兹纳式机会则认为,创业者利用现有的市场信息来查看市场上是否存在资源“漏洞”,力图使这些资源被更有效地利用。换句话说,要找出市场中尚未被他人完全利用的潜在价值。比如,如果一家奶茶店发现了尚未开发的潜在市场,那么它很可能会在另一街道建立另一家奶茶店。

熊彼特式机会破坏了现有的做事方式,可以理解为对现有市场均衡的破坏。然而,柯兹纳式机会可以作为补偿不均衡的手段,有助于建立市场均衡;当未被满足的需求突然被新机会覆盖时,就会出现市场均衡。可以看出,柯兹纳式机会和熊彼特式机会在市场中起着不同的作用,但是,它们也可以被看作是机会的互补方法。熊彼特式机会造成了市场失衡,而柯兹纳式机会却使市场恢复均衡。

(二) 从机会来源角度进行划分

从机会来源角度创业机会可以分为技术机会、市场机会和政策机会三类。

技术机会,即技术变化带来的创业机会,主要源自新的科技突破和社会科技进步。通常,技术上的任何变化,或既有技术的新组合,都可能给创业者带来某种商业机会。历史上每次划时代的创新科技成果往往都是通过创业进入市场,进而催生出一个或若干庞大的产业部门,为社会带来巨额财富。

市场机会,即市场变化产生的创业机会。一般而论,主要有以下四类情况:市场上出现了与经济发展阶段有关的新需求;当期市场供给缺陷产生的新的商业机会;先进国家(或地区)产业转移带来的市场机会;从中外比较中寻找差距,差距中隐含的某种商机。

政策机会,即政府政策变化所赐予创业者的创业机会。随着经济发展、社会变革、科技进步等,政府必然要不断调整自己的政策以促进社会发展,而政府政策的变化,就必然给社会带来大量新的创业机会。比如,随着我国两山政策的贯彻落实,我国不断完善环保法,对污染控制和废物管理的需求增加,为环保技术、废物回收和处理、清洁生产等领域的

---

① 资料来源:https://www.sohu.com/a/211867129_99917584, 2017-12-20.

创业提供了机会；为了减少温室气体排放和依赖化石燃料，推出了鼓励使用太阳能、风能、水能等可再生能源的政策，为可再生能源技术的研发、生产和销售带来了巨大的市场机会。

(三) 从目的—手段明确程度进行划分

根据目的—手段关系的明确程度，创业机会可分为识别型机会、发现型机会和创造型机会三类，见表6-1。所谓目的是指创业主体在观念上事先建立的创业活动的未来结果或目标，手段则是指实现创业目的的方法和途径。借助于一定的手段才能实现一定的目的，这是人类活动的一个基本特点。

表6-1　根据目的—手段关系明确程度的机会分类

手段＼目的	明确	不明确
明确	识别型机会	发现型机会
不明确	发现型机会	创造型机会

识别型机会是指市场中的目的—手段关系十分明显，比如市场明显供不应求或根本无法满足需求时，人们已经察觉到问题的存在，并且解决此类问题的手段也很明确，创业者就可以通过目的—手段关系的有效连接来辨别出机会。一般来说，识别型机会多处于供需尚未均衡的市场，例如我国改革开放之初，这类机会就非常之多，无须复杂的辨识过程，满足市场需求的手段对创新程度要求不高，只要拥有一定的资源就可以进入市场获利，“倒爷”成为这一阶段主要的创业者与此有关。

发现型机会则指当目的或手段任意一方的状况未知，等待创业者去发掘机会。比如，一项技术被开发出来，但尚未实现产品的商业化转化，此时就需要创业者通过不断尝试来挖掘潜在的市场机会。复印机发明就是个典型的例子。美国人切斯特·卡尔逊在1938年发明了复印机，但初期被包括IBM和通用电气在内的20多家公司拒绝。直到1947年，哈罗德公司(施乐前身)投资这一专利，1960年推出914型复印机并大获成功，1968年销售额达11亿美元。IBM的前总裁小沃森在总结一生的得失时说，他一生最大的失误就是没有投资卡尔逊的复印机。

创造型机会指的是目的和手段皆不明朗，因此创业者要比他人更具先见之明，这种机会开发难度非常大，但往往能为创业者带来巨额利润。可以预言，随着科学技术的迅猛发展、随着市场供过于求程度的加剧，未来社会创造型创业机会将占据主导地位。通过创新目的—手段关系，深层次发掘和引导市场需求，带动新兴产业的发展和产业结构升级，这不仅需要创业者的创造性资源整合与敏锐的洞察力，更需要创业者的创新思维与智慧。

三、创业机会的来源

关于创业机会的来源，理论界尚未形成权威共识。

蒂蒙斯认为,创业机会主要是来自改变、混乱或是不连续的状况①。德鲁克提出机会的七种来源:意外之事;不协调;程序需要;产业和市场结构;人口变化;认知、意义和情绪上的变化;新知识②。谢恩(Scott Shane)的观点比较有代表性,他提出产生创业机会的四种变革:技术变革、政治和制度变革、社会和人口结构变革与产业结构变革③。综合上述观点,本书认为,创业机会的来源是多样化的,可以从以下角度进行分类和探索:

(一)市场机会

这是指市场中未被满足的需求或未被充分利用的资源。创业者可以通过市场研究、消费者反馈和行业趋势分析来识别这些机会。

(二)技术进步

科技创新和新技术的出现经常带来新的创业机会。例如,移动互联网、人工智能、云计算、可再生能源等领域的技术突破为创业者提供了新的商业可能性。

(三)社会变革

社会趋势和文化变迁,如人口老龄化、健康意识提升、环保意识增强、数字智能化发展等,都可能催生新的市场需求和创业机会。中国正处于经济社会发展的转型期,无论是政治制度、社会和人口结构,还是产业结构都在发生持续而深刻的变革,从这个意义上讲,中国的创业机会远比发达国家多,这也是近年来外国投资者纷纷到中国投资、大批海外留学人员矢志回国创业的基本动因。

(四)政策和法规变化

政府政策的调整,如税收优惠、补贴、法规改革等,可以为特定行业或领域创造创业机会。例如,中国政府出台的《促进创业投资高质量发展的若干政策措施》就是为了促进创业投资和科技创新。

(五)问题解决

解决现有问题或痛点也是创业机会的重要来源。创业者可以通过创新的产品和服务来满足市场的需求。

---

① 蒂蒙斯.战略与商业机会[M].华夏出版社,2002.

② 彼得·德鲁克.创新与企业家精神[M].蔡文燕译.机械工业出版社,2007.

③ 张玉利.创业管理[M].第2版.机械工业出版社,2011.

案例6-3

融媒体智能生产平台①

第一财经推出“基于AIGC的第一财经融媒体智能生产平台”。这个平台利用人工智能技术，特别是自然语言处理和机器学习，来提升内容生产的效率和质量。它通过智能配图、视频摘要、文本驱动的视频生成等功能，帮助编辑和记者快速生成高质量的财经新闻稿件，同时支持对AI创作的文稿进行改写、扩写和缩写，以适应不同平台和场景的需求。此外，该平台还具备多语种翻译功能，支持跨境财经资讯的传播，为财经媒体的数字化转型提供了强有力的技术支持。

(六) 资源利用

未被充分利用的资源，如原材料、资本、人才等，可以成为创业的契机。创业者可以通过更有效的资源配置和利用来创造价值。

(七) 国际市场

全球化和国际贸易的发展为创业者提供了进入新市场的机会。通过出口、国际合作或直接在海外市场设立业务，创业者可以拓展其商业版图。

(八) 商业模式创新

通过创新的商业模式来重组价值链，提供新的服务或产品，也是创业机会的一种。例如，共享经济模式就是近年来兴起的一种商业模式。

(九) 研究与开发

学术研究和技术开发的成果可以转化为商业产品或服务，为创业提供机会。

(十) 个人经验与专业知识

个人的专业技能、经验和兴趣也是创业机会的来源。创业者可以利用自己的专长来解决特定问题或满足特定需求。

① 资料来源：陈婷．星翼大模型2.0升级再添媒体智能化转型动能[N]．第一财经，2024-09-14．

案例 6－4

两分钟内能变成电动车的自行车[①]

电动车身材笨重,速度快;自行车轻便,但上坡时却很费力。如果将两者优点结合,会怎么样呢?在刚刚结束的第二届全球创客大赛中,南京理工大学“万新之队”的“Modular Electric Bicycle 模块化电动车”项目,让自行车两分钟内变成电动车,赢得评委们的一致好评并斩获创客组唯一一个一等奖。

该项目团队由设传学院学生谢卓和两位南京创客万建新、方海平组成,他们因共同爱好在南京创客空间结识。他们设计的自行车能在两分钟内变身为电动车,车头装有锂电池和电量显示表的电源模块,车座下方配备无刷电机和调速器的动力模块,车轮横轴上的风力涡轮可在骑行时发电。链条设计人性化,提供智能助力功能,且全车使用市场上现有零件,方便生产。该自行车经济环保,使用绿色锂电池,适合短途出行,有望在中国自行车市场创造创业机会。

创业机会的来源并非相互独立,它们往往相互交织、相互影响。创业者需要具备敏锐的市场洞察力和创新思维,才能在不断变化的市场和社会环境中发现和把握机会。

四、识别创业机会

(一) 创业机会识别的一般过程

有关创业机会识别的观点,存在两种不同看法:一种观点认为,机会是意外发现或是创业者主动警觉;另一种观点则认为,机会需要仔细搜寻。Lumpkin 和 Lichtenstein (2005)认为,这两种情况同时存在[②]。在机会孵化阶段,需要注重系统分析与搜寻;在机会洞察阶段则需要创业者警觉地将许多相关事务联系起来。

不管是系统搜寻,还是保持警觉,总的而言,识别创业机会都需要两个步骤:首先,判断该机会是否在广泛意义上属于有利的商业机会;其次,该机会对特定创业者是否有价值[③]。具体而言,创业机会识别的一般过程涉及机会搜寻、机会识别和机会评价三个阶段。见图 6－1。需要注意的是,创业机会是一个长期发展的过程,因此,识别创业机会也是一个思考和探索反复互动,不断将创意转变的过程。

---

① 稽苏婷,杨甜子. 南理工学生发明会“发电”的自行车[N]. 扬子晚报,2016-05-05.

② Lumpkin G T, Lichtenstein B B. The role of organizational learning in the opportunity-recognition process[J]. Entrepreneurship Theory and Practice, 2005, 29(4).

③ Kraekhardt D. Entrepreneurial opportunities in an entrepreneurial firm: A structural approach [J]. Entrepreneurship Theory and Practice, 1995, 12(3).

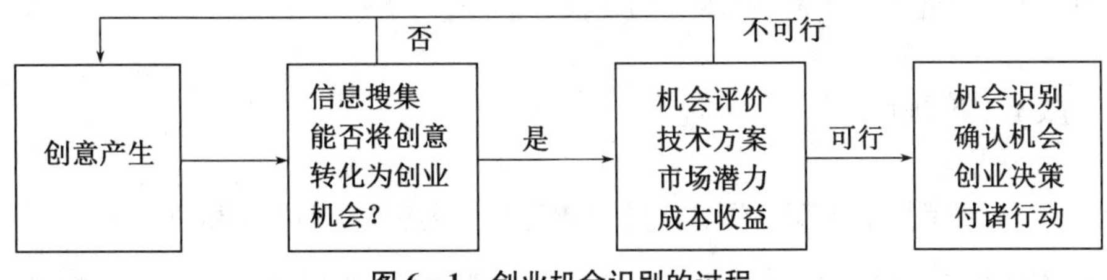

图6-1　创业机会识别的过程

1. 创意产生

创业开始的关键可能来源于一个新产品或服务的较完美的创意，而创意往往来源于对市场机会、技术机会和政策变化信息的感知和分析，来源于创业者在个人先前经验基础上的创新性思考和“灵感”乍现。

2. 信息搜集

创业机会信息的收集是使创意变为现实的创业机会的基础工作。创业者应当通过多种方式和渠道收集、分析和解读有关特定的产业、技术、市场、政府政策等相关因素的信息，这些信息能够影响创业者对机会的最初识别和有效解读，以及识别出机会所蕴含的价值。然而，信息搜集可能存在创业机会发展的任何一个阶段，可以为创意的潜力提供反馈与修正。

3. 机会评价

机会评估注重评价机会可能产生的价值，分析创意是否可行。主要包括技术方案评价、市场潜力评价和成本收益评价。评价是机会识别中的关键环节，要求创业者对创意的可行性客观、公正地评判。机会评估可能存在于机会发展的任一阶段，具有修正与反馈功能，可以使机会更加明确，让投资人有更加充分的信息了解机会的价值和可行性。

4. 机会识别

创业者利用各种渠道和方式，收集有关市场和需求的变化信息，从中发现尚未满足的需求或既有的产品/服务、原材料、组织方式等存在的差距或缺陷，就可能找到改进或创造目的—手段关系的可能性——创业机会，在此基础上对可能的创业机会进行评价，分析评价结果就能识别出真正有价值、具有市场潜力且可行的创业机会。

（二）创业机会识别的影响因素

创业机会识别是创业者最为重要的能力。识别创业机会受环境变化和技术创新因素、个人因素影响。

1. 环境变化和技术因素

产业结构的变化。随着经济的发展和市场需求的变化，某些行业可能会经历结构性的调整，从而产生新的创业机会。

科技进步。新技术的出现和应用，如人工智能、大数据、云计算等，为创业者提供了新的工具和平台,促进了新产品、新服务的开发。

案例 6-5

数字技术+新能源:"小哈换电"兼顾经济效益和社会责任[①]

小哈换电作为哈啰出行旗下的新能源换电业务品牌,不仅在经济效益上取得了显著成果,同时也积极履行社会责任,推动绿色低碳发展。以下是小哈换电在经济效益和社会责任方面的具体实践和成果的丰富内容。

经济效益与绿色出行的结合

小哈换电通过提供换电服务,有效推动了绿色、安全、智能、便捷的出行方式。根据《2019 年新国标电动车绿色发展蓝皮书》数据,使用电动车出行每年可减少 0.63 吨二氧化碳排放。小哈换电的运营模式实现了经济效益、商业效益与社会效益的"三统一",在城市中以较快速度有效落地,推动了绿色出行的发展。

锂电池梯次利用及循环回收

小哈换电积极开展锂电池梯次利用及循环回收方面的技术研究及实际应用。每年退役电池数量约 100 万颗左右,与国内专业的电池回收公司合作进行回收处理,退役锂电池主要拆解粉碎成原材料进行循环再利用,小部分会进行梯次利用。这一举措不仅减少了环境污染,也实现了资源的高效利用。

合作推动两轮换电标准化

小哈换电与南方电网电动汽车服务有限公司合作,共同打造"车+电+柜"一体化两轮换电基础能源服务网络,助推两轮换电标准化。这种合作模式有助于提高换电服务的效率和可靠性,同时也为行业标准的制定提供了实践基础。

智能换电柜的环保创新

小哈换电利用智能换电柜收集太阳能,实现削峰平谷,帮助新能源有效消纳,提高能源利用效率。这种创新不仅减少了对传统能源的依赖,也降低了碳排放,体现了小哈换电在环保方面的创新和努力。

减碳与社会责任的实践

小哈换电在全国运营数百万级新能源锂电池,日均换电次数达数十万次,累积减少碳排放近 30 万吨。此外,小哈换电还设定了包括出行和制造业在内的碳中和目标及实现路径,通过发布共享出行行业内的首份碳中和倡议书,积极履行社会责任。

通信革新。通信技术的进步,如 5G 网络的普及,改变了信息传播的方式,也为创业提供了新的可能。

---

① 资料来源:中国碳普惠发展与实践案例研究报告,2023.

政府政策。政府政策的放宽或新法规的出台，可能会为某些行业带来新的发展机遇。

经济信息化、服务化。随着经济的发展，信息和服务业在经济中的比重不断增加，为创业提供了广阔的空间。

价值观与生活形态变化。社会价值观和生活方式的变化，如对环保、健康、个性化产品的追求，也会影响创业机会的产生。

社会人口结构的变化。人口老龄化、中产阶级的壮大等人口结构的变化，会带来特定的市场需求，从而产生新的创业机会。

全球化趋势。全球化带来了跨国贸易和文化交流的机会，也为创业者提供了更广阔的市场和资源。

创造发明。新的发明和创新提供了满足顾客需求的新产品或服务，同时也带来了创业机会。

新知识、新技术的产生。随着健康知识的普及和技术的进步，围绕特定领域(如健康、环保)的创业机会也随之增加。

2. 个人因素

根据现有文献研究，影响机会识别的个人因素主要包括创业警觉性、先前经验、认知因素和社会关系网络等方面。

第一，创业警觉性。创业警觉性是创业者拥有的一种特殊能力，对于信息搜集与判断具有敏锐的直觉和独到眼光，可及时发现市场缺口、识别创业机会[①]。形象地看，这种警觉就像一个触角、一根天线，创业者总是把触角放在高处，及时接收各种机会信息，一旦发现创业机会就会采取相应行动并努力获取利润。

由于认知上的偏差和可能的错误，初入市场的创业者可能会遗漏一些创业机会，后来的创业者因为知识的增加就会敏锐地发现机会。可以说，正是创业者对机会的警觉发现使得非均衡的市场过程逐渐趋向于均衡，创业者在由非均衡的市场向均衡市场转变过程中能够发现利于自己发展的创业机会。

第二，先前经验。创业者的先前经验是识别机会的认知基础，在机会识别过程中起着非常重要的作用。先前经验的积累受创业者既往的工作经历、创业经历以及所接受过的教育培训等方面的影响。

Shane(2000)指出，个体先前工作经验中所积累的顾客问题知识、市场服务方式知识、市场知识造就了创业者的“知识走廊”，导致创业者在面对同样的机会信息时，解读出的往往是与其先前知识密切关联的机会[②]。

不少研究表明，经验丰富的创业者掌握了有关市场、产品、资源等有价值的信息，因而

---

① Kirzner I. Perception, Opportunity, and Profit: Studies in the Theory of Entrepreneurship [M]. The University of Chicago Press, Chicago, 1979.

② Shane S. Prior knowledge and the discovery of entrepreneurial opportunities[J]. Organization Science, 2000(4).

强化了其发现创业机会的能力;有创业经历的创业者则因体验过机会发现过程,积累了洞察信息、发现机会的隐性知识,有助于强化其对机会信息的警觉性,从而更容易识别到新的创业机会。

第三,认知因素。认知因素如创业意识、创新思维等本身就是创业能力的重要组成部分,是个体识别创业机会的重要前提。

Shane(2000)认为,创业机会的发现取决于两个必要条件:第一,个体获取承载创业机会的信息;第二,个体合理解读这些信息并识别其中蕴含的价值。机会认知就是感知和认识机会,合理解读信息并识别其中蕴含价值的过程,从而机会由模糊到清晰,由初始的发现到创业的决策行动,这是学习的过程,也是机会的认知和识别过程。

创业认知因素结构通常是由商机、资源、组织、管理、风险和利益等一系列相关因素的结构化知识所组成。良好的创业认知因素结构有助于创业者识别机会、构建商业模式、整合资源、制定创业计划。创业者的创业认知因素结构一旦建立,又成为他学习新创业知识和感知市场信息的极为重要的能量或基础,从而促进创业者的创业警觉性,使其更能敏锐感知到市场的变化,并迅速洞察这种变化所带来的商业价值。

案例 6-6

梁伯强怎样发现甲钳的创业机会①

梁伯强发现指甲钳的创业机会是在一次偶然的机会中,他在一张旧报纸上看到一篇《话说指甲钳》的文章。文章中提到,时任国务院副总理的朱镕基在一个关于轻工业的会上表示:“我从来没用过一个好的指甲钳。”这句话引起了梁伯强的注意,他意识到指甲钳市场存在巨大的潜力和需求。他发现,尽管市场上的指甲钳价格低廉但质量普遍不高,这正是他可以改进和创新的地方。

梁伯强随后开始了全球考察指甲钳的历程,他去了 20 多个国家,特别是韩国,他多次前往并从那里进口了大量指甲钳产品进行研究。通过这次考察,他不仅获得了先进的生产技术,还得到了超过韩国质量的样品报告。他决定改变指甲钳在国内的定位,将其从“日用百货”转变为“高级美容工具”,并成功地将指甲钳作为礼品进行销售。

此外,梁伯强还创新地将指甲钳做成名片的样子,上面刻有赠送人的名字、公司、职位以及联系方式,这种创意受到了市场的欢迎,并为他带来了大量的订单。他的公司中山圣雅伦有限公司因此成为全国指甲钳行业的领军人物,年销售额超过 15 亿元。

梁伯强的故事告诉我们,创业机会往往隐藏在日常生活中的细节里,通过敏锐观察和坚持不懈努力,可以发现并抓住这些机会,从而实现创业的成功。

第四,社会关系网络。创业者的社会关系网络是其在长期生活工作当中积累的“人脉”“人脉”可以提供许多重要信息和资源。Aldrich(2003)在其研究中指出,创业者往往

① 资料来源:雷家骕,等. 创新创业管理学导论[M]. 清华大学出版社,2014.

在社会交往中获得承载机会的信息并发现创业机会。张玉利等(2008)通过调查问卷的实证分析认为,社会交往面广、交往对象趋于多样化、与高社会地位个体之间关系密切的创业者更容易发现创新性更强的机会;创业者先前经验调节上述影响机制,相对于经验匮乏的创业者而言,经验丰富的创业者更容易从高密度的网络结构中发现创新性更强的机会①。

五、识别创业机会的常用方法

识别创业机会的影响因素,为我们识别创业机会提供了可操作的方法角度。除此之外,识别创业机会还存在诸多其他方法,本书总结归纳了几种常用的方法。

(一) 新眼光调查

"新眼光"调查可以提供很多看待问题的新方法。即观察一切,把想法记录下来。想法越多,越可能找到最适合自己的业务和目标市场。瑞士最大的音像书籍公司创始人说他就有一本这样的笔记本,当记录到第200个想法时,他坐下来,回顾所有的想法,然后开办了自己的公司。此外,还可以通过创意工作坊、头脑风暴等方式激发团队的创造力,从而产生新的创业想法。

(二) 系统分析或市场调研

多数机会都可以从系统分析宏观环境和微观环境的变化中获取。借助市场调研,从环境变化中发现机会是机会发现的一般规律。以开篇案例讨论的瑞幸咖啡为例,它们通过市场调查发现价格是许多人品尝高品质咖啡的一道门槛,因此将价格定位20元以下,并推出了"9.9元"感恩回馈活动,推动了中国咖啡市场迈入精品平价时代。日本汽车公司在20世纪60年代初通过政府、综合贸易商社、企业职能部门,甚至美国市场研究公司广泛搜集信息,发现美国汽车制造商无视环境变化,因循守旧,继续大批量生产大型豪华车,因而存在小型车市场空白。他们针对美国人对汽车实用性、舒适性、经济性和便利性的需求增加,以及家庭规模缩小和美国汽车制造商未能及时调整产品策略的市场机会,推出了小型、经济、低耗油的汽车,成功进入美国市场。

(三) 问题分析与倾听用户

问题分析是识别创业机会的关键。首先要明确目标,并通过调研收集信息;其次,倾听用户反馈,找出用户在使用中的痛点;第三,思考创新解决方案,制定价值提案;第四,评估可行性,开发原型并测试;最后,根据反馈迭代改进产品,持续与用户沟通以确保满足需求。用户建议是识别机会的重要手段,有助于帮助发现潜在问题和创新点。

---

① 张玉利,杨俊,任兵,等.社会资本、先前经验与创业机会[J].管理世界,2008(7).

(四) 创造机会

创造机会也意味着通过创造新需求来吸引消费者。这种方式比其他任何方式难度都大,风险也更高,一旦成功其回报也更大。这种方法在新技术行业最为常见,所产生的创新也常常对人类社会产生重大影响。苹果公司在 2007 年推出 iPhone 时,市场上并没有现代智能手机的明确需求。然而,iPhone 的推出不仅定义了智能手机市场,还创造了对触摸屏手机和移动应用的全新需求。戴森公司推出的无叶风扇不仅改变了风扇的设计,还创造了对安全、高效空气流动设备的需求,引领了一种新的家电趋势。

第二节　创业机会评价与选择

识别创业机会之后,需要进一步对这些创业机会进行评价并选择,即分析和决策哪些创业机会可以加以利用,哪些则需要放弃。一般而言,创业机会评价与选择涵盖产品、技术、市场与效益等方面。由于诸多指标无法准确估算,创业者更多凭借经验、直觉和商业敏感来评价。以下是对创业机会评价与选择的综合概述。

一、有价值的创业机会

评价与选择创业机会首先要确定该机会是否具有价值。美国百森商学院蒂蒙斯教授(Timmons)认为,有价值的创业机会需要具备四项特征①。

(一) 对消费者具有吸引力(有价值)

能吸引顾客体现创业机会的价值性。只有为消费者创造新价值或增加原有价值,才能对顾客和创业者双方产生吸引力,才可能具有良好的市场前景,才可能有创造超额经济利润的潜力。

(二) 能在商业环境中行得通(可行性)

在商业环境中行得通是前提。创业机会必须适合创业者所处的市场环境,创业者才有可能开发和利用这种机会。机会再好,创业者因条件缺乏无法利用机会,这样的市场机会则不能称为创业机会。

(三) 能在机会窗口中实施(时效性)

创业机会必须在机会窗口期被实施。机会窗口是创业的时间期限,即时机,所谓“机

---

① Timmons J A. New Venture Creation: Entrepreneurship for the 21th Century[M]. 5th edition. McGraw-Hill, 1999.

不可失，时不再来”。一旦新产品市场建立起来，机会窗口就被打开了，机会窗口一般会持续一段时间，但不会长久存在。随着企业纷纷进入市场并建立有利可图的定位，当达到某个时点，市场成熟，机会窗口即被关闭。因此，特定的创业机会仅存在于特定的时段内，创业者务必要把握好这个“黄金时段”。

（四）必备资源和技能

所谓“巧妇难为无米之炊”，创业者也是如此。只有掌握必要的资源和能力，才有可能将创业机会变为现实。如果创业者自身不具备相关资源和技能，也可以知道谁拥有相关资源和技能并争取到这些人的加入。

二、创业机会评价与选择的基本框架

（一）蒂蒙斯的创业机会评价与选择框架

蒂蒙斯(1999)提出了包含8项一级指标、53项二级指标的评价指标体系，包括行业和市场、经济因素、收获条件、竞争优势、管理团队、致命缺陷、个人标准、理想与现实的战略差异等方面，被认为是目前最为全面的创业机会评价与选择指标体系①。

1. 行业和市场

(1) 市场容易识别，可以带来持续收入。

(2) 顾客可以接受产品或服务，并愿意为此付费。

(3) 产品的附加价值高。

(4) 产品对市场的影响力高。

(5) 将要开发的产品生命长久。

(6) 项目所在的行业是新兴行业，竞争不完善。

(7) 市场规模大，销售潜力达到1 000万到10亿美元。

(8) 市场成长率在30%～50%甚至更高。

(9) 现有厂商的生产能力几乎完全饱和。

(10) 在五年内能占据市场的领导地位，达到20%以上。

(11) 拥有低成本的供货商，具有成本优势。

2. 经济因素

(12) 达到盈亏平衡点所需要的时间在1.5～2年以下。

(13) 盈亏平衡点不会逐渐提高。

(14) 投资回报率在25%以上。

---

① Timmons J A. New Venture Creation：Entrepreneurship for the 21th Century[M]. 5th edition. McGraw-Hill, 1999.

(15) 项目对资金的要求不是很大,能够获得融资。
(16) 销售额的年增长率高于15%。
(17) 有良好的现金流量,能占到销售额的20%~30%,甚至30%以上。
(18) 能获得持久的毛利,毛利率要达到40%以上。
(19) 能获得持久的税后利润,税后利润率要超过10%。
(20) 资产集中程度低。
(21) 运营资金不多,需求量是逐渐增加的。
(22) 研究开发工作对资金的要求不高。

3. 收获条件

(23) 项目带来的附加价值具有较高的战略意义。
(24) 存在现有的或可预料的退出方式。
(25) 资本市场环境有利,可以实现资本的流动。

4. 竞争优势

(26) 固定成本和可变成本低。
(27) 对成本、价格和销售的控制较高。
(28) 已经获得或可以获得对专利所有权的保护。
(29) 竞争对手尚未觉醒,竞争较弱。
(30) 拥有专利或具有某种独占性。
(31) 拥有发展良好的网络关系,容易获得合同。
(32) 拥有杰出的关键人员和管理团队。

5. 管理团队

(33) 创业者团队是一个优秀管理者的组合。
(34) 行业和技术经验达到了本行业内的最高水平。
(35) 管理团队的正直廉洁程度能达到最高水准。
(36) 管理团队知道自己缺乏哪方面的知识。

6. 致命缺陷问题

(37) 不存在任何致命缺陷问题。

7. 个人标准

(38) 个人目标与创业活动相符合。
(39) 创业家可以做到在有限的风险下实现成功。
(40) 创业家能接受薪水减少等损失。
(41) 创业家渴望进行创业这种生活方式,而不只是为了赚大钱。
(42) 创业家可以承受适度的风险。
(43) 创业家在压力下状态依然良好。

8. 理想与现实的战略差异

(44) 理想与现实情况相吻合。

(45) 管理团队已经是最好的。

(46) 在客户服务管理方面有很好的服务理念。

(47) 所创办的事业顺应时代潮流。

(48) 所采取的技术具有突破性，不存在许多替代品或竞争对手。

(49) 具备灵活的适应能力，能快速地进行取舍。

(50) 始终在寻找新的机会。

(51) 定价与市场领先者几乎持平。

(52) 能够获得销售渠道，或已经拥有现成的网络。

(53) 能够允许失败。

蒂蒙斯教授提出的框架指标体系存在以下缺陷：① 指标过多，缺乏重点，难以量化和综合评分；② 维度划分不合理，有交叉重叠，影响评价有效性；③ 体系基于风险投资商标准，与创业者客观性标准有差异[①]。

(二) 刘常勇的创业机会评价与选择框架

我国台湾学者刘常勇(2002)归纳的创业机会评价与选择框架比较简单，具有一定代表性。他认为分析和确定创业机会是否可以值得利用，主要围绕市场和回报两个层面展开[②]。

1. 市场评价

(1) 是否具有市场定位，专注于具体顾客需求，能为顾客带来新的价值。

(2) 依据波特的五力竞争模型进行创业机会的市场结构评价。

(3) 分析创业机会所面临的市场规模大小。

(4) 评价创业机会的市场渗透力。

(5) 预测可能取得的市场占有率。

(6) 分析产品成本结构。

2. 回报评价

(7) 税后利润至少高于5%。

(8) 达到盈亏平衡的时间应该在两年以内，如果超过三年还不能实现盈亏平衡，则这样的创业机会是没有价值的。

(9) 投资回报率应高于25%。

(10) 资本需求量较低。

(11) 毛利率应该高于40%。

(12) 能创造新企业在市场上的战略价值。

---

① 林嵩，姜彦福，张玮. 创业机会识别：概念、过程、影响因素和分析架构[J]. 科学学与科学技术管理，2005(6).

② 刘常勇. 创业管理的12堂课[M]. 中信出版社，2002.

(13) 资本市场的活跃程度。

(14) 退出和收获回报的难易程度。

需要强调的是,常规的市场研究方法不一定完全适用于创业机会评价,尤其是原创性创业机会的评价。

(三) 创业智商模型

创业智商模型(Venture Intelligence Quotient,VIQ)由 3 个评估层次和 5 个维度组成①,见表 6-2。这个模型提供了一个系统性的方法来评估和指导创业过程,帮助创业者从多个角度审视和确定他们的商业想法,并制定相应策略来提高成功的可能性。通过这种多维度的分析,创业者可以更好地理解他们的机会,并做出更明智的决策。

表 6-2 创意智商模型

VIQ 框架	层次Ⅰ 创意评估	层次Ⅱ 创意增强	层次Ⅲ 新创企业实施
产品	创新知识产权保护	价值主张	开发、运营
市场	市场接受度	目标市场、动力学	分销、沟通
行业	行业吸引力	持续竞争优势	竞争者、地图
人	个人愿望、人际关系	执行能力	里程碑、风险
金钱	收入模型、利润和现金周期	收支平衡、资金周转	财务计划、投资提供

第一层次是创意评估,即对构成创业过程基础的创意是否值得追求进行评估,其关注点在于创意的原创性、可行性和潜在的市场吸引力。第二层次是创意增强,这个层次的重点是增强和深化已有的创意,探讨构成成功机会的要素以及如何开发这些要素。换句话说,确定创意的潜力,并理解该创意对市场和技术趋势的适应性。第三层次是新创企业实施,该层次关注创意的实际执行和实施,涉及将创意转化为实际产品或服务并推向市场,包括商业模式构建、组织团队和配置财务资源等。

该模型的 5 个关键维度为:

● 产品,创意的本质,可能是产品、服务、经验或过程;用来评估产品的独特性、创新性和满足市场需求的能力。

● 市场,对创意感兴趣并且能够获得该创意产品或服务的客户群和组织;用来分析市场的规模、增长潜力和消费者行为。

● 行业,提供相同或可替代的产品、服务、经验、过程的竞争对手或组织;用来评估行业的竞争格局、进入壁垒和行业趋势。

● 人,创业者或创业团队的能力和特质,包括团队成员的经验、技能、动机和领导力。

---

① Hindle K, Mainprize B, Dorofeeva N. Venture Intelligence: How Smart Investors and Entrepreneurs Evaluate New Ventures[M]. Learnfast Press, Melbourne, 2007.

● 金钱,财务维度,涉及资金的筹集、管理和使用,包括收入模型、成本结构、投资回报分析和财务风险评估。

三、创业者与创业机会匹配

不管创业机会是自己识别到的还是别人建议的,也不管创业机会是偶然发现还是系统调查发现的,都应该首先问自己:这个机会适合我吗?为什么是我而不是别人选择这个机会?要知道,并非所有机会都适合每个人。一位资深律师可能因为参与一场官司而发现了一个高科技行业内的机会,但是他不太可能放弃律师职业去创业,因为他缺乏必需的技术知识和高科技行业内的关系网络。

学者们普遍认同,一方面,创业者识别并开发创业机会;另一方面,创业机会也在选择创业者。创业机会的评价与选择显然关系到创业者未来职业生涯的选择与决策。只有当创业者和创业机会之间存在恰当的匹配关系时,创业活动才可能发生。因此,创业者与创业机会匹配的前提是创业者要对自身有清晰的认识,人职匹配理论对此具有借鉴价值。

人职匹配理论基本思想是,每个人都有自己的个性特征,而每一种职业由于其工作性质、环境、条件、方式的不同,对工作者的能力、知识、技能、性格、气质、心理素质等有不同的要求。个人在职业决策时应根据个性特征选择适合的职业,从而提高工作效率和成功概率。美国职业心理学家霍兰德(Holland,1973)在其所著的《职业决策》一书中描述了六种人格类型及其对应的职业。

(一) 实际型(realistic)

基本的人格倾向是,喜欢有规则的具体劳动和需要基本操作技能的工作,缺乏社交能力,不适应社会性质的职业。具有这类人格的人适宜的职业类型:各类工程技术工作、农业工作;通常需要一定体力,需要运用工具或操作机械。主要职业:工程师、技术员;机械操作、维修安装工人、木工、电工、鞋匠等;司机;测绘员、描图员;农民、牧民、渔民等。

(二) 研究型(investigative)

具有聪明、理性、好奇、精确、批评等人格特征,喜欢智力的、抽象的、分析的、独立的定向任务这类研究性质的职业,但缺乏领导才能。其典型的职业包括:自然科学和社会科学方面的研究人员、专家、教师;化学、冶金、电子、无线电、电视、飞机等方面的工程师、技术人员;飞行驾驶员、计算机操作人员等。

(三) 艺术型(artistic)

基本的人格倾向是具有想象、冲动、直觉、无秩序、情绪化、理想化、有创意、不重实际等人格特征。喜欢艺术性质的职业和环境,不善于事务工作。其典型的职业类型包括:各种艺术创造工作。主要职业:音乐、舞蹈、戏剧等方面的演员、歌唱家、作曲家、乐队指挥、导演、艺术家编导、教师;诗人、小说家、剧作家、文学艺术方面的评论员;广播节目的主持人、编辑、作者;绘画、书法、摄影家、雕刻家;艺术、家具、珠宝、房屋装饰等行业的设计师等。

(四) 社会型(social)

该人格倾向具有合作、友善、助人、负责、圆滑、善社交、善言谈、洞察力强等人格特征。喜欢社会交往、关心社会问题、有教导别人的能力。其典型的职业类型包括医疗服务、教育服务、生活服务等。主要职业:医护人员;教育工作者,如教师、教育行政人员;社会工作者,如咨询人员、公关人员;衣食住行服务行业的经理、管理人员和服务人员;福利事业工作人员等。

(五) 创业型(enterprising)

创业型的人喜欢冒险、竞争,通常精力充沛、生活紧凑、个性积极、有冲劲;擅长社交,能有效地协调和沟通;工作和事业上有野心,追求领导地位和权力;做事有条理,喜欢快速行动。典型的职业类型包括:销售、管理、法律、政治等。他们具备精力充沛、冒险、武断、外向、善于表达、野心、冲动、自信、引人注目、乐观、社交、热情和追求享受等人格特征。

(六) 传统型(conventional)

该倾向具有顺从、谨慎、保守、实际、稳重、有效率等人格特征,喜欢有系统有条理地工作。其典型的职业类型包括各类文件档案、图书资料、统计报表等相关的科室工作。包括办公室人员、秘书文书、人事、统计、审计、会计、出纳、行政助理、打字员;图书管理员、保管员;交通、旅游、外贸、税务职员;邮递员等等。

根据霍兰德理论,个体在符合人格类型的职业环境中更易获得满足和成功。不过在职业选择中,个体并非一定要选择与自己兴趣完全对应的职业环境。一则因为个体本身通常是多种兴趣类型的综合体,单一类型显著突出的情况不多;二则因为影响职业选择的因素是多方面的,不能完全依据兴趣类型,还要参照社会的职业需求及获得职业的现实可能性。因此,评价创业机会时创业者也应当考虑人职匹配问题,在自己不喜爱、不合适的领域创业,其成功的可能性将大打折扣。

除个人特质外,创业者还应当分析社会资本、资源等情况与创业机会本身特征是否匹配。并非所有机会都适合每一个人,即使看到了有价值的创业机会,个体往往因为个人特质相异,或缺乏相应的知识、技能、关系网络等而不得不放弃机会。

案例 6－7

中国创业故事中的创业者[①]

在中国的创业剧中，人格特质与创业成功之间的联系是一个重要的主题。例如，在电视剧《创业年代》中，通过邝铭筹、洪雨桥、江城等角色展现了第一代科技创业者的形象。他们的性格特质，如敢于创新、坚韧不拔和勇于承担风险，是他们创业成功的关键因素。剧中，邝铭筹面对副所长周定北的阻挠，依然坚持自己的想法和理念，展现了创业者的坚持和勇气。洪雨桥在被查处辞职后，从街边磁带倒卖中发现商机，体现了创业者的机敏和适应能力。

在另一部电视剧《鸡毛飞上天》中，主角陈江河和骆玉珠的故事线索，展示了他们在义乌改革发展过程中的创业历程。他们的性格特质，如勤奋、智慧和敢于冒险，帮助他们在商业上取得了成功。

在《大江大河》中，宋运辉、雷东宝和杨巡等角色的性格特质，如坚持、果断和创新，也是他们能够在改革开放的大潮中取得成就的重要原因。

这些电视剧通过塑造具有不同性格特质的创业者形象，向观众展示了创业成功所需的多种人格特质，同时也反映了中国改革开放以来各行各业创业者的奋斗历程和精神风貌。通过这些生动故事，可以感受到创业者在面对挑战时所展现出的坚韧和智慧，以及他们在创业过程中不断学习和成长的过程。

四、创业机会评价与选择的原则

在评价和选择创业机会时，遵循一定的原则是确保机会分析与决策客观、有效的关键。以下是五个具体的原则。

系统性原则。创业机会评价应该全面考虑所有相关方面，包括市场、技术、财务、法律和环境因素。需要对创业项目的各个组成部分进行系统化的分析，确保没有遗漏关键要素。

科学性与实用性原则。创业机会评价方法和过程应该基于科学理论和实证研究，确保评价的准确性和可靠性；同时，机会评价和选择的结果应具有实用性，能够为决策提供实际指导。

互斥性与有机结合原则。在评价创业机会的过程中，可能需要在多个因素或选项之间进行权衡（互斥性），如成本与效益、风险与回报，并且要确保这些因素在决策中能够有机结合，形成一个协调一致的评价结果。

动态与稳定性原则。创业机会评价应该考虑到市场的动态变化和不确定性，评估机

---

① 牛梦笛．记录时代的中国创业故事激奋人心[N]．光明日报，2020-10-15．

会随时间的演变,以及关注那些能够提供稳定性的因素,如长期市场需求和持续的竞争优势。

可比性原则。评价创业机会的标准和方法要能够适用于不同创业机会的比较,以便投资者和创业者能够在多个机会之间做出选择,从而确保评价结果的一致性和可比性,使得评价结果在不同情境下仍然有效。

五、创业机会评价与选择的方法

(一) 系统评价

创业者通过假设以及简单计算对创业机会进行初始判断,一方面是为了快速行动,另一方面也是因为未来不确定的环境难以预测,但这并不是说初始判断就足够了。如果条件允许,对创业机会进行系统评价很有必要。美国百森商学院蒂蒙斯教授和中国台湾学者刘常勇教授均提出了比较完善的创业机会评价与选择指标。前述已对此做了阐述,此处不再赘述。除此之外,还存在其他方法系统性地评价和选择创业机会:

1. SWOT 分析。采取 SWOT 分析方法对创业机会的优势(strengths)、劣势(weaknesses)、机会(opportunities)和威胁(threats)进行系统分析,帮助创业者全面了解机会的各个方面。

2. 财务分析。借助预期投资回报、财务风险、盈亏平衡点、投资回报率等财务指标对创业机会进行综合评估。

3. 商业模式评估。评价创业项目的商业模式是否可行,是否能够创造并维持顾客价值,并实现盈利。详见本书第 7 章内容。

系统评价类似于公司开展的可行性论证分析。在系统评价创业机会时,由于创业活动不确定性强的特点,创业者不太可能比照框架对相关指标一一评价,而会选择其中某些要素来判断创业机会的价值,从而使创业机会评价表现为主观感觉而非客观分析的过程。因此,系统评价创业机会不能事事都强调依据,创业活动的不确定性本身就要求创业者在行动中不断地检验,如果过分强调证据,则会把困难放大,弱化创业者承担风险的勇气。

(二) 市场测试与最小可行化产品

市场测试是把产品或服务拿到真实的市场中进行检验,这种测试类似于一种产品或服务实验。在产品开发领域,为了给资源配置和产品选择提供信息并推动开发阶段顺利渡过“模糊前端(fuzzy front end)”,需要针对新产品开发设计一套概念生成、检测和选择的流程。

市场测试和最小可行产品(Minimum Viable Produce, MVP)是创业过程中验证产品概念和市场需求的重要工具。市场测试是在真实市场环境中对产品或服务进行检验的过程。市场测试可以说是一种特殊的市场调查,是创业者的必修课程。创业者需要遵循“创建-测试-学习”的步骤,步步为营来检测创业机会的愿景,目的是快速获取重要的顾客信息，通过迭代性的进程推动商业概念以及最终的商业模式得以奏效实施。

MVP是一种产品开发策略，它强调在最短时间内用最少资源构建一个能够满足目标市场核心需求的产品原型。MVP的核心理念是用最简单的产品原型来验证你的创意是否符合市场需求，从而避免浪费时间和金钱。MVP不需要包含所有功能，只要包含能展示产品核心价值的基本特性就行了。这样做的好处包括快速验证假设、降低开发风险、节省时间和成本、获取用户反馈以及迭代改进。

验证MVP的流程通常包括：定义产品的主要目标、用户的核心行为、产品的主要功能→优先级排序→定性和定量验证。验证方法包括用户访谈、登录页测试、A/B测试、广告投放、筹款、产品介绍视频、碎片化的MVP、博客、虚构的MVP、贵宾式MVP、纸质原型、单一功能的MVP和预售页面等。例如，多抓鱼在早期通过微信群和Excel来验证二手书交易的需求，而Groupon最初通过一个简单的网站和人工对账的方式来测试市场对优惠券的需求。这些方法都有助于创业者在投入大量资源之前，验证市场需求和用户的兴趣。

市场测试和MVP是相辅相成的，它们共同帮助创业者在产品开发的早期阶段快速验证市场需求，减少风险，并根据反馈进行产品迭代和优化。通过这些方法，创业者可以更有信心地推进产品开发，最终实现市场成功。

（三）定性评价

在进行创业机会的定性评价时，回答以下五个基础问题可以帮助创业者深入理解机会的潜力和可行性：

1. 机会的大小

- 评估目标市场的规模和增长潜力
- 考虑市场中未被满足的需求和潜在客户的数量
- 分析市场趋势和预测，以确定市场的长期潜力

2. 存在的时间跨度和随时间成长的速度

- 确定机会的时效性，即这个机会在多长时间内是可行的。
- 预测市场发展的速度和创业机会的成长速率。
- 考虑行业生命周期，评估机会是否与行业的增长阶段相匹配。

3. 潜在的利润是否足够弥补资本、时间和机会成本的投资而带来令人满意的收益

- 进行财务预测，包括收入、成本和利润预测
- 计算投资回报率（ROI）和净现值（NPV）等财务指标
- 评估创业机会的盈利能力是否能够覆盖初始投资和持续运营的成本

4. 机会是否带来额外的扩张、多样化或综合的商业机会选择

- 分析创业机会是否能够带来新的成长路径，例如产品线扩展、市场多元化或进入相关市场
- 考虑长期战略规划，评估机会是否符合企业的愿景和使命

● 探索潜在的合作伙伴关系和协同效应

5. 在可能的障碍面前,收益是否会持久,产品或服务是否真正满足了真实需求

● 识别潜在的市场进入障碍,如法规、竞争和资本要求

● 评估产品或服务的竞争优势和差异化特点

● 通过市场调研验证产品或服务是否真正解决了客户的问题或满足了他们的需求

在回答这些问题时,创业者需要收集和分析市场数据、财务信息、行业报告和客户反馈。这可能包括与行业专家的访谈、竞争对手分析、客户调研和焦点小组讨论。通过这些定性分析,创业者可以更好地理解创业机会的潜在价值,并制定相应的商业策略。

第三节　数智时代的创业机会

一、数智时代的创业

(一) 数智时代的核心特征

我们正处在一个激动人心的数智化转型时代。简单来说,就是“数字技术”和“智能技术”正在紧密结合,以前所未有的方式改变着世界和我们的生活。驱动这个时代浪潮的核心技术包括人工智能(AI)、大数据(它能从海量信息中发现宝藏)以及云计算(它让创业公司更容易使用强大的计算资源,降低了起步成本)。

数智时代的核心特征可以概括为:

(1) 万物皆可“数”。日常生活的方方面面,从购物到学习,都在快速数字化。

(2) 数据是“新石油”。企业越来越依赖数据进行决策,数据成为宝贵的资产。

(3) 智能自动化普及。人工智能正在帮助处理更多重复性工作,并提供个性化服务。

这些特征反映了数字技术的广泛渗透、数据的爆炸式增长以及智能自动化应用的普及。数字化与数智化的差异如表 6-3 所示。

表 6-3　数字化与数智化的差异

特征	数字化(digitalization)	数智化(smartification)
核心含义	将物理信息或流程转为数字形式(如纸质文档电子化)	在数字化基础上,运用 AI 等智能技术分析数据、优化决策
主要关注点	连接、存储信息、提升效率	理解、预测、自动化、个性化、创造新价值
简单例子	网上商店陈列商品	网上商店基于 AI 算法精准推荐“猜你喜欢的商品”
对创业的影响	更易获取信息和工具,扩大市场触达	创造全新的、基于智能数据应用的商业模式和价值主张

(二) 数智时代对创业的积极影响

数智时代不仅仅是新工具的出现,更是价值创造逻辑的根本性转变。智能地运用数据将是未来创业的核心竞争力,经济形态正向“智能增益型经济”演进,价值创造与捕获方式发生了根本性的重塑。数智时代为创业活动带来了积极影响,主要包括:

(1) 创业门槛降低。在云服务、开源软件和社交媒体等数字工具的支持下,如今开创一项数字业务的初始成本和技术难度比以往任何时候都低。

(2) 新问题新机遇。新兴技术不断催生新的社会需求和商业场景,也为解决传统问题提供了全新的高效方案。

(3) 连接全球市场。互联网的普及使得即使是小型初创企业也有机会接触并服务于全球用户。

(4) 个性化服务。企业能够以前所未有的精细度了解用户需求,从而提供高度定制化的产品和服务。虽然数字技术降低了创业门槛,但真正的竞争优势越来越依赖于数据和人工智能的深度应用,这要求创业者持续学习和适应。

二、数智时代的创业理论

(一) 创业的“效果逻辑”

过去,人们普遍认为创业需要详尽的商业计划和对市场未来的精确预测,这种被称为“因果逻辑”。然而,在变化飞快的数智时代,许多成功的创业者采用了一种名为“效果逻辑”的思维。其核心思想是:从你当下拥有的“手段”出发,逐步构建你的事业。效果逻辑的关键原则包括:

(1) “盘中餐”原则。创业的起点是审视自身拥有的三个核心“手段”——“我是谁?”(个人特质、经验)、“我知道什么?”(知识、技能)以及“我认识谁?”(人脉网络)。鼓励创业者基于这些现有资源开始行动,而不是去追逐一个遥远且模糊的目标。

(2) “可承受损失”原则。建议创业者在行动前先明确自己能够承受的最大损失是多少,而不是仅仅关注潜在的巨大回报。这鼓励小步快跑、快速试错,尤其适用于数字产品的迭代开发。

(3) “合作共创”与“拥抱惊喜”原则。鼓励创业者积极与那些愿意投入资源、共同创造未来的利益相关者(如早期用户、合作伙伴)合作,共同塑造市场和机会。同时,要将创业过程中的意外和惊喜(无论是好是坏)都视为学习和发现新机会的来源,灵活调整方向。

在数智时代,开源软件、社交媒体、云计算等数字工具极大地丰富了创业者的初始“手段”,也使得与他人“共创”变得更加便捷高效。因此,效果逻辑在这种环境下尤显其价值。这种思维方式并非要求创业者放弃所有规划,而是为创业者在高度不确定的早期阶段,提供了一种更为灵活和务实的行动指南。它鼓励创业者主动出击,在行动中学习和调整,而不是等待所有条件都完美才开始行动。

表 6-4 传统规划式思维与效果逻辑式思维

特征	传统规划式思维(causal logic)	效果逻辑式思维(effectuation)
出发点	预设一个清晰的目标,然后寻找达成目标的资源	从自身已有的资源(我是谁、我知道什么、我认识谁)出发
看待未来	尝试预测未来,并基于预测制定计划	认为未来不可精确预测,但可以通过行动去影响和共同创造
风险态度	追求预期回报最大化,规避风险	设定可承受的损失上限,在可控范围内进行尝试
行动方式	先有周详计划,再按计划线性执行	边行动、边学习、边调整,与合作伙伴共同探索

(二) 经典创业理论的新实践

1. 系统化创新

系统化创新是德鲁克理论在数智时代的体现。彼得·德鲁克被誉为“现代管理学之父”,他认为创新并非仅靠灵光一闪,而是可以通过系统性地分析机会来源而获得。在数智时代,他的观点依然适用,并且有了新的表现形式。

意料之外的成功或失败:关注网络上突然爆火的产品/服务,或者无人问津的尝试,分析其背后的原因,往往能发现未被满足的需求或错误的市场假设。例如,某款小众游戏因主播推荐意外走红,揭示了特定社群的潜在需求。

流程中的痛点与需求:观察现有线上或线下流程中存在的不便、低效或令人不满之处。例如,烦琐的在线办事流程、体验不佳的购物环节等,都可能成为技术改进和创业的切入点。

新知识与新技术的应用:人工智能、大数据、虚拟现实等新技术的突破,直接催生了大量新的产品、服务和商业模式。例如,生成式 AI 的进步带来了 AI 绘画、AI 写作等全新应用。

综上,数智技术本身如同放大镜和加速器,使得这些传统机会来源更容易被创业者发现和利用。

2. 创造性破坏

熊彼特理论在数智时代的体现。约瑟夫·熊彼特提出了著名的“创造性破坏”理论,指出经济发展是由创新驱动的,新的产品、技术和商业模式会不断取代旧的,这是一个“破坏”与“创造”并存的过程。

数智时代的“创造性破坏”:这一理论在数智时代体现得淋漓尽致。例如,电子商务对传统零售店的冲击,智能手机对传统相机和 MP3 播放器的取代,网约车对出租车行业的变革等。这些都是新技术、新模式对旧有市场格局的颠覆。

变革中的创业机遇:对于创业者而言,“创造性破坏”意味着巨大的机会。当旧的行业规则被打破时,正是新进入者凭借创新方案快速崛起的好时机。

经典创业理论并非束之高阁的古董,它们揭示的商业规律在数智时代依然深刻。数字技术使得德鲁克所说的“意外”更易通过数据捕捉，熊彼特所言的“破坏”速度更快、范围更广。创业者需要理解这些根本性的市场动态，才能更好地把准时代的脉搏。

三、数智时代的创业机会识别

创业机会并非凭空产生，它们往往隐藏在动态变化的“数字创业生态系统”之中。数字世界如同一个充满活力的生态雨林，创业机会可能源于以下几个方面(举例见图 6-2)。

(1) 数字基础设施的进步：当新的基础技术(如更快的 5G 网络、更便宜的云计算服务)普及后，会为许多新型应用和服务的诞生铺平道路。例如，高速网络的普及使得高清视频直播和在线协作工具成为可能。

(2) 用户数字行为的变迁：人们在互联网上的行为习惯(如购物偏好、社交方式、内容消费习惯)总是在不断变化。仔细观察这些变化，可以发现新的需求和痛点。例如，短视频的兴起催生了围绕短视频内容创作、营销和电商的新机会。

(3) 数字平台的演化与互动：现有的各类数字平台(如电商平台、社交媒体、应用商店)本身就是机会的孵化器。创业者可以通过为这些平台开发辅助工具、提供增值服务，或者利用平台规则创造新的玩法来找到机会。例如，许多商家依托微信生态开发小程序商城。

(4) 数据驱动的跨界融合：将不同领域的数据或技术结合起来，常常能碰撞出创新的火花。例如，将健康数据与运动 App 结合，可以提供更个性化的健身指导。这种“隐性机会”的发现，往往需要对数据的深度洞察。

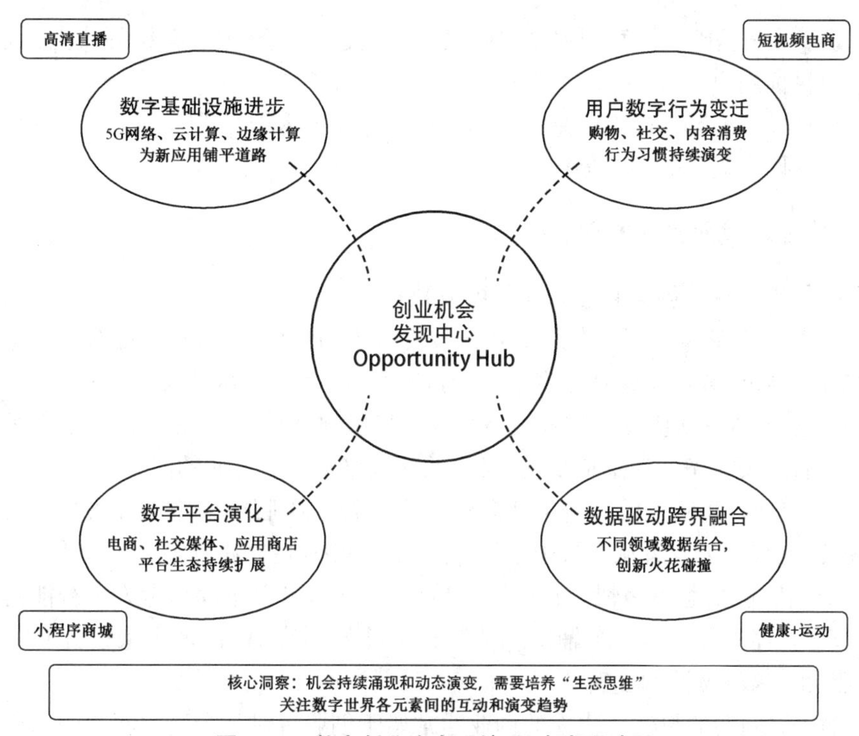

图 6-2 数字创业生态系统：机会发现地图

数字技术的“生成性”(技术自身能催生未预期的应用和创新的能力)意味着创业机会是持续涌现和动态演变的,而非静待发现的孤立点子。创业者需要培养一种“生态思维”,关注数字世界中各个元素之间的互动和演变趋势。

数智时代的机会评估,其核心在于“可测试性”和“可扩展性”的重要性日益凸显。一个好的创业机会,不仅要听起来诱人,更要能够被设计出清晰的路径来进行快速验证,并且在验证成功后具备有效扩展的潜力。

四、数智时代的创业者

(一) 数智时代创业者的核心技能

在充满机遇与挑战的数智时代,成功的创业者不仅需要好的想法,更需要掌握一套与时俱进的技能,并培养适应变革的心态。

虽然创业者不一定需要成为每个领域的技术专家,但具备以下一些基础的数字素养和技能至关重要:

(1) 数据解读与分析能力。能够理解数据图表,看懂基本的数据分析结果,并基于数据进行初步判断和决策。在数智时代,数据是创业的“导航仪”。

(2) 人工智能基础认知。了解人工智能(特别是机器学习)能做什么、不能做什么,以及它可能如何应用于你的业务领域,能帮助创业者发现用 AI 解决问题或创造价值的机会。

(3) 数字营销基础。了解如何通过社交媒体、搜索引擎、内容营销等线上渠道,有效接触和吸引目标用户。

(4) 拥抱新技术与工具的意愿。对新兴的数字工具和技术保持好奇心,并愿意学习和尝试使用它们来提升效率或创造新体验。

(二) 数智时代创业者的创业心态

数智时代创业者的创业心态同样不可或缺:

(1) 持续学习,终身成长。数智时代的技术和市场变化极快,知识更新速度惊人。因此,最重要的“技能”或许是保持好奇心,拥有持续学习、终身学习的能力和心态。

(2) 拥抱变化,灵活应变。创业之路很少一帆风顺,外部环境和用户需求都可能随时变化。创业者需要具备快速适应变化、灵活调整战略和产品方向的能力。

(3) 愈挫愈勇,坚韧不拔。创业过程充满不确定性和挑战,失败和挫折是常态。强大的心理韧性,能够使创业者从失败中学习并重新站起来,是创业者宝贵的品质。

(4) “AI 优先”的思考习惯。在构思产品或服务时,可以主动思考人工智能是否能成为核心驱动力,而不仅仅是一个辅助功能。这意味着围绕 AI 的能力来设计和重构商业模式,可能会带来颠覆性的创新。

(5) 解决真问题的热忱。优秀的创业通常始于创业者对某个真实问题的深刻洞察和解决该问题的强烈愿望。技术是手段，解决用户痛点、创造真实价值才是目的。

数智时代对创业者的核心要求，可以概括为“硬技能”与“软心态”的结合。其中，“适应性心态”和“终身学习能力”可能比任何一项具体的现行技术更为关键，因为技术会过时，而学习和适应的能力将使创业者能够持续驾驭未来的浪潮。这与强调“与 AI 系统高效协作的能力”相呼应，本质上也是一种学习和适应新兴技术并将其融入工作与创造过程的能力。

（三）数智时代创业者的社会责任

数智时代为创业者描绘了激动人心的前景，但在通往成功的道路上，也布满了各种挑战与风险。同时，作为技术创新的推动者，创业者也肩负着重要的社会与伦理责任。数智技术在带来便利和效率的同时，也引发了一些需要认真对待的伦理问题。作为创业者，不仅要追求商业成功，更要思考如何负责任地使用技术，确保技术向善。

（1）数据隐私保护：在收集和使用用户数据时，必须严格遵守相关法律法规（如中国的《个人信息保护法》），尊重用户隐私权，明确告知数据用途，并采取有效措施保护数据安全。

（2）算法公平性与反歧视：如果创业项目使用人工智能算法进行决策（如招聘筛选、信用评估、内容推荐等），需要警惕算法可能存在的偏见，避免对特定人群造成不公平对待。努力构建更公平、透明的算法系统至关重要。

（3）信息透明与可解释性：在可能的范围内，应向用户解释产品（尤其是 AI 驱动的产品）是如何工作的，关键决策是如何做出的，增强用户对技术的信任和理解。

（4）审慎评估社会影响：创业者应思考自己的产品和服务可能对社会产生的广泛影响，例如是否会加剧数字鸿沟、是否可能被滥用于传播虚假信息等，并努力减轻潜在的负面效应。

“负责任的创新”和“企业数字责任”正逐渐从一种合规要求，转变为企业建立品牌信任、赢得市场竞争优势的重要因素。在公众对技术伦理日益关注的今天，那些能够主动践行伦理原则、构建可信赖产品和服务的初创企业，更有可能获得长期的成功和用户的认可。

本章案例

丁磊与他的网易“味央猪”

体验式学习活动

创业机会探索之旅

本活动设计旨在通过互动和实践的方式,让学生在模拟的创业环境中学习和体验创业机会的识别与评价过程。

目标群体

—大学生或创业者

—对创业有兴趣的人群

活动目标

—识别潜在的创业机会

—学习如何评估创业机会的可行性

—提高团队合作和沟通能力

—增强创新思维和问题解决能力

活动流程

1. 引入与理论讲解

—介绍创业机会的定义和重要性

—讲解创业机会识别的方法和工具

—分享成功和失败的创业案例

2. 团队组建

—将参与者分成小组,每组 4～6 人

—每组选出一名组长,负责协调和记录

3. 创业机会识别

—每个小组选择一个行业或市场进行研究

—利用 SWOT 分析(优势、劣势、机会、威胁)来识别潜在的创业机会

—每个小组需要提出至少 3 个创业想法

4. 创业机会评估

—每个小组使用商业模式画布(Business Model Canvas)来构建他们的创业想法

—讨论并评估每个想法的可行性、市场需求、竞争环境、盈利模式等

材料与资源

—投影仪和屏幕

—笔记本电脑和演示软件

—打印的 SWOT 分析模板和商业模式画布

—角色扮演的道具(如名牌、服装等)
—反馈表和评分标准

评估方式

—通过小组展示和创业计划书的质量来评估
—教师和同学的反馈和建议
—自我评估和小组反思

本章要点

创业机会涉及市场中未被充分利用或未被发现的潜力和可能性,是一种能带来新的价值创造的特定组合关系。

创业机会具有吸引力、持久性和适时性的特征,并根植于为客户或最终用户创造或增加价值的产品或服务中;从机会均衡、机会来源、目的—手段的明确程度等方面可以将创业机会分为多种类型。

创业的目的—手段:所谓目的是指创业主体在观念上事先建立的创业活动的未来结果或目标,手段则是指实现创业目的的方法和途径。

创业机会识别的一般过程涉及机会搜寻、机会识别和机会评价三个阶段。需要注意的是,创业机会是一个长期发展的过程,因此,识别创业机会也是一个思考和探索反复互动,不断将创意转变的过程。

识别创业机会受多种因素的影响,主要集中在创业者的创业警觉性、先前经验、认知因素、社会关系网络等几个方面。创业警觉性是创业者拥有的一种特殊能力,对于信息搜集与判断具有敏锐的直觉和独到眼光,可及时发现市场缺口、识别创业机会。创业者的社会关系网络是其在长期生活工作当中积累的"人脉"。

评价创业机会首先要确定该机会是否具有价值,有价值的创业机会需要具备四项特征:有价值,可行性,时效性,必备资源和技能。

蒂蒙斯的创业机会评价框架提出了包含8项一级指标、53项二级指标的评价体系,具体包括行业和市场、经济因素、收获条件、竞争优势、管理团队、致命缺陷、个人标准、理想与现实的战略差异等方面,被认为是目前最为全面的创业机会评价指标体系。

创业智商模型由3个层次和5个关键维度构成。第一层次是创意评估,第二层次是创意增强,第三层次是新创企业实施。该模型的5个关键维度包括:产品,市场,行业,人和金钱。

创业者识别并开发创业机会,创业机会也在选择创业者;创业机会的评价显然关系到创业者未来职业生涯的选择与决策,只有当创业者和创业机会之间存在恰当的匹配关系时,创业活动才可能发生。

创业机会评价要遵循一定的原则,具体包括系统性、科学性与实用性、互斥性与有机结合、动态与稳定性、可比性;在评价创业机会时可以采取的方法有系统评价、市场测试与最小可行化产品、定性评价等。

数智时代具有的显著数字化、智能化特征,相较于传统市场经济时代,数智经济时代的创业机会更倾向于创新。

数智时代的创业机会主要包括七种来源,它们分别源于企业内部和企业外部或行业外部。

数智时代的创业机会识别与评价,主要表现在四个方面,即识别新手段、识别新目的、检验机会假设、匹配机会识别者和利用者。

重要概念

创业机会　熊彼特式机会　柯兹纳式机会　识别型机会　发现型机会　创造型机会　机会评价　机会识别　创业警觉性　先前经验　社会关系网络　人格特质　市场测试　最小可行化产品　数智经济　机会窗口

思考题

1. 如何理解创业机会的“新颖性”?它对创业者和投资者有何重要性?

2. 创业机会的来源有哪些?请结合实际例子,讨论这些来源如何影响创业者识别和开发机会。

3. 蒂蒙斯的创业机会评价框架包含哪些关键要素,为什么这些要素对评价创业机会至关重要?

4. 数智经济时代的主要特征是什么?在该时代创业机会来源主要有哪些?

5. 创新与创业关系与区别?

参考文献

[1] Shane, S and Venkataraman, S. The promise of entrepreneurship as a field of research[J]. Academy of Management Review, 2000, 25(2).

[2] Eckhardt, J T and Shane, S A. Opportunities and entrepreneurship[J]. Journal of Management, 2003, 29(3)

[3] Schumpeter, J A. The Theory of Economic Development[M]. Cambridge, MA: Harvard University Press, 1934.

[4] Kirzner, I. Competition and Entrepreneurship[M]. Chicago, IL: University of Chicago Press, 1973.

[5] Shane, S. Prior knowledge and the discovery of entrepreneurial opportunities[J]. Organization Science, 2000, 11(4).

[6] Timmons, J A. New Venture Creation: Entrepreneurship for the 21th Century [M]. 5th edition. McGraw-Hill, 1999.

[7] Lumpkin, G T and Lichtenstein, B B. The role of organizational learning in the opportunity-recognition process[J]. Entrepreneurship Theory and Practice, 2005, 29(4).

[8] Casson, M. The Entrepreneur: An Economic Theory[M]. Totowa: Barnes & Noble Books, 1982.

[9] [美]彼得·德鲁克.创新与企业家精神[M].蔡文燕译.机械工业出版社,2007.

[10] Sarasvathy, S D. Causation and effectuation: Toward a theoretical shift from economic inevitability to entrepreneurial contingency [J]. Academy of Management Review, 2001, 26(2).

[11] Nambisan, S. Digital entrepreneurship: Toward a digital technology perspective of entrepreneurship[J]. Entrepreneurship Theory and Practice, 2017, 41(6).

[12] Sussan, F and Acs, Z J. The digital entrepreneurial ecosystem[J]. Small Business Economics, 2017, 49(1).

[13] 张玉利,杨俊,任兵等.社会资本、先前经验与创业机会[J].管理世界,2008(7).

[14] 张玉利,薛红志,陈寒松,李华晶.创业管理[M].第5版.机械工业出版社,2020.

[15] 刘常勇.创业管理的12堂课[M].中信出版社,2002.

第7章

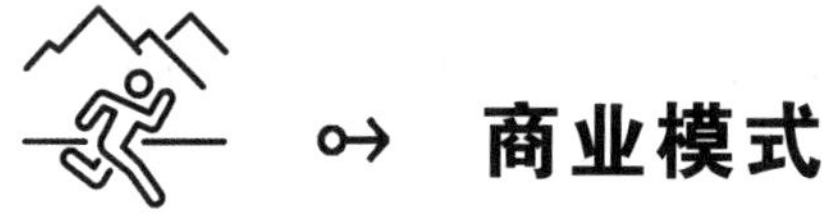

商业模式

学习目标

1. 了解商业模式的概念，掌握价值与财富的关系。
2. 了解商业模式的构成，学会使用商业模式画布。
3. 掌握前沿商业模式创新类型，了解数字商业模式创新存在的必要性。
4. 学习商业模式设计，理解不同商业模式要素的内涵。

引导案例

元气森林：以“三友好”与“零碳”战略驱动可持续商业模式

第一节　商业模式的概念和类型

一、商业模式的概念

关于商业模式概念的研究，主要有价值创造视角、组织内部结构视角和战略视角三大视角。深入理解商业模式需综合考量上述三重视角，面对日益激烈的市场竞争，企业若欲保持竞争优势，则需立足自身特色，打造难以复制的商业模式。

（一）价值创造视角下的商业模式

价值创造视角的研究深受迈克尔·波特价值链理论的影响，强调从企业内部活动的分析入手，揭示价值生成的内在逻辑。具体地，将价值创造过程细化为定义战略单元、识别关键活动、定义产品、决定活动价值四个关键环节。商业模式就是描述企业与利益相关者如何共同创造价值并分享价值。商业模式的核心目标在于实现价值主张，即企业以何种产品或服务为何种目标顾客提供什么样的价值增值。其中，价值创造是途径，价值分配和获取是最终归宿。当组织成功实现了价值的分配与获取后，它需基于新的情境，即可能演变或维持不变的价值主张——这体现了商业模式的动态适应性，重新规划并启动新一轮的价值创造流程，以及后续的价值分配与获取活动。这一过程要求组织具备高度的灵活性与前瞻性，能够持续调整其策略以响应市场变化，确保价值循环的连续性与高效性。

（二）组织内部结构视角下的商业模式

组织内部结构视角根植于企业资源基础观（RBV）及“结构—行为—绩效”（SCP）分析框架，将商业模式视为企业的运营系统或内在构造。在这一理解下，商业模式被构想为一个包含顾客、合作伙伴、供应商等多方要素交互的交易网络或活动体系，这些要素的不同配置模式在整体上能够塑造出迥异的商业模式形态。这一过程可与编程领域中的模块化设计理念相类比，即通过将功能单元模块化并灵活组合，以实现不同逻辑与功能的构建。

以自行车领域为例，共享单车以一种颠覆性的方式重塑了行业生态，不同于传统门店销售自行车的方式，它将自行车的所有权与使用权分离，“即用即行，即还即走”为用户开辟了一条全新的出行路径。由此可见，在维持原有客户群体与核心产品不变的基础上，商业模式的独特构造——各要素间差异化的排列与融合，为用户构筑了焕然一新的体验与价值感知。

值得强调的是，商业模式内部的各要素并非孤立存在，而是呈现出高度的相互关联性与动态协同性。换言之，这些要素相互联动，形成了一个紧密相连的体系，其中任一要素的调整都可能引发整个商业模式的连锁反应。

（三）战略视角下的商业模式

战略视角下的商业模式研究认为，商业模式是企业实现战略的载体，是包含多项业务的整体性系统。商业模式的构建过程是企业战略落地的关键。设计企业商业模式时首先需要考虑现有竞争者之间的竞争、潜在竞争者、供应商议价能力、客户议价能力以及替代品威胁五种竞争力量，它们不仅塑造商业模式的轮廓，更是推动其变革的重要外部驱动因素。市场竞争力量的不同决定着企业会采取成本领先战略、差异化战略或聚焦战略等不同的竞争战略，并进而采用不同的商业模式。

成本领先战略下的商业模式各要素均紧密围绕成本优化展开，尤其针对低端市场消费群体。此战略强调效率与低成本的深度融合，在商业模式层面体现为追求极致的成本控制、快速响应、高效生产及决策速度，典型实例如廉价航空公司的运营模式。

差异化战略下的商业模式侧重于价值主张的创新，通过精准捕捉特定消费群体的需求以定制一套新的元素组合来为该群体创造价值，商业模式的核心特征在于“新、奇、特”。苹果公司的商业模式便是典型的差异化战略落地。

聚焦战略下的商业模式的核心在于集中资源,精准打击,实现单点突破。滴滴出行的差异化聚焦战略实践及拼多多的成本聚焦战略实践,便是生动的案例。

二、商业模式的类型

在当今时代,各式各样的新兴商业模式如雨后春笋般涌现,促使部分旧有模式经历深刻变革,实现自我革新与重塑。

众多企业尽管对“商业模式”这一概念有所耳闻,但并不是很清楚具体有哪些类型的商业模式,不同的商业模式有什么样的特征与区别,更不是很清楚究竟怎样的商业模式会更适合自己的公司。学术界对于商业模式分类的探讨迄今也尚未完全达成共识。随着互联网的迅猛发展,企业间的界限日益模糊,竞争焦点逐渐转向以核心企业为中心构建的商业生态系统之间的竞争。一个可操作且被大多数学者接受的分类方法为,基于企业在生态系统中占据的生态位,以及商业模式的内在结构视角,对商业模式类型进行划分。

值得注意的是,不同的商业模式类型仅是不同视角下的产物,它们之间并非相互排斥,而是相互补充,同一企业亦有可能并行采用多种模式,以适应复杂多变的市场环境。

(一) 组织生态学视角下的单一生态位分类

组织生态学基于组织种群生态理论发展而来,用以研究组织个体的发展以及组织之间、组织与环境之间的相互关系。组织生态学中的“生态位”概念更多侧重于组织在特定环境中的位置、角色和功能,涵盖了组织在资源利用、市场竞争、技术创新和组织能力等多个维度的综合表现。

单一生态位指的是组织在特定环境中专注于某一领域或资源,形成独特的竞争优势和生存空间。基于组织生态学视角下的单一生态位不同,可以将商业模式分为平台商业模式和长尾商业模式。

1. 平台商业模式

平台的核心价值在于联结并促进两个乃至多个参与群体间的互动与成长。平台商业模式在架构上区别于传统商业模式的关键在于引入了平台企业这一元素。此模式巧妙地将用户、广告商及第三方供应商联结成一个紧密的网络,并通过补贴与回馈机制,精心协调各方利益。

根据平台参与者数量的不同,可以将平台划分为双边平台与多边平台两大类,由此形成双边平台商业模式和多边平台商业模式。

双边平台商业模式是将传统商业模式巧妙融入双边市场环境的创新实践。它通过提供特定的产品或服务,连接起平台两端的参与者,并促使双方在平台的框架下达成交易。双边市场呈现出一种独特的“哑铃”形态,即平台两端的用户群体在需求上相互依赖、产品与服务上相互补充。这种特性使得双边平台在价值创造与传递过程中,能够充分发挥其桥梁作用,促进各方利益的共赢。

案例7－1

“咸鱼”的双边平台商业模式

经济的快速发展和消费升级使人们的物质生活水平显著提高，拥有的物品也越来越多。在满足基本需求后，人们开始追求更高品质的生活，这导致大量闲置物品产生。加之分享经济盛行、人们环保意识提升，推动了大量二手交易平台发展。

作为典型的二手交易平台之一，闲鱼的双边平台商业模式以用户为中心，通过商品发布、淘宝转卖、逛同城、信用回收、免费送、租房等功能，将线下的闲置物品和网络资源整合，最大限度地满足用户超低价格置换好物的需求。同时，闲鱼还注重社区化运营和技术创新，以不断提升用户体验和平台竞争力。

多边平台商业模式，核心在于汇聚两个或更多既独立又相互依存的用户群体。通过精心设计的机制促进各群体间的交流与协作，推动平台历经“共创—共生—共享—共赢”这一循序渐进的发展轨迹。

案例7－2

“大众点评”的多边平台商业模式

2003年4月，张涛留美归来后在上海创办了大众点评网。他最初在图书馆收录了上海的商户信息，并邀请熟人进行点评，从而拥有了第一批商户和第一批用户。2005年，“大众点评”推出了实体会员卡并出版了上海、北京生活指南。2006年，新增“购物”“休闲娱乐”“生活服务”和“活动优惠”四个频道。2013年，陆续投资外卖订餐平台“饿了么”、餐饮外卖系统和呼叫中心软件商“智龙”以及电影订票系统“网票网”等多个项目。2015年，大众点评网与美团网达成战略合作并成立新公司“美团—大众点评”，合并后的公司推出了酒店预订、旅游服务等更多元化的服务。

通过“大众点评”，用户可以点评获取商家信息、用户评价，并进行消费决策；商家能够在平台展示自己的产品和服务吸引消费者，并通过平台获取用户反馈和交易机会；广告商则能够利用大众点评的用户流量和精准定位能力，投放广告以推广自己的产品和服务；其他如支付平台、物流公司等也与大众点评合作，共同为用户提供更全面的服务。“大众点评”的多边商业模式通过连接并服务于消费者、商家、广告商以及合作伙伴等多个利益相关者，实现了信息的有效聚合与展示、交易的便捷促成以及多方共赢的局面。

根据平台开放程度不同，可以将平台分为开放平台、封闭平台及垄断平台三种形态，由此对应开放型平台商业模式与半开放型平台商业模式两大类别。在开放型平台商业模式中，平台领导企业以中立、透明的机制筛选符合条件的参与者，共同构建一个包容而有序的平台生态系统。平台对参与者的准入标准相对宽松，但仍保有一定的筛选与监督机制，以确保平台生态的健康与可持续发展。半开放型平台商业模式下平台的主导企业则直接承担起筛选并组合成员的职责,其角色超越了单纯的中介,更偏向于积极的策划者与组织者。这一转变意味着平台企业不再维持传统意义上的中立立场,而是基于特定策略与需求进行成员的选择与配置。参与半封闭式平台的各方更多地被视为平台的供应商或合作伙伴,而非传统意义上构成多边平台不可或缺的"边"的组成部分。这一变化不仅体现了平台运营策略的深度介入,也反映了在特定市场环境下,对平台生态构建更为精细的考量与布局。

2. 长尾商业模式

长尾商业模式根植于长尾理论,该理论挑战了传统的二八定律,指出互联网技术的飞跃让企业能够触及并服务于庞大的长尾市场——由无数具有个性化需求的普通消费者构成的市场。这些消费者的单一需求虽小且各异,但其总体需求规模汇聚起来,足以超越甚至颠覆传统大客户群体所创造的收入。长尾商业模式的核心就在于实施多样化的小规模销售策略,聚焦于提供广泛而多样的小众产品组合,每款产品虽销量有限,但集合众多小众市场的销售力量,其总体收入能够与传统模式下少数热销产品的收益相媲美。长尾模式强调低库存管理与高效平台构建的重要性,确保小众商品能够迅速触达并满足分散但兴趣明确的消费者群体。

长尾商业模式为后起之秀开辟了一条崭新的路径。它倡导聚焦于主流市场忽视的长尾细分领域,采取差异化战略,以独辟蹊径的方式为企业的成长拓展无限可能。

案例 7-3

风靡全球的DIY玩具巨头——乐高

乐高源自丹麦,其标志性的"LEGO"品牌名,源自丹麦语"快乐地玩耍",并巧妙地与希腊语中"亲手构建"的意蕴相呼应。乐高在激发想象力与创造力的玩具界独占鳌头,被誉为"跨世纪的玩具典范"。

当传统玩具业仍聚焦于规模化生产与标准化设计时,乐高独辟蹊径,深耕于DIY长尾市场,避开了与巨头的直接竞争,同时根据长尾理论,认识到小众市场的累积效应同样能带来可观的收益,甚至超越传统市场。它专注于销售基础积木元件,鼓励孩子们发挥无限创意,自主构思并组装出独一无二的作品。后期,乐高更是通过价值链的延伸,将业务扩展至儿童益智教育、互动游戏及影视娱乐等下游领域,有效缓解了"小批量多样化"带来的成本压力。为增强用户忠诚度,乐高还构建了专属的长尾社群,让消费者在此自由表达需求,并参与"合作伙伴计划",鼓励用户自主设计玩具,优秀设计更有机会转化为商品并获得销售分成,此举不仅激发了用户的创造热情,还大幅降低了公司的研发成本。

平台商业模式与长尾商业模式都是单一生态位企业在市场中的运作表现。平台商业模式的企业以其市场领导者的姿态,扮演着规则制定与商业生态构建的核心角色;而长尾商业模式企业更多的是市场追随者,擅长捕捉并深耕主流之外的细分市场,于蓝海之中寻觅并扎根,构建起自己的专属领地。

(二) 组织生态学视角下的多生态位分类

与单一生态位相比,多生态位的组织在多个领域或资源上占据优势,形成更为广泛的竞争优势和生存空间。基于组织生态学视角下的多生态位不同,可以将商业模式分为寄生型商业模式和共生型商业模式。

1. 寄生型商业模式

自然界中生物间的寄生现象屡见不鲜,诸如寄居蟹依附于海生生物以求庇护,寄生虫则潜入宿主体内汲取养分,这些均体现了"寄生"这一生存策略的本质——在竞争与共生中寻求自身利益的最大化,即便这往往伴随着对宿主的某种程度上的损害。将这一生态现象映射至商业领域,我们不难发现,寄生型商业模式同样遵循着类似的逻辑。此模式的核心在于两个关键角色:宿主与寄生者,且其成立的前提在于寄生者的蓬勃成长对宿主构成了难以规避的影响。具体而言,寄生型商业模式描述的是这样一种场景:某一企业(寄生者)出于业务扩张的需求,巧妙地利用另一企业(宿主)的既有资源或平台,以实现自身的快速发展。然而,随着寄生者势力的壮大,其活动往往会对宿主的相关业务造成显著冲击,形成了一种既相互依赖又暗含冲突的复杂关系。

构建寄生型商业模式的首要步骤是精准定位目标宿主。这一过程涉及识别那些业务上难以回避、拥有关键资源或渠道的企业作为合作与依赖对象。一方面,旨在利用这些宿主的既有优势促进自身发展;另一方面,则需探索差异化竞争路径,避免与宿主直接在同一竞争领域交锋。

紧接着,进入第二阶段——潜伏与蓄势。在竞争激烈的市场环境中,企业在初期要保持低调,利用宿主的资源与市场影响力,默默积累实力与资本。通过精准的策略布局,逐步侵蚀并拓展市场份额,最终实现从依赖到超越的转变,对竞争对手形成有效竞争压力。

第三阶段——独占鳌头。历经初创期的磨砺与挑战,一旦积累起足够的资源与实力,便能适时发力,一举夺得市场的主导权。

2. 共生型商业模式

自然界中,共生现象与寄生并行不悖,企业界中的共生型商业模式同样盛行,它基于企业间资源的互补性与需求的相互性,通过合作实现共赢。

与寄生型商业模式相似,共生型模式亦需多方参与,非单一企业所能成就。它要求企业寻找并确立具有资源互补性的合作伙伴,通过合作实现共同目标,实现价值共创。与寄生模式的"此消彼长"不同,共生模式追求的是"和而不同",只要双方资源与价值网络能够相互匹配、相互促进,便能构建起稳固的合作关系,共同推动市场的繁荣与发展。

案例 7－4

微信与中国电信、中国联通、中国移动三大运营商的“牵手”

微信与中国电信、中国联通、中国移动三大运营商的关系，就是典型的“相杀”而后更“相爱”。在微信刚推出之际，由于其能便捷且免费地提供发送信息、语音通话和视频通话等功能，对传统运营商的短信业务和语音业务造成了巨大冲击。但此后，双方很快找到了合作之处，尝试“牵手”。微信作为拥有庞大用户基数的社交平台，用户通过微信进行语音通话、视频聊天、浏览朋友圈、使用小程序等功能时，产生了海量的数据流量需求。三大运营商推出了各种流量套餐和优惠活动，以及流量共享计划，允许用户将剩余的流量转赠给亲友或用于其他互联网服务。这些合作不仅促进了运营商的收入增长，更提高了用户的使用体验，提升了用户的黏性和满意度。

2023 年，微信与三大运营商的合作又进一步。微信支付完成与三大通信运营商旗下支付平台条码支付的互联互通，用户通过中国移动“和包 App”、中国电信“翼支付 App”、中国联通“沃钱包 App”扫描微信支付个人收款码，就可以完成支付，实现了多个不同机构之间的支付服务开放互通。随着物联网技术的发展，微信与三大运营商在智能家居、智慧城市等领域展开了深入合作。通过整合各自的优势资源和技术能力，共同推动物联网应用的普及和发展，实现双方的互利共生。

（三）组织内部结构视角下的分类

组织内部结构视角主要依据组织内部的结构特征、资源配置方式、业务流程以及价值创造方式等因素对商业模式进行分类。

1. 猎豹型商业模式

猎豹型商业模式，作为应对移动互联网时代汹涌商机与激烈市场竞争的策略，其核心在于企业须具备前瞻视野，迅速占据先机，加速新产品的问世步伐，并对市场动态保持高度敏感与即时响应能力，以此确保在激烈的市场角逐中稳固其竞争优势地位。这种模式强调的是速度、灵活性与对市场趋势的精准把握，使企业在瞬息万变的市场环境中保持领先地位。

案例 7－5

以“砍一刀”活动急速扩张的拼多多

当淘宝已发展非常成熟之时，拼多多还能迅速积聚大量用户群体并成为“下沉”市场霸主的核心就是“快”。它利用“砍一刀”活动在极短时间内成功吸引了数亿用户的关注与参与。待到淘宝匆忙推出旨在应对的“淘宝特价版”时，市场风向早已转变，用户对于“砍一刀”模式及“下沉”市场的兴趣已逐渐减退，“下沉”市场的广大用户群体也已深深植根于拼多多平台，不愿轻易转投他处，淘宝只能望洋兴叹。

不过，“砍一刀”活动虽有效促进了用户增长，但也有众多参与者抱怨该活动过于“极端”，高额奖励虽诱人，但邀请好友注册的社交成本高昂，甚至影响了人际关系。多年未联系的朋友因“砍一刀”而重新建立联系，却往往伴随着尴尬与不适。此外，频繁的邀请行为也引发了公众的普遍反感，导致部分用户在经历“砍一刀”后，对类似形式的营销活动产生强烈抵触情绪。

拼多多商业模式成功的核心在于精准把握了市场机遇，通过低价策略和社交裂变效应快速吸引并锁定用户群体，实现了对竞争对手的超越与领先。然而，这种策略也带来了用户耐心透支和市场竞争加剧等潜在问题。在互联网行业快速发展的今天，如何平衡用户增长与用户体验、如何避免过度透支用户耐心、如何构建可持续的商业模式等问题，已成为所有互联网企业必须面对的重要课题。

2. 贫乏型商业模式

纷繁复杂的商业环境中，中小企业在资金、技术、人才、市场等各方面的资源可能都相对匮乏，他们需要更加依赖外部资源和合作伙伴的支持，以弥补自身资源的不足。贫乏型商业模式就描述了资源基础薄弱的企业如何在逆境中挣脱资源束缚，寻觅出路。

贫乏型商业模式的企业由于自身资源有限，可通过构建并扩大价值网络，吸引外部合作伙伴的加入，共享其人脉、资金及资源，达成商业目标。这一过程不仅丰富了企业的资源池，还促进了生态圈的共荣共生。其二，全面降低成本。与资源雄厚的企业不同，贫乏型企业需采取更为审慎的财务策略，通过极致的成本控制，如精简运营、员工参与广告制作、店铺简约装修等，实现“一分钱掰成两半花”。最后，由于资源有限，贫乏型商业模式的企业往往难以在整个市场上与大型企业竞争。因此，它们更倾向于选择细分市场作为自己的目标市场，在产品设计上追求小而精，以特色取胜，通过深耕细作来满足特定客户的需求，确保在有限的资源下也能激发出不凡的市场竞争力，最终实现从小到大的跨越式发展。

3. 顾客导向型商业模式

顾客导向型商业模式是一种以顾客为中心，通过深入了解顾客需求、偏好和行为，来设计和提供产品或服务的商业模式。顾客导向型商业模式的兴起，是社会经济结构深化调整与生产力飞跃式发展的必然产物，它鲜明地体现了市场经济中交易重心由“供应方”向“需求方”的深刻变迁。在此模式下，对买方需求的极致满足成为企业不懈追求的目标。

近年来，互联网上的“兴趣电商”现象，正是顾客导向型商业模式成功实践的典范。主播们通过精准定位消费者兴趣，实现了个性化推荐与定制化服务，无论是直播带货还是在线课程，均紧密围绕顾客需求展开，有效满足了市场的长尾需求，展现了顾客导向型商业模式在新时代的蓬勃生命力。

案例 7－6

认养一头牛抖音电商超级品牌日:打造专业儿童奶

近年来,新一代消费群体崛起,其日益个性化的需求推动乳制品市场向精细化、专业化转型,催生了如儿童奶等细分领域的繁荣。在此背景下,新锐乳制品品牌"认养一头牛"携手抖音电商超级品牌日,精准定位儿童奶市场,通过实施差异化的产品策略推出了年度旗舰产品——A2β酪蛋白儿童有机纯牛奶。在2023年抖音电商超级品牌日活动期间,认养一头牛利用定制化营销方案,通过站内达人的积极参与、明星直播的引流效应以及抖音商城的促销活动,实现了站内外曝光量高达5.8亿次的壮举,助力品牌GMV实现了3.6倍的增长,为行业内的其他新锐品牌树立了成功的营销典范。

尤为值得一提的是,认养一头牛还通过线下公益活动联动线上话题挑战赛,每进行一次话题视频发布,就会有一瓶儿童奶捐赠给山区儿童。这种公益行为不仅提升了品牌形象,还加强了品牌与消费者的情感链接。

此外,认养一头牛在会员运营方面也取得了显著成效。通过简化入会流程、提供尝鲜装拉新以及奶卡机制促进复购等措施,品牌不仅吸引了大量新用户,还增强了老用户的黏性。活动期间,品牌新增会员超过10万,会员成交金额突破1 600万,为品牌的长期稳定发展奠定了坚实的基础。

4. 直销模式

直销模式通过消除中介,允许消费者直接向厂家下单,从而享受更实惠的价格,是对传统长渠道模式的一种颠覆,后者往往包含生产者、多级经销商/代理商以及零售商等多个环节。直销模式以戴尔公司的卓越实践为典范,它通过精简供应链条,剔除了传统的多层中间商,利用互联网构建起消费者与制造商之间的直接沟通桥梁,实现了从厂家直达消费者的供货流程,从而减少中间流通环节,降低产品价格,且能够更及时了解客户需求和反馈,提供一对一的个性化服务,增强客户黏性。然而,其局限性也显而易见,特别是在通信与物流基础设施尚不完善的地区,直销模式的普及与应用面临一定挑战。部分企业或直销员还可能存在不当竞争、虚假宣传等违规行为,需要加强行业教育和监管。

随着互联网的普及和电子商务的发展,直销模式也在不断创新和变革。例如,通过电商平台进行直销、利用社交媒体进行推广等新型直销方式逐渐兴起。这些新型直销方式不仅拓展了销售渠道和市场空间,还提高了销售效率和客户体验。

5. O2O 模式

O2O(Online to Offline)模式深度融合了线上与线下资源,以互联网为媒介连接线下商业机会与线上消费群体,实现从在线预订到线下体验的无缝对接,使虚拟经济与实体经济紧密交织。此模式下,线上平台不仅作为营销与推广的前端,更是促成交易、筛选服务、即时结算的枢纽,迅速累积规模效应。为吸引并转化用户,O2O平台采用多种策略,如打折促销、信息推送及定制化服务,有效提升线下商户的互联网曝光度与客流量。O2O的核心机制在于引导线上用户转化为线下实际顾客，通过在线支付预定线下商品与服务，再亲身体验其服务，完成消费闭环。

随着 O2O 模式的日益普及，诸如大众点评等互联网企业纷纷携手线下商家，推出各类优惠活动，鼓励用户通过移动应用或终端服务机获取优惠券，进而到店享受优惠服务。这一过程不仅为商家带来了可观的客流量与销售额增长，也为互联网企业创造了新的盈利渠道，实现了双赢局面。

6. 免费商业模式

免费商业模式是一种通过提供免费的产品或服务来吸引用户，进而通过其他方式实现盈利的商业模式。免费商业模式在实践中会存在多种形式。第一，通过免费提供与主产品相关的副产品或服务，以促进主产品的销售。吉列最初通过赠送剃须刀手柄来吸引消费者，但消费者需要不断购买刀片来保持剃须刀的使用，从而成功建立了庞大的用户基础实现了长期盈利。第二，由第三方为产品或服务买单，而用户则免费享受。例如，百度等搜索引擎为用户提供免费的搜索服务，但通过在搜索结果中展示广告来从广告商处获得收入。第三，通过提供免费体验来吸引用户，进而转化为付费用户，如免费试用化妆品、免费试玩网络游戏等。第四，用户先以正常价格购买产品或服务，随后通过返现、积分兑换等方式获得部分或全部退款。例如，许多电商平台的“满减返现”活动。用户在平台购买商品并满足一定条件后，可以获得平台返还的现金或等值的优惠券、积分等。第五，在特定时间段内提供免费服务，以吸引用户在其他时间段内付费，如 KTV 在中午时段提供免费欢唱服务，以吸引用户在晚上或周末等高峰时段付费消费。第六，在基础功能免费的基础上，提供高级功能或增值服务收费。许多软件都采用这种模式，免费版本的办公软件提供基本功能，而高级功能则需要付费解锁。此外，还有整合多个行业资源，实现跨行业的免费服务等多种免费模式。

免费商业模式能够迅速吸引大量用户，培养用户养成使用习惯进而转化为长期付费用户，提高品牌知名度和市场占有率，实现盈利多元化。但同时，免费服务需要投入大量成本来维护运营，部分用户可能只关注免费服务本身，对付费服务缺乏兴趣或忠诚度。如果无法有效转化为付费用户，企业将面临巨大的财务压力。

第二节　商业模式画布

商业模式画布由 Alexander Osterwalder 和 Yves Pigneur 提出，旨在帮助企业以更系统、直观的方式理解、设计、分析和创新商业模式。这个框架通过九个基本构块，即客户细分、价值主张、渠道通路、客户关系、收入来源、核心资源、关键业务、重要合作、成本结构，将复杂的商业模式简化为一个可视化的图表，使得企业能够清晰地看到其商业模式的各个组成部分以及它们之间的相互关系，如表 7－1 所示。

表 7-1　商业模式画布示意

<table>
<tr><td rowspan="2">重要合作</td><td>关键业务</td><td rowspan="2">价值主张</td><td>客户关系</td><td rowspan="2">客户细分</td></tr>
<tr><td>核心资源</td><td>渠道通路</td></tr>
<tr><td colspan="3">成本结构</td><td colspan="2">收入来源</td></tr>
</table>

一、客户细分

商业模式画布的第一个模块是识别并理解那些于企业价值传递至关重要的目标客户群体。这要求我们深入探究:他们是谁? 他们做什么? 驱动他们选择特定产品或服务的根本动因何在?

客户细分策略的构建,依赖于将广阔市场精准切割为多个具有共性特征的客户集合。这些共性可能源自需求模式、行为习性、兴趣偏好、生活方式选择乃至更多维度。初期,企业常采用基础的人口统计特征如年龄、性别、职业等作为细分依据,随后通过融合消费行为、心理动机等多维度数据,以绘制出更为精细且贴近实际的客户画像。

依据客户细分的结果,企业能够明确其目标市场的范围,无论是单一聚焦还是多元覆盖。针对不同细分市场,企业需定制差异化的价值主张,以精准对接各群体的独特需求。随着企业对各细分市场渗透的加深与需求满足度的提升,其销售业绩亦将随之增长。进一步的考虑是,哪些客户哪些细分市场有带来最大利润的潜力。

市场细分的方法多种多样,主要包括但不限于以下几种:

大众市场。强调产品或服务的普适性,旨在广泛覆盖各类消费者,尽管实际操作中鲜有企业完全摒弃细分,但此概念仍体现了对市场全面覆盖的追求。

利基市场。聚焦于具有鲜明特征的小众群体,企业提供高度个性化的产品或服务以满足其特殊需求。

按行为界定市场。依据消费者的购买行为与习惯进行划分,为不同行为模式的客户定制专属的价值主张与营销策略。

多元化市场。企业同时服务于多个具有不同需求的细分市场,通过产品线的扩展与市场版图的拓宽实现业务增长。

高净值市场。针对极少数拥有高额可投资资产的个体或家庭,这一群体虽小众却极具消费潜力,是企业竞相争夺的高端市场。

多边平台/市场。通过促进不同参与者之间的连接与交易,实现价值的创造与传递,如阿里巴巴等平台通过构建买家与卖家之间的桥梁,推动了市场的繁荣与发展。

综上，客户细分作为商业模式画布的首要环节，其深度与广度直接影响到后续策略的制定与执行。通过详尽的数据收集与深入分析，企业能够更准确地把握目标客户的需求与动机，进而设计出更具吸引力的价值主张与营销策略，从而在激烈的市场竞争中脱颖而出。

二、价值主张

第二阶段的核心任务是明确企业的价值主张，尤其是企业独特的价值主张（Unique Value Proposition，UVP）。每个价值主张都由一系列产品或服务组成，这些产品或服务精准对接了企业细分市场中特定买家的核心需求，是企业提供产品或服务和客户购买原因或动机的交集。企业需要深入思考，是什么促使客户选择本企业而非竞争对手？我们的产品或服务如何助力客户达成其目标？我们旨在解决哪一类特定的客户痛点？我们的UVP如何有效消除客户的这些痛点？我们提供何种独特的产品或服务来应对这一痛点？

实践中，企业可以从以下角度创造客户价值。

新颖。基于新技术或新颖概念的价值定位，尤其吸引早期采纳者。例如，华为三折叠屏手机Mate X引发的市场热潮。

性能卓越。通过提升产品性能重塑市场格局。例如，比亚迪通过技术创新和性能优化不断提升电动车的续航里程、充电速度以及智能驾驶等功能，成为新能源龙头企业。

定制。结合消费者趋势与技术，提供高度个性化的产品体验。例如，一些美妆品牌通过获取用户的面部特征、肤色、风格等信息，借助AI系统为用户推荐最适合的化妆品色号和产品类型。

成效导向。聚焦于产品如何助力客户达成目标，强调实际效果与满意度。例如，华为提供的5G解决方案使运营商的网络性能和服务质量得到显著提升，全面的技术支持和售后服务确保运营商能够顺利运营，增强客户信任和满意度。

设计。使设计成为产品高价值的源泉，如蔚来汽车非常注重将科技与艺术结合，打造既具有未来感又符合人体工程学的汽车产品，成功出圈。

品牌与地位。品牌设计与社会地位紧密相连，客户因品牌所赋予的象征意义而忠诚。茅台作为中国白酒的代表品牌之一，其品牌设计以红色为主色调，结合金色的字体和图案，展现出尊贵、典雅的气质。消费者选择茅台产品，不仅是享受其卓越的品质和口感，更是对其品牌价值和尊贵地位的认同。

价格。虽然单纯依赖低价策略风险较高，但结合高效运营，如西南航空模式，仍可成为有效价值定位。

成本节约。通过降低客户总成本（包括购买及后续费用）来提升价值，尤其在当前价格信息高度透明的环境下。

风险降低。减少购买活动中的不确定性，增强客户信心。京东成功的很大原因就在于通过自建物流体系，实现了对物流环节的全面掌控，降低了物流延迟、破损等风险。

可获得性。让一个消费者群体能够获得以前无法获得的产品或服务，如在线教育平台的出现打破了地域和经济的限制,偏远地区或经济条件较差的学生可通过网络课程、在线直播等方式学习各种知识,与优秀教师互动交流。

三、渠道通路

完成市场细分和价值主张后,企业就需要通过渠道通路向每个客户细分市场传递其价值主张。这些渠道通路不仅为企业与顾客联系提供了触点,更在塑造客户体验的过程中扮演着举足轻重的角色。在规划渠道通路时,企业需自省:我们是如何触及客户的,利用的是哪些渠道?这包括客户想要与企业沟通的渠道,也涉及他们如何接受企业的产品或服务。数字化时代的渠道形式丰富多样,既可以是实体形式,也可以是数字媒介。企业需全面考量各渠道的独特优势与潜在局限,选择最契合企业业务需求的渠道。常见的渠道有以下这些:

电子商务。电子商务作为一种依托于互联网的交易模式,涵盖了从线上购物到服务预订的广泛范畴,目前已成长为一个庞大的市场。电子商务避免了实体店铺的租赁成本,并能实现 24/7 不间断服务,在降低成本的同时突破了地理与时间的限制。但顾客由于缺乏实物体验,退货现象较为普遍,有些顾客依然喜欢实体店的购物体验,顾客忠诚度并不是太高。

传统市场。以沃尔玛等大商超为代表的传统市场凭借丰富的商品种类吸引着顾客,往往拥有成熟的分销与营销网络,更易获得目标市场的认可,客户基础相对稳定。

现代市场。以小红书、抖音等社交媒体平台为代表的媒体渠道,它们以内容驱动为核心,通过嵌入购买功能实现与消费者的无缝对接。现代市场能够与品牌、KOL 合作,实现交叉推广,保持高频率内容创作以维持关注度,并利用 APP 追踪指标,优化营销效果。但也需要警惕并妥善处理负面评价。

零售。包括长期经营的实体店与灵活的快闪店(临时性店铺),如购物中心内的短期租赁空间、手工艺市集摊位及地方农贸市场的展位。该渠道下企业能直接接触消费者并收到实时市场反馈,销售流程简洁,资金回笼迅速。但实体店面的日常运营和维护成本可能很高,需妥善处理与员工及客户间复杂的人际关系。

批发。企业将产品批量销售给其他企业以供其进一步零售。其优势在于能够迅速转移大量库存,利用批发商的销售网络扩大市场覆盖,并通过设置最低订购量来优化库存管理。然而,批发同样伴随着高库存成本、资金占用及与客户距离感增强的挑战。

代理商。代理商作为企业在特定区域的销售代表,通过增值服务和价格调整提升产品竞争力,虽能降低营销成本并增加销量,但也带来了价格波动、竞争风险及代理条款执行的复杂性。

移动 APP。移动互联网的普及使移动 APP 成为连接消费者与企业的新桥梁。其优势在于提升品牌曝光度、延长用户停留时间,并通过个性化优惠促进销售。然而,APP 的开发与维护成本高昂,且需持续更新以适应技术变化,同时内容管理也较为复杂。

B2B。通过网络平台实现企业与企业之间的商业往来,购买者数量少但规模较大,交易操作更加规范。企业间需求相对稳定，强调与企业客户的长期合作关系。B2B模式下可能会产生询盘多但实际成交量较低的现象，价格竞争激烈，跨境交易中还面临信任缺失、物流挑战和竞争压力等问题。

实践中，单一渠道已难以满足现代企业的多元化发展需求。企业应积极采用多渠道策略，确保各渠道间信息畅通、相互支持，构建高效协同的销售渠道体系。

四、客户关系

明确目标客户群体后，企业需考虑如何构建、培养及发展与这些群体的关系。不同细分市场间的客户关系展现出多样性，既有如亚马逊、阿里巴巴等巨头所实践的自动化高效交易模式，亦不乏深度个性化服务，类似于客户与银行之间建立的私密信任纽带。这些关系的构建与管理主要由客户获取、客户保留和销售增长三个动机来引导。客户获取聚焦于吸引新客户，通过展现企业产品或品牌相较于市场竞品的独特价值，结合成本效益分析，精准定位并赢得客户青睐。客户保留旨在维系企业与客户之间的长期稳定关系，通过构建忠诚度策略促进客户复购与口碑传播，实现客户基数的自然增长。销售增长聚焦于提升客户单次购买的广度与深度，通过交叉销售、捆绑优惠等手段，鼓励客户在同一购买周期内增加购买量或尝试新产品，实现销售额的持续增长。

实践中，我们可以将客户关系分为几种类型，这些类型可能同时存在于企业与某个客户细分市场的客户关系中。

个性化服务。由专门员工提供从售前咨询到售后支持的全程陪伴，如在金融服务中为客户指定专属客户经理。该方式能确保高度个性化的服务体验与紧密的双向沟通，常见于大客户管理中，以深化合作关系。

自助式服务。鼓励客户自主完成服务流程，企业则提供必要的工具与资源支持，如ATM机、超市自助结账系统等，既提升效率又降低成本。

自动化服务。企业使用自动化流程为客户提供服务。能减少人为错误，提升响应速度与服务质量，尤其是在AI赋能下，能更精准地满足客户需求，提供定制化体验。

客户社区。利用数字平台创建客户社区，促进信息共享与经验交流，增强客户归属感与满意度，同时为企业收集市场反馈提供宝贵渠道。

共同创造。邀请客户、员工等利益相关者参与产品或服务的开发过程，通过协同合作创造新价值，不仅限于产品创新，也涵盖流程优化与问题解决。

五、收入来源

企业的收入来源包含了企业通过前面定义的每个客户细分市场产生的收入。鉴于企业特性的差异，策略选择亦不相同。

创造收入来源有多种方式。

其一，商品或服务销售。作为最传统的收入途径，企业通过直接销售产品或服务获取即时收益,每笔交易均为收入增长的基石。

其二,订阅费。针对持续提供的服务或产品租赁,采用订阅制收费,确保客户在使用期内定期贡献收入,如月度或年度订阅费用。

其三,租赁或融资服务。与订阅相似,但强调预设期限内的使用权交易,常见于汽车租赁等领域。近年来,企业亦通过创新订阅式服务挑战传统租赁模式。

其四,许可费。企业通过授权第三方使用其财产或知识产权获得许可费用,此模式保留了知识产权所有权,限制了用户的转售行为。

其五,白标。一种特殊的许可形式,即第三方以自有品牌销售由制造商生产的产品,增强市场渗透力。山姆超市的货品便是白标产品的典型代表,成功融合了零售商品牌与第三方生产的优势。

其六,广告。在吸引大量用户流量的基础上,通过向广告主提供展示平台获取收入,社交媒体平台是此模式的典范,其盈利不依赖于用户直接付费,而是依托广告市场。

值得注意的是,这些收入来源并非静态不变,而是需随着市场环境的变迁灵活调整。企业应定期审视并优化其收入结构,包括调整定价策略、引入新的收入渠道或整合多元化收入流,以确保持续稳定的盈利能力与市场竞争力。

六、核心资源

核心资源通常是不同于竞争对手的资源,是企业向市场提供最终产品与服务的主要资源。核心资源的质量和性质决定了如何满足价值主张。核心资源因企业战略定位、市场环境及竞争态势的不同而有所差异,可以表现出多种形式。

有形资源,尤其是实物资源,如生产设备、基础设施、原材料、运输或分销网络等。上汽集团在国内外众多的生产基地、研发与设计中心,以及完善的供应链网络为车辆的研发生产以及稳定交付提供了重要保证。

人力资源,即企业运营所需的人才队伍,是将各类资源转化为实际价值主张的驱动力。这既包含劳动力本身,也涵盖了专业技能与知识积累。在特定行业如外卖服务,人力资源可能侧重于具备驾驶技能与安全意识的送餐员;而在知识密集型行业如咨询业,资深顾问的专业知识则成为关键资源。

财务资源是企业运营与扩张不可或缺的资本支持,特别是在高科技、重资产行业,巨额资金投至研发、生产设施建设是常态。对初创企业而言,财务资源更是其迅速占领市场、构建竞争优势的关键。

无形资源,涵盖商标、专利、版权、专有技术及数据库等,它们虽不可触及,却蕴含着巨大的商业价值。这些资源的积累往往需要长时间的努力与投入,但一旦形成,便能为企业构筑起坚实的竞争壁垒。

企业实现价值主张的过程,实质上是对各类核心资源有效整合与高效利用的过程。随着商业环境的不断变化,企业对关键资源的识别、培育与管理能力,将成为其持续竞争优势的重要来源。

七、关键业务

关键业务联通了企业的价值主张和客户需求，可借助波特的价值链，结合 VRIO 模型（价值性、稀缺性、难以模仿性和组织性）四维度审视企业，确定关键业务。

在商业模式中，尤其可以关注三类关键业务。

其一，生产制造。这是制造业企业的标志性活动，涵盖产品构思、设计、制造至最终交付的全过程。在汽车工业、消费电子及制药等领域，生产制造无疑占据着核心地位。随着智能化、数字化趋势的推进，生产制造正日益与服务业深度融合，形成新的生产服务模式。

其二，问题解决服务。对于咨询业、健康管理机构等各类服务提供商而言，它们的核心价值在于解决客户的独特难题。这些企业高度重视知识资本的积累、持续学习机制的建立，以及具备专业知识的人才队伍建设。随着人工智能逐步展现在问题诊断与解决方案制定方面的潜力，其未来在问题解决领域的应用值得期待。

其三，平台与网络服务。众多高价值企业构建于平台型商业模式之上，如腾讯、阿里等互联网巨头。由于这些平台企业的边际成本很低，它们往往很容易扩大规模。

八、重要合作

在构建商业模式时，识别并携手重要合作伙伴是不可或缺的一环。重要合作的发展可能有多种原因，包括优化商业模式、降低风险以及获取资源等。重要合作通常包括采购商—供应商关系、战略联盟、合作竞争、合资企业等多种形式。

采购商—供应商关系是最常见的合作伙伴关系类型，双方通过建立长期稳定的合作关系，实现产品质量、供应稳定性与成本控制的优化，共同推动市场的繁荣与发展。

战略联盟是不同企业间基于共同利益达成的深度合作，旨在通过资源共享、优势互补实现双赢。这种合作模式超越了竞争界限，促进了跨行业、跨领域的协同创新。大型零售商之间的合作采购便是典型例证，通过联合采购提升议价能力，降低采购成本。

合资企业。当企业计划推出新产品或进入新市场时，往往会寻求与具有互补优势的企业合作成立合资企业。这种合作模式不仅有助于分散投资风险，还能实现技术、管理、资金等多方面的资源共享与互补。中外合资企业的兴起便体现了这一趋势，外资企业借助中国市场潜力实现业务拓展，而本土企业则通过合作引入先进管理经验、技术与资金。

九、成本结构

成本结构描述了企业如果选择特定的商业模式可能产生的所有成本。高达九成的新创企业在初创三年内便宣告失败，很大就归咎于它们对自身成本认识不足。成本结构不仅涵盖了生产费用、物业租金、薪酬支出等显性成本，还包括沟通成本、培训成本以及团队磨合成本等隐性成本。

为明确成本结构的完整面貌,企业可借鉴行业内竞争对手或相似企业的财务损益表,从中辨识出诸如研发(R&D)投入、产品销售成本、行政管理费用及日常运营成本等多样化的成本类别。一旦成本构成得以清晰界定,企业应优先聚焦于支撑其核心业务与关键资源的成本项,并进一步区分这些成本为固定成本或变动成本,以便实施更为精准的成本控制策略。在成本管理中,企业应坚持诚信经营的原则,确保成本核算的真实性和准确性。通过诚信经营,企业可以赢得消费者的信任和市场的认可,从而为企业的长期发展奠定坚实的基础。

固定成本,包括租金、固定薪酬等企业经营活动中不随产量变动而变化的费用支出。尽管固定成本在短期内保持相对稳定,但长期仍可能受到市场环境、租赁协议变更等多种因素的影响而发生变动。企业在制定成本策略时,需对固定成本的变化趋势保持高度敏感。

可变成本,包括原材料采购、直接人工费用及按需产生的运输费用等,其随产量的增减而波动。可变成本对市场需求与供应状况的变化高度敏感,预测与管理难度相对较大。企业在制定生产计划与成本控制策略时,需充分考虑变动成本的影响。

运营成本,涵盖了采购原材料、能源消耗、设备维护等多个方面。作为企业日常运营过程中的必要支出,这些成本虽不直接计入产品成本,但对企业的整体盈利能力具有重要影响。企业在制定预算与成本控制策略时,需对运营成本给予充分关注与合理控制。

最后,企业在成本管理过程中还应充分考虑环境保护因素、员工福利和公益事业的成本投入。通过绿色成本观念的实施,企业可以减少环境污染和浪费行为,提高资源利用效率。通过合理的福利制度和社会责任项目的开展,提升员工归属感和满意度,同时增强企业的社会形象和品牌价值。

第三节　商业模式的创新

随着数字技术的不断演进与发展,数字经济时代已经全面到来。平台经济、零工经济、众包经济等数字化新经济形态快速发展,对于企业的发展和竞争优势产生了深远的影响,推动企业进行商业模式创新。Teece、Zott 和 Amit 将数字商业模式定义为通过使用数字技术实现新的商业逻辑来为其利益相关者创造和获取价值的新的商业模式。数字商业模式的出现让企业能够更加灵活、高效、智能地运营,以更好地满足消费者需求并获得更多的商业机会。

在价值发现上,数字商业模式使得企业能够更好地发现市场需求和客户偏好,通过数据分析、社交媒体和其他数字工具,了解消费者的行为和反应,从而更好地定位目标客户群体,以及开发新产品和服务。在价值主张上,数字商业模式使公司能够以更快的速度、更低的成本和更广泛的影响力与消费者互动。产品和服务变得以数据为中心,企业可以提供更多定制化、个性化、即时化的服务和产品。数字商业模式也让公司能够更好地满足消费者需求,提供更好的用户体验。在价值创造上,数字技术让公司可以更有效地收集和分析数据，为企业的业务决策提供更准确的信息。数字商业模式还能帮助企业通过更高效的流程、更智能化的技术和更紧密的协作来提高生产效率和降低成本。同时，数字商业模式也能够使企业更好地利用新兴数字技术如人工智能、区块链等来创造更有价值的产品和服务。在价值占有上，数字商业模式为企业提供了更多的机会来占领市场份额，扩大市场规模。通过数字技术，企业能够更好地控制成本、获得更高的利润，并通过更灵活的收费模式和付款方式，满足客户的需求和偏好。

中国企业在数字化商业模式创新方面付出了巨大努力，使得数字商业模式在中国土壤上蓬勃发展、持续创新。一方面，中国的移动互联网发展迅速，智能手机普及率高，网络覆盖广泛，为数字电商提供了技术基础和便捷的接入方式。另一方面，中国政府对数字经济和电子商务的发展给予了大力支持和鼓励，为数字电商平台的发展创造了有利条件。同时，中国的三、四线城市和农村地区拥有巨大的消费潜力，数字电商通过商业模式创新有效开拓了这些下沉市场。拼多多、抖音等数字电商在中国迅速发展，并将商业模式逐步传播到全球市场，成为全球电商和社交媒体领域的重要力量。

案例 7－7

盒马鲜生的数字商业模式①

生鲜作为刚需、高频的品类，早已成为各大电商巨头和创业者看好并觊觎已久的“蓝海”。目前行业已进入巨头角逐阶段，这个领域不仅考验着每个参与者的供应链能力，更是对平台各项能力的综合大考。盒马鲜生通过线上线下融合的商业模式，快速建立消费者对品牌的认知，实现低成本的流量以及实现低成本的冷链宅配模式。

盒马已经实现用户数字化、商品数字化、流程和管理数字化，从而大幅提高了零售的效率，提高了门店及物流的运营效率。盒马鲜生数字商业模式成果的背后，离不开数字化的支持。**第一，“大数据”和“技术”是盒马最宝贵和最重要的资源，是新型基础设施。**盒马鲜生鼓励支付宝结账，支付宝统一付款为盒马鲜生创造了掌握线下消费数据以及线下向线上引流的机会。同时盒马已经与淘宝网、支付宝会员体系打通，实现了数据和生态共享。利用消费者清晰的行为数据，盒马可以进行广告和营销，吸引更多消费者，形成良性消费循环。从技术角度看，盒马以高效的物联网配送手段“微链”将服务体验进行升级。在阿里集团的系统研发能力、语音计算能力、配送时的算法优化等技术支持下，消费者画像更加精准，运用用户沉淀的信息和数据可以在一定程度上方便盒马鲜生进行精准营销及备货，从而在零售前台环节建立起一个物联网的闭环。**第二，盒马鲜生通过重构“人、货、场”改变零售的价值链。**盒马模式背后的商业逻辑，就是实现“人、货、场”的无缝连接与高度融合。“人”的变化在于，依托阿里大数据，可以对消费者进行多维清晰的分析，然后精准地切入新需求；“货”的变化在于，盒马模式融合线上线下，盒马运用产地直采供应链兼顾

---

① 资料来源：https://www.ckgsb.edu.cn/faculty/article/detail/157/4847.html.

成本和品质,采用分小量包装,灵活结算,切中消费者购物习惯;“场”的变化在于,从盒马鲜生到盒马集市,再到盒马便利店,盒马对消费场景的不断升级。通过对场景的升级,增加客户体验感,培养客户形成新的消费习惯,对客户群进一步精准化划分。**第三,通过自有品牌的扩张最终引领新制造。**2017 年 12 月,盒马在推出日日鲜蔬菜、日日鲜猪肉之后又推出了日日鲜鲜奶,这是盒马在自有品牌方面的新尝试。盒马推出自有品牌的目的就是为了重构供应链,通过规模化的采购降低成本,去除中间多级流通环节,减少营销费用,因此改变商品的出厂定价机制,还原给消费者一个真实的商品价格。通过优化供应链,盒马可以赢得产品的议价权和定价权两大权利,进而把控产品的质量和价格。第四,真正的消费者引领生产的新时代。创始人认为中国人日常有三个消费场景,即家、办公室和购物中心。盒马针对不同场景开设了不同的商业业态。未来,针对精准定位的客户群体,通过不同的业态提供由消费者引领生产的新产品模式,将成为可能。

一、互联网商业模式

互联网商业模式是指以互联网为媒介整合传统商业类型和通过互联网连接各种商业渠道的商业模式。很多门户型网站、配对型网站、搜索型网站、网购型网站、游戏型网站等都采用了互联网商业模式。当然,互联网商业模式是没有一个固定的模式的。随着互联网宽带化、大众化、个性化、移动化的不断发展,新的商业模式也层出不穷,已经有越来越多的带有 Web2.0 特征的服务的 RSS、SNS、Tag、Blog、P2P 进入网民的视野。广告是互联网平台企业收入的重要来源之一。广告的形式有网页广告、搜索广告和视频广告等。典型的企业有 Google、网易、阿里巴巴等。

二、连锁商业模式

连锁商业模式是指通过连锁方式扩大企业规模或参与加盟连锁,分为直营和加盟等多种形式。直营连锁店都属于同一资本所有,各个连锁店由总部直接运营、集中管理,投资者通过从 1 复制到 N 的方式扩大规模。加盟连锁(特许连锁)是指许多创业者通过加盟某一品牌获得品牌资源,而总部依据许可经营权收获加盟费等利益,同时扩大品牌的影响力和市场占有率。总部与独立主体之间是合同关系,各个特许加盟店的资本是相互独立的。连锁商业模式一般采用统一采购、统一配送、统一标识、统一营销策略、统一价格、统一核算策略的方式,能实现快速扩张。典型的企业有肯德基、星巴克、新华书店等。

三、直销商业模式

直销商业模式就是通过去掉中间商,减少产品的流通环节,快捷地满足顾客需求的一种高效模式。直销商业模式的渠道通路短,贴近顾客,价值传递快,能将产品快速送到顾客手中。直销实际上是最古老的商品销售方式之一，现代电视销售、邮购、自动供货机、目录销售、登门销售、专营自销商铺、专卖店＋直销员、网络直销店等都是直销的不同形式。典型的企业有安利、雅芳、戴尔等。

四、免费＋增值商业模式

免费＋增值商业模式是指企业提供一种基本的免费服务，而对更高层次的服务进行收费。以 Adobe 为例，它免费发放文本阅读器，但对文本编辑器的定价很高。又如，百度有大量的材料可供免费下载，但对一些材料设置收费下载。典型的企业有 Skype、QQ、迅雷、金山杀毒等。

五、订阅商业模式

订阅商业模式是指企业在产品与服务推出时采用订阅的方式进行收费，如报纸、杂志、电视、软件使用权等。订阅方式可以按时间阶段，如每月或每年进行服务收费，也可以按一定的用量，如电话中的无线流量进行收费。这种方式使一次性的产品销售转变成了一个周期阶段性的销售，从而保障了企业稳定的销售量。在这种模式下，服务或产品订购的续约可以周期性地自动进行。每到一定的时期，产品或服务提供商会通过信用卡自动转账等方式进行预先收费。典型的企业有各类杂志社、报社。

第四节　商业模式的战略设计

商业模式设计大致划分为三个阶段：构思、成型和评估。其中，构思阶段的主要任务是进行商业模式设计的准备工作。然后，通过调查访谈等方式深入研究客户、技术和环境。运用正确方法有助于商业模式构思，包括关注客户、把握创新点、可视化思考、情境推测。成型阶段的主要任务是把前一阶段中获取的信息和方法加工成商业模式原型，并清晰明确地传达给企业员工、投资人、政府管理部门、公众等利益相关者。评估阶段的主要任务是对商业模式原型不断进行探索和测试，选出最为恰当的商业模式。

表7-2　商业模式设计

	第一阶段构思	第二阶段成型	第三阶段评估
焦点	调研探索	实际执行	演化发展
描述	构建和测试可行的商业模式可选方案	在实际环境中实施商业模式原型	结合市场反馈来调整和修改商业模式

一、构思

商业模式创新就是对企业的基本经营方法进行变革。那么该如何系统地构思、设计全新的商业模式呢？有 6 种商业模式设计方法:客户洞察、创意构思、可视思考、原型制作、故事讲述和情景推测。

(一) 客户洞察

客户洞察是对消费者行为趋势的一种分析,旨在提高产品或服务对消费者的有效性,并增加商业模式的适应性。客户洞察的主要目的是了解消费者为什么关心品牌以及他们潜在的思维方式、情绪、动机、欲望、愿望等,从而激发并触发他们的态度和行为。基于客户洞察之下,创业企业在市场研究上投入大量的精力,同时在设计产品、服务和商业模式上也需要以客户洞察为基础,依靠对客户的深入理解,包括环境、日常事务、客户关心的焦点及愿望设计商业模式。借助客户洞察,企业可以直接与目标客户或感兴趣的客户进行沟通,更新现有的商业模式。因此商业模式创新者应该避免过于聚焦于现有客户细分群体,而应该盯着新的和未满足的客户细分群体。许多商业模式创新的成功,正是因为它们满足了新客户未得到满足的需求。百度商业模式的设计的核心即针对用户的需求进行满足,为客户提供了一条最快最直接获得信息、答案的渠道。百度搜索引擎把全社会全网络的资源集中起来给每一个人使用,同时培养了广大网民使用百度进行搜索的习惯。

(二) 创意构思

设计新的商业模式需要产生大量商业模式创意,并筛选出最好的创意,这是一个富有创造性的过程,这个收集和筛选过程被称为创意构思。当设计可行的商业模式时,掌握创意构思的技能就非常重要。创意构思不在于产生了多少想法,而在于如何让目标与其他观念联系起来。商业模式的创意构思应该是由简到难,由部分到系统,由点到面逐步进行的。商业模式设计者要拥有模式创新所需要的技术研发、团队管理、财务金融、市场营销和行业信息等系统知识,并通过综合这些系统知识产生具有创造性的价值表达出口。以百度的竞价系统为例,竞价排名系统是百度一项独特的创意,竞价排名广告采用一种“按效果付费”的特殊模式,这种商业模式能迅速将流量货币化,推动了公司的增长和盈利实现。

(三) 可视思考

视觉思维是使用图像、草图、图表和笔记等视觉工具来构建和讨论事物。因为商业模式是一个复杂的概念,便笺式思考有利于帮助商业模式的可视化和简单化。在每个便笺中编写一个想法,然后将其在商业模式画布中移动,或是绘制画布,从而讲述画布中的商业模式故事。可视思考还可以帮助构想商业模式,并且可以使用不同的方法来创建原型。我们还将讨论通过视觉思维进行改进的四个过程:理解、对话、探索和交流。不同需求的不同类型的可视化取决于目标，商业模式可视化可以呈现不同层次的细节。

（四）故事描述

故事描述是指将商业模式通过形象具体地讲故事的方式呈现出来，既能让更多人理解商业模式的运行过程，也能在描述过程中发现现有模式的问题。单纯的商业模式的叙述会较为抽象，但是通过故事叙述商业模式是如何形成、运行并创造价值，就如同用色彩来装饰画布，能够使新概念更为清晰、易懂，可以清楚明白地把整个想法介绍给听众。具备感染力的故事描述为推广商业模式提供了很好的支持和认同。鼓励员工参与其中调动员工的积极性比起逻辑，人类更容易被故事所打动和吸引。将你的模式所包含的逻辑融入有趣的故事叙述中，能更容易地将听众引入新的未知领域。

（五）情景构建

情景构建是指将具体的实施情景与设计的商业模式进行结合的过程。基于商业模式所要传递的客户价值，情景推测把所要解决的问题细化为各种不同的情境，包括商业模式具体需要解决哪些用户的需求，这些用户的背景、特征有哪些，另一种是客户是如何使用产品和服务的，他们使用的目的、愿望有哪些，使用中遇到的问题具体有哪些。情景构建的主要作用就是通过细化设计环境，帮助熟悉商业模型设计流程。

二、成型

成型阶段需要把构思阶段中获取的信息和方法加工成商业模式原型，并将这种商业模式投入市场中去，向企业员工、投资人、政府管理部门、公众等利益相关者传达商业模式的具体内容和价值。具体包括原型加工、市场应用、模式传达三个阶段。

（一）原型加工

在商业模式构思阶段中初步成型的商业模式构想虽然涵盖内容较为全面，但仍然是碎片化的，有待于进一步形成商业模式原型。在商业领域，原型是指未来潜在的商业模式实例。原型加工即将构思阶段的商业模式进行分析、整合、体系化。可以通过草图、商业计划书等将商业模式进一步完整化、体系化，把详细的商业原型转换成电子表格来评估模型的盈利潜力。罗列出关键数据，计算成本和收入，评估盈利能力，测试基于不同假设的财务场景。

（二）市场应用

市场应用是指在实际环境中实施商业模式原型。可以根据细分市场的分析，邀请潜在客户细分群体的候选人试用，让商业模式原型落地。测试中，与客户进行交流，倾听客户的反馈，调查客户的接受性和可行性。同时也可以选择具体的场景实施测验，以检验商业模式运行的完整性、适应性，也可以初步检测客户是否能够感受到商业模式的价值主张。

(三) 模式传达

一旦确定了商业模式,就要开始着手如何实施的工作。包括确定所有项目,制定各个阶段的里程碑,制定法律条文等。创业活动需要将产业链不同的主体进行整合链接,商业模式成型很重要的一步是将商业模式传达到不同的相关利益者中去。商业模型为企业的各种利益相关者(如供应商、客户、其他合作伙伴、部门和企业内的员工)提供了连接各方交易活动的网络。设计商业模式就是设计利益相关者的交易结构。因此,商业模式的测试需要打通不同利益相关者的功能职责,并使其全面理解模式的价值,如发现员工在商业模式测试中的问题,向股东解释具体的细节问题,向合作伙伴传达合作的关键资源要求等。

三、评估

对商业模式进行测试评估也是必要的过程。可以按照商业画布的逻辑,从市场、行业和团队三个方面对机会的把握程度来测试商业模式,具体包括市场的吸引力和前景测试、行业吸引力和前景测试、创业者、团队领域中的执行关键成功要素的能力、团队领域中的与价值链上下游以及与行业横向价值链的关系网络(如图 7 - 1)。

(一) 市场吸引力

市场吸引力测试首先需要衡量消费者的消费能力,包括市场上消费者的总数和相关产品或服务的总支出。其次,从市场层面进行测试,包括测试目标细分市场的兴趣和吸引力。主要从以下方面来衡量:是否有一个目标细分市场能够以消费者愿意支付的价格进入,并为他们提供清晰而有吸引力的利益。在消费者眼中,这些好处在某些方面不同于其他现有解决方案吗? 商品服务能够做到更快、更好、更便宜吗? 目标市场有多大,增长率有多快? 目标细分市场是否有利于您预期的其他目标细分市场?

(二) 行业吸引力

在这方面,需要借助波特的五力分析模型:新进入者的威胁、买方讨价还价的能力、供应商讨价还价的能力、替代品的威胁以及同行业竞争者之间的竞争。产业竞争的可持续性和经济的可持续性。首先,需要评估新企业的可持续性,无论是新企业还是现有组织中的新组织,以确定新企业是否有某些因素可以提高公司快速消耗现金流的能力。其次,在某种情况下保持最初优势的能力。这些因素是其他企业无法复制或模仿的排他性因素,如专利、商业秘密等。其他公司很难复制和模仿更好的组织过程、能力或资源;经济上可持续的商业模式,即公司不迅速消耗现金流;可持续性取决于充足的资本投资和与可用利润相关的收入;赢得和挽留消费者的成本和赢得消费者所需的时间应该是现实的。总利润应该足以支持企业运营所需的固定成本结构;必须为公司产生的利润留存多少现金(如存货、消费者支付货物的速度,以及供应商和雇员可以为他们支付的延迟时间)。

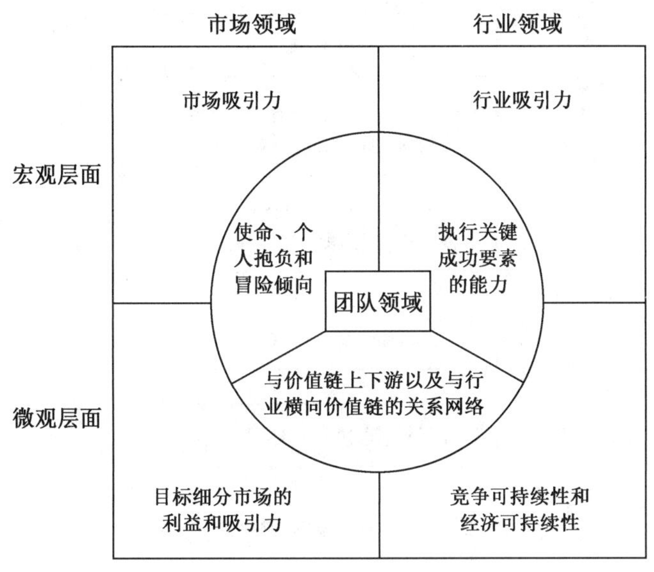

图 7 - 1　商业模式测试领域

(三) 创业者

每个成功的企业家都会给自己的企业带来一些关键因素，包括企业使命，即决定创建什么样的企业或服务什么样的市场，以及一系列个人愿望，从而引导公司取得高水平的成就。此外，冒险倾向，即在追求梦想的过程中，追求什么样的风险和牺牲是值得和必要的。

(四) 创业团队测试

在创业团队的测试中，需要具体衡量的因素包括，团队对成功的关键要素的理解、掌握和执行情况，团队对于把握关键机会实现卓越的价值的能力，以及关键团队是否掌握了必要的经验和行业诀窍，最重要的是团队是否有坚定的使命、抱负和冒险倾向。

(五) 价值链上下游以及与行业横向价值链的关系网络

可以通过以下方面进行测试，团队有没有建立与供应商的关系网络？这些供应商可能同你的行业中的领先企业打交道，也可能与其他行业中可能会成为你产品替代品的企业打交道。有没有建立与竞争对手的关系网络？有没有建立与替代性行业的关系网络？有没有建立与经销商和最终用户的关系网络？

测试商业模式后，可以调整测试结果。科学的方法是假设大多数商业模式的生命周期非常短，即使是成功的模式。考虑到公司在商业模式创新方面投入巨大，通过管理和商业模式的调整，延长了企业的使用寿命，直到需要新的思维。管理商业模式的调整要求确定哪些要素具有实用价值，哪些是过时的、无用的。可以采取以下步骤来进行商业模式调整(如图 7 - 2)。

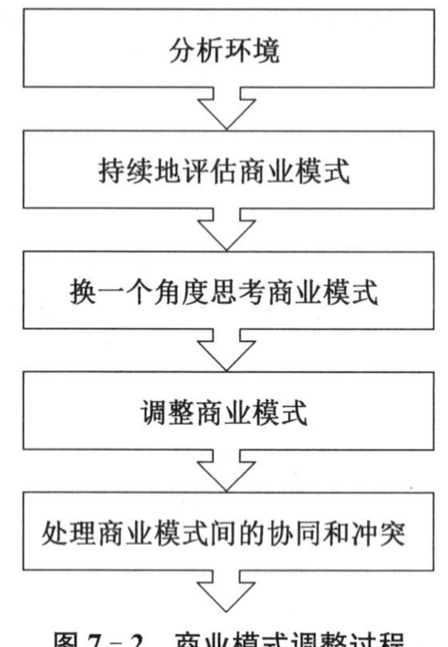

图 7－2　商业模式调整过程

本章案例

GoFun 出行的商业模式创新

体验式学习活动

商业模式分析与设计

请根据以下步骤进行创业者的商业模式分析与设计。

第一步:寻找一家数字新创企业。

第二步:对选定的新创企业进行商业模式的分析,确定分析框架。分析的内容包括企业的产品和服务内容、企业价值、拟满足的市场需求、相对于竞争者的优势等。

第三步:分析数字创业企业商业模式中存在的缺点和问题。如核心资源、产品服务、客户管理、渠道管理以及营销方式等。

第四步:根据本章内容,针对数字创业企业的现有商业模式的优缺点设计或改进其商业模式。内容可以包括产品服务的升级更新、价值的重新定位、客户市场的细分或转移、渠道的改进和销售方式的重新设计。

本章要点

商业模式是企业运营和盈利的基本逻辑和方式，它描述了企业如何创造价值、交付价值，并将创造的价值转化为财富。

价值和财富在商业模式之间形成了一种相互依赖的关系。价值的创造是商业模式的核心和基础，它直接影响到财富的积累和增长。而财富的持续积累也将反哺到价值创造中，推动组织实现可持续的发展和竞争优势。

商业模式画布由9个方格组成，每个方格代表商业模式中的一个关键要素，如价值主张、客户细分、渠道、客户关系、收入来源、关键资源、关键活动、成本结构和合作伙伴。

数字商业模式创新是指通过使用数字技术实现新的商业逻辑，来为其利益相关者创造和获取价值的新的商业模式。

从实践角度出发，商业模式设计过程大致划分为三个阶段：构思、成型和评估。

商业模式创新就是对企业的基本经营方法进行变革。商业模式设计方法包括客户洞察、创意构思、可视思考、原型制作、故事描述和情境构建。

重要概念

商业模式　商业模式画布　商业模式设计　商业模式创新　数字商业模式　价值主张　价值发现　价值创造　价值占有

思考题

1. 大数据和人工智能技术的发展催生了哪些新的商业模式？

2. 商业模式为何重要，商业模式在财富创造中发挥哪些作用？

3. 商业模式画布如何帮助我们灵活应对市场变化？当外部环境或内部条件发生变化时，我们如何调整商业模式以保持竞争力？

4. 商业模式的构成要素有哪些，如何利用价值曲线来实现商业模式创新？

5. 如何利用商业模式画布对商业模式进行评估？我们如何识别商业模式中的潜在问题和不足，并制定改进策略以提升商业模式的有效性？

参考文献

[1] Osterwalder A，Pigneur Y. Business Model Generation：A Handbook for Visionaries，Game Changers，and Challengers[M]. John Wiley & Sons，2010.

[2] Zott C，Amit R. Business model design：An activity system perspective [J]. Long Range Planning，2010，43(2-3).

[3] Teece D J. Business models, business strategy and innovation[J]. Long Range Planning, 2010, 43(2).

[4] Bocken N, Miller K, Evans S. Assessing the environmental impact of new circular business models[J]. Proceedings of the "New Business Models" —Exploring a Changing View on Organizing Value Creation. Toulouse. France, 2016, 1.

[5] 杨卓.商业模式创新[M].西安电子科技大学出版社,2023.

[6] 潘泽清.商业模式解析:商业模式画布的运用[M].九州出版社,2022.

[7] [英]亚当·J.博克,杰拉德·乔治.创新商业模式的工具、方法及案例演练[M].浙江大学全球创新研究中心团队译.人民邮电出版社,2020.

[8] 罗珉,李亮宇.互联网时代的商业模式创新:价值创造视角[J].中国工业经济,2015(1).

[9] 冯华,陈亚琦.平台商业模式创新研究——基于互联网环境下的时空契合分析[J].中国工业经济,2016(3).

[10] 肖红军,阳镇.可持续性商业模式创新:研究回顾与展望[J].外国经济与管理,2020,42(9).

[11] 刘志阳.创业画布[M].机械工业出版社,2018.

[12] 刘知鑫.商业模式是设计出来的[M].中国商业出版社,2020.

[13] 刘志阳.创业管理[M].高等教育出版社,2020.

[14] 亚历山大·奥斯特瓦德,伊夫·皮尼厄.商业模式新生代[M].机械工业出版社,2011.

[15] 约翰·马林斯.如何测试商业模式[M].郭武,文叶颖译.机械工业出版社,2018.

第 8 章

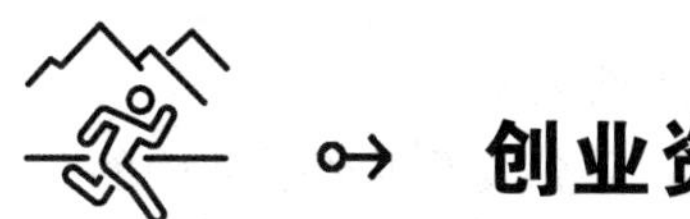

创业资源

学习目标

1. 掌握创业资源分类,掌握资源盘点与规划方法,了解不同资源的获取策略,了解企业核心资源的形成过程。
2. 创业资源与一般商业资源的异同,创业资源获取的技巧和策略。
3. 掌握创业融资一般原则、创业融资的主要渠道及差异、创业融资的选择策略。
4. 强调融资规划应与企业的长期发展战略相契合。

引导案例

卫农科技如何整合资源实现二次创业的成功?

第一节　创业资源概述

创业资源和创业机会是研究创业问题的两个重要的方面。Timmons(1999)构建的创业学模型就强调创业机会、创业团队、创业资源三个要素。创业资源是创业不可缺少的、实现创业成功的重要因素。

不同的创业活动具有不同的创业资源需求。大量的研究探讨了不同创业资源对创业绩效的影响。任何一位创业者不可能在创业之初就把创业过程中所涉及的问题都解决好,也不可能把一切创业资源都备足,关键在于要学会进行资源的获取与整合。成功的创业者大多是资源整合的高手,创造性地整合资源是他们成功的关键因素之一。

一、创业资源的内涵与种类

(一) 资源的概念

1.《辞海》上关于资源的定义是,生产资料和生活资料的天然来源。

2. 经济学意义上的资源。经济学中将为了创造物质财富而投入于生产活动中的一切要素统称为资源,即指一般意义上的商业资源。包括人力资源、物力资源、财力资源、信息资源、时间资源等,其中人力资源是一切资源中最宝贵的资源,是第一资源。

3. 近年来,人们研究新创企业资源问题的重要理论依据之一是资源基础理论(Resource-Based Theory,RBT)。英国管理学家彭罗斯(1959)在其名著《企业成长理论》一书中提出,企业是由一系列具有不同用途的资源相联结的集合体。企业的竞争优势来源于企业拥有和控制的有价值的、稀缺的、难以模仿并不可替代的异质性资源。

资源基础理论主要代表人物巴尼(Barney,1991)对企业资源的定义是,"企业控制的能够使一个企业制定和执行提高其效率和效益的战略的所有资产、能力、组织流程、企业属性、信息、知识等。"

(二) 创业资源的内涵

巴尼(Barney, 1986, 1991)认为,创业资源是指企业在创业的整个过程中先后投入和使用的企业内外各种有形的和无形的资源总和。

我国学者也对创业资源给出相关定义:

林强、林嵩(2003,2005)认为,创业资源是指企业创立以及成长过程中所需要的各种生产要素和支撑条件。包括企业资产、资金、知识、信息、网络等有形和无形的资源。①

蔡莉、尹苗苗和柳青(2009)认为企业创建时所拥有的资源,包括人力资源、财务资源、物质资源(含技术资源)和社会网络资源等。②

张斌(2011):创业资源是指新创企业在创造价值过程中需要的有形与无形资产,具体包括创业人才、创业资本、创业机会等。③

综上所述,创业资源是指创业者在创业过程中所投入和运用的各种生产要素和支撑条件的总和,包括有形与无形的资产,诸如创业人才、创业资本、创业机会、创业技术和创业管理等。

---

① 林嵩.创业资源的获取与整合——创业过程的一个解读视角[J].经济问题探索,2007(6).

② 蔡莉,尹苗苗,柳青.新创企业学习能力、资源整合方式对企业绩效的影响研究[J].管理世界,2009(10).

③ 张斌.基于资源及交易成本分析的创业企业发展坐标研究[J].科技创业月刊,2011,24(2).

(三) 创业资源的种类

关于创业资源的类型,学者们提出了多种分类方法。

Wickham(1998)在其建立的创业模型中,把资源分为三大类,即金融资本、人力资本以及技术。① Dollinger(1995)提出创业资源分为六类:物质资源、声誉资源、组织资源、财务资源、智力和人力资源、技术资源;②林嵩(2007)也提出六类创业资源:政策资源、信息资源、资金资源、人才资源、管理资源和科技资源。③ 于晓宇和王斌(2022)将数据资源纳入创业资源的类型,提出了七类创业资源,分别是物质资源、声誉资源、组织资源、财务资源、人力资源、技术资源和数据资源④。还有部分学者将创业资源分为运营资源和知识资源,前者主要包括资金、设备、厂房、装备、技术专利等资源,该类资源为企业的日常生产运营提供支持和保障,对企业的短期绩效有显著影响,通常在稳定的环境中发挥最大作用;⑤后者通常指难以被竞争对手模仿的技能、专业知识或才能,包括有关开发新市场所需要的技能或知识、管理的知识或技能、市场营销的知识或技能、生产运作信息与技能等,该类资源对企业的长期绩效和竞争优势有显著影响,通常在不确定的环境中发挥最大作用。⑥

结合我国创业实践,我们主要介绍如下分类方式。

1. 按照资源的表现形态分类

(1) 有形资源(实体资源)

有形资源是指可见的、能量化的资产,主要包括创业者的固定资产和金融资产。固定资产主要包括房屋、土地、机器设备、原材料、运输工具等资产;金融资产主要指创业者的存款、筹资和借贷。

(2) 无形资源(虚拟资源)

无形资源是指能创造价值,但不具有独立实物形态的资源。无形资源可归为两大类:技术资源和商誉资源,具体包括技巧、知识、信息、关系、文化、品牌、管理、声誉以及能力等。

有形资源与无形资源相比,有形资源越用越少,边际效应递减;无形资源不会越用越少,且边际效应递增。所以,无形资源更具价值创造的潜力,无形资源往往是撬动有形资源的重要杠杆,能够为创业者带来无可比拟的竞争优势。

---

① Wickham P A. Strategic Entrepreneurship-A Decision-Making Approach to New Venture Creation and Management[M]. Pitman Publishing, London, 1998.

② 杜卓君,苏一石.资源视角的创业研究[J].经济论坛,2005(12).

③ 林嵩.创业资源的获取与整合——创业过程的一个解读视角[J].经济问题探索,2007(6).

④ 于晓宇,王斌.创业管理——数字时代的商机[M].中国人民大学出版社,2022.

⑤ Wiklund J, Shepherd D. Knowledge-based resources, entrepreneurial orientation, and the performance of small and medium-sized businesses[J]. Strategic Management Journal, 2003, 24(13).

⑥ 王玲玲,赵文红.创业资源获取、适应能力对新企业绩效的影响研究[J].研究与发展管理,2017,29(3).

(3) 人力资源

管理学大师彼得·德鲁克(Peter Drucker)在1954年出版的《管理的实践》(The Practice of Management)这部经典著作中,首次在管理学领域阐释了人力资源概念的含义:"人力资源——完整的人——是所有可用资源中最有生产力、最有用处、最为多产的资源。"

人力资源包括创业者或创业团队及其雇员的知识、能力、经验以及个人社会关系网络,它涵盖了每个个体的判断力、洞察力、创造力以及视野和才智,甚至包括社交技能和社会关系。而人才资源则是指在创业过程中对商机识别、价值创造起了重要作用,甚至创造了超额价值的人力资源,是人力资源中的精英,因而是人力资本。由于人力资本的重要性,它被经济学家纳入经济增长的内生变量,是企业极其重要的战略资源,会为企业带来持久竞争优势。

2. 按照资源重要性程度分类

(1) 必备资源。指创业者必须自己拥有或借助外力能够支配的创业资源,主要包括资金、场地、人才资源、产品资源等。

(2) 支撑资源。指处于创业者直接控制范围之外,但可以通过开发、组织、联合甚至租赁而猎取的资源,包括营销渠道和关系网络。

(3) 外围资源。指创业者身处其中就能感受或享受到的资源,是一种不受创业者主观控制的、外在的公有性资源。包括创业环境、政府创业政策、社会创业文化和市场信息等。见表8-1。

表8-1 创业资源的类型与来源①

资源类型	资源名称	资源内容和来源
必备资源	资金资源	亲戚朋友的借款;政策性低息贷款;各类政策资助与扶持的创业基金或科技基金;风险投资资金;天使投资资金等
	场地资源	自有产权的房屋场地;可租借的房屋场地;科技园区或工业园区提供的低价场地;各类孵化器或创业园提供的廉租房屋场地等
	人力资源	创业者自身;创业团队成员;可以聘请到的管理、营销人才;专家顾问团队;招聘的合格员工等
	产品资源	具有自主知识产权的产品;创新性产品;他人产品的地区总代理;具有市场前景的产品等
支撑资源	营销渠道	自有的营销网络;可以使用或租借的营销渠道;营销渠道的效率与效果是否与产品生产能力匹配等
	关系网络	个人关系网络,如亲朋好友、老师同学、战友同事等; 社会关系网络:如创业之前的同事、业务伙伴,可以进行利益共享与交换的群体;具有弱连接的间接社会关系等

① 资料来源:杨梅英,熊飞.创业管理概论[M].机械工业出版社,2008.

（续表）

资源类型	资源名称	资源内容和来源
外围资源	创业环境	地区经济发展水平；是否有创业辅导机构、创业融资机构、创业培训与学习条件；政府对创业的态度；区域自然条件等
	创业政策	税收优惠及减免政策；工商注册支持政策；行业准入政策；创业扶持政策；确保创业者利益的政策等
	创业文化	地区生活习惯；人们对待冒险的态度，对创业行为的看法，地域文化与思维方式；对财富与安逸的追求等
	市场信息	是否具有发达的网络系统；市场的开放性、安全性与公平性；信息共享的程度；行业协会与市场组织等

二、创业中的几种主要资源在创业中的作用

（一）社会资本在创业中的作用

“社会资本”的概念最初由经济学的“资本”概念演变而来。社会资本定义为一种和物质资本、人力资本相区别的存在于社会结构中的个人资源，是为结构内的行动者提供便利的资源，包括规范、信任和网络等形式。[①]

Nahapiet和Ghoshal(1998)指出，社会资本存在于个人所拥有的关系网络中，是个体能够通过这些关系网络获得现实和潜在资源的总和。[②]

芝加哥大学的社会学家伯特(Bert，2000)认为：“对大多数创业者来说，他们最重要的资源是错综复杂的个人网络。”伯特由此提出三个假设：① 具有强联系的社会资本越丰富，创业的可能性越大，因为他能更早接近各种广泛的观点、技能和资源；② 同样的原因，创业者拥有的社会资本越多，企业就越有可能摆脱困境；③ 创业者拥有可利用的强联系社会资本越多，创业成功的可能性也越大。[③]

我国学者的实证研究表明(张玉利，等，2008)，创业者社会交往面广、交际对象趋于多样化、与高社会地位个体之间的关系密切的创业者更容易发现创新性更强的机会。[④] 章丽萍等(2008)提出，创业者社会资本不仅提高了创业者机会识别能力，还是市场机制的有

---

① 陈柳钦.社会资本及其主要理论研究观点综述[J].东方论坛，2007(3).

② Nahapiet，Ghoshal. Social capital，intellectual capital，and the organizational advantage [J]. Academy of Management Review，1998，23(2).

③ BERT R S. The Network Structure of Social Capital[M]. R J STAW B M. Research in Organizational Behaviour[C]. J I Press，Grcenwich，2000.

④ 张玉利，杨俊，任兵.社会资本、先前经验与创业机会——一个交互效应模型及其启示[J].管理世界，2008(7).

效补充和替代,弥补创业者资源匮乏。① 胡晓娣(2009)则指出,创业者社会资本在机会识别过程中扮演着重要角色,它一方面提供市场机会,另一方面通过提供信息等资源的支持,帮助创业者更好地发现市场机会。②

可见,社会资本主要表现为个人所拥有的社会关系网络,在创业中能提供市场机会,并提高创业者机会识别能力,还可弥补创业者资源匮乏,增加创业成功的可能性。

(二) 资金在创业中的作用

巧妇难为无米之炊。创业需要资金,无论是有形资源、无形资源还是人力资源的构建与拥有都需要资金的投入,否则只能是纸上谈兵。绝大多数创业者往往由于资金缺乏而在创业之初就陷入困境。

创业之前创业者必须结合创业计划,合理确定资本结构与资金需求数量,并切实筹集到所需数量的资金,才可能正式开始创业起步。一般而论,创业对资金需求的类型和原因见表 8-2。表 8-2 表明,只要有一个环节的资金不到位,即便再伟大的创业事业也就面临断炊的风险。因此,资金在创业中具有不可或缺的重要作用。

表 8-2 创业资金需求的原因与用途

产生时间	需求原因	资金需求的用途
企业成立前	注册资本	企业设立时认缴登记的注册资本
	设立登记	办理相关权证、营业执照审批、登记等费用
	办公条件	租赁、装修办公场所;购置办公物资、器材
企业成立后	现金流	生产销售之前产生的现金流:如购买存货、技术准备,场地/店面租赁,产品/服务开发,员工招聘/培训
	生产设备设施	生产、运输、库存等设备设施的购置、使用、维护费用
	产品和市场开发	产品/服务前期的开发、市场推广,渠道、品牌、广告等

对于创业者而言,提供和筹集创业资金显然是个风险投资行为,如果所投入的资金不足,不仅达不到创业目标、根本无法正常经营,而且往往可能连同所投入的资金一块卷入“黑洞”;而如果创业企业在盈利之前就花光了所有的资本,即所谓“资金链断裂”,那就意味着创业中断宣告失败,即便其产品精巧新颖、市场前景看好。

为此,为防止资本金不足造成新创企业的失败,创业起步后,创业者还需要努力争取风险资本或银行信贷来解决现金流短缺问题,直到创业企业开始赚钱为止。

(三) 技术在创业中的作用

创业资源中的“技术”资源指的是技术资产及技术开发能力。

---

① 章丽萍,刘小丽.创业者社会资本对创业活动的作用机理[J].中外企业家,2008(12).

② 胡晓娣.社会资本对创业机会识别的影响研究[J].生产力研究,2009(20).

技术资产包括诀窍(know-how)、专利等,技术开发能力是企业知识和技能的总和。[①] 创业技术资源决定了创业产品或服务的市场竞争力和获利能力,因而是创业企业生存和发展的基石。

Barney(1991)首次提出,构建企业竞争优势的资源有四个特征:价值、稀缺、难以模仿与难以替代。技术是能够构建企业竞争优势的重要资源之一。[②] Teece(1998)认为,对高科技新创企业而言,技术是其战略性资源。[③] 创业初期,在创业资金需求基本满足的情况下,创业技术是最关键的资源。

技术资源与人力资源的区别在于,人力资源存在于个人身上,随着员工的流动会流失;技术资源则大多与物质资源相结合,可以通过法律手段予以保护,形成组织的无形资产。

(四) 专业人才在创业中的作用

尽管技术是关键,但技术是由专门人才掌握的。知识经济时代,人才是经济和社会发展的第一资源。科技的迅猛发展、激烈的全球化竞争,任何技术都可能落伍,任何资源都可能被取代,技术、产品竞争的实质就是人才的竞争,只有人力资源是任何时代都不能缺少的,人才是企业的创立、创新和持续发展的基础,也是企业永葆活力的坚强后盾。

因此,专业人才是创业企业的根本,是创业企业最为重要的人力资本,高素质专业人才的获取和开发是新创企业可持续成长的关键。

国内外无数事实证明,一个杰出的专业人才可以造就一个伟大的企业,甚至催生某个新兴产业的发展。比如,苹果的乔布斯、微软的比尔·盖茨、谷歌的布林和佩奇、脸谱的马克·扎克伯格;联想的柳传志、腾讯的马化腾、百度的李彦宏、比亚迪的王传福等。此外,还能举出太多的由有技术背景的创始人主导或者参与创业并获得成功的企业。

因此,对于创业团队,拥有靠谱的、有技术背景的团队成员非常重要;对于创业企业,吸纳并培养一大批忠诚可靠的优秀专业技术人才更加重要。

三、影响创业资源获取的因素

Timmons认为,成功的创业企业更着眼于最小化使用资源并控制资源,而不是贪图完全拥有资源。影响创业资源获取的首要因素是创业者自身的素质和能力,尤其是创业者的资源禀赋、资源整合能力和信息获取能力。

---

① 王旭,朱秀梅.创业动机、机会开发与资源整合关系实证研究[J].科研管理,2010,31(5).

② Barney J. Firm resources and sustained competitive advantage[J]. Journal of Management, 17(1).

③ Teece D J. Capturing value from knowledge assets: The new economy, markets for know-how, and intangible assets[J]. California Management Review, 1998, 40(3).

(一)创业者资源禀赋

创业者资源禀赋是指创业者所具有的与创业相关的自身素质和外在关系的总和,主要包括创业者的经济资本、社会资本和人力资本,它们能够为创业行为和新创企业生存与成长提供有价值的资源。

大量的文献强调企业家资源禀赋在创业过程中的重要作用,认为企业家资源禀赋是创业行为过程的关键资源,甚至在一定程度上决定新创企业的资源构成特征(Morris,1998)。

张玉利和杨俊(2004)认为企业家创业时并非一无所有,企业家创业的资源禀赋构成其创业的资源基础,创业行为实质上更多地具有理性成分,是企业家创新冒险精神与理性决策的交织过程,表现为企业家在获取创业资源与应对环境不确定性过程中所体现的科学性。①

蔡莉等(2011)构建了创业导向、资源获取与制度环境之间关系的理论模型。创业导向是指创业者在选择战略行动时倾向于积极承担企业活动相关的风险、乐于接受改变和创新以获得竞争优势,并采用积极主动的措施和竞争者竞争的倾向。② 344 家新创企业的调研数据进行的实证分析表明:创业导向对新企业资源获取具有重要影响,政策环境对创业导向与知识资源获取之间关系具有调节影响,认知环境对创业导向与知识资源获取和运营性资源获取之间关系具有调节影响,但政策环境对创业导向与运营性资源获取之间关系的调节作用不显著。③ 可见,创业导向和创业者资源禀赋密切相关。

创业者资源禀赋中的社会资本对于创业资源获取非常关键。社会资本是指嵌入创业者现有稳定社会关系网络和结构中的资源潜力。④ 创业资源广泛存在于各种资源所有者手中,这些所有者又处于一定的社会网络之中。因此,创业资源的获取客观上必然受到创业者社会网络地位的影响。王庆喜、宝贡敏(2007)的研究表明,小企业主社会关系网络是小企业获取外部资源的重要通道。小企业主社会关系越广,则其获取外部资源的可能性就越大,从而企业成长所需资源就越有保证,成长绩效就越好,并且三者之间存在递进式的正向关系。⑤

(二)创业者资源整合能力

创业者不仅要有敏锐识别商机的头脑,还要有善于整合资源的能力,只有这样才能在市场竞争中占有优势,进而取得创业成功。马鸿佳(2008)认为新创企业资源整合能力是

① 杨俊,张玉利.基于企业家资源禀赋的创业行为过程分析[J].外国经济与管理,2004(2).

② 蔡莉,朱秀梅,刘预.创业导向对新企业资源获取的影响研究[J].科学学研究,2011,29(4).

③ 蔡莉,肖坚石,赵镝.基于资源开发过程的新创企业创业导向对资源利用的关系研究[J].科学学与科学技术管理,2008(1).

④ 龚春蕾.基于创业者资源禀赋的大学生创业行为研究[J].前沿,2010(5).

⑤ 王庆喜,宝贡敏.社会网络、资源获取与小企业成长[J].管理工程学报,2007(4).

指在创业过程中，以人为载体，在资源整合过程中所表现出的对资源的识别、获取、配置和利用的主体能力。

创业资源在未整合之前大多是零散的、一般性的商业资源，要发挥其最大的效用，转化为竞争优势，为企业创造新的价值，就需要运用科学方法将不同来源、不同效用的资源进行优化配置，使有价值的资源充分整合起来，发挥“1＋1＞2”的放大效应。如果关键性创业资源是在复杂的社会关系网络中发展形成，那就更难以被模仿和复制，从而成为企业的一种有利于获得持久竞争优势的动态能力。因此，资源整合能力决定着创业资源向组织能力转化的效率，它影响着企业的战略决策，并最终影响着创业绩效。谷宏、王建中(2011)提出，创业资源是新企业创建和成长发展的基础，资源整合伴随于整个创业过程之中，创业者需要对创业资源进行整合与优化，以增强新创企业的竞争优势，从而促进创业成功。①

资源整合能力在创业的各个阶段发挥着极为重要的作用。在创业起步阶段，资源整合能力影响并决定了创业者对创业机会评估、识别与开发，同时帮助创业者摆脱资源约束，取得所需资源；生存与成长阶段是新创企业的快速发展期，这一阶段新创企业需要筹措更多的资源来满足自身的发展，创业者资源整合能力会对新创企业成长过程的战略决策与运营能力产生重要影响，资源整合的深度与广度将保障组织运作的持续性，进而影响创业绩效。

(三) 创业者信息获取能力

信息获取能力是指创业者在社会生活或创业过程中捕捉、吸收和利用信息的一种潜在能力，包括信息接收、捕捉、判断、选择、加工、传递、吸收、利用、搜集与检索能力。

创业资源包括人力资源、财力资源、技术资源、信息资源等。因此，信息获取能力本身有助于对丰富的、高质量的信息资源的获取与利用。由于新创企业在资源获取过程中的信息不对称，信息资源作为一种特殊的战略性资源在新创企业资源获取过程中发挥重要的杠杆作用。② 因此，信息获取能力在相当程度上影响着创业者对其他创业关键资源的获取，直接影响并决定新创企业的创业绩效。

于晓宇等(2012)的实证研究表明：技术信息获取能够为新创企业提供外部参考，帮助企业识别创业失败，进而促进失败学习行为。同时，失败学习行为可以激发更多创新活动，提高组织创新绩效。③ 很多高科技新创企业为降低技术环境不确定性的影响，通过建立各类流程以获取丰富的外部技术信息。

---

① 谷宏，王建中.资源整合能力对创业过程的影响研究[J].中国集体经济，2011(9).

② 刘预，蔡莉，朱秀梅.信息对新创企业资源获取的影响研究[J].情报科学，2008(11).

③ 于晓宇，蔡莉，陈依，段永嘉.技术信息获取、失败学习与高科技新创企业创新绩效[J].科学学与科学技术管理，2012，33(7).

(四)创业团队

新创企业把创意变成产品/服务,而产品/服务市场化、产业化是一个艰苦的过程,必须组建好一个富有凝聚力和创新精神的创业团队,这是获取各项创业资源的重要前提,也是创业成功的一个基本保障。

不管创业者在某个领域多么优秀,他也不可能具备所有的知识和经营管理经验,而借助团队就可能拥有创业所需要的各种知识和经验,例如顾客经验、产品经验、市场经验和创业经验等。同时,通过团队,人脉关系网络可以放得更大,能够有效地增进创业者社会资本,提高创业成功的概率。因此,创业团队本身就是一项极为重要的创业资源。

Cooper 和 Brun(1977)研究发现他们所调查的高成长企业中 80%以上是由团队创建的。大量的实证研究表明,团队创办的企业在存活率和成长性两方面都显著高于个人创办的企业(Timmons,1990)。Siegel 等对宾夕法尼亚州的大约 1 600 家新企业的研究发现,创业团队是否拥有在新企业所处行业的先前工作经验是区分高成长性和低成长性的唯一因素。调查中发现,85%以上的网络创业团队成员有创业经验,属于二次创业,而且他们的业绩普遍好于先前没有创业和工作经验的创业团队。①

团队创业较个人创业能产生更好的绩效,团队创业的成功率要远远高于个人独自创业,其内在逻辑在于创业团队是一个特殊的群体,团队能够建立在各个成员不同的资源与能力基础之上,贡献并且整合差异化的知识、技能、能力、资金以及关系等各类资源,这些资源以及群体协作、集体创新、知识共享与风险共担产生的乘数效应,能够帮助新创企业更好地克服创新的风险和资源的约束。

此外,创业团队的价值观、对商机的识别能力、对资源的获取与整合能力、领导能力等,都是极其重要的战略资源,会为企业带来持久的竞争优势。

(五)外部环境条件和政府政策支持

Gartner(1985)认为创业环境由资源的可获得性、周边的大学及科研机构、政府的干预及人们创业态度等因素组成。② 蔡莉等(2007)研究表明,创业活跃程度的一个重要决定因素是创业的环境条件。创业环境与创业活跃程度呈很强的正相关关系。创业企业与创业环境有着密切的关系,而这种关系的核心是创业企业资源的需求和创业环境资源的供给所具有的有机联系。③

创业环境的承载主体主要包括大学及科研机构、关联企业、融资机构、中介机构及政府。事实上,创业水平和创业资源受外部环境因素的影响极大,尤其政府的法规政策。创

---

① 胡桂兰,梅强,朱永跃. 创业团队对创业绩效的影响研究——基于 78 个网络创业团队的调查分析[J]. 科技管理研究,2010,30(6).

② Gartner W B. A conceptual framework for describing the phenomenon of new venture creation [J]. The Academy of Management Review, 1985, 10(4).

③ 蔡莉,崔启国,史琳. 创业环境研究框架[J]. 吉林大学社会科学学报,2007(1).

业环境好的地方一般会呈现较高的创业活动水平，而政府创业政策作为创业环境的重要内容是直接影响一个国家和地区创业活动水平的重要手段。比如，改革开放以来我国创业活动开始进入一轮又一轮新高潮，这是政府政策开放的结果；而浙江、苏南、广东等地创业活动踊跃又和区域良好的创业环境密切相关。

创业政策可以通过多种途径和方式对创业活动产生正面影响。政府可以采取直接介入的方式来促进创业活动，如直接干预创业资源的市场配置，包括提供技术服务、增加资金供给、设立大学科技园区以及创业孵化器等；也可以间接地致力于营造良好的创业环境，如加强基础设施包括交通、通讯、生活等设施建设，构建良好的医疗、教育系统和社会信用体系，建设包括法律、金融、财税、保险等在内的创业制度环境和政策保障体系，营造公平、公正的市场环境。同时，要特别重视和强化对已有的创业激励措施和各项政策的执行到位，尽可能避免制度的多变，为创业者的创业选择、创业资源的筹集提供稳定的预期。

对于创业者/创业团队而言，尽管创业资源的获取需要良好的外部环境，但在一定时期内、既定的外部环境中，创业企业应及时调整自身战略目标，主动地去适应环境，并积极主动地创造适合自身需要的"和谐环境"。

四、创业资源获取的途径与技能

(一) 创业资源获取的途径

创业资源获取无非来自两个方面，一是自有资源，二是外部资源。

自有资源主要指创业者/团队自身拥有的、可用于创业的资金、技术、创业机会信息、自建的营销网络、控制的物质资源或管理才能、管理组织等。自有资源还可以通过内部培育开发，企业通过一定的方式在内部开发无形资产、培训员工以及促进内部学习等获取有益的资源。

外部资源则包括亲朋好友、同学、同事、商务伙伴或其他投资者等社会关系及其资源，或者能够借用的外部人、财、空间、设备或其他原材料等。外部资源的获取主要通过外部购买、租赁或者合作的方式，从供应商和合作伙伴那里获取所需资源，也通过提供未来服务、机会等换取相关资源。有时，外部资源的获取或使用并不复杂。比如，利用社会团体或政府部门提供的资助计划、基金或优惠政策等。①

获取外部资源的关键在于拥有资源使用权或能控制和影响资源配置。对于特定的创业资源，应当根据创业项目及创业者/团队的实际情况综合考虑获取方法，包括多管齐下。显然，外部资源获取往往需要借助创业者/团队社会资本的整合与运用。

创业资源获取的关键取决于软实力。无形资源往往是撬动有形资源的重要杠杆。

创业资源获取途径包括市场途径和非市场途径。

---

① 陈震红，董俊武. 成功创业的关键——如何获取创业资源[J]. 科技创业月刊，2003(9).

市场途径是指通过支付全额费用在市场购买相关资源，这种方式通常适用于那些标准化、易于交易的资源，如原材料、生产设备、办公场地、咨询服务等。市场途径的优势在于其透明性和效率，创业者可以清晰地知道所需资源的价格和质量，并通过市场竞争机制找到最合适的供应商。然而，市场途径也可能存在成本高、竞争激烈等劣势，需要创业者具备足够的资金实力和市场洞察能力。

非市场途径则指通过社会关系，用最小的代价甚至是无偿获取资源。这种方式通常适用于那些难以通过市场直接购买或成本过高的资源，如专业知识、技术信息、人才支持、政策优惠等。非市场途径的优势在于其低成本和高效性，创业者可以利用自身的社会关系网络，快速获取所需资源并降低创业成本。此外，非市场途径还有助于建立长期的合作关系和信任基础，为创业项目的持续发展提供有力支持。然而，非市场途径也存在一定的风险和挑战，如资源质量不稳定、关系维护难度大等，需要创业者具备良好的人际交往能力和资源管理能力。

显然，创业者自有资源往往是非市场途径获取的。由于起步阶段的创业者/团队囊中羞涩，很难通过支付全额费用购买的方式获取创业所需的各种外部资源，因而非市场途径——通过社会关系，用最小的代价获取创业资源成为创业者的首选，甚至无偿获取创业资源也并非不可能。

秦志华、刘传友(2011)提出，创业资源获取的实质，是从资源所有者手中获取资源使用权。如何展示商业创意的价值，使资源所有者从中看到自己可能获得的回报，是创业资源获取必须解决的问题。创业资源获取之所以能够实现，是因为创业者所发现的资源配置方式，不仅对自己有用，而且对资源所有者也有利。在此基础上，如果资源配置方式创新只有创业者才能实现，就为创业资源无偿获取提供了可能。① Google 的搜索引擎就是最好的例子。互联网上的门户网站所有权归网络公司，但使用权无偿提供给了网民，许多创业者通过这样的方式无偿获取了大量有价值的信息资源，由此大大提高了资源配置效用。

(二) 创业资源获取的技能

1. 合作技能

要获取创业资源，首先要寻找到可以提供资源的对象。对此，一种办法是找到少数的拥有丰富资源的资源提供者，如政府、银行、大公司等，这方面创业者往往没有优势；另一种办法是尽量多找潜在的资源提供者。

商业活动强调利益，要获取资源，需要认真分析潜在资源提供者关心的利益所在。一旦不同诉求的组织或个人之间存在共同利益，或能够建立起紧密的利益联系，就成了利益相关者。利益相关者应当合作，合作需要双赢甚至是共赢。合作总要有一个开始，在没有合作基础的前提下，一开始就双赢并不容易。

① 秦志华，刘传友.基于异质性资源整合的创业资源获取[J].中国人民大学学报，2011，25(6).

老洛克菲勒有这样一句名言,建立在商业基础上的友谊永远比建立在友谊基础上的商业更重要。经济全球化的重要特征是资源的全球性流动,“不求所有,但求所用”,合作可以突破空间、组织和制度等方面的限制,从而在更加广阔的范围内开展,这也是创业活动活跃的重要原因。要成功地获取创业资源,创业者必须有创新的思维,要兼顾各方面利益相关者的利益,通过多种方式合作达到多赢、共赢的境界。

2. 识人与用人技能

创业者要善于识人和敢于用人,这是任何事业成功千古不变的真谛。

善于识人不是“相马”,而是在“赛马”中识别人才;敢于用人则要打破常规、打破条条框框,唯才是举,唯业绩和贡献是举。

汉高祖刘邦曾这样评价自己:“运筹帷幄之中,决胜千里之外,吾不如子房(张良);镇国家,抚百姓,给饷馈,不绝粮道,吾不如萧何;连百万之众,战必胜,攻必取,吾不如韩信。三者皆人杰,吾能用之,此吾所以取天下者也。”

少年时代家境极度贫困、成功创业后成为20世纪初美国钢铁大王的卡耐基,嘱其墓碑刻上这样一句话:“这里长眠着一位善于同才干高于自己的人一道工作的强人。”这就昭示我们:一位创业者,只有敢于和善于使用人才,才会干出业绩,才会有所作为。

创业资源获取显然和用人技能密切相关。比如,善于启用理财高手,必然带来更丰富的融资渠道和资金;依靠营销新秀显然能拓展产品/服务市场、挖掘客户资源;重用技术人才,必然开启技术、工艺和产品/服务创新的局面,同时在选址、原材料采购、技术选型、设备购置和产品质量方面有了可靠的“把关者”。

3. 沟通技能

沟通很重要,具有较强沟通能力是创业者成功获取资源的关键因素。有两个数字可以很直观地反映沟通的重要性,就是两个70%。

第一个70%,是指创业者,实际上创业者70%的时间用在沟通上。开会、谈判、协商、拜见投资者或走访客户等是最常见的沟通形式,撰写计划书和各类文字材料实际上是一种书面沟通的方式,对外各种拜访、联络也都是沟通的表现形式,管理者大约有70%的时间花在此类沟通上。第二个70%,是指企业中70%的问题是由于沟通障碍引起的。比如,创业企业常见的效率低下的问题,往往是由于缺乏沟通或不懂得沟通所引起的。此外,企业里执行力差、领导力不强的问题,归根到底,都与沟通能力的欠缺有关。

人与人之间最宝贵的是真诚、信任和尊重,其桥梁就是沟通。创业企业的资源获取,在很大程度上就是通过企业与内外部的沟通来实现的。与外部的沟通,主要包括与投资者、银行、政府部门、媒体、业界、客户、供应商等,通过沟通建立联系,获得信任,与对方达成共识,强化了创业者社会网络,争取多方的支持或帮助,取得一个共赢的结果;在企业内部,通过有效的沟通,凝聚员工人心,聚合了自有资源,降低了内部冲突,提升整个企业的效率和业绩。

4. 发挥资源的杠杆效应

无形资源往往是撬动有形资源的重要杠杆。发挥资源的杠杆效应是指创业者如何掌握和充分发挥这种“撬动”作用的技能,以尽可能少的投入,获取尽可能多的收获。例如,创业者/创业团队的社会资本能“撬动”信息、商机、市场、客户、资金等重要创业资源;技术诀窍、商标、品牌能带来企业核心竞争力的提升,“撬动”产品市场、企业信誉、客户资源和企业盈利的大幅提高;诚信建设、企业文化能“撬动”融资机构、“撬动”供应链上下游的供应商、批发零售商乃至终端用户。

创业者不应被当前控制或支配的资源所限制,成功的创业者应当善于利用关键资源特别是无形资源的杠杆效应“撬动”资源,具体体现在以下几个方面:①

- 能比别人延长地使用资源;
- 更充分地利用别人没有意识到的资源;
- 利用他人或别的企业的资源来完成自己的创业目的;
- 将一种资源补足另一种资源,产生更高的复合价值;
- 利用一种资源撬动和获得其他资源。

用人技能实际上是杠杆技能的一个特例。比如,企业的人力资本会直接作用于资源获取,有产业相关经验和先前创业经验的创业者能够更快地整合资源,更快地识别和抓住市场机会。

5. 信息获取与利用技能

创业者信息技能包括:信息需求识别及表述、信息检索及获取、信息评价及处理、信息整合及学习、信息利用与开发等。掌握并善用信息技能,对于创业者把握商机、获取创业资源、作出创业决策、推进创业企业成长都十分重要。

在全球金融危机中,一些企业就是因为对金融信息的反应迟钝,遭受了灭顶之灾。不少创业者则是因为及时获取并利用了有价值的信息而创业成功:霍英东在二战结束期间翻阅一些报刊资料时,无意中看到刊登的拍卖战时剩余物资的通告,正是这些被当作垃圾品拍卖的战时剩余物资成就了霍英东创业的第一桶金;20 世纪 90 年代,王传福在一份国际电池行业动态上了解到日本宣布本土将不再生产镍镉电池的信息,而抓住了创业机会;1995 年马云在美国第一次接触互联网,敏锐的直觉告诉他:“感觉它肯定会影响整个世界,而中国还没有。”马云当即决定回国辞职创业。

在知识经济时代,掌握并善用信息和网络技术不仅能使创业者摆脱烦琐的文件和纸上作业、摆脱让人焦头烂额的具体事务,轻而易举地对企业产品的库存、销售、业绩、市场占有量、竞争对手的情况、顾客对企业产品的反馈信息等进行即时控制,而且可以充分利用员工创造性劳动和技术专长,对信息和数据作出更加正确的判断,使其成为企业决策资源。

---

① 张玉利. 创业管理[M]. 第 2 版. 机械工业出版社,2011.

第二节　创业融资

创业者面临的最大问题是什么？一项对大学生创业的调研发现：大学生创业意愿弱，动机不足，自主与合伙创业占比低（5.8%和6.25%），更倾向于求职（42.41%）和考研（33.48%）。大学生主要经济来源为家庭支持的生活费，往往因资金不足将创业看作高风险行为，"缺乏启动资金"是大学生创业的最大障碍，相比创业他们更倾向于选择低风险的路径。对创业者来说，创业融资是创业管理的关键内容，在企业成长的不同阶段具有不同的侧重点和要求。

一、创业融资的财务框架

在创业领域，筹集资金所面临的挑战普遍被视为创业者历程中的重大障碍之一，其严峻性堪比全球范围内广泛存在的中小企业融资困境。对于众多初创企业而言，这一难题尤为突出，常被形象地描绘为穿越创业征途中的"财务炼狱"。

探究新企业融资难题的根源，理论上可归结为两大维度：一是创业环境的复杂性，包括金融体系的成熟度、资本市场的开放程度、融资渠道的多样性以及政府支持政策的力度与有效性等；二是新企业自身特性的影响，这些特性往往基于新兴且充满不确定性的市场机遇构建。在此情境下，投资者与创业者之间关于新市场机会潜在价值的认知差异，以及对创业者能力评估的信息不对称，构成了新企业从外部融资渠道获取资金的主要障碍。

鉴于此，对于有志于创业的个体而言，在规划与实施创业蓝图的过程中，一个至关重要的环节便是预先进行充分的财务筹划与准备。这一过程实质上涉及了创业融资策略的制定与执行，旨在通过科学合理的融资安排，有效缓解乃至克服资金筹集难题，为企业的稳健起步与持续发展奠定坚实的财务基础。

（一）创业融资的内容

创业融资通常需要确定和处理以下问题：

- 需要多少创业资金？
- 何时需要这些资金？
- 何处、向谁筹集资金？
- 资金维持多久？
- 资金使用过程怎样安排与管理？

图8-1提供了创业融资的编制方法和框架。

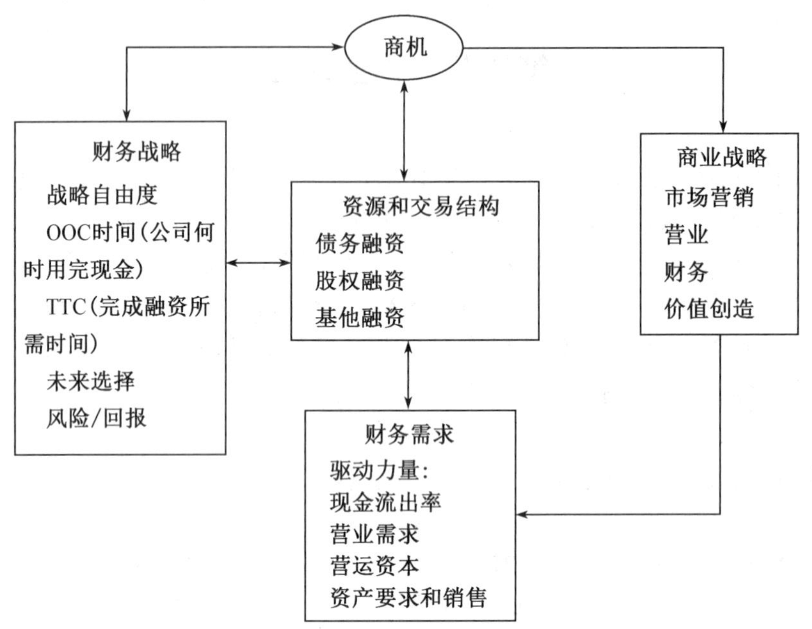

图 8-1 创业融资的编制方法和框架

图 8-1 的含义是:商机引导并驱动了商业战略,然后又驱动了财务需求、资源和交易结构以及财务战略。

财务战略的核心概念是自由现金流。它主要关注三个重要系数:

- 预计或实际现金流出率
- OCC 时间(公司何时用完现金)
- TTC(完成融资所需时间)

这些关键系数在创业者的决策过程中占据重要地位,它们显著影响创业者对各类资金来源的偏好以及在与资金供给方进行谈判时的议价能力。具体而言,当创业者面临资金仅可维持 90 天的紧迫情境时,其谈判地位将极为不利,即便未来 6 个月可能出现有利于融资的市场条件(如 OOC 的出现),但资金耗尽的速度已极大地限制了其灵活性与应对策略。相反,若资金储备能维持一年或更长时间,则创业者在融资选择、价格谈判及合同条款设定等方面将享有更高的自由度与优势,从而显著改善其融资条件。这一现象深刻揭示了,在资金需求尚未紧迫之时即启动融资流程,是创业者应追求的理想状态。

此外,融资活动本身伴随着多重成本考量,既包括直接的显性成本(如利息、手续费等),也涵盖间接的隐性成本(如时间成本、关系维护成本等),以及更为深远的会计成本(反映在企业财务报表上的费用)与机会成本(因融资而放弃的其他潜在投资机会的价值)。这些成本因素不仅直接影响融资的财务效果,还可能间接限制未来的融资灵活性与选择范围。因此,创业者在制定融资策略时,必须全面评估各类融资成本,并充分考虑融资过程所需的时间周期,以确保融资决策能够最优化地平衡当前资金需求与未来财务健康。

（二）创业融资的原则

创业者构建财务战略的深远意义在于，财务管理作为创业活动不可或缺的核心组成部分，其影响力贯穿于创业周期的每一个阶段，自创业初期的规划筹备、原始资本投入，直至企业步入稳定发展阶段乃至最终的市场公开化（如上市），均紧密伴随着财务管理的精细运作。财务管理的核心虽聚焦于资金的有效管理，但资金的表现形式却丰富多样，包括但不限于现金、应收账款、存货、投资等，且企业在创业的不同阶段对各类资金形态的需求呈现出显著差异。

因此，对于创业者而言，缺乏前瞻性的财务战略规划，而仅依赖临时性的资金筹措措施，将极大地制约企业的成长步伐，甚至可能因资金链的紧张或断裂而错失宝贵的市场机遇与发展窗口。通过制定并实施科学合理的财务战略，创业者能够更好地预见并应对资金需求的变化，确保企业在不同发展阶段均能获得充足的资金支持，从而推动企业稳健、可持续地发展。

创业融资必须遵循以下几个原则。

1. 及时性

企业经营的时效性显著，机会窗口的开启与闭合间隔极为有限。若企业未能迅速响应，通过及时生产与市场拓展来把握机遇，则此等良机极易被竞争对手捷足先登。资金作为行动的基础，其充足性对于机会的捕捉至关重要，恰如“巧妇难为无米之炊”所喻。因此，创业者在规划融资策略时，需深入预测企业生命周期中各阶段的资金需求，并提前布局，确保资金准备充分。此外，构建多元化的融资渠道储备亦不可或缺，以便在面临非预期创业机会时，能够迅速调集资金，避免错失良机。这一过程体现了对融资管理的精细规划与前瞻布局，是确保企业持续发展与竞争力提升的关键举措。

2. 低成本

融资活动必然伴随着成本支出，这涵盖了利息支付、股权稀释等多种形式，创业者需承担相应费用以获取资金使用权。在条件相当的情况下，创业者应优先选取成本较低的融资渠道，以优化资本结构并提升资金利用效率。此处的融资成本考量，还需综合评估投资者所能贡献的附加值，如管理经验、营销网络、技术资源及社会资本等，某些投资者的加入还可能为企业带来独特的竞争优势或市场背景，这些因素同样不容忽视。

低成本原则的应用，不仅局限于降低每单位融资额的直接成本，更强调融资行为的精准与高效。具体而言，即要求创业者能够准确判断资金需求，并在最佳时机筹集所需资金，从而将外部资金的使用周期缩短至合理范围，避免过度融资所带来的不必要成本负担。因此，在制定融资策略时，创业者需综合考量融资成本与效益，力求在控制成本的同时，确保资金的及时到位与有效运用。

3. 低风险

企业融资活动蕴含风险，特别是在创业初期制定创业计划时，创业者必须全面审视并预测各种潜在的融资障碍，包括因银企关系紧张导致的银行信用额度缩减，以及政策变动可能引发的政府及公共机构资金支持的撤销等不确定性因素。因此,在制定各阶段的融资策略时,企业应优先考虑那些稳定性较高、变动风险较低的融资途径,如抵押贷款等银行信贷方式,而将风险较大、不确定性较高的融资渠道视为备选方案,以应对不时之需。

这一策略意味着,尽管企业可以制定详尽的财务规划,但实施过程需保持灵活性,根据外部环境的变化适时调整。财务计划更多是对长远财务战略的框架性描绘,而具体筹资与投资活动的执行则需紧密结合当前环境进行决策。财务战略的核心价值在于明确融资的方向与优先级,通过预见性规划应对潜在的资金需求,强化现金流管理,确保企业资金链的稳健运行。

总之,融资的黄金法则是:

- 现金为王
- 早得现金比晚得现金好
- 风险较小的现金比风险较大的现金好

案例 8-1

俏江南,资本之殇

24年辛苦创业,最终落得从企业"净身出户"的下场,这便是俏江南创始人张兰的全部故事。如果没有和资本联姻,张兰或许没有机会实践其宏大的抱负,或许至今仅仅维持着小富即安的状态,但至少还能保全她对企业的控制。

1991年张兰怀揣着2万美金回国创业。1992年先后在北京创办了"阿兰餐厅""阿兰烤鸭大酒店""百鸟园花园鱼翅海鲜大酒楼",生意蒸蒸日上。2000年,将创业近10年攒下的6 000万元投资进军中高端餐饮业,"俏江南"餐厅应运而生。2008年的金融危机物价大幅下降,经营成本下降。再加上俏江南中标奥运竞赛场馆餐饮供应服务商,又极大提升了它的品牌知名度。成为俏江南发展的转折点。2007年,俏江南销售额已高达10亿元左右。2009年,财富估值达25亿元。

2008年,张兰引入了国内知名投资方鼎晖投资。鼎晖以2亿元的价格换取了俏江南10%股权,并与张兰签署了对赌协议,如果俏江南不能在2012年实现上市,张兰则需要花高价从鼎晖投资手中回购股份。

2011年3月,俏江南向中国证监会递交A股上市申请,后被证监会披露终止审查。折戟A股之后,2012年4月,俏江南谋划在香港上市,香港上市前途也是一片迷茫。俏江南上市受挫后,鼎晖投资要求张兰按对赌协议高价回购股份,双方发生激烈矛盾冲突。

2014年CVC(CVC Capital Partners)以3亿美元收购俏江南约83%股权后,张兰继续留任俏江南公司主席。谁知时间不到一年,张兰与CVC公司之间的矛盾突然爆发,这次不止于口水战,而是更加硝烟弥漫、措施强硬的法庭诉讼和资产查封。

与多数案例创始人因"对赌"失败而出局不同的是,俏江南从鼎晖融资之后,由于后续发展陷入不利形势,投资协议条款被多米诺式恶性触发:上市夭折触发了股份回购条款,无钱回购导致鼎晖启动领售权条款,公司的出售成为清算事件又触发了清算优先权条款。

日益陷入被动的张兰最终被迫“净身出户”。很显然,张兰的所有困境来自融资,融资的目的是发展,但融资所带来的对赌,则像一把枷锁让张兰陷入了疲于奔命的境地。

二、创业资金需求

尽管一些研究发现大多数新企业并不需要太多的创业资金,太穷和很富有的人自我创业的比例大大低于中产阶层(这里用中产阶层并不是特别准确,它一般是指有一定的收入水平的人,不至于一贫如洗,或者因为生存压力被迫创业),但是,创业者必须知道新企业需要多少资金以及如何有效地使用这些资金,以保证投资从财务上是可行的,即能带来投资回报。

(一) 计算创业所需投资

为一个新企业筹资的时候,首先要确定资金需求。确定所需资金,应考虑三个方面的问题:开办企业所需资金、企业运营所需资金和创业者个人的相关支出。

1. 企业开办资金

要开办企业,创业者就必须明白:企业开办期间,在企业产生收入之前需要一定数量资金用于各种支出。人们把这部分资金称作开办资金。企业开办资金用于两种用途:

- 运营前支出或称投资资本
- 运营前期支出或称营运资本

运营前支出,亦称初始投资资本,是指企业在正式启动运营活动(涵盖贸易、生产制造或提供服务)之前所必须投入的财务资源。此类支出广泛涵盖固定资产购置如土地、厂房建设、机器设备以及办公设备采购等,同时也包括一系列非直接生产性的必要开销:

注册登记费用、基础设施(水、电)接入成本以及开业筹备期间的广告宣传等。以开设餐馆为例,其开办资金不仅涉及餐厅内基础设施如桌椅、烹饪设备、餐具及食材储备等购置费用,还包括房地产租赁或购置成本、营业执照与经营许可证的办理费用,以及菜单印制等营销准备支出。

企业自启动运营之日起,即进入运营前期支出阶段,此阶段将持续至企业销售收入能够覆盖并超越相关运营成本之时。该时间跨度的长短依据企业类型及运营模式的差异而有所不同。具体而言,贸易型企业可能因业务流程相对简洁而使得该阶段短于一个月;而对于制造企业而言,此阶段则可能涵盖从生产启动至首批销售收入入账的整个周期,时长或可延至数月之久。此阶段内发生的所有支出,统称为营运前期支出或营运资本,其核心特征在于其发生的时间节点位于企业正式运营活动之前。

综上所述,两类支出的核心区分标准在于其发生的时序性,即是否发生在企业正式开始运营活动之前。

2. 营运资金

企业在营业初期至盈利稳定前,需投入营运资本以支持运营,包括库存、广告、薪酬、税金、维护、保险、租金和水电费等。餐馆等行业尤需重视资金调配,确保食材采购、人员薪资、税务缴纳及租金等费用的及时支付。准确预估月度资金需求对维持企业财务稳定至关重要。

3. 个人支出

创业者个人生活开销,包括衣食住行、保险医疗及社交娱乐等,需合理规划。因初创企业盈利周期较长,创业者常需兼职或依赖配偶收入来支撑生活开销,以减轻企业财务压力。表 8-3 列出了创业者在创业初期的营运前后所需要支出的部分项目。

表 8-3 创业初期需要支出的一些项目

支出项目	营运前支出	营运后期支出	其他支出
企业注册登记			
员工第一个月的薪酬			
设备购置			
购买原材料			
设备动力线路			
购买商品			
开业宣传			
购置工业区土地			
建筑城郊别墅			
企业所有者第一个月的开销			
两个月的办公用品购置			
动力接入			
购买一辆二手车			
投资研究顾问费			
支付房租			
购置库存			
火灾保险			
员工健康保险			
购买汽车			
促销			
电脑设备			
车间建筑材料			
员工子女学费			
安装电话			

（二）充分估计创业所需资金

通常而言，企业创始人，尤其是年轻创业者，虽普遍意识到购置机械设备及工具的资金需求，却往往忽视开业前诸多其他必要支出，如设备安装费与员工培训费，这些费用在设备投资总额中占据显著比例。此外，证照申请费与保险费用也常被忽略于初期资金规划中，导致总资金需求估算不足。

对于运营资金的预估，创业者亦常存在低估倾向。他们可能乐观预期快速回款，这在某些贸易领域或许成立，但作为零售商，维持一定库存水平以保障商品供应的连续性至关重要。同时，大客户的赊销要求及潜在的延期支付问题亦不容忽视。在制造业领域，营运资金的周转周期显著延长，可能跨越数月之久，进一步加剧了资金管理的复杂性。

若运营资金预估不足，企业即便业务繁忙亦可能陷入困境，如无法按时支付员工薪酬、补充库存，甚至在极端情况下，难以履行银行贷款的还本付息义务。

因此，创业者在制定投资计划时，应采取审慎态度，不仅需将未预见费用纳入考量，并依合理比例分配，还需对运营资金的使用周期作出保守估计，避免预算过于紧凑或低估，以确保企业财务稳健与可持续发展。

（三）创业资金需求预测方法

在创业初期，每位创业者均会遭遇一项核心挑战：如何精准界定新企业启动及初期运营所需的资金规模？尽管精确预测新企业在初创阶段每一时点的资金需求实属不易，但依据实际情况作出尽可能贴近现实的估算则是切实可行的。值得注意的是，不同类型企业的资本需求存在显著差异，高新技术与资金密集型企业往往要求至少数百万级别的启动资本，而服务导向型企业则可能仅需小额启动资金即可启动。

为有效预测资本需求，创业者可采用两种主要策略：① 借鉴行业标准比率作为预测基准；② 结合保本分析与实践经验调查，通过迭代计算以细化资本需求预测。在此过程中，众多银行、行业协会等权威机构发布的行业报告成为宝贵的数据来源，为创业者提供了丰富的参考依据。

具体而言，新企业可遵循以下系统化步骤与方法来预测资金需求并规划未来盈利前景：首先，预先编制财务报表，以全面反映企业的财务状况与经营成果；其次，编制现金流量表，以精准把握企业现金流量的动态变化；最后，进行盈亏平衡分析，以科学评估企业在不同经营水平下的盈利与亏损平衡点。通过上述步骤的实施，创业者能够更为准确地把握新企业的资金需求与盈利潜力，为企业的稳健发展奠定坚实基础。

1. 预编财务报表

在深入剖析创业成本构成与资金运用策略之后，新创企业财务规划的下一核心环节即为构建预期财务报表体系，该体系囊括了创业者对未来盈利与亏损状况的前瞻性预测（通常覆盖三年周期）。这一过程要求创业者精心编制一套预编财务报表，该报表基于详尽的市场调研、消费者行为分析、竞争对手评估、产品研发规划、运营策略及企业综合环境等多维度信息，以实现对新创企业财务绩效的科学预测。

具体而言,预编损益表旨在分析新创企业的预期盈利与亏损状况,为利益相关者提供直观的财务绩效概览;而预编资产负债表则揭示了企业的资本结构,便于投资者进行深入的财务比率分析,从而评估企业的偿债能力、运营效率及盈利能力。

在编制预编财务报表时,创业者需审慎处理两大关键问题。其一,损益表中的盈亏预测高度依赖于对销售量的精准估算,因此,确保财务报表的准确性在很大程度上取决于市场预测的准确性。这强调了创业者进行系统性市场调查的重要性,尽管现有研究表明,初创企业在创立初期往往仅进行有限的市场调研,更多依赖于过往经验与内隐知识,但深入的市场洞察对于提升预测精度至关重要。其二,盈亏预测同样深受成本估算准确性的影响。鉴于人类普遍存在的成本低估倾向及对潜在问题与风险认知不足的现状,创业者需特别注意避免陷入成本超支的陷阱,确保成本估算的严谨性与全面性。

此外,鉴于同一行业内企业间成本与销量间常呈现出较强的相关性,创业者在编制财务报表时,应主动将自身数据与同行业标杆企业进行横向对比,以检验预测数据的合理性与可行性。一个普遍接受的参考标准是,新创企业(按单位销售人员计算)的销售额增长通常不应显著超过行业平均水平的三倍,以避免向潜在投资者传递过于乐观或难以证实的财务预期,进而引发质疑。

2. 现金流量表

创业规划的核心要素之一,在于创业者需清晰理解并阐述“利润与现金非直接等同”的原则。即,一家新创企业即便实现盈利,若缺乏充足的现金储备,亦难以维持运营;反之,即便利润暂未显现,充裕的现金流仍是企业存续的关键。现金流量预测作为一项关键财务工具,旨在量化企业达成既定目标所需的现金量及其时间分布,确保企业在各个运营阶段均能保有必要的资金流动性。现金流量表作为衡量企业某一特定时点现金持有量的量化报告,对于创业者有效管理新企业现金流具有不可替代的作用。若企业现金流量出现负值,则可能面临偿付困境乃至破产风险。

鉴于损益表主要聚焦于企业利润或亏损的核算,而非直接反映现金流入流出情况,因此,单纯依赖损益表进行现金流量管理显得尤为不足。实践中,许多企业在账面上显示盈利,却因现金流管理不善而陷入偿付危机。此现象部分归因于损益表中包含如折旧等非现金性支出,这些支出虽影响利润计算,却不涉及实际现金流的变动。此外,现金流量的时间不匹配问题,即现金流入(如销售收入)与流出(如成本支付)的异步性,尤其是在采用信用销售或延期付款模式时更为显著,进一步加剧了现金流量管理的复杂性。

实际上,现金流量预测与损益表预测构成了一体两面的关系,它们基于共同的数据基础但侧重点各异。损益表揭示了在假设销售与成本即时匹配条件下的盈亏状况;而现金流量分析则聚焦于现实环境中,销售成本先行支出,而收入回收则可能滞后数周乃至数月的情况。这种收支时间差对企业财务管理具有重要意义,尤其是在创业初期及快速成长阶段,妥善管理这种时滞效应对于企业的稳定与发展至关重要。因此,创业者应综合运用现金流量预测与损益表分析,以全面、准确地把握企业财务状况,确保企业稳健前行。

3. 盈亏平衡分析

创业者需要掌握的另外一个工具是盈亏平衡分析,是计算为了支付成本所需的销售数量，也包含如果想增加企业的固定成本需要增加的销售数量。

盈亏平衡状态，用数学公式推导如下：

$TR=TC$

$TR=SP\times Q$

$TC=TFC+TVC$

$TVC=VC\times Q$

因此，$SP\times Q=TFC+VC\times Q$

$SP\times Q-VC\times Q=TFC$

$Q\times(SP-VC)=TFC$

$Q=TFC/(SP-VC)$

其中，*TR*—总利润，*TC*—总成本，*SP*—销售价格，*Q*—销售数量，*TFC*—总固定成本，*TVC*—总变动成本，*VC*—变动成本。

盈亏平衡水平的计算步骤如下：

- 制定（每单位）产品和服务的价格。
- 估算（每单位）产品和服务的变动成本。
- 从销售价格中减去每单位的变动成本来计算（每单位）边际贡献。
- 用销售价格去除（每单位）边际贡献估算边际贡献率。
- 估算企业的固定成本。
- 用边际贡献率去除固定成本来计算盈亏平衡销售量。

三、创业资金来源

在探讨新企业的资金筹措策略时，鉴于其资金来源的多样性与各自特性（包括显著的优势与潜在的局限性），深入了解这些不同渠道及其适用时机显得尤为重要。创业者面临的核心任务之一，即明确界定并评估这些资金来源，以确定在何种情境下它们能最有效地服务于其创业需求。

此外，筹集资金的过程中，创业者需直面一个根本性疑问：创业所需的总资本是否可完全通过借贷方式获得？这一问题的解答深植于融资市场的现实环境之中，因为绝大多数融资机构均要求创业者提供详尽且真实的资金需求预测，作为评估贷款申请的基础。市场经济状况在此亦扮演关键角色，它影响着融资条件的宽松程度及投资者的风险偏好。

尤为值得注意的是，创业者个人的资金投入态度对于吸引外部投资至关重要。若创业者自身缺乏对新企业成功的信心，不愿或仅愿意少量出资，这往往会向潜在的投资机构或个人传递出消极信号，降低其投资意愿。在风险与回报并存的创业领域，投资者的决策往往建立在创业者承诺与投入的直观体现之上。因此，创业者需审慎考虑自身出资比例，以展现对项目的坚定信念与长期承诺，从而增强外部融资的吸引力与成功率。

(一) 创业资金来源

1. 个人资金

个人资金作为创业资本的首要来源,其重要性不言而喻。个人资金指的是创业者个人所持有的、可用于初期创业活动的财务资源,其显著优势在于资金成本低廉、获取便捷且使用期限灵活,往往构成了创业项目启动资金的主要乃至全部构成部分。据学术研究与实证分析揭示,接近70%的创业者倾向于利用自有资金作为其新创企业的首要融资手段。这一现象不仅普遍存在于各类创业活动中,即便是在那些展现出高成长潜力、如荣登美国 Inc. 500 榜单的企业中,其初创阶段的资金筹措也高度依赖于创始人个人的储蓄积累。

图 8-2 直观展示了在青年创业启动资金来源方面,近九成来自个人或家庭积蓄、亲友借贷,来自创投公司及其他渠道较少,整体资金来源较为单一。

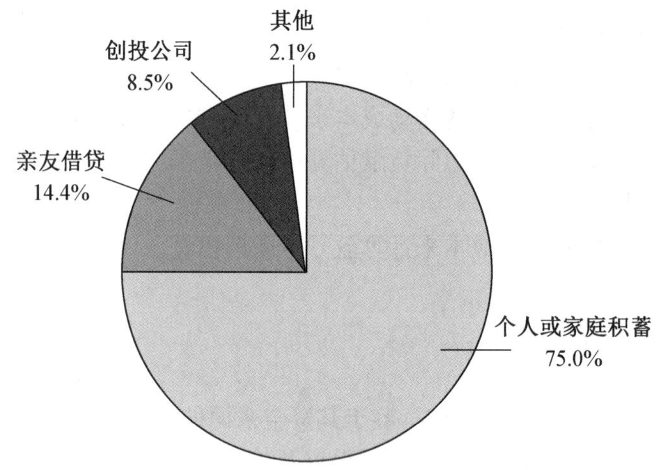

图 8-2　2022 年青年创业启动资金来源①

个人资金在创业过程中的作用不仅是构成启动资金的单一组成部分,其深远影响亦延伸至融资过程中的多方考量。具体而言,创业者的个人资金投入不仅作为风险缓冲,有效分散了外部投资者的潜在风险,还通过直接增加启动资金总额,为企业运营提供了更为坚实的财务基石,从而增强了资金保障的稳定性与可靠性。

此外,创业者个人资金的投入往往被视为一种强烈的信号,不仅彰显了其对项目成功的坚定信念与高度承诺,还激发了创业者自身更为强烈的责任感与使命感。在拥有个人资金参与的背景下,创业者面临更为直接的财务压力与激励,这促使他们倾注更多心力与精力于企业的日常运营与战略规划中,以确保项目的顺利推进与成功实现。因此,创业者个人资金的大量投入,不仅是对项目可行性的有力背书,更是推动其全力以赴、不懈努力

① 数据来源:中国青年创业就业基金会.泽平宏观.

的内在动力源泉。

2. 亲戚朋友借款或者投资

在创业者面临自有资金不足的挑战时，一个常见的解决方案是向亲朋好友寻求资金支持。此类资金来源与个人资金在多个维度上存在相似性，尤其是基于与创业者之间的深厚情感纽带，使得资金获取与使用成本相对较低。一方面，亲情关系的存在减少了交易中的摩擦成本；另一方面，由于亲朋好友对创业者个人及其创业项目有较深了解，双方信息透明度较高，从而有效缓解了风险投资中常见的信息不对称问题。特别是在企业初创阶段，亲朋好友的资金支持显得尤为重要，成为不可或缺的资金来源之一。

在零售、餐饮等众多行业中，尤为显著的是，创业者往往大量依赖家庭成员提供的资金。这种融资方式通常采取非正式形式，基于相互间的信任与承诺，在创业者经济能力恢复后进行偿还。然而，在某些情境下，这种资金筹措也可能采取正式途径，如通过签署期票并支付利息，或是出让企业股份以筹集所需资金。

然而，亲朋好友的资金支持亦伴随其固有的局限性。首要问题在于，由于关系的特殊性，投资者可能过度介入企业管理，即便他们缺乏相关行业知识或经验。创业者可能因顾及情面而难以拒绝其参与，进而影响到管理决策的顺畅执行。若在管理理念或经营策略上产生分歧，可能进一步加剧企业经营的困境。此外，企业内部亲朋好友的过度干预还可能引发外部员工的不公平感与抵触情绪，阻碍优秀人才的发挥与成长。

再者，尽管“亲兄弟，明算账”的古训深入人心，但亲朋好友间的投资往往缺乏明确界定权责利的正式合同，这在企业盈利时易引发利益分配纠纷。因此，多数情况下，此类资金更适宜作为启动资金在创业初期使用，以规避后续可能产生的复杂问题。

3. 天使投资者

天使投资人作为私人个体，专注于为新创企业提供资本支持，其典型群体往往由过往创业者构成。在美国，天使投资人通常对每个新创企业的投资额介于 1 万至 20 万美元之间，倾向于投资地理位置上邻近其工作或居住地点的企业，并对这些企业所处的行业具备深入的了解与认知。相较于风险投资家，天使投资人的投资动机较少单纯受财务利益驱使，这反映在他们所寻求的回报率往往更为温和。除追求经济收益外，众多天使投资人亦将投资新企业视为一种参与创业旅程、分享创业激情与经验的方式，体现了其对于创业过程本身的浓厚兴趣与深度参与愿望。

4. 风险资本

风险资本，作为一种由专业创业投资管理者运作的专项投资资本，其主要形式涵盖专业风险投资公司、风险投资基金以及大企业附属的风险投资机构。其中，专业风险投资公司是指由一名或多名合伙人组成的独立机构，该类机构拥有稳定的注册资本，专注于创业投资领域，展现出高度的专业性与资本管理的稳健性。其核心盈利模式在于通过承担高风险以追求高回报，通常采取股权投资方式介入企业，并在企业成长至上市或股权转让阶段实现资本退出，从而获取收益。

风险投资家则扮演着连接大型机构投资者（如大学捐赠基金、企业养老基金等）与新创企业的桥梁角色,负责募集并分配这些资金。风险投资企业普遍采用有限合伙制架构,设立有限期限(通常为10年)的基金,其中,提供资金的机构投资者作为有限合伙人,其职责仅限于资金投入,不直接参与基金的日常管理与投资决策。

而另一关键角色——普通合伙人,则负责新企业的投资决策与后续管理,他们不仅提供资金支持,还深度参与企业的运营策略制定,包括关键人才识别、市场与供应链构建等关键环节。鉴于风险资本支持的创业企业在公开上市方面的较高成功率,风险投资家与负责首次公开上市(IPO)的投资银行家之间建立了紧密的合作关系,进而助力新企业顺利实现上市目标。

在风险投资基金的回收期末,风险投资企业需将本金及基于投资新企业所获得的增值收益返还给有限合伙人。此外,普通合伙人有权根据约定抽取一定比例的管理费,以补偿其在投资管理与运营支持方面所付出的努力与贡献。

5. 商业银行贷款

通常,银行不直接贷款给创业企业,但在特定条件下会提供资金。例如,当企业有正向现金流且能提供资产担保时,银行可能提供商业贷款。此外,银行也可能为企业设立信用额度,用于短期资金需求。然而,对于年轻企业,银行贷款仍较为稀缺,正向现金流是必要条件。

另外,在以下情况下,银行资金也是创业资金的来源:

- 创业者拥有个人资产抵押
- 创业者拥有银行信用额度
- 政府担保

6. 政府项目

政府及非政府性质的非营利组织同样构成了创业资金不可或缺的重要来源。依据既定的法律法规与政策框架,政府会针对处于特定发展阶段、展现良好发展前景且对特定领域具有显著影响力的创业项目,直接提供财政资助。此类资金的优势在于其相对低廉的使用成本,但通常资金规模有限,且仅限于特定阶段内的使用,旨在精准助力创业项目的关键成长期。

(二)股权融资与债权融资

无论是现有企业还是新企业,融资结构分为两种基本类型:股权融资和债权融资。

1. 股权融资

股权融资是创业者通过让渡企业部分或全部产权以获取资金的方式,其中创业风险投资和二板市场投资多属此类。与债权融资不同,股权融资无需担保品,但需授予投资者企业产权。投资者据此分享企业利润、资产处置权,并可能参与管理,为创业者带来资金外,还附带了网络、信息、人力资源等多方资源,助力风险分散与企业实力增强。然而,股权融资意味着创业者需放弃部分控制权,甚至面临控股权争夺,管理上的协调挑战可能影响效率。因此,创业者多寻求控股权保障,而非单纯追求高额融资。

新企业因现金流不稳定，难以承担债务融资的固定利息支付，更倾向于股权融资。股权融资免除了固定偿付压力，且避免了因信息不对称导致的债务融资下创业者倾向高风险决策的潜在问题。在股权融资中，创业者需与投资者共享成功果实，从而减少了孤注一掷的风险偏好。

在创业者通过股权融资过程中，准确界定公司内在价值是核心，它决定了投资者应获股权份额。评估公司价值需综合考虑多种因素，并审慎分析以确保合理性。创业者与外部投资者的谈判涉及经济利益与伦理道义，需高度谨慎处理。

公司价值评估在风险投资中尤为关键且易引发争议。创业企业高风险与高成长潜力导致评估复杂，即便有定价模型，也因不确定性和信息不对称而受限。创业投资家与企业家在定价上常有分歧，前者悲观审慎，后者乐观预期，因此定价成为协商的核心争议点。双方通过沟通与协商，结合特定需求与行业经验，达成平衡利益的协议。对新创企业定价，常用哈佛商学院DCF方法、市盈率PER资本定价模型及第一芝加哥定价方法。

新企业资金筹集时，量化资金额度至关重要，且受多种因素影响。权益投资者普遍要求年化回报率20%至100%，反映风险与收益关联。高回报率追求源于新企业高风险、投资非流动性、信息不对称、创业者乐观预期及风险投资者提供的全方位支持。影响融资回报率的关键因素包括企业发展阶段、退出策略、控制权偏好及谈判能力。计算资金成本时，风险资本法受欢迎，涵盖预测盈利、参考市盈率、估算终值、计算净现值及确定所有权比例等步骤。投资者期望股权的计算随企业发展而调整。

总体而言，企业估值与交易性质界定基于双方对企业前景与现状的预期。估值方法选择反映了双方对企业未来发展路径的不同预判与风险考量。

2. 债权融资

债权融资，作为创业者通过支付利息获取资金使用权的方式，典型如银行贷款，其本质在于本金与既定利率下利息的双重偿还责任，利息构成融资成本，并可能附带使用条件。此模式下，资金提供者不参与企业风险共担，不享有经营收益，创业者则保有较高股权比例但承担较大风险。创业初期债权融资常需资产抵押，以确保债权人权益。低息环境下，债务融资可提升创业者产权比例与权益回报，但需审慎评估利息支付能力，以免过度负担导致发展受限乃至破产。

股权资源受限时，创业者可考虑债权融资，但贷款机构对风险敏感，偏好信誉良好、计划翔实的借款者。银行贷款门槛高，偏好长期客户，建议创业者提前建立银企关系。贷款申请遭拒时，应理性分析原因，优化后续申请。

贷款审批中，机构关注借款人还款能力、用途、经营状况、资本实力、经营环境、担保物及事业连续性。不同机构贷款程序各异，借款人需明确贷款类型、目的、信用、能力、还款期限、安全性及担保要求，并提交详尽创业计划以证明企业可行性。

流动资金贷款对老客户有利，新企业则需全面展现财务记录与创业计划。创业者应综合考量融资渠道与方式，匹配企业当前与未来需求，避免融资决策失误带来的额外成本与风险。

新企业在早期偶有获得债权融资的机会，形式包括个人资产担保债务（如信用卡、房屋净值贷款)、资产抵押融资及供应商信贷与设备融资,每种方式均基于不同形式的资产或未来收益作为偿还保障。

表 8-4 归纳了股权融资与债权融资的优缺点。

表 8-4 股权融资和债权融资的比较①

融资方式	优点	缺点
股权融资	1. 无需还本付息,资金具有永久性	1. 可能损失自己的现金资产
	2. 有利于企业运营	2. 让出部分利润和所有权
	3. 提高企业资信度和形象,吸引更多投资者	3. 可能增加企业运作的复杂性
	4. 分散财务风险,避免过度负债	4. 可能干扰企业正常的经营管理
	5. 有助于建立较为完善的公司法人治理结构,降低经营风险	5. 只关注资本增值
债权融资	1. 资金成本低,利息可在税前支付,具有税收优势	1. 要负担利息成本
	2. 不分散公司控制权,企业控制权和所有权得到维护	2. 承担未来利润可能不足归还借款的风险
	3. 利用财务杠杆效应,增加股东财富和公司价值(若公司盈利丰厚)	3. 可能导致滥用和浪费资金
	4. 比较容易获得	4. 可能让他人了解企业的保密信息

(三) 影响企业选择融资方式的关键因素

有多种因素影响创业者融资的方式与结构。比如,当创业者渴望企业成为一个具有高成长潜力的新企业时,那么他就会倾向于获取长期的大额外部资金支持,尤其是风险投资。除了创业目标之外,其他影响因素有:资金需求量的大小、融资成本、对控制权的考虑以及企业成长阶段等。

企业融资需要成本,融资成本主要包括利息和股息。利息是创业者使用债务资金的使用成本,通常支付周期较短(按月或者季度),支付金额固定;而股息则是创业者采用股权融资所需的成本,股权融资中,创业者通过转让企业部分产权获得资金,投资者拥有企业部分产权,可以选择将企业利润留在企业之中作为发展的资金,也可以选择分配部分利润。创业者如果没有选择正确的融资组合,很可能背上沉重的融资成本的负担,使企业疲于奔命,无法展开再生产。

通常创业者过于强调融资渠道的有限和融资金额的不足,而对于融资成本考虑不够,"多的总比少的好"误导了很多创业者。很多创业者在银行借了大量的资金,而未仔细计算企业的需求,很多贷款被闲置甚至浪费,而企业却要为这些资金支付利息费用。股权融

① 汪玲莉.股权融资与债权融资对比分析[J].时代经贸,2019(3).

资的成本是股息，虽然股息不像利息那样要无条件定期支付，但股权融资使外部投资者占有了企业的股份，投资者的利润压力使得企业无法进行长期的规划发展，股息的分配使得本可留下作为留存收益支持企业扩张的资金流出，有时股权融资的成本丝毫不亚于债权融资。

从融资成本来看，一般是长期融资成本高于短期融资，但长期融资对企业没有短期偿债的压力，有利于企业的长期运作；而短期融资则比较灵活，但风险较大，很多企业就是因为大量的短期负债无法偿还而破产的。股权融资必须遵循的原则是创业者必须控股，这是创业者不受制于资本的基本保证。

一般来说，评估筹资渠道，应该考虑下面5个方面的问题：① 成本与收益。与贷款的成本相比较，该贷款有什么好处？② 风险。使用哪种贷款风险最低？③ 灵活性和机动性。贷款会降低企业今后再融资和使用经营所得资金的灵活性和机动性吗？④ 控制。所有者对企业的控制权会受到不利影响吗？控制权的削弱会阻碍创业者做出有利于企业利益的决策吗？⑤ 可获得性。哪种渠道的资金容易得到？

成本与收益。评价融资成本通常是看它对企业当前所有者收入可能产生的影响，而不仅仅是企业增加的支出。假设有一个企业要筹集20 000元，那么它是应该按10%的年利率借这笔款呢，还是应该卖出25%的股份来筹集这笔资金？如果借款，每年需支付2 000元的利息，从而减少其税前利润2 000元，即如果原来利润是30 000元，则支付利息后就减少为28 000元。如果采用股权融资，那么投资者需要获取25%的利润，即30 000×25%=7 500元，则创业者的税前利润减少为22 500元。

风险。筹集资金时会有一些风险。延期支付货款有可能导致供应商不满，损害自己的信誉。借来的钱要连本带息归还，所以企业通过借债融来的资金就一定要避免无法履行偿债义务。不能按时偿还债务会带来一系列不良后果，如没收抵押物、被迫破产等。唯一没有风险的企业资金来源就是股权资金，因为股权投资者本身而不是经营者承担了资金风险。

灵活性和机动性。资本的目的是利润，但对利润的过分关注可能会导致企业在扩大赊购规模或购置存货方面过分谨慎，从而错失销售良机。如果把赊购作为主要筹资来源，又常常会导致企业对少数几个供应商的依赖，无法享受来自其他供应商的价格优惠。

控制。内部融资(盘活资产)、借款和使用商业信用不会影响企业所有者对企业的控制。贷款机构(人)一般不参与企业事务，也不像普通股东那样有资格在有限责任公司内行使表决权；而股权投资人通常有资格在一定程度上控制企业运营。

可获得性。通常，企业由于缺乏有效的资金来源而在融资时受到一定的限制。尽管有时某些渠道看起来非常可行，但实际上也只是一个获得资金的途径而已，并不一定真的能够得到。

指标重要性。对每一项资金来源，都要进行成本、风险、机动性、控制性和可获得性评估。在这些因素中，哪个更重要？哪个不那么重要？这要看具体情况。多数情况下，可获得性都是很重要的因素，另外一些时候，则主要考虑成本因素，应在综合考虑各种情况之后做出相应的融资决策。

四、风险投资与融资

(一) 风险资本对中小企业成长的支持作用

依据全美风险投资协会(NVCA)与经济合作与发展组织(OECD)的界定,风险资本(venture capital)本质上是一种追求高额回报的资本形式,它专门投资于那些蕴含高科技含量及展现高度成长潜力的企业。这种投资模式的核心特征——高风险与高收益并存、专注于具有高成长性的中小企业作为投资标的以及根据目标企业发展阶段与具体投资项目的资本需求灵活调整投资规模——自然而然地构建了与高成长性中小企业资本性融资之间的紧密关联。

尽管在庞大的中小企业群体中,仅有约3%至5%的企业展现出高度成长性,但这部分企业却成为风险投资者竞相追逐的焦点。相关数据显示,在美国《有限公司》杂志评选的500强企业中,那些获得风险资本支持的企业普遍展现出内在的高成长性特质。这种高成长性具体体现在以下几个方面:增长速度快;企业规模扩大;创新能力增强;企业持续成长的潜力。

(二) 风险资本融资过程

风险投资作为一种典型的股权融资模式,其融资流程始于创业者向潜在投资者的初步推介。投资者初步评估创业计划时,常依赖对新企业推荐人的了解作为筛选的第一道门槛,随后快速概览计划概要,旨在洞悉企业概况、目标市场、市场需求满足情况及提供的产品与服务。此阶段,约95%的创业计划因未达初步标准而被淘汰。

对于剩余5%的候选计划,投资者将开展更为深入的评估,聚焦于两大核心要素:一是卓越的创业团队,二是具有吸引力的商业机会。在团队评估上,投资者重视创业者的诚信、进取心与创业热情,但更为关键的是团队成员的实战经验,特别是过往创业经历及行业专业知识。

商业机会的评估则侧重于验证企业机会的价值及创业者实现该价值的能力,关键证据包括市场规模、产品市场接受度、战略定位、知识产权保护、生产计划及产品描述等。尤为重要的是,具备显著外部竞争优势(如专利持有)的企业更受青睐,因其无形资产价值易于量化。一旦投资者决定投资意向,将进行尽职调查,这是一项系统性的信息核实过程,涵盖市场与商业模式分析、法律实体结构审查及财务记录核查等多个维度。通过尽职调查后,双方将围绕投资条款进行谈判,核心议题为投资者基于投资所获股权比例。

总体而言,风险投资家对企业或项目的筛选遵循严格的流程,如图8-3所示,确保投资决策的科学性与有效性。

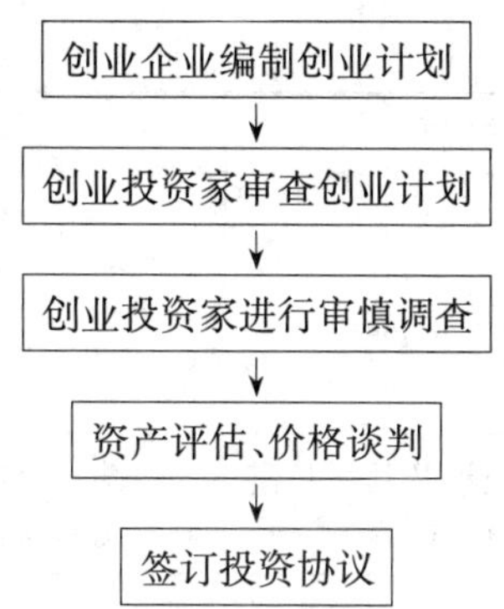

图 8-3　风险投资家对企业或项目的筛选遵循严格的流程

（三）获取风险资金支持的条件

尽管风险投资家群体广泛资助了众多新兴企业，其作为投资者的态度却极为审慎，鲜有企业能够完全符合其严格的融资条件。这类投资者普遍展现出对具备高度成长潜力的企业的高度偏好，如表 8-5 所详尽展示的那样。为赢得风险投资的支持，新兴企业通常需要聚焦于高速发展的行业领域，持有独特的竞争优势，提供市场需求明确且定位精准的产品，同时由一支经验丰富、能力卓越的管理团队领导，并具备明确的未来上市规划，以确保企业成长路径的清晰与可持续。表 8-5 展示了风险投资家想要什么。

表 8-5　风险投资家想要什么①

机会的维度	风险投资家的偏好	理　由
投资规模	300～1 500 万美元	小额投资的交易成本高，但大额投资有风险
团队素质	团队互补性	一个多元化、互补性强的团队能够提升项目的成功概率
产业	高科技	科技提供了风险投资家所要求的高增长率
控制权	控制范围超出拥有的股票份额比例	投资者想要获得对企业发展方向制定决策的权力
所有权	低于 50%	分散风险并保留后续融资空间，同时避免过度干预企业日常运营
竞争优势	独特优势，像专利或排他性合约	构建市场壁垒以维持长期盈利能力，符合风险投资对高回报可持续的需求
退出机制	清晰的退出路径和时间表，如 IPO、并购等	

① 段国华. 国有企业实体投资决策风险研究[J]. 中国总会计师，2021(2).

（续表）

机会的维度	风险投资家的偏好	理　由
管理	有经验的创业者 诚实的团队 能够平衡企业各个方面的互补性团队	
市场	项目所针对的市场规模及其增长潜力是吸引风险投资的重要因素	风险投资家需要容量大而且正在成长的市场以避免直接的竞争
产品	产品和服务能比现有的选择更好地满足明确的市场需求并提供高额毛利润	投资者要确定是否存在一个明确的市场需求,同时确保新企业所带来的选择为顾客转换提供充足的理由

在创业投资的初步阶段,确定适宜的创业模式或项目是至关重要的环节,其抉择直接影响到创业投资的整体成败。由于初始选择若存在根本性缺陷,即便后续阶段运作再精良,亦难逃较高的失败风险。与传统企业及其投资项目相异,创业企业或项目在吸引投资时,面临风险投资家一系列独特的审视标准与评价体系。具体而言,据美国创业投资领域的权威学者 Gerald A. Benjarnin 与 Joel B. Maegulis 所言,评估创业企业或项目时,应重点考量管理团队的素质、市场规模与成熟度、市场竞争力、技术产权状况、产品或服务的运营稳定性、成本效益分析中的盈利潜力、资本结构强度、定价策略以及退出规划等多个维度。

此外,美中创业投资协会主席米勒先生进一步强调了筛选创业企业项目的四大核心原则:首先,技术领先虽为重要,但企业的未来成长潜力更为关键;其次,企业需紧密贴合市场需求,创新开发产品;第三,企业需清晰规划各发展阶段所需的资金量,并展现持续吸引投资的能力,对未来两至三年的资金需求做出合理预估;最后,拥有合适的团队结构及卓越的领导者也是不可或缺的要素。

美国的 Wells、Poindexter 与 Tyebjee 和 Bruno 分别在 1974 年、1976 年和 1984 年对创业投资家在投资决策时所选用的评估指标进行了调查,调查结果如表 8-6 所示。从表 8-6 不难看出,管理层素质是创业投资家投资决策的首选,其次是产品市场增长情况和投资回报率。

表 8-6　创业投资机构评估指标

Well(1974)		Poindexter(1976)	Tyebjee 和 Bruno(1984)	
因素	平均权重	按重要性顺序排列的评估指标	因素	频数(%)
管理层的承诺	10.0	1. 管理层的素质	1. 管理层技能和历史	89
产品	8.8	2. 期望收益率	2. 市场规模/增长	50
市场	8.3	3. 期望风险	3. 回报率	46

（续表）

Well(1974)		Poindexter(1976)	Tyebjee 和 Bruno(1984)	
因素	平均权重	按重要性顺序排列的评估指标	因素	频数(%)
营销技能	8.2	4. 权益比例	4. 市场位置	20
工程技能	7.4	5. 管理层在企业中的利害关系	5. 财务历史	11
营销计划	7.2	6. 保护投资者权利的财务条款	6. 企业所在地	11
财务技能	6.4	7. 企业发展战略	7. 增长潜力	11
制造技能	6.2	8. 限制性内容	8. 进入壁垒	11
参考	5.9	9. 利率或红利率	9. 投资规模	9
其他交易参与者	5.0	10. 现在资本	10. 行业/经验	7
行业/技术	4.2	11. 投资者的控制	11. 企业阶段	4
变现方法	2.3	12. 税收考虑	12. 创业家利害关系	4

纽约大学企业研究中心针对当地区域内100家创业投资机构开展的深入研究，聚焦于其投资决策过程的实证分析表明，在筛选潜在的创业企业或项目时，创业投资家首要评估的是创业企业家个人所展现出的、能够支撑其长期不懈努力的内在特质与能力。紧随其后的是创业者对其目标市场的深入理解和精准把握，这被视为投资决策中的另一重要考量因素。此外，预期在5至10年内实现至少10倍的投资回报率，以及创业企业家过往成功领导经历的证据，也显著地影响着投资家的决策偏好。表8-7详尽列出了该调查所揭示的，创业投资家在选择投资对象时最为重视的前十大评估维度。

表8-7　前10项投资评估时考虑的因素

投资评估时所考虑的因素	被调查者反复提到的次数(最多100次)
1. 创业企业家自身具有支撑其持续奋斗的禀赋	64
2. 创业企业家非常熟悉企业自身的目标市场	62
3. 在5～10年内至少能获得10倍回报	50
4. 证明创业企业家过去具有很强的领导能力	50
5. 风险评估反映良好	48
6. 投资具有流动性	44
7. 可观的市场增长前景	43
8. 与创业企业有关的历史记录良好	37
9. 对企业的表述清楚明了	31
10. 具有财产保全措施	29

案例 8-2

高筑墙,广积粮:摩拜单车的创业融资策略①

2017 年 4 月 22 日,世界地球日,摩拜创始人胡玮炜满面笑容地推着一款名叫“风轻扬”单车亮相摩拜进入城市一周年庆的会场,为了体现单车的轻巧,她甚至表情轻松地把车举了起来。2 年,仅仅只有 2 年,作为一个 80 后的女子,就把一个企业从 0 做到了 100 亿估值,完成了从 0 位数暴增到 11 位数的逆袭。摩拜单车在快速成长过程中成为资本的宠儿,每天都有各种各样的投资人找上门来,希望能投资摩拜单车。面对众多的投资人,选谁不选谁,怎么跟他们谈判,开口要多少钱,胡玮炜需要理出一个头绪。

可是也仅仅是在 2 年前,2015 年夏天,那个时候摩拜单车的产品模型设计还没有完成,智能锁结构出了问题,时间、精力和资金都消耗了很多了,一起发起项目的陈腾蛟在预估了项目的难度后选择退出摩拜单车,联合创始人张岩也放弃 10%的股权离开公司。胡玮炜用完了整个团队出资的所有钱,账面上已经没钱,大家开始商量怎么垫钱,或者到哪里找民间借贷。此时,胡玮炜陷入了弹尽粮绝、人心涣散的窘境。

初创期融资策略

在摩拜单车的初创阶段,公司面临资金短缺和产品研发的双重挑战。胡玮炜团队为了实现随借随停、扫码开锁、手机支付等功能,不得不设计一种全新的智能锁。这一过程中,团队经历了五代设计的失败与改进,最终成功开发出内置 GPS 与 GSM 通信模块的智能锁,为后续的量产和运营奠定了基础。然而,这一阶段公司资金紧张,胡玮炜通过各种途径寻找投资人,最终成功引入了关键的投资机构,为公司注入了第一笔重要的资金。

成长期融资策略

随着摩拜单车的快速发展,公司进入了成长期,融资需求也随之增加。在这个阶段,摩拜单车凭借其创新的产品和独特的商业模式,吸引了众多投资机构的关注。公司不仅成功吸引了像愉悦资本、贝塔斯曼亚洲投资基金(BAI)等知名投资机构的青睐,还通过多轮融资进一步壮大了公司的资本实力。这些资金为公司进一步扩大市场份额、提升技术实力、完善运营体系提供了有力支持。

竞争期融资策略

在共享单车行业的激烈竞争阶段,摩拜单车面临着来自竞争对手的巨大压力。为了保持市场领先地位,公司采取了多样化的融资策略。一方面,公司继续吸引风险投资机构的投资,通过股权融资等方式筹集资金;另一方面,公司也积极寻求与其他企业的合作与并购机会,以拓展业务范围和增强市场竞争力。

---

① 资料来源:中国管理案例共享中心 2018 百优案例。

问题思考

1. 摩拜单车在初创期和成长期分别采取了哪些融资策略？这些策略对公司的发展产生了哪些影响？

2. 在共享单车行业的竞争期，摩拜单车如何通过融资策略保持市场领先地位？这些策略对其他创业公司有哪些启示？

第三节　创业资源管理

一、创业资源盘点与规划

（一）企业资源的特征

能够用于为社会创造价值的人力、物质、权力、知识以及信息都可以是企业的资源。

1. 资源的维度与特性

（1）通用性

通用性描述了一种资源用途的宽广程度。

资金是最为通用的资源，它可以被配置到许多场景，可以独立存在，也可以转变为其他资产。相对而言，钢铁冶炼设备的用途就很少，我们称之为专用资产。

通用性资源的价值稳定但收益率较低，专用性资源则是高收益高风险。创业过程通常是将通用性资源转变为专用性资源的过程，也是将低风险低收益资产转变为高风险高收益资产的过程。

（2）有形性和无形性

有形的资源通常比较容易构建和交易，例如厂房、土地、机器设备等。

无形的资源难以构建和交易，例如企业文化、品牌声誉、公共关系、组织知识等。

（3）价值易变性

资源的价值取决于其带来的未来收益，由于市场持续变动，资源的价值也就不断地变动。

有一些资源的价值易变性很高，例如专利、机器等，而另一些的价值则是相对稳定，例如黄金等。

创业者要重点关注和管理价值易变的资源，这包括人力资源、品牌、技术等。

（4）结构性

资源包含的要素及其相互关系如果是稳定且易于分析，该资源的结构性就强，反之，则资源的结构性较弱。

通常，有形性高的资源结构性也较强，因此比较容易构建和管理，也容易发挥正常功能（如厂房、机器设备等）。

无形资源的结构难以展示,也就更难以构建和复制(如企业文化、战略、商业模式等)。

资源之间是否建立了稳定的结构关系并成为一个有机整体,是衡量创业成功的指标之一。

创业过程,就是要将之前并无联系的资源整合成为有紧密和固定联系的资源有机体(如人力资源)。

2. 自有资源和外部资源

在探讨资源归属的自有与外部之分时,其核心判别标准在于资源配置的决策权是否掌握在创业团队手中。创业资源管理策略的核心,旨在有效吸纳并整合广泛的外部资源于企业内部,通过资源的优化配置实现价值创造。

对于外部资源的配置权,其获取途径通常依赖于交换机制,即资源拥有者通过让渡其资源的当前使用权,以换取某种形式的未来利益承诺。这一过程构成了多数创业者获取关键资源的关键策略,其中,股权分配作为一种典型方式,允许创业者以企业未来价值的潜在增长为交换条件,吸引并锁定外部资源。

创业者通过构建一种基于未来价值预期的交换框架,成功地将对未来价值的预期权力转化为当前资源获取的筹码,从而构建了一个由利益相关者组成的联盟。这一联盟的形成,实质上促进了大量原本处于企业外部的资源向内部资源的转化,为企业的成长与发展奠定了坚实的资源基础。

在此过程中,创业者将企业未来的价值潜力作为交换现实资源的核心筹码,其成功的关键在于能否让资源拥有者确信企业未来的价值实现具有高度的可行性和确定性。这要求创业者不仅须具备敏锐的市场洞察力和机会识别能力,还需展现出卓越的资源配置策略与令人信服、切实可行的商业规划,以激发资源拥有者的信心与合作意愿。

(二) 创业关键资源①

1. 按资源性质分类

- 人力资源,指创业团队及员工所拥有的知识、技能、经验和创新能力等。
- 资本资源,包括启动资金、运营资金、风险投资和各类融资等。
- 技术资源,涵盖专利、专有技术、研发能力、技术创新能力等。
- 信息资源,涉及市场信息、行业趋势、竞争对手情报、政策信息等。
- 管理资源,包括组织结构、管理制度、企业文化、品牌声誉等。
- 环境资源,如地理位置、政策环境、市场环境、自然资源等。

2. 按资源来源分类

- 自有资源,指创业者或团队自身所拥有的资源,如资金、技术、创业机会信息、自建营销网络、受控物质资源或管理能力、管理组织等。

---

① 顾桥. 中小企业创业资源的理论研究. 武汉理工大学,2005-07-20.

● 外部资源，指创业者或团队通过外部途径获取的资源，包括亲戚朋友、同学、同事、生意伙伴或其他投资人的社会关系和资源，可以借用的人、钱、空间、设备或其他原材料等。

3. 按资源形态分类

● 有形资源，如设备、场地、原材料等可以量化的物质资源。

● 无形资源，如品牌、专利、技术秘密、商誉、企业文化等难以量化的非物质资源。

（三）创业过程与资源

创业过程实质上是获取资源并按计划实施资源转化的过程，其目的是形成企业的独特价值创造能力。

创业运营的过程，是让各种资源相互融合，产生专用性资产，形成资产之间稳定结构的过程。

在创业过程中，创业者将人力资源、物质资源以及知识资源加以整合运作，实现了资源的相互融合并创造出新的组织知识、企业文化等资源，形成了企业的核心竞争力。

（四）资源盘点与规划

资源盘点是指系统性地清查与统计当前组织已持有的资源。此过程要求创业者详尽地编制一份资源清单，该清单应详尽记录每项资源的名称、具体数量及其市场估值。在盘点过程中，创业者可依据资源对于组织目标达成的重要性进行层次化分类，以便更有效地管理与利用。

资源规划则是针对未来所需或拟构建的资源所进行的前瞻性筹划。对于创业者而言，核心资源的构建至关重要，这通常涵盖客户资源、人力资源以及技术资源等关键要素。

在成功完成资源盘点与规划后，创业者需进一步制定资源获取策略，旨在将外部资源有效引入组织内部，并致力于创造具有独特竞争优势的自有资源，以推动企业的持续发展与壮大。

二、资源获取与整合策略

（一）资源获取

1. 资源获取策略

在全球经济体系中，鲜有资源是完全无偿提供的，创业者欲获取某一资源，往往需以自身所持有的另一资源作为交换。对于创业者而言，其最为珍贵的资源莫过于其创业构想及其展现出的将该构想转化为现实的高潜力。

创业成功所带来的巨大价值，通常通过企业股权的增值得以体现。当创业者能够向资源提供者展示企业未来成功的广阔前景及相应的股权价值时，他们便拥有了可用于交换的关键资源——创业企业的股权与潜在的债权。

资源拥有者在评估创业企业未来价值时,通常会综合考虑创业者当前已掌握的资源基础及其已实现的阶段性成果。在创业初期,由于业绩有限且成功概率相对较低,外部资源拥有者往往对企业估值持谨慎态度,导致创业者需以较大比例的股权来换取相对有限的资源,这增加了股权稀释的风险。

然而,随着创业进程的推进,短期目标的逐一实现将显著提升创业成功的概率,进而促使企业估值迅速攀升。在此阶段,创业者获取资源的成本将显著降低,因为相同数量的资源现在仅需较少比例的股权即可换取,这为企业的后续发展提供了更为有利的融资条件。

图 8-4 展示了阿里巴巴 2018 年的股权结构:

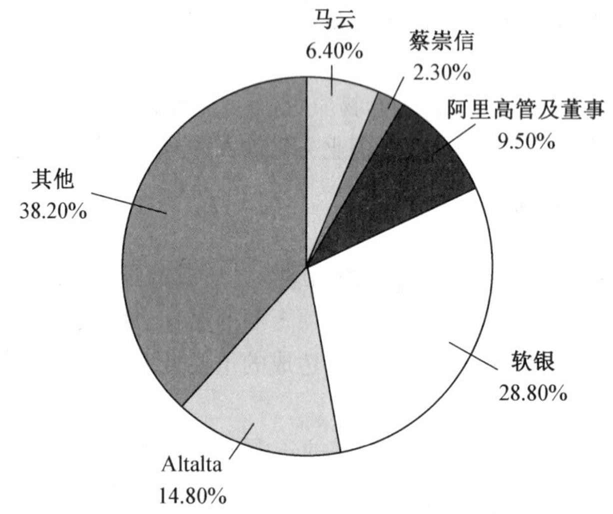

图 8-4　阿里巴巴 2018 年股权结构①

小步快跑策略(渐进的资源获取策略,每一次获取的资源都应该只用于一个短期的目标)有助于创业者降低资源获取成本,但需要建立与投资者更为密切和广泛的联系。

不断向潜在的资源提供者传递创业项目的进展信息,这有助于提升资源提供者对创业项目的兴趣和估值,也就能够帮助创业者获得更多的创业资源。

创业者应该建立常规的沟通计划,持续寻找资源提供者,并不断与他们沟通,由此增强自身的资源获取能力。

2. 获取初始资源

创业者首要的任务是获取知识资源,这一资源范畴广泛涵盖了行业现状、产品创新动态、市场需求变迁等多个维度。通过系统性地研究与分析行业发展趋势,创业者能够敏锐地洞察并识别出潜在的优质创业机遇。

为了有效获取行业知识,创业者应采取主动策略,积极构建与行业内人士的社交网

① 资料来源:阿里巴巴集团发布的 2018 财年年报。

络，以积累宝贵的人脉资源。这包括但不限于积极参与行业内的各类专业展览、研讨会及会议，同时在行业期刊、论坛等平台上分享与展示自身的专业知识与研究成果，以此提升个人及企业的行业影响力。

在此过程中，创业者应尤为注重识别并重点培养潜在的合作伙伴关系。通过深化与行业内关键人物的交流与互动，创业者可以逐步建立起紧密的人际联系，为未来合作奠定坚实的基础，从而更有效地整合资源，推动创业项目的顺利实施与发展。

3. 寻找创业合伙人

一个卓越的合伙人团队通常展现出三大核心特征：

共享的基本价值观与共同愿景：团队成员间持有相似的基础价值观体系，能够凝聚成一致的长期发展目标与愿景，为合作奠定坚实的思想基础。

多样化的才能与互补性：每位合伙人皆具备独特的专业技能或优势，这些才能相互补充形成合力，共同推动团队向更高层次发展。

宽广的胸怀与长期视角：团队成员展现出高度的包容性与耐心，能够忍受创业初期的种种挑战与艰辛，不局限于短期利益得失，而是着眼于长远的发展与成就。

鉴于此，创业者应当投入充足的时间与精力，致力于寻找并组建这样一支理想的合伙人队伍。在寻找过程中，创业者可以从自身社交网络中已建立信任关系的个体入手，同时也不应忽视通过专业猎头服务或其他渠道，从更广泛的范围内筛选具备潜力的陌生候选人，以确保能够吸引到最合适的合作伙伴。

4. 获取资金资源

在创业实践中，资金筹措往往被视为创业者的首要战略考量。为实现这一目标，创业者普遍采用两种核心交换机制：股权融资与债权融资。股权融资赋予投资者按约定比例分享企业未来自由现金流的权利，而债权融资则要求创业者在未来特定时点偿付利息及本金，形成明确的债权债务关系。

通常而言，以银行为代表的债权提供方对新创企业持谨慎态度，因其倾向于要求充足的资产抵押作为贷款发放的前提，而新创企业往往难以满足这一条件。另一方面，股权融资亦非易事，即便创业者提出股权出售的意愿，也未必能立即吸引投资者的蜂拥而入。成功吸引投资的关键在于创业者能否提供确凿有力的证据，充分证明其创业项目具有实现高额回报的潜力，从而赢得投资者的信心与青睐。

进一步而言，投资者对创业企业价值的评估过程深受创业者所传递信息的质量与有效性影响。信息传递的效果，在很大程度上取决于投资者对创业者及其项目的信任程度，这种信任构成了双方合作与谈判的重要基石。因此，创业者需精心构建并传达其项目的独特价值、市场前景及盈利潜力，以增进投资者的信任感，进而促进资金的有效获取。

5. 获取初始用户资源

在产品开发并行的过程中，创业企业面临的首要资源需求聚焦于用户的获取，其中，精准识别并发展种子用户成为至关重要的一环。种子用户以其独特的影响力为核心特征，具备吸引众多客户并塑造客户社群文化的能力。在网络生态中，优质种子用户不仅高频使用产品，还积极参与产品社群活动，发表见解，激发广泛讨论与互动，成为社群活跃的驱动力。

鉴于每个产品均服务于特定用户群体，识别并定位种子用户的首要步骤在于深入分析并锁定潜在用户的聚集平台（如微博、知乎、豆瓣等网络社群）。值得注意的是，对种子用户的策略应超越单纯的销售推广，转而注重建立深厚的情感连接与信任基础，避免过度推销可能带来的反感。

创业企业应充分利用种子用户的三大价值维度：一是通过他们获取对产品体验的真实、直接反馈；二是汲取其在产品优化方面的深刻见解与宝贵建议；三是发挥其在网络社群中的引领作用，通过鼓励讨论、策划活动等方式，营造积极向上的社群氛围，促进用户之间的交流与互动，进一步巩固并扩大用户基础。

6. 技术资源获取

技术是产品高效生产的核心驱动力，同时也是决定生产成本的关键因素之一。技术领域的革新与突破，构成了社会经济发展的关键推动力。具体而言，技术作为一种系统化的知识体系，广泛嵌入于技术专家、资深工匠、先进设备以及优化生产流程等多个维度之中。掌握或发展一项技术，本质上是一个持续性的组织学习与实践过程，团队在适宜的环境下，不仅能够习得现有技术体系，更能够在此基础上进行深化与拓展，实现技术的迭代升级。

对于创业者而言，深刻理解并把握行业技术发展趋势至关重要。为实现这一目标，将具有行业影响力的技术专家纳入创业团队之中，是获取前沿技术洞察与指导的有效途径。此外，创业者应维持对科技新闻与报道的高度敏感性，以便及时捕捉技术领域的最新进展与动态。同时，与高等院校及科研机构建立稳固的合作关系，不仅是获取创新技术资源的宝贵渠道，也是促进产学研深度融合、加速科技成果转化的重要策略。

（二）整合资源的主要策略

策略一：步步为营与资源拼凑

1. 步步为营[①]

（1）缺乏资源是一种优势

专门研究创业与成长型中小企业的《公司》（Inc.）杂志在 2002 年 2 月刊上发表了题为“零起步”（start with nothing）的报道性文章，介绍了一位名为格雷格·简福蒂（Greg Gianforte）的创业者结合自身创业经历对创业的观点。简福蒂认为：

- 少资金、设备、雇员甚至缺少产品，实际上是一个巨大的优势，因为这会迫使创业者依靠自有资源精力集中于销售进而为企业带来现金。
- 为了让公司坚持下去，创业者在每个阶段都要问自己，他们怎样才能用更少的资源

① 杰弗里·康沃尔. 步步为营：白手起家之道. 陈寒松译. 机械工业出版社，2009.

获得更多的利益。

(2) 步步为营，节俭使用

- “bootstrapping”一词本意是“靴子的鞋带”，渐变成了“自助、不求人”的意思。
- 主要指在缺乏资源的情况下，创业者分多个阶段投入资源并且在每个阶段或决策点投入最少的资源，也被称为“步步为营”。
- 不仅适合小微企业，同样适用于高成长企业、高潜力企业。

图 8 - 5 展示了步步为营策略如何达到收支平衡：

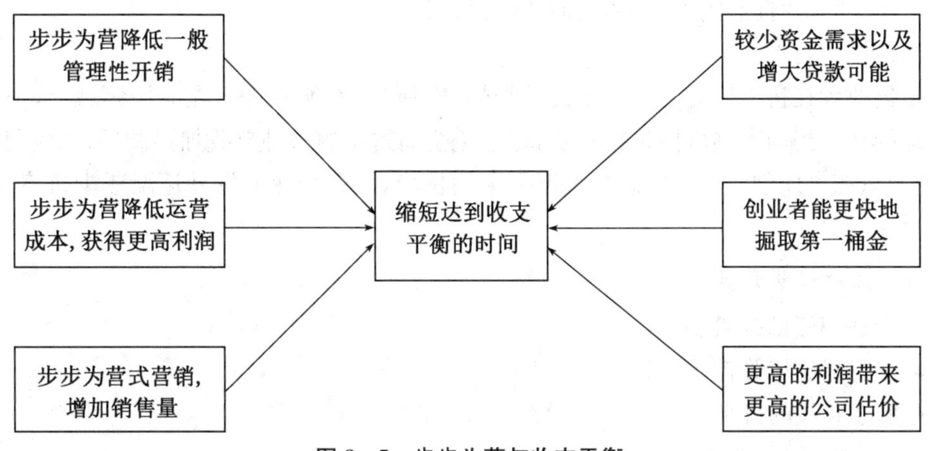

图 8 - 5　步步为营与收支平衡

杰弗里·康沃尔总结步步为营的 9 条理由：

- 企业不可能获得来自银行家或投资者的资金
- 新创建企业所需外部资金来源受到限制
- 创业者推迟使用外部资金的要求
- 创业者自己掌控企业全部所有权的愿望
- 风险最小化的一种方式
- 创造一个更高效的企业
- 使自己看起来“强大”以便争夺顾客
- 为创业者在企业中增加收入和财富
- 审慎控制和管理的价值理念

2. 资源拼凑

在资源受限的环境下，创业者展现出非凡的能力，即能够识别并有效利用手头已存资源，这些资源在常规视角下或许被视为无用或废弃之物。他们凭借个人经验、专业技能及创新思维，将这些资源创造性地整合起来，从而创造出独具特色的服务与价值，达成新的目标。这一现象，学术上常通过“拼凑”(bricolage)这一概念来精准描述，它凸显了创业者在资源利用方面的独特策略与非凡创造力。

(1) 全面拼凑和选择性拼凑

全面拼凑

指创业者在物质资源、人力资源、技术资源、制度规范和顾客市场等诸多方面长期使用拼凑方法,在企业现金流步入稳定后依然没有停止拼凑的行为。

- 往往过分重视"零碎",经常收集储存各种工具、材料、二手旧货等;
- 偏重个人技术、能力和经验;不太遵守工艺标准、行业规范、规章制度;
- 不遵守在社会网络中的传统角色,顾客、供应商、雇员、亲戚、朋友等角色都是可以互换的,并且形成了一种"互动强化模式"。

选择性拼凑

指创业者在拼凑行为上有一定的选择性,有所为,有所不为。在应用领域上,他们往往只选择在一到两个领域内进行拼凑,以避免全面拼凑的那种自我加强循环;在应用时间上,他们只在早期创业资源紧缺的情况下采用拼凑,随着企业的发展逐渐减少拼凑,甚至到最后完全放弃。

(2) 整合外部资源

整合外部资源的机制

- 识别利益相关者及其利益
- 构建共赢的机制
- 维持信任,长期合作

资源整合原则

- 尽可能多地搜寻出利益相关者
- 识别利益相关者的利益所在,寻找共同利益
- 共同利益的实现需要共赢的利益机制做保证,共赢多数情况下难以同时赢,更多是先后赢,创业者要设计出让利益相关者感觉到赢而且是优先赢的机制
- 沟通是创业者与利益相关者之间相互了解的重要手段,信任关系的建立有助于资源整合,降低风险,扩大收益

三、塑造核心资源和竞争力

(一) 核心资源

企业的核心资源是指那些能够赋予企业独特竞争优势的要素。

首先,这些核心资源必须为顾客带来显著的价值,包括提升产品的品质、降低生产成本或提高服务效率,从而满足市场需求并超越客户期望。

其次,核心资源应具备稀缺性特征,即它们并非普遍可得,而是特定于少数企业或难以轻易被其他竞争者所获取。这种稀缺性为企业构筑了防御壁垒,防止了市场进入门槛低和竞争同质化。

再者，核心资源的构建往往伴随着高度的复杂性和独特性，使得其他企业难以模仿或复制。这种难以模仿性确保了企业长期保持其竞争优势的可持续性。

因此，对于创业者而言，明确识别并确定自身所需的核心资源是至关重要的。在识别出这些资源后，创业者应把握有利时机，积极投入资源以构建并强化自身的核心资源体系，从而为企业奠定坚实的竞争基础。

（二）品牌与渠道资源

品牌构建根植于消费者对企业及其产品的主观认知与情感联结，当创业者成功通过多元渠道促使广大消费者形成正向的品牌认同与情感共鸣，进而在消费决策中倾向于选择该品牌产品时，品牌便得以确立。

消费者对品牌的认知与情感构建主要基于两大维度：一是通过媒体渠道接收的信息所塑造的品牌形象；二是直接购买与使用过程中获得的亲身体验。鉴于当前消费者对消费体验的日益重视，企业应尤为关注产品交付及使用过程中的顾客沟通，以深化品牌与消费者之间的情感纽带。

渠道作为企业与终端消费者之间的桥梁，其构建需紧密围绕产品特性与目标顾客群体特征，创业者应构建综合性的顾客沟通与交易体系，充分利用互联网等现代技术手段，以最大化实现与潜在客户的连接与互动，从而推动品牌价值的广泛传播与深化。

（三）企业的组织资产与文化

卓越的创业团队在奠定企业初创资产基石的同时，也精心构建了高效的组织架构与团队，并孕育了独特的企业文化。组织资产，即组织资本，涵盖了组织创建与运营历程中积淀的集体信念体系、实践经验、组织架构、操作惯例及规章制度等综合性要素。

组织资产的累积是一个动态且持续的过程，其核心塑造机制包括集体学习活动（如培训）、绩效目标的明确设定与评估以及基于绩效的奖惩机制实施。这些活动共同促进了组织资产的深化与丰富。

企业文化的精髓在于创业者秉持的核心价值观，这些价值观体现在创业者对待顾客、产品、员工、竞争对手及社会的言谈举止之中，构成了企业文化的灵魂。

当这些价值观被正式纳入企业的绩效管理体系，作为奖惩标准予以实施，并通过持续的奖惩实践不断强化时，企业文化便得以巩固并深化为强文化，进而成为提升企业竞争力的关键驱动力。

（四）研发团队

企业的持续竞争力核心在于其产品与技术的研发能力。产品研发团队承担着从创意孵化、概念形成、市场调研，到产品设计、开发直至市场推广的全链条任务。

在此过程中，研发团队领导者的角色至关重要，通常由创业者或核心合伙人担任，他们负责确立产品与技术发展的战略方向，确保研发活动紧密贴合市场需求，并激励团队成员高效协作。

此外,研发团队还需致力于培养新的领导者,这一核心职能对于维持团队的持续创新力和竞争力尤为关键。通过不断发掘和培养新的领导者,创业企业的研发团队能够持续强化其作为核心竞争力源泉的地位。

(五)建立资源壁垒

在创业过程中,当创新性产品展现出广阔市场前景时,限制竞争强度成为亟待解决的问题。为减缓竞争者涌入速度,创业者需积极构建资源壁垒。

首要任务是深入分析产品服务所依赖资源的价值特性与供给态势。针对高价值且供给稀缺的外部资源,创业企业应采取多元化策略以获取其独占权。同时,内部资源中,创新知识与技术作为核心价值源泉,是构建壁垒的关键要素。

进一步,资源壁垒的构建往往是多种资源协同作用的结果。创业初期,聚焦于解决用户痛点至关重要;随着产品被市场接受,企业可借势传递自身价值理念与品牌形象,逐步构筑品牌壁垒。

最终,创业企业内部组织建设亦不容忽视,它是创造与整合各类资源的重要基石。一个充满活力、拥有高效且受推崇核心文化的组织,能够吸引并留住精英人才,促进营销与产品开发的持续创新,从而在产品差异化与价格竞争力上占据先机。

本章案例

赛桥生物的高科技创业的融资历程

体验式学习活动

资源整合与价值创造模拟

活动目标

—帮助学生理解如何识别并有效整合多种创业资源以解决创业中的实际问题。

—培养学生的沟通、谈判能力和创新性思维。

目标群体

—创业管理课程的大学生或创业者

—对创业资源管理有兴趣的学生

活动流程

1. 导入与理论讲解

—教师讲解创业资源的类型(如人力、技术、财务、信息资源)及其在创业中的重要性,特别强调资源整合如何为创业带来额外价值。

—简要介绍资源整合策略和实际案例,展示资源整合在市场竞争中如何起到杠杆作用。

2. 组建团队与角色分配

将学生分为小组,每组3～5人。为每组分配不同角色(如资源分析员、战略规划员、财务经理等),确保每个小组都具备全面的角色分工。

3. 资源整合模拟

—资源卡片分发:每组获得一组资源卡片,包括有限的“初始资金”“初步人脉”“信息资源”和若干“模拟资金”。资源卡片分成不同类别,数量有限。

—场景设置:每组需要完成一个“创业项目”(如新型环保产品的推广),并利用手中的资源卡片及模拟资金,设法从“资源市场”中获取其他必要资源。

—资源交换与谈判:小组可以通过资源交换、谈判或合作,去获取资源市场中的稀缺资源(如高端人脉、技术支持等)。

—突发事件卡片:教师每隔20分钟分发一张“突发事件卡片”(如市场变化、资金缩减、合作伙伴退出),要求团队立即调整资源配置和策略。

4. 成果展示与反馈

—每组在白板上展示其资源整合方案和创业项目的最终成果,说明如何通过资源整合应对突发事件,达成预期目标。

—教师和其他组员对每组的方案进行点评,从资源配置合理性、创新性、应变能力等方面给出反馈,并评选最佳方案。

材料与资源

—资源卡片(资金、人脉、信息等)

—突发事件卡片(如市场波动、法律变更等)

—白板和标记笔用于展示方案

评估方式

—基于各组的展示内容、资源整合的合理性、应对突发事件的灵活性进行打分

—教师和同学提供反馈与评价

本章要点

企业的竞争优势来源于企业拥有和控制的有价值的、稀缺的、难以模仿并不可替代的异质性资源。不同的创业活动具有不同的创业资源需求。

能够用于为社会创造价值的人力、物质、权力、知识以及信息都可以是企业的资源。而创业资源与一般商业资源的差异在于:创业资源是经由创业者开发利用而具有新效用,能获得新价值甚至是超额利润,具有异质性的商业资源。创业资源包括有形资源和无形资源,无形资源往往是撬动有形资源的重要杠杆。

对于创业者而言,其最为珍贵的资源莫过于其创业构想及其展现出的将该构想转化为现实的高潜力。影响创业资源获取的首要因素是创业者自身的素质和能力,尤其是创业者的资源禀赋、资源整合能力和信息获取能力。创业资源获取的关键往往取决于软实力。除此之外,寻找合伙人、获取初始用户资源、资金源泉、技术资源等均会影响创业企业的发展。

创业融资是创业管理的关键内容,在创业企业成长的不同阶段具有不同的侧重点和要求。不确定性和信息不对称是创业融资难的关键影响因素。

正确测算创业所需资金有利于确定筹资数额,降低资金成本。创业不同阶段对融资需求是不相同的,融资结构安排中最重要的是如何均衡股权融资与债权融资,同时要合理确定融资规模和融资期限。

创业融资的主要渠道包括自我融资、亲朋好友融资、天使投资、风险投资、商业银行贷款、担保机构融资和政府创业扶持基金等。创业融资不只是一个技术问题,还是一个社会问题,应从建立个人信用、积累社会资本、撰写创业计划、测算不同创业阶段的资金需求量等方面做好准备。

大多数创业者难以整合到充足的创业所需资源,成功的创业企业着眼于最大效率使用资源并控制资源,而不是贪图完全拥有资源。开发创业资源是有效利用创业资源的重要途径,开发创业资源表现为一些独特的创业行为。创业资源开发过程分解为资源识别、资源获取、资源整合和资源利用四个环节,由于创业者和创业团队资源开发的能力和经验都相对薄弱,因此资源开发不仅需要量力而行、更需要创造性获取、整合和利用。

重要概念

创业资源　创业融资　股权融资　债权融资　天使投资　风险投资　担保融资　资源开发　资源识别　资源获取　资源整合　资源利用

思考题

1. 试述创业资源的特征。
2. 谈谈创业资源与一般商业资源的异同。
3. 为什么说融资难、创业企业融资更难?
4. 简述创业融资的主要渠道和创业融资的选择策略。
5. 为什么说开发创业资源表现为一些独特的创业行为?如何有效利用创业资源。
6. 创业者投入个人资产开展创业的优势和劣势是什么?

7. 你赞成在创业初期通过信用卡透支来获得资金吗?

参考文献

[1] Barney J. Firm resources and sustained competitive advantage[J]. Journal of Management, 1991, 17(1).

[2] Bert R S. The Network Structure of Social Capital[M]. R J Staw, B M Staw. Research in Organizational Behavior[C]. Grcenwich: J I Press, 2000.

[3] Gartner W B. A conceptual framework for describing the phenomenon of new venture creation[J]. The Academy of Management Review, 1985, 10(4).

[4] Nahapiet, Ghoshal. Social capital, intellectual capital, and the organizational advantage[J]. Academy of Management Review, 1998, 23(2).

[5] Teece D J. Capturing value from knowledge assets: The new economy, markets for know-how, and intangible assets[J]. California Management Review, 1998, 40(3).

[6] Wickham P A. Strategic Entrepreneurship A Decision-making Approach to New Venture Creation and Management[M]. London: Pitman Publishing, 1998.

[7] Wiklund J, Shepherd D. Knowledge-based resources, entrepreneurial orientation, and the performance of small and medium-sized businesses[J]. Strategic Management Journal, 2003, 24(13).

[8] 蔡莉,崔启国,史琳. 创业环境研究框架[J]. 吉林大学社会科学学报,2007(1).

[9] 蔡莉,肖坚石,赵镝. 基于资源开发过程的新创企业创业导向对资源利用的关系研究[J]. 科学学与科学技术管理,2008(1).

[10] 蔡莉,尹苗苗. 新创企业学习能力、资源整合方式对企业绩效的影响研究[J]. 管理世界,2009(10).

[11] 蔡莉,朱秀梅,刘预. 创业导向对新企业资源获取的影响研究[J]. 科学学研究,2011,29(4).

[12] 陈柳钦. 社会资本及其主要理论研究观点综述[J]. 东方论坛,2007(3).

[13] 陈震红,董俊武. 成功创业的关键——如何获取创业资源[J]. 科技创业月刊,2003(9).

[14] 杜卓君,苏一石. 资源视角的创业研究[J]. 经济论坛,2005(12).

[15] 段国华. 国有企业实体投资决策风险研究[J]. 中国总会计师,2021(2).

[16] 龚春蕾. 基于创业者资源禀赋的大学生创业行为研究[J]. 前沿,2010(5).

[17] 谷宏,王建中. 资源整合能力对创业过程的影响研究[J]. 中国集体经济,2011(9).

[18] 顾桥. 中小企业创业资源的理论研究. 武汉理工大学,2005-07-20.

[19] 胡桂兰,梅强,朱永跃. 创业团队对创业绩效的影响研究——基于 78 个网络创

业团队的调查分析[J].科技管理研究,2010,30(6).

[20] 胡晓娣.社会资本对创业机会识别的影响机理研究[J].生产力研究,2009(20).

[21] 杰弗里・康沃尔.步步为营:白手起家之道.陈寒松译.机械工业出版社,2009.

[22] 林嵩.创业资源的获取与整合——创业过程的一个解读视角[J].经济问题探索,2007(6).

[23] 刘预,蔡莉,朱秀梅.信息对新创企业资源获取的影响研究[J].情报科学,2008(11).

[24] 秦志华,刘传友.基于异质性资源整合的创业资源获取[J].中国人民大学学报,2011,25(6).

[25] 汪玲莉.股权融资与债权融资对比分析[J].时代经贸,2019(3).

[26] 王旭,朱秀梅.创业动机、机会开发与资源整合关系实证研究[J].科研管理,2010,31(5).

[27] 王玲玲,赵文红.创业资源获取、适应能力对新企业绩效的影响研究[J].研究与发展管理,2017,29(3).

[28] 王庆喜,宝贡敏.社会网络、资源获取与小企业成长[J].管理工程学报,2007(4).

[29] 杨俊,张玉利.基于企业家资源禀赋的创业行为过程分析[J].外国经济与管理,2004(2).

[30] 杨梅英,熊飞.创业管理概论[M].机械工业出版社,2008.

[31] 于晓宇,蔡莉,陈依,等.技术信息获取、失败学习与高科技新创企业创新绩效[J].科学学与科学技术管理,2012,33(7).

[32] 于晓宇,王斌.创业管理——数字时代的商机[M].中国人民大学出版社,2022.

[33] 张斌.基于资源及交易成本分析的创业企业发展坐标研究[J].科技创业月刊,2011,24(2).

[34] 张玉利,杨俊,任兵.社会资本、先前经验与创业机会——一个交互效应模型及其启示[J].管理世界,2008(7).

[35] 张玉利.创业管理[M].第2版.机械工业出版社,2011.

[36] 章丽萍,刘小丽.创业者社会资本对创业活动的作用机理[J].中外企业家,2008(12).

第9章

创业计划书

学习目标

1. 了解创业计划书的基本结构、基本内容及其重要性。
2. 掌握创业计划书中的信息搜集和市场调查的内容与方法。
3. 研讨创业构想,掌握撰写创业计划书的方法。
4. 了解创业计划书展示过程中需要注意的问题。
5. 掌握创业计划书的撰写和展示技巧。

引导案例

从商业计划书到创业成功:Airbnb 的早期 BP

第一节　创业计划书

创业计划书是一种书面文件,全面介绍了公司或项目发展前景并介绍产品、市场、竞争、风险及投资收益和融资要求等关键问题。创业计划阐明了创业者的创业创意、愿景被转化成为一家可实际运营企业的可行路径。事实上,创业计划书已经被认为是创业者实施创业的一种重要工具。

一、创业计划书的作用

当创业者拥有了创意,识别出创业机会、明确了创业目标,在产品/服务、资金、市场、人脉等各方面已经具备一定的条件或已经累积了相当实力,这时候,往往需要撰写一份完整的创业计划书。

创业计划书是创业的行动导向和路线图,既为创业者行动提供指导和规划,也为创业者与外界沟通、寻求帮助提供基本依据,因而对于创业成功具有十分重要的作用。

(一) 募集外部资金

创业计划书的首要作用就是为了筹集资金。创业始于创意而不是资源,当创业者创业意愿和能力很强,捕捉的创业机会又具有很高的潜在价值,这时资金缺乏往往成为创业实施的最大瓶颈。创业计划书能帮助创业者寻求外部资金和其他资源要素,包括吸引风险投资商,网罗高素质的人才,构建核心创业团队。

(二) 明确创业目标

创业者在创业之前,应该明确自己的创业目标。当创业者将自己的创意与愿景以创业计划书的形式表现出来,有助于创业者客观分析和识别创业机会,理性地确立自己的创业目标,更为重要的是,确保整个创业团队(包括新的、潜在的成员)分享与认同组织目标。

(三) 增强创业项目可行性

创业计划重在分析和介绍如何把可行的、有价值的市场机会转化为盈利的产品和服务,因而不仅在技术方面和商业模式方面对创业项目进行详实说明,而且在管理团队、经营战略、投资者回报方式和企业的产品、营销、生产、财务、风险分析等各个方面对创业项目进行全面的分析,有利于厘清业务概念、明确近期目标和所提议的战略,增强创业项目的可行性。

(四) 为创业发展提供蓝图

创业项目是不断发展的,创业计划书为创业者评估创业绩效提供依据,同时也为预测创业进展,调整创业方向提供指引。清晰的创业计划往往能够提高工作效率和准确率,提升创业成功概率。

二、创业计划书的基本结构与内容

创业计划书是创业者对未来新创企业的详细描述和预测,一份完整的创业计划书具体包括:封面及目录、执行摘要、主体内容(包括公司产品或服务、市场分析、竞争分析、管理团队、财务分析、研发计划、生产经营计划、市场营销计划、融资计划、风险分析、退出策略)和附件等。创业计划书的基本结构如图 9-1 所示。

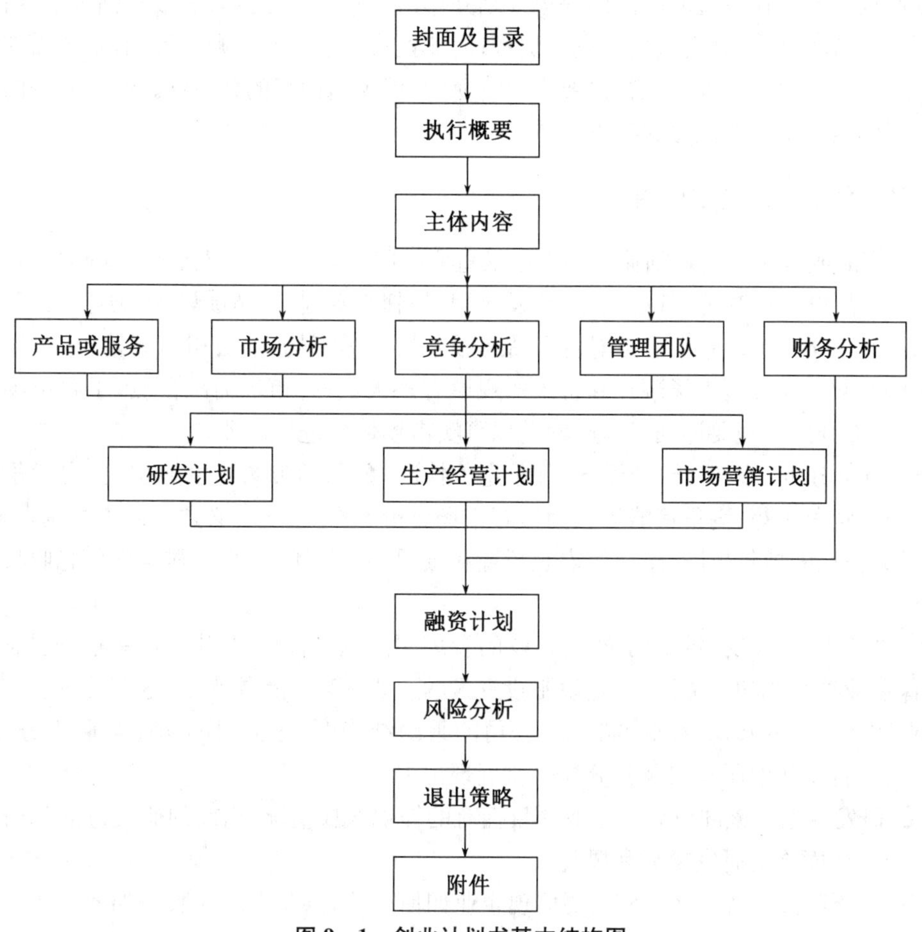

图 9－1　创业计划书基本结构图

(一) 封面

创业计划书的封面应当包括公司名称、地址、主页，以及主要联系人名字、职务、联系方式等。将这些关键信息置于封面，在投资人对你的项目感兴趣时，能够确保快速联系到你。必要时，可以将公司主要产品彩色图像放在封面。

(二) 目录

目录体现了计划书的整体框架，总结凝练各部分内容。在计划书中，目录内容可以设置为多个层级，但在提取目录时不宜展示过多层级。一般向读者展示一级标题和二级标题即可，三级标题以及更小级别的标题不要展示在目录中。

(三) 执行概要

执行概要浓缩了创业计划书的精华。它涵盖了创业计划全部关键要点，简明扼要精炼,以便投资者能在最短的时间内评审计划并作出判断。执行摘要一般包括以下内容:产品和服务;市场大小和增长机会;竞争优势;商业模式;执行团队;财务计划;资金需求与融资方案、收获回报方式等。执行概要应尽量简洁,展现出创意的独特性、产品/服务的市场潜力及创业者/团队的优势和亮点。

(四)创业计划的主体内容

1. 产品或服务。这是创业计划书中最重要的部分,也是投资人最想了解的内容。主要介绍产品的概念、功能、核心技术、研发过程、品牌与专利、产品优势、市场竞争力等。

2. 市场分析。该部分主要阐述产品或服务的目标市场,本公司市场地位,市场细分和特征。同时,要分析市场现在和将来的规模有多大,进行市场需求预测,了解市场供需情况。该部分的撰写要详细、清晰,辅助以真实市场数据进行佐证。

3. 竞争分析。该部分需要呈现行业竞争情况,公司的市场竞争地位,主要竞争对手情况,公司竞争优势、竞争策略等。为做好市场分析工作,创业者必须深入市场调查研究,尽量扩大信息的搜集范围,重视对宏观环境和微观环境的预测,采用科学的信息收集手段和预测方法。

4. 管理团队。该部分展示初创企业的管理团队以及团队结构。强有力的创业团队是确保创业项目成功的关键,也是说服投资人的重要一环。具体来说,这部分内容应当呈现创业团队成员的知识、经验与技能,公司的组织结构图,各部门的功能与职责分工等。同时,还要将团队的所有权及其分配事宜展现出来。

5. 研发计划。该部分介绍创业项目拥有的知识产权情况,当前的研发进展和研发任务,以及可能面临的研发挑战和风险。

6. 生产经营计划。该部分主要体现企业如何运营,以及产品与服务如何生产。着重介绍生产机构和人员、生产工艺流程、产品包装、产品储存,以及产品质量控制等关键问题。

7. 市场营销计划。主要包括构建合理的营销队伍,依据产品特征和市场情况制定营销战略,选择合理的销售方式与渠道、促销、价格策略等。

8. 财务与融资计划。财务与融资计划也是投资人关注的焦点。融资计划包括资金需求量,融资方式,资金使用规划,预估的营业收入与支出等关键问题。需要通过财务预测和规划展示业务经营状况,体现项目利润水平,可以提供预计利润表、预计资产负债表、预计现金流量表等。同时,创业者需要充分考虑风险投资者需要的投资回报率和股权计划等重要事宜。

9. 风险分析。投资者会谨慎考虑创业项目的风险水平,该部分需要对可能存在的各种风险进行阐述,包括但不局限于市场与竞争风险、产品与技术风险、财务风险、管理风险、政策风险,以及风险出现的概率。创业团队还需制定并说明各类风险的规避措施和应对策略。

10. 退出策略。该部分需要展示投资的退出方式(公开上市,股票回购、出售、兼并或合并等)。

（五）附件

支持上述信息的文件补充资料。如详细的财务计划、管理层简历、销售手册、产品图纸、专利证书等，以及其他需要进一步说明或提供佐证的事实材料。

三、创业计划中的信息搜集

创业者在创业前，特别是在着手撰写创业计划书之前，必须对企业所处的环境进行详细的调查分析，准确地预测市场行情，而调查分析和预测就需要创业者大量收集相关的信息。

准备创业计划的过程实质上是信息的搜集过程，是分析并预测环境进而化解未来不确定性的过程。

（一）信息搜集的主要内容

与创业计划有关的信息很多，从范围看主要可分为：宏观环境信息、行业环境和竞争者信息、目标市场信息。

1. 宏观环境信息

（1）宏观政治政策信息

不同的国家有着不同的社会性质，不同的社会制度对组织活动有着不同的限制和要求。即使社会制度不变的同一国家，在不同时期，政府的方针、政策、对经济活动的态度和影响也是不断变化的。主要的政治政策信息有：

政府管制。政府管制体现在企业必须无条件服从和接受，如药品安全、食品卫生、危险品制造与运输等。管制的目的是保证国家及全民利益不受损害，是强制执行的。管制对创业企业来说会有负面的影响，比如创业项目的选择范围和管理成本的增加，但如果对这些政策不了解，企业遭受的损失将是无法估量的。

经营许可。经营许可是个人或企业获得合法经营某项业务的授权。并不是所有经营都要许可，但有些行业是必需的，如我国的医药、食品生产销售、种子经营、林木采伐、资源开采、房屋拆迁、公路客运、汽车维修、民航客票销售代理、营业性射击场、小件寄存、证券资信评估、企业信用评价、物品递送等。

产业政策与贸易协定。政府的产业政策、投资政策和反垄断法规；入世以来，中国国内的产业已经成为国际产业分工体系的一个组成部分，基本上所有的行业都处于与国际企业同一舞台竞争的地位，因而必须了解有关国际贸易协定的规定和发展趋势信息。

税收优惠与政策鼓励。税收是国家调控经济的政策杠杆，它的变化直接影响着创业企业及创业者个人的收入。关注并利用国家的税收优惠政策可以有效地缓解创业初期资金的压力。此外，需注意搜集地区性的创新创业鼓励政策，如政府补贴、基金支持、担保融资、低息甚至贴息贷款，税收减免、场地减租等。不少地方政府对大量安置下岗职工与残疾人的企业给予财政支持或税收减免等,这些都是创业者应该充分利用的政策信息。

(2) 宏观经济信息

宏观经济是所有商品和服务进行生产、分配、消费的总和。主要信息包括社会经济结构、经济发展水平、经济体制改革和国家经济政策等方面内容。如 GDP 及其增长率、国民收入分配政策、价格政策、物资流通政策、金融货币政策、劳动工资政策、对外贸易政策;人均国民收入、人均可支配收入、物价消费水平;产业结构、分配结构、消费结构、技术结构;贷款的可得性、居民消费/储蓄倾向、利率、汇率、通货膨胀率、就业失业水平、劳动生产率水平、证券市场状况、货币与财政政策等信息。

(3) 社会文化和人口统计信息

社会文化和人口统计主要指创业所在地区或所服务地区的消费者教育程度和文化水平、宗教信仰、风俗习惯、收入水平、消费偏好、消费习惯、就业程度等因素。这些因素直接影响着创业企业目前及未来的市场大小。主要的社会文化和人口统计信息有:人口总数、性别、年龄构成、平均教育状况、职业分布、家庭人口、户数、婚姻状况、人口出生、死亡率、社会保障计划、人均预期寿命、生活方式、平均可支配收入、购买习惯、储蓄倾向、投资倾向、污染控制、能源使用、城市和农村的人口变化、宗教信仰状况等。

(4) 技术和发展信息

技术发展除了要考察与企业所处行业领域直接相关的科学技术的发展变化外,还应及时了解国家对科技开发的投资方向和重点,本行业技术发展动态和政府对研发的重视与投入程度、研究开发经费;技术转移、更新和技术商品化速度;政府对知识产权的保护等方面信息。

(5) 生态环境与环保信息

节能减排、生态环保是国家重要的发展战略,任何依靠资源高消耗、破坏生态环境而牟利的创业行为都将受到谴责和惩罚。比如,环保的要求对很多创业企业(如小化工)成了生死线。因此创业者必须高度关注和搜集有关节能、减排、生态、环境、环保等相关法律法规和地方政府政策规定。

2. 行业环境和竞争者信息

行业环境和竞争信息可以通过查阅行业年鉴或行业协会公布的资料、数据获得行业总体信息;通过计算行业的集中度和年均增长率,从而大致得出该行业市场规模的大小;通过加入行业协会、对行业专家拜访和检索专业网站、综合经济网站、专业报刊、行业协会报告、专业咨询机构报告、专利数据库、中央及省级政府部门行业发展报告等可以掌握更多行业动态信息;通过参加专业展览会、研讨会、产品发布会、拜访客户和供应链上下游伙伴等渠道可以了解更多行业及竞争者信息。

行业竞争者信息实际上是对市场同类商品供给者状况的相关信息。要特别注意主要竞争对手、主要经营者变动情况、行业龙头企业技术水平、竞争对手产品品种、质量标准和服务特色、品牌建设、生产工艺、原材料采购和产品销售渠道、销售方式、市场占有率、成本与盈利状况等信息的搜集。不仅要关注和搜集来自同行业的相关产品，还要关注和搜集来自供应商、客户、替代品、新加入的竞争者等多方面的信息；有些行业新技术不断涌现，产品更新换代速度快，因而就应特别注意搜集行业技术创新、研发动态、替代品威胁方面信息。

3. 目标市场信息

产品的潜在市场信息对创业者尤其重要。为了准确估计市场规模，创业者需要明确地定义目标市场。目标市场是指创业者所选择的特定的并准备进入和服务的市场。目标市场信息资料可以来源于相关领域组织机构发布的调研报告、统计数据等，也可以通过自己的市场调查来获得。目标市场信息搜集应当围绕市场客户群体、目标市场及产品定位进行。

市场客户群体信息。包括目标消费者购买动机、购买意愿、购买行为、购买力水平、消费习惯、消费水平、消费方式、品牌认可等。

目标市场信息。尽可能收集本行业的发展现状、趋势、行业生存条件等方面信息内容。如市场供给、主要竞争者、替代产品情况、合作情况；密切注意新技术在本行业的运用，如产品更新换代、专利、产品研发、新工艺、新技术应用等信息。

产品/服务营销信息。目标市场网络成员的地区、数量、规模、性质、营销能力、信用等级、总市场需求量、区域市场需求量、市场潜力、竞争者市场占有率、产品营销渠道、销售方式、促销手段、品牌、广告等。

4. 运营信息

创业者需要对未来企业运营时，涉及的各方面信息加以考量，需要搜集的信息包括以下几个部分：

地点。创业计划书中应确定企业的经营地点，地点的选择应考虑到企业的业务需要，是否方便顾客，是否方便供应商或经销商，是否便于开展销售，价格是否合理，当地的有关政策与法律法规等。

生产。如创办的是生产型企业，为了保证企业生产的正常运行，企业需要拥有或掌握哪些技术，需要购买的机器设备，同时也应该明确具体的工序是由企业自己完成还是分包给其他企业等。

原料。生产产品需要哪些原材料，这些原材料由谁提供以及原材料的价格，原材料的供给有没有保障等。

设备。需要哪些生产设备，设备是购买还是租赁，设备的维护与保养怎么解决等。

员工。需要什么样的员工，员工的知识基础、专业条件、能力要求、基本薪资等。

其他。经营企业可能涉及的其他各项投入与开支，如日常办公支出、业务开支、缴纳税款等。

这些信息是企业正常运营所必需的，创业者需要系统、详细地展开信息搜集，并在创业计划书中明确体现。

（二）信息搜集的途径

创业计划中的信息收集无非两条途径：一是间接方法，二是直接方法。

1. 间接法收集信息

间接法收集市场信息就是收集已存在的、经过编排、加工、处理的二手信息。包括情报、数据、出版物和各类媒体资料,这些间接信息可以通过各种渠道获取。

- 各类报纸、杂志、统计资料,商品目录,广告说明书,专利资料及商品价目表;
- 互联网、企业信息系统或网站、广播、电视;
- 行业协会、研究机构、政府部门、银行、统计、财税部门,咨询机构信息与资料;
- 国内外各种博览会、展销会、交易会、订货会等会议以及专业性学术性会议上所发放的文件和材料等。

对创业者来说,间接法收集二手信息比较方便、容易、费用少、来源广、节省时间,所以在创业调查收集信息时往往首先采用这种间接方法。但间接信息存在时效性差、难以满足特定信息需求的问题,因而也可以考虑采用直接法收集市场信息。

2. 直接法收集信息

通过直接观察或者调查、实验等方法获取原始数据的方法为直接法收集信息,也称之为市场调查法。市场调查是掌握市场原始信息即一手信息的最基本方法,也是运用科学的方法,有目的地、系统地搜集、记录、整理有关市场信息和资料,分析市场情况,把握市场现状及其发展趋势,为创业计划提供客观可靠的资料和数据的过程。

四、市场调查的内容和方法

市场调查作为一种研究消费者需要的科学方法,是企业开发适销对路的新产品的基础。企业必须通过市场实地调查,了解消费者对产品的需求,以及对产品的期望,以寻找企业开发产品的最佳切入点,从而不断开拓市场。

市场调查的一般程序为:一是对欲开发的大类产品的市场进行市场细分;二是对各细分市场进行调查、分析、研究,诊断其现状、预测其需求变化趋势;三是根据调查研究结果,找出市场需求的“空白”,确定新产品的开发方向和战略。

美国麦当劳公司从一家名不见经传的快餐店,发展成为国内有 5 000 多家分公司,在全世界 40 多个国家和地区有 4 000 多家分店的国际快餐经营集团。其成功的秘诀在于:用市场研究的成功,确保市场营销的成功。麦当劳在北京的分店于 1992 年 4 月 23 日开业。但早在 8 年前(1984 年年底),美国麦当劳总部就派出专家,对中国的河北、山西等地的上百种马铃薯进行考察,对其成分逐一进行分析和测定,最后确定麦当劳的专用马铃薯。仅仅是一个炸薯条的原材料的调研,麦当劳就耗费如此巨大,可见其对市场调查重视到了何等程度。

(一) 市场调查的内容

市场调查的内容很多,主要包括四方面内容。

市场环境调查。为发现和利用市场提供的各种机会。具体包括政策环境、经济环境、社会文化环境的调查、市场基本状况的调查和销售可能性调查。

消费者调查。通常情况下获得市场信息的最好办法就是去接触潜在的顾客、供应商和竞争对手，这是最为有效和可靠的办法。要调查现有和潜在的顾客数量、他们愿意为产品或服务支付的价格、顾客购买同类产品的时间周期等；还要对消费者在购买动机、购买行为模式、购买过程等方面进行调查，包括消费者意愿、消费需求、消费习惯，销售渠道、扩大销售的可能性和具体途径等。

市场竞争调查。主要为企业提供市场竞争对手和参与者的概况、能力、优劣与策略等方面的信息，为企业制定竞争策略提供支持。包括同类产品信息、竞争环境、竞争对手、竞争态势、竞争目标和竞争策略进行的综合调查。

渠道和终端信息调查。是指对产品销售渠道、经销商及产品经销状况进行的调查，对渠道的调查研究是制定销售渠道策略的重要依据。

(二) 市场调查的步骤

市场调查的步骤主要有：市场调查准备，市场调查设计，市场调查实施，调查资料总结四个阶段。

市场调查准备阶段。主要解决调查目的、确定调查主题、拟定调查项目、确定收集资料的范围和方式。即解决为什么要进行市场调查？市场调查中要了解什么问题？进行市场调查要得到什么？市场调查结果有什么用处？

市场调查设计阶段。确定调查项目和范围(包括地域范围、被调查者范围)；选择调查方法及手段(包括设计调查表/问卷和抽样方式)；确定预算经费和调查期限；制定切实可行的调查计划。

市场调查实施阶段。这个阶段是整个市场调查过程中最关键的阶段，对调查工作能否满足准确、及时、完整及节约等基本要求有直接的影响。包括调查力量的组织(调查人员选聘、培训)；调查实施(按计划规定的时间、地点及方法实地收集有关资料)与调查监督管理(包括对调查的绩效评价：比较成本、比较回收率、比较问卷的利用率等)。

调查资料总结阶段。包括调查资料的分类整理编号；列表分析；撰写并提交调查报告。报告一般由引言、正文、结论及附件四个部分组成。基本内容包括开展调查的目的、被调查单位基本情况、所调查问题的事实材料、调查分析过程的说明及调查的结论和建议等。

(三) 市场调查的方法

市场调查收集原始信息的方法主要有观察法、实验法、调查法等。

1. 观察法

观察法是指收集信息的工作人员凭借自己的感官和各种记录工具，深入现场，在被观察者未察觉的情况下，直接观察和记录被观察者行为，以收集市场信息的一种方法。观察法的优点是可以实地记录市场现象的发生，能够获得直接具体生动的材料，具有可靠性高、简便易行、灵活性强等优点。比如，可口可乐的总裁，在来我国参加经济高峰会议期间，亲自到上海的大街小巷商场中“散步”——这是在进行观察调研。

观察法主要应用于:城市集贸市场调查,商品库存调查,消费者需求调查,商场经营环境调查,产品质量调查,广告调查等领域。

案例 9-1

精细观察的商场密探①

帕科·昂得希尔是著名的商业密探,他所在的公司叫恩维罗塞尔市场调查公司。

昂得希尔通常的做法是坐在商店对面,悄悄观察来往的行人。而此时,在商店里他的属下正在努力工作,跟踪在商品架前徘徊的顾客。他们的目的是要找出商店生意好坏的原因,了解顾客走进商店以后如何行动,以及为什么许多顾客在对商品进行长时间挑选后还是失望地离开。通过他们的工作给许多商店提出了许多实际的改进措施。

比如,一家主要青少年光顾的音像商店,通过调查发现这家商店把磁带放置过高,孩子们往往拿不到。昂得希尔对商店指出应把商品降低放置,结果销售量大大增加。再如一家叫伍尔沃思的公司发现商店的后半部分的销售额远远低于其他部分,昂得希尔通过观察和拍摄现场解开了这个谜:在销售高峰期,现金出纳机前的顾客排着长长的队伍,一直延伸到商店的另一端,妨碍了顾客从商店的前面走到后面,针对这一情况,商店专门安排了结账区,结果使商店后半部分的销售额迅速增长。

2. 实验法

实验法是指市场调研者在控制的条件下对所研究对象的一个或多个因素进行操纵,来观察市场现象在这些因素影响下的变动情况,它是因果关系调研中经常使用的一种行之有效的方法。实验法具体分为实验室试验、现场试验(实际市场试验法)和模拟试验(模拟市场调查法)。

实验法主要用于:产品价格实验;产品质量、品种、规格、花色、款式、包装等实验;市场饱和程度、广告效果实验等。

3. 调查法/询问法

调查人员将事先拟订的调查项目或问题以当面、书面或电话的方式向被调查者提出询问,要求给予答复,由此获取被调查者或消费者的动机、意向、态度等方面的信息。这是市场调查中最常见的方法,主要分为面谈调查,电话调查,邮寄调查,留置询问表调查四种。它们有各自的优缺点:面谈调查能直接听取对方意见,富有灵活性,但成本较高,结果容易受调查人员技术水平的影响;电话调查速度快,成本低,但只限于在有电话的用户中调查,且用户往往不耐烦回答;邮寄调查速度快,成本低,但回收率低;留置询问表可以弥补以上缺点,由调查人员当面交给被调查人员问卷,说明方法,由其自行填写,再由调查人

① 佚名. 商业密探:帕科·昂得希尔[EB/OL]. 调查方法案例库. http://www.docin.com/p-380434465.html.

员定期收回。

近年来，随着计算机技术发展和互联网的普及，新兴的网络调研信息方法（又称网上市场调研或联机市场调研）成为许多企业获取信息的重要手段。大数据、人工智能等技术的应用，对人力、时间、精力有限的创业者无疑提供了一个新的调研手段。

案例9－2

云南白药“大数据＋明星”品牌营销①

云南白药牙膏官方旗舰店在淘宝上开业时，为了让公众得到这个信息，提高品牌知名度，云南白药和阿里开展了大数据技术，明星效应和跨界宣传的开放营销。对于许多刚开业的在线商店来说，短期的品牌曝光和销售冲动是非常普遍的目的。对于云南白药而言，不同之处在于，它致力于通过线上营销促进品牌曝光，并以“长期市场优势的沉淀”作为目标。因此，与阿里的合作主要集中在品牌形象的创造和传播上，以获得长期品牌效应。为了实现这一目标，云南白药基于品牌特征和产品优势，利用阿里的生态平台和大数据技术来收集和分析淘宝用户，包括用户搜索，浏览，点击，购买和共享。深入了解此类行为，了解淘宝用户的使用习惯和偏好，并根据用户年轻化的主要特征，结合云南白药的特点，策划了将明星粉丝转变为店铺粉丝的营销理念。云南白药还与广受欢迎的网络剧《春风十里不如你》进行了跨界知识产权营销，推出了春风十里的主题套装。除了对淘宝网用户进行数据收集和分析外，还在其他平台上进行了相应的重合度抓取，整合用户大数据资源，并设计了一套IP媒体矩阵。这样，云南白药牙膏成功实现了销售额的大幅增长。

调查法/询问法通常要涉及调查问卷的设计和抽样计划。

(1) 调查问卷的设计

问卷调查是直接收集市场信息最常用的方法，目前在国内外被广泛采用。在询问类方法中，邮寄调查、留置询问表都要采用问卷，面谈法、电话调查也可以采用问卷的形式。问卷调查提供了标准化、统一化的数据收集程序，它使问题的表述用语和提问的程序标准化，使所得到的数据具有可比性，一份好的问卷可能有助于收集到高质量的市场信息。因此问卷设计就成为调查前一项重要的准备工作。问卷设计的好坏，在很大程度上决定着调查问卷的回收率、有效率，甚至关系到市场调查活动的成败。

问卷设计的步骤：第一步，根据调查目的，确定所需的信息资料。然后在此基础上进行问题的设计与选择；第二步，确定问题的顺序。一般简单的、容易回答的放在前面，逐渐移向难度较大的。问题的排列要有关联、合乎逻辑，便于填卷人合作并产生兴趣；第三步，是问卷的测试与修改。在问卷用于实地调查以前，初选一些调查对象进行测试，根据发现的问题进行修改、补充、完善。

问卷的结构：一份问卷通常由三部分组成，前言、主体内容和结束语。问卷前言主要

---

① 资料来源：https://cloud.tencent.com/developer/article/1648659.

是对调查目的、意义及填表要求等的说明,包括问卷标题、调查说明及填表要求。前言部分文字须简明易懂,能激发被调查者的兴趣。问卷主体是市场调查所要收集的主要信息,它由一个个问题及相应的选择项目组成。通过主体部分问题的设计和被调查者的答复,市场调查者可以对被调查者的个人基本情况和对某一特定事物的态度、意见倾向以及行为有较充分的了解;问卷结束语主要表明对被调查者合作的感谢,记录下调查人员姓名、调查时间、调查地点等。结束语要简短明了,有的问卷这部分也可以省略。

问卷设计注意事项:首先,文字要表达准确,不应使填卷人有模糊认识。如调查商品消费情况时使用"您通常喜爱选购什么样的鞋?"就是用词不准确,因为"通常""什么样"的含义,不同的人有不同的理解,回答各异,难以取得准确的信息。如改为具体的问题:"您外出旅游时,会选购什么牌号的旅游鞋?"这样表达就很准确,不会产生歧义。其次,问卷要避免使用引导性的语句。如设计问卷时,问"××牌号的旅游鞋质优价廉,您是否准备选购?"这样的问题将容易使填表人由引导得出肯定性的结论或对问题反感,不能反映消费者对商品的真实态度和真正的购买意愿,产生的结论缺乏客观性。再次,问卷问句设计要有艺术性,避免对填卷人产生刺激而不能很好地合作。最后,问卷不要提出不易回答的问题。比如,涉及填卷人的心理、习惯和个人生活隐私而不愿回答的问题,即使将其列入问卷也不易得到真实结果。遇有这类问题,如果实在回避不了,可列出档次区间或用间接的方法提问。如调查个人收入,如果直接询问,不易得到准确结果,而划分出不同的档次区间供其选择,效果就比较好。

案例 9-3

卡西欧公司的销售调查卡①

卡西欧公司的市场调查主要通过销售调查卡。其卡只有明信片一般大小,但考虑周密,设计细致,调查栏目中各类内容应有尽有。

第一栏是对购买者的调查。其中包括性别、年龄、职业,分类十分细致。

第二栏是对使用者的调查。使用者是购买者本人、家庭成员、还是其他人。每一类人员中又分年龄、性别。

第三栏是购买方法的调查。是个人购买、团体购买、还是赠送。

第四栏是调查如何知道该产品的。是看见商店橱窗布置、报纸杂志广告、电视台广告、还是朋友告知、看见他人使用等。

第五栏是调查为什么选中了该产品。所拟答案有:操作方便、音色优美、功能齐全、价格便宜、商店的介绍、朋友的推荐、孩子的要求等。

第六栏是调查使用后的感受。是非常满意、一般满意、普通,还是不满。另外几栏还分别对机器的性能、购买者所拥有的乐器、学习乐器的方法和时间、所喜爱的音乐、希望有

① 资料来源:袁秀珍.国外名企市场调查妙策[J].经营管理者,2002(8).

哪些功能等方面都作了详尽的调查。

如此,为企业提高产品质量、改进经营方式,开拓新的市场提供了可靠依据。

(2) 抽样计划

抽样调查是市场调查中最科学、最重要、最常用的方法。根据抽选样本的方法,可以分为概率抽样(亦称随机抽样)和非概率抽样两类。我国一般只把概率抽样称为抽样调查,非概率抽样是采用主观的(非随机的)方法从总体中抽取样本,常称为重点调查或典型调查。

抽样计划涉及抽样调查的三个基本问题:抽样单位、抽样方式和样本数目。

抽样单位是指总体中所有被调查的对象或范围。例如,对消费者调查的抽样单位可能是某地(省、市、县、乡)所有消费者家庭等;抽样方式随研究目的不同而有所不同,探索性研究采用非概率抽样即可。若要对总体进行正确的定量估计,则必须使用随机抽样,使总体中每一成员被抽中的机会均等,并使总体中的次数分布与样本分布相适应;样本数目的确定是关键问题,有多种计算公式,涉及对精确性的要求(置信度)、总体的异质程度、抽样方式及调查者经费、精力和时间的限制。实际工作中应该综合考虑,只要达到要求就可以了。

第二节 撰写创业计划书

一、研讨创业构想

创业构想是指针对特定的新技术或创意,在明确个人创业目的、正确评价个人创业意愿和创业能力的基础上,谋划自身创业投入、创业目标的过程。创业构想与“筛选创业机会”都是准创业者真正开办新企业前必须做好的功课。在此基础上,才有必要精心准备撰写如何将创意转化为可盈利企业的一份商业计划书。

(一) 研讨产品与服务

你的产品或服务如何能够针对顾客真正的需要帮助解决他们面临的实际问题?你将如何销售自己的产品或服务?你的收入来自何处?产品或服务的销售额预计有多大?如何创造这些销售额?

为让创业构想能在以后发挥良好的作用,创业者需要发挥群体智慧(如亲朋好友、准创业伙伴、创业咨询机构、特别是有关专家学者、成功创业者等),向10个以上有见地的相关人士请教,虚心听取他们的意见和建议。要对包括产品/服务的可行性、产业/目标市场可行性、组织可行性、财务可行性进行分析,一定要借助群体智慧进行全面可行性分析,以求创业构想的切实可行。

(二) 行业分析与目标市场

为了未来的产品/服务能打开销路,必须对计划中的投产行业进行分析。有吸引力的行业应当具备如下特征:① 新兴产业,而非传统产业;② 行业生命周期的早期阶段,而非后期阶段;③ 行业分散化,而非结构集中;④ 行业正在成长,而非收缩;⑤ 出售顾客"必定要买"的产品或服务,而非"可能想买"的产品或服务;⑥ 行业空间不拥挤;⑦ 具有较高营业利润,不依赖关键原材料的历史低价来维持盈利,如汽油、面粉。[①]

目标市场是通过市场细分后,企业准备以相应的产品和服务满足其特定需要的一个或几个子市场。为什么顾客要从你这儿购买而不是从其他竞争者那里购买?你的产品/服务如何优于其他竞争者?显然,一个好的产品/服务必须能够包含有某种能满足特定市场需求的新颖方式(哪怕是现有产品或服务的某一环节),且这种方式至少应当是目前市场上尚未出现的、同时对于创业者又是可行的。

(三) 组建创业团队

知识经济时代,单打独斗的创业肯定不可取。当你已经有了切入市场的产品或服务的创意,但这仅仅是一个点子,其后最重要的任务就是要建立起一个共同创业的团队,技术、市场、融资等各个方面都需要有一流的合作伙伴才能够成功。

物色最初的创业团队人选,最好应当是你熟悉的、踏实的、不太计较的、对创业项目有激情的亲朋好友或同事同学,这样才能有共同语言和目标。人数无需多,每个人不一定都很强,关键要能凝聚起来,尤其是个性和能力互补就是一个非常好的团队。把自己的想法、面临的创业机会和创业目标如实告诉你未来可能的团队成员,让他们参与创业构想的研讨,有利于集思广益、完善构想。但创意属商业机密,研讨中应当把握好分寸,注意有所保留。

创业团队还要考虑其组织管理,建章立制以保持团队的相对稳定。一般经过一段时间磨合之后,创业团队都会经历一个痛苦"洗牌"过程,或许有人不能认同企业理念,或许有人另谋高就,或许有人不称职。创业初期团队成员变更是正常的,但也是一个很大的问题,为了企业的生存和发展必须坚持一种理念:制度面前人人平等。公司不是私人的,是大家的,不能顾及私情,要出于公心。能否坚持这种理念,决定了能否正确有效地管理团队。

(四) 研讨创业资源

正式实施创业之前必须获取相关资源,否则创业就成无米之炊。资源研讨应当集中于能否获得必备的资源以启动和维持创业初期生产和销售活动的正常开展。

创业资源研讨重点是融资计划,创业启动资金的测算是否科学准确?通过何种渠道筹集资金?能否筹集到所需数额的启动资金?鉴于创业过程中的风险和不确定因素,筹集的资金量应当比测算的启动资金要高出一定的比例。如果创业项目需要较多的资金,

---

① 布鲁斯·R.巴林格,R.杜安·爱尔兰.创业管理:成功创建新企业.杨俊,等译.机械工业出版社,2010.

考虑并选择风险投资商势所必然，此时就需要考虑持有公司股份的比例问题，选择风险投资商必然要确定各自的股份占多少。此外，还要考虑选择能跟你同甘共苦的风险投资商，处理好与投资人的关系，要尽可能选择有较大影响力的风险投资商，以便借助他们的经验和实力。

其他资源还包括设备、场地、技术、知识、信息等有形与无形资产，创业之初企业不可能同时获得所需的各种资源，只要具备基本的、起码的资源即可。此外，某些资源不一定非要自己完全拥有，只要能够掌握支配权和控制权即可。

（五）寻找商业模式

在创业机会研讨论证后，必须考虑怎样将创意转化为能够创造价值并能为公司带来持续盈利的商业模式。一家公司存在的基础就是创造价值并获取盈利，从企业的角度来讲，就必须形成一套有效的商业模式，既要能为客户创造新价值，又要为企业带来盈利，还要能为股东带来回报，那才叫好的商业模式。

（六）确立创业目标与创业期限

赚钱是创业者重要的创业目标，但不是唯一的目标。大多数创业者没有把财富目标和人生规划、事业目标、家庭和谐建设、社会责任结合起来，单纯的财富目标不会成就伟大的创业者，只有志向远大，把自己的事业追求与社会和他人的幸福结合在一起，才能创造伟业。

新东方创始人俞敏洪(2015)就提出："任何一个人想要做成事情，一定要有三个想，即理想，思想和创想。理想跟高度相关，思想跟人的宽度相关，而创想则跟人的长度相关，就是你能走多远。这三个想，对于任何一个想要做成大事的人来说都特别重要。"

创业目标首先应当解决建立什么样的企业？创业者的个人目标决定了企业的目标规模。若创业者个人目标是获得足够的现金以维持一定的生活标准或生活方式，中小型的企业规模就很好，不必发展为较大企业，即便企业具有做大的潜质；而追求资本收益的创业者则必须把公司建设到相当规模，但这往往需要创业者承担长期的风险和更大的竞争压力。

创业期限是指从创业启动到新企业开始持续稳定地获得盈利的时间，由于市场是在不断地变化和发展，创业期限过长风险会太大，专家们建议，创业最好以两年期为限。

二、分析创业可能遇到的问题和困难

创业不可能一蹴而就，在创业构想过程中必须对创业可能遇到的问题和困难要有充分估计，宁可事先对问题和困难考虑得多些、风险考虑得细致些，并在此基础上考虑和制定相应对策。在创业构想的过程中，不妨同时进行一些具体的考察与市场调研，这不仅能够锻炼你的能力，开阔创业思路，提供客观准确的信息，更能丰富和完善你的创业构想，并为下阶段撰写创业计划积累资料、提供素材。要知道，坐在家里冥思苦想可不是好办法。

根据成功创业者的经验，创业启动后主要的问题和困难在于项目和资金。

(一) 项目问题和困难

显然,创业应选择既适合自己又符合市场需求,同时启动资金少、入行门槛低、符合大众消费观念等特点的项目。但实际上许多创业者在选择时往往存在着一个相同的毛病,只关注市场,而忽视了自身的能力与优势分析。许多创业者往往是先看中一个市场觉得很有机会,创意也很好,就急于进入这个领域创业。正如一些创业者坦诚:"我对目前创业的行业一窍不通,但是坚信这个领域会有很大前途!"这正是创业中途夭折的重要原因之一。建议创业者有了好的创意后,一定要先分析自身的特点和优势,然后再判断该创业项目与自身特质是否吻合。

创业之初,顾客数量或销量可能没有当初想象得那么好,这是一个打击自信心,甚至是致命的问题。需要重新检验顾客群定位是否准确、检查产品或服务的质量是否过关、检查宣传或促销方式是否合适,还要查看价格的竞争优势和市场环境因素的变化等。

(二) 资金问题和困难

融资难!但初创公司假如选择了错误的投资者,创业之路就难上加难。但创业者又不得不在获得创业起步所急需的资金与保持企业控制权之间作出权衡。

起步阶段天使投资人或许是最好的选择。天使投资人是个人(或个体组成的团体),他们投下的钱尽管不足以支持较大规模的资金需要,但天使投资往往带有较强的感情色彩,更容易被说服。天使投资的融资程序既简单又迅速,没有风险投资复杂而烦琐的决策程序,参与公司事务的程度也不尽相同,一些人认为应该积极参与,也有一些人则喜欢当甩手掌柜。但不管是什么情况,你都能从他们的建议和经验中获益。

假如你的企业具有做大的潜力,知道自己需要多轮投资,那么尽早与风险资本家建立关系是有价值的。但风险资本家几乎总是希望把自己的治理团队植入公司,相比较天使投资人,创业者/团队可能会丧失很大一部分控制权。

最后应当考虑,从创业起步到公司能够开始盈利,这是创业的关键生存期,具有很大的不确定性,许多创业者熬不过这个期限,现金流中断或资金链断裂而"突然死亡"。创业构想时必须充分考虑到这个问题,并且在融资上要有应急预案。

(三) 经验问题和困难

经验不足,缺乏从职业角度整合资源、开拓市场、实施管理的能力,这也是创业失败的主要原因之一。比如,20 世纪末引人注目的大学生创业企业"视美乐"——曾获得上海一百 500 万元风险投资、"易得方舟"——曾获得全国大学生创业大赛金奖、"天行健"公司——曾获得首届中国专利博览会金奖的高杆喷雾器和防撬锁两项专利创业,这些创业项目不可谓不好、科技含量不可谓不高,启动资金也已到位,却都因为缺乏经验和人脉而很快宣告失败。因此,创业构想时应当充分考虑这些因素。创业者需要更多地参与创业实践,努力积累实践经验,广泛搭建人脉,了解并熟悉创业项目的行情,更多地向有创业经验的企业家和专家请教,以降低创业风险。

（四）团队问题和困难

因为团队分裂导致创业失败的例子数不胜数。创业团队内讧通常经历3个阶段：第一阶段创业早期，未见效益就开始争利，纷争不断；第二阶段刚有起色，就钩心斗角，开始争位；第三阶段，当企业开始盈利和快速成长时，开始争夺企业控制权，斗得你死我活，最后企业也灭亡了。因此，对于团队可能遇到的问题应当有充分的认识和应对策略。

创业初期因为不能提供优厚的薪酬待遇，很难找到亟缺的优秀人才，通常不要奢望通过招聘的形式来弥补人才短缺问题。最直接的解决办法就是创业者自己学习提高和内部培养，或者寻求创业合作伙伴——真正的合伙人，这涉及气度和心态问题。有很多创业者口口声声喊着给股份期权的口号寻求合伙人，但内心还是把对方当作普通员工来对待，终究留不住优秀人才。

因此，创业之前就应该构想创业企业的分享计划和激励机制，形成团队的共识，最终以文字形式落实在公司章程中。所谓"财散人聚"，以分享凝聚人心，以机制留住人才，这才是创业者长远的、立于不败之地的战略思考。

案例9-4

小企业也需要有计划

张海霖和他的团队是在2006年10月开始创业的，当时他还是上海交通大学工业工程与物流工程专业的在读博士生。在一家荷兰公司和导师的支持下，他申请了上海市大学生科技创业基金，并注册成立了上海凯易集成系统技术有限公司，从而踏上了创业的道路。首先，他们制定了产品和服务策略，重点实施市场拓展的营销战略，接着，他们组建了销售队伍，召开产品发布会，但是经过了一段时间努力，产品的市场开拓不但没有打开局面，资金也捉襟见肘了，2007年底，公司的资金基本消耗殆尽，2008年，公司面临解散。经过这次惨痛的教训，张海霖重新给自己的公司定位，开始认真研究市场，停止了盲目冒进，重新确立方向和目标，明确市场策略、产品策略和人才策略，树立信心。后来他看准新市场，不断调整公司战略方向，三年后，公司年销售收入突破千万元，公司走上稳定发展。

三、凝练创业计划书的执行摘要

执行摘要，亦称执行概要，是从创业计划的核心内容提炼出来的，是对整个计划书最精华部分的浓缩，旨在引起战略伙伴和投资人的兴趣，人们把它比拟为"电梯行销"，即创业者要在乘电梯的时间里完成向天使投资人推销自身价值和创业理念的过程。执行摘要不仅要表达创业构想的丰富信息，而且要传递创业者的愿景与激情。如果潜在投资者看了之后有兴趣，就会约你开始下一阶段的面谈，这时你的创业计划书和准备展示的资料才能派上用场。

执行摘要虽然列在创业计划书的最前面,但它是在其他部分定稿之后才着手撰写的,执行摘要应当让读者对创业计划书的主要内容有一个整体上的把握。重点应阐明企业的投资亮点、产品与服务、市场潜力、相对于竞争对手的优势。创业者要反复推敲、深思熟虑,务必使执行摘要结构完美、条理清晰、语言精练且富有感染力,便于读者在最短时间内清晰地评审创业计划。执行摘要一般限于1～2页纸的篇幅,无须涵盖所有创业项目内容的执行概要,但是要确保每一个关键问题都要提到。

(一) 产品或服务

能解决用户的什么问题,这是投资人关注的焦点。你需要清楚地描述当前,或者未来将会出现的某个重大的问题,公司给客户提供什么产品或服务来解决这个问题。陈述你的价值定位,创意价值的合理性何在。这部分内容不要写缩写词以及方案背后用到的技术术语。另外,如果在已有客户中,有一个是知名的大公司,一定要指出来。

(二) 市场分析

投资者都在寻找巨大的、处于增长期的市场。用几句话来描述公司行业、行业细分、目标市场和所处的市场地位,包括市场的成长性、驱动因素以及美好前景。不要用空洞的语句描述市场机会,当前规模小但处于快速成长的市场,会比相对较大、稳定的市场更有吸引力。

(三) 竞争优势

用几句话来概括公司相对于竞争对手的优势。如独特的资源优势、成本节约或行业关系。至少,要写出你是如何与直接竞争者的方案竞争的,投资者更看重你能做什么,因为很可能他们已经看过很多与你的方案类似的创业计划书。

(四) 商业模式

清晰地描述公司商业模式——怎么挣钱的? 需要阐述公司在产业链、价值链上的位置,合作伙伴是谁,他们为什么要跟你的公司合作? 谁是你的客户、目前是否有真实客户? 概括你的销售和营销策略,列出一些关键数据,如客户量、授权量、产品数量和利润等。

(五) 创业者及团队

要记住投资的是人而不是创意。为什么你的团队有能力成功? 他们以前做过什么? 解释一下每个人的背景、角色、工作过的公司。如果你的创业导师或顾问有相关的行业经验,也可以在团队介绍里提出来。

(六) 资金需求和融资

可以用一个表格来展示公司未来3到5年的收入和花费预测。投资者需要知道你现在想融多少钱,你能给他们什么样的回报? 融资需求通常是为了实现你的创业计划所必需的最小资金量,最好能匹配上收入的驱动因素,比如客户增长等。财务预测不能太过离谱,如果让风投公司不相信的话,所有的工作就前功尽弃。

案例9-5

中国国际"互联网+"大学生创新创业大赛获奖作品执行摘要①

项目背景

孟子居创业团队成立于2015年3月,团队扎根于北京科技大学,通过建立可持续的农产品电商扶贫运营模式,在经济和知识两方面帮扶贫困地区。孟子居团队连续6年组织社会实践团,发动大学生500余人,走访中国27个省、自治区、直辖市,调研35个贫困县,走访了400多户贫困户,直接帮助80余户贫困户,间接帮助300余户贫困户解决脱贫问题。团队在全国签约并建立了20余个长期对接的社会实践基地,获得过第十二届中国青年志愿者优秀组织奖等30余项校级、省部级奖项。策划过"孟子居生态零食杯"校园营销大赛、"北科大·秦安精准扶贫129公益接力计划"果树认购活动、秦安公益营销大赛、梁家河果树DIY、延安"五枣两核桃"果树认购、霞浦饼干茶自助售卖、山东花生博士工作站等项目,取得了良好的经济效益和社会效益,累计帮助农民销售400余万元农产品。2017年,孟子居创业团队作为执笔人之一给习近平总书记的写信,很荣幸收到习近平总书记的回信,多次受到中央电视台"新闻联播"《人民日报》等媒体的采访报道。

孟子居创业团队致力于深入挖掘全国贫困县农产品,深入农村做翔实的产品调研,以商业化的模式帮助当地农民增收,以大学生的视野帮助农民增强电商意识,为我国实现2020年全面建成小康社会尽自己的一份力。我们,一直在努力。孟子居,永远与您真诚相伴!

产品与服务

目前,孟子居创业团队已经针对我国贫困地区策划了十余种产品,正在策划新的十余种产品。针对山东土特产策划了"生态零食"等坚果类食品;针对甘肃省秦安县策划了苹果树认购计划;针对陕西省延安市策划了"五枣两核桃"果树认购营养计划;梁家河苹果DIY定制计划。针对客户,采取一一对接制度,每个客户都至少有1名团队成员负责长期对接反馈,包括在线答疑、贫困信息分享与解答、产品质量解答、公益参与服务推广、应急问题处理、后续跟踪反馈等。

市场分析

农产品B端市场容量巨大,发展潜力广阔。根据PEST分析,目前国家大力扶持农村发展,积极推动智慧农业和乡村振兴。随着经济的发展与人民生活水平的提高,人们越来越关注农产品的质量以及可追溯性,而本项目搭建的农户与客户直接对接的形式正好

---

① 本案例为第六届中国国际"互联网+"大学生创新创业大赛——"青年红色筑梦之旅"赛道获奖作品执行摘要部分。

满足客户的需求。从社会领域来看,孟子居能促进当代大学生对于农业、农村和农民的了解,对大学生见识、见闻的增长以及对农村的宣传起到了促进作用。从技术领域来看,孟子居积极推动学校科技成果与农业实际应用的转化,有着强大的市场潜力与价值。

营销模式

孟子居公益扶贫营销模式采用“三点五维”的扶贫模式,并有幸成为国内最早的、规模最大的校园扶贫团队。“三点”就是知识扶贫、消费扶贫、技术扶贫。知识扶贫能让农民增强质量意识和提升互联网知识水平,促进农民与现代社会消费理念的结合。消费扶贫能搭建客户与农户对接的平台,让扶贫“看得见”,让农产品“可追溯”。技术扶贫能推动学校科技成果在乡村地区转化,提升农民劳动生产效率。从这三个方面对贫困户进行帮扶,将精准扶贫同扶智、扶志相结合。“五维”就是联合高校、学生、政府、企业、研究所,打造多方位立体化的帮扶平台,既能保证项目的活力,又能保证项目的持续性。

发展规划

孟子居创业团队努力为2020年国家全面建成小康社会和我国扶贫事业奉献一份力量。团队现阶段已基本形成前期调研、社会实践、知识普及、产品营销以及公益传承的五维循环发展模式,并着手将该模式在各高校之间进行推广、拓展大学生市场、逐步增强团队实力与影响力。团队计划以现有的大学生市场为跳板,向外部市场进军,逐步增加以公司为代表的客户数量、扩大社会效益,形成社会影响,将团队打造成全国最具影响力的大学生公益创业扶贫团队。同时,全面小康后对农民进行持续帮扶,确保真脱贫、脱真贫、不返贫。

财务分析

孟子居项目收入来源主要分为三部分:学校创新创业苗圃扶持基金、与当地政府合作项目的收入、销售农产品收入。团队的运营成本极低,运营费用只占总销售额的5%,良好的社会效益吸引更多的大学生自愿参与到公益帮扶中来,因此低成本的团队运营能将更多的利润让给农民。本项目主要进行的业务活动集中于果树、水果等农产品销售,涉及的会计科目主要为存货、预收账款、应付账款、销售费用,同时涉及少量固定资产、管理费用等会计科目。

公司架构与管理

2020年,孟子居创业团队核心成员15人,下设营销团队、调研团队、社会实践团队、SRTP团队,分管四大类日常事务,财务分管部门独立旁支。建成直属于首席执行官的“两心一署”体系架构,分管产品运营、技术研发和发展规划。创业团队具有丰富的创业经验与实践基础,只有连续2年带领学生前往贫困地区进行实践扶贫的人才有资格成为创业团队中的一员。团队能够真正让成员扎根中国大地,了解国情民情,培养有理想、有本领、有担当的新时代公益创业青年。

四、把创业构想变成文字方案

撰写创业计划书是创业者(团队)反复思考、推理并讨论的过程。

在创业构想基本成熟的基础上，就可按照创业计划书的结构内容把创业构想变成文字方案，即正式撰写创业计划书。

无论计划书里面阐述了什么，你都要设身处地想一想，你是真的在做企业创建与发展规划，还是仅仅在畅想未来？你所阐述的思路在后期的计划执行中是否切实可行，是否有足够的能力将想法变成现实？

因此，创业计划书一般应将重点放在主体内容的分层次理性阐述上，在主体内容定稿之后再着手凝练执行摘要，最后才考虑必要的附件材料。

现将主体内容的分层次撰写简要说明如下。

（一）公司介绍

这部分的目的不是描述整个计划，也不是提供另外一个概要，而是对你的公司作出介绍，因而重点是你的公司理念、定位和如何制定公司的战略目标。

（二）产品/服务创意

这部分要说明产品/服务创意的来源；产品/服务的概念、性能及特性，要突出产品/服务创意的新颖、独特之处；创意的市场价值及价值的合理性、产品/服务的市场竞争力；产品/服务创意的开发过程、开发方案及市场前景预测等。

在产品/服务创意描述部分，创业者要对产品（服务）创意做出详细的说明，说明要准确，也要通俗易懂，即使非专业人士的投资者也能明白。一般地，产品/服务创意介绍都要附上产品/服务原型、照片或其他介绍。

（三）团队成员及组织结构

在创业计划书中，必须对主要创业团队成员加以说明，介绍他们所具备的能力、在本企业中担任的职务、承担的责任及过去的详细经历、背景及业绩。

此外，在这部分内容中，还应对公司组织结构做一简要介绍。包括：公司的组织架构图；各部门的功能与责任；各部门的负责人及主要成员；公司的报酬体系；公司的股东名单，包括认股权、比例和特权；公司的董事会成员；各位董事的背景资料。

经验和过去的成功比学历、学位更有说服力。如果你准备把一个特别重要的位置留给一个毫无经验的人，你一定要给出充分的理由。

（四）顾客和市场

这部分应包括以下内容：① 目标顾客和目标市场；② 市场需求预测；③ 市场现状综述；④ 竞争厂商概览；⑤ 本企业产品的市场地位与未来市场潜力等。

（五）竞争者分析

在竞争者分析中，应该正确评价所选行业的基本特点、竞争状况以及未来的发展趋势等内容。关于竞争者分析的典型问题：

- 该行业发展程度如何？现在的发展动态怎样？
- 创新和技术进步在该行业扮演着一个怎样的角色？
- 该行业的总销售额有多少？总收入为多少？发展趋势怎样？
- 价格和趋势如何？
- 经济发展对该行业的影响程度如何？政府是如何影响该行业的？
- 是什么因素决定着它的发展？
- 竞争的本质是什么？你将采取什么样的战略？
- 进入该行业的障碍是什么？你将如何克服？该行业典型的回报率有多少？

（六）营销策略

对市场错误的认识是企业经营失败的最主要原因之一。创业计划书中，营销策略应包括以下内容：

- 市场机构和营销渠道的选择；
- 营销队伍管理；
- 促销计划和广告策略；
- 价格决策。

（七）制造计划

创业计划书中的生产制造计划应包括以下内容：

- 产品制造和技术设备选型；
- 新产品投产计划；
- 技术提升和设备更新的要求；
- 质量控制和质量改进计划。

（八）财务计划

财务计划一般要包括以下内容：

资金和资源需求；资金使用计划及进度；融资方式和规划；资本结构；收益预测和财务盈亏分析；投资收益回报等。其中重点是现金流量表、资产负债表以及损益表的制备。

流动资金是企业的生命线，因此企业在初创或扩张时，对流动资金需要预先有周详的计划和进行过程中的严格控制；损益表反映的是企业的盈利状况，它是企业在一段时间运营后的经营结果；资产负债表则反映在某一时刻的企业经营状况，投资者可以根据资产负债表中的数据得到的比率指标来衡量企业的经营状况以及可能的投资回报率。

（九）风险与风险管理

- 你的公司在市场、竞争和技术方面都有哪些基本风险？
- 你准备怎样应对这些风险？
- 你的公司还有一些什么样的附加机会？

● 在你的资本基础上如何进行扩展？

● 在最好和最坏情形下，你的五年计划表现如何？

如果你的估计不那么准确，应该估计出你的误差范围到底有多大。如果可能的话，对你的关键性参数做出最好和最坏的设定。

（十）投资报酬与退出策略

内容包括：股票公开上市；股权协议转让；股权回购；股利等。

通常，在主体内容阐述之后应当有附录，如详细的财务计划、管理层简历、销售手册、产品图纸、公司专利、商标等其他需要进一步说明或提供佐证的事实材料。附录附在正文后面，通常是分开单独装订。

五、创业计划书的撰写技巧

（一）创业计划书必须一开始就吸引人

创业计划书是呈送给投资者、银行、合作伙伴、企业战略联盟对象，或者政府相关部门、创业计划大赛评委评阅的，是一份有助于获得所需资金支持或其他资源支持的创业计划的撰写，关键在于对资本市场、投资人以及其他资源拥有者心理的把握，创业计划书就是创业者用文字与资源拥有者进行沟通，并达成共识。从投资者角度看，管理团队以及市场机会的价值是两项关键的投资要素，因而创业计划书要充分展现高素质的管理团队和确保新企业创意价值的亮点，从而使阅读者产生欣赏和进一步探寻的欲望。

（二）明确创业计划书撰写角度

在撰写创业计划书的时候，还要明确创业计划书的主要阅读者是谁，不同的对象对创业计划书的关注点会不一样。创业计划书应更具有针对性，这样才能更好地满足使用这份创业计划书的人员的需要。通常，可以从以下视角撰写创业计划：① 创业者的角度。创业者比任何人都了解包含这家新创办企业中的核心优势与技术。创业者首先必须很清晰地表达出这家企业是经营什么的，有什么优势，有什么卖点，主要盈利点在哪等。② 投资者的角度。创业者应该试图用投资者的眼光考察企业的生产经营，特别是计划中的核心优势、盈利增长点及财务预算计划等。如果创业者不具有基本的财务分析与预测的能力，在这一部分就很难考虑周全，防范经营风险。③ 市场的角度。创业者必须以用户的眼光来审视企业的经营运作，应该采取以顾客为导向的市场营销策略。这就需要创业者进行大量的市场调查工作，充分了解顾客的需求和市场发展的前景。

（三）创业计划要体现真实性

投资的目的是索取回报。投资者并不欣赏文采出众、辞藻华丽的计划书，而是更看重客观、真实的理性分析和论证。因此，创业计划书一定要体现真实性，所有内容都应该实事求是,力求通过实际市场分析和实地调查数据来表达观点和看法,尤其不能夸大吹嘘。对于市场占有率、销售收入、利润率等指标的预测要客观合理,数字尽量准确,最好不要粗略估计。

(四)注意内容准确格式规范

开门见山,突出主题。创业计划书的目的是获取资源,创业者应该避免与主题无关的内容,要开门见山直入主题,不要浪费时间和精力来写一些与主题无关、对读者来说毫无意义的内容。此外,编制创业计划书还要考虑到阅读对象的因素,目标读者不同,他们对创业计划书的要求和兴趣不一样,创业计划书的内容和侧重点也应该有所区别。

简明扼要,通俗易懂。创业者必须认识到,创业计划书不是文学作品,也不是学术论文,飞扬的文采、深奥的专业术语不仅不能打动目标读者,反而不利于他们阅读和理解计划书。因此,创业计划书的语言应该通俗易懂,尽量避免专业术语,只要能够表达自己的观点即可,不要过分渲染。

结构完整,内容规范。创业计划书是一种正式规范性文件,在结构和内容上都有规范要求。创业者在撰写创业计划书时,最好有一份优秀的创业计划书作为模板参考。一方面,在结构上必须完整,创业计划书的各个部分都应该论述到;另一方面,在内容的表述上要做到规范化、科学化,财务分析最好采用图表描述,形象直观。此外,创业计划书还应该注意格式和排版,绝对避免拼写错误。

表 9-1 列举了撰写创业计划书常见的错误。

表 9-1 撰写创业计划书常见的错误①

×低估了竞争,高估了市场与回报
×不陈述预测报表的建立依据
×混淆了利润和现金流
×不陈述最好、最坏和最可能发生的状况
×产品或服务对客户带来的影响——提高客户收益、降低客户成本、减少客户的流动资本和成本支出——不加以量化
×仅分析整体市场,忽略了细分市场
×不讨论战略伙伴
×不理解市场进入壁垒和夺取客户所需要的成本
×对产品和服务、渠道选择、销售人员和销售模式的定位不清晰
×不讨论运营效率,不分析产能

① 资料来源:罗伯特·J.卡尔文.创业管理[M].郑兴山,杨晓玲,霍婕译.中国财经经济出版社,2003.

第三节 展示创业计划书

创业计划书阅读对象包括投资者、银行、合作伙伴、团队成员或者政府相关部门、创业计划大赛评委等，创业计划书一旦定稿，接下来的主要挑战就是如何将计划书推介给阅读对象，如果是为了争取政府部门或社会机构设立的创业基金，或是为了参加创业计划大赛，那么计划书的推介、陈述和展示就更加重要。

一、创业计划书的展示方法

下面以吸引风险投资的创业计划书为例，说明创业计划展示的方法与技巧。

首先是向潜在的投资者提交创业计划书，如果投资者对你的创业项目感兴趣，就会给创业者陈述创业计划的机会，这是创业计划重要的展示过程。一般在创业计划陈述与展示后会进行双方会谈，如果会谈顺利，便会进一步实地考察、磋商和谈判，最后签署投资协议。在这样的过程中，陈述与展示十分关键。

向风险投资(Venture Capital，VC)融资是一件相当困难的事，需要做大量、充分准备。如娴熟的演讲技巧、热情洋溢的创业激情和一份完美并且内容充实的创业计划书。当然，还需要一点儿运气。

● 要训练自己言简意赅、流畅的表达能力。训练自己用一两分钟时间来表达、阐述创业企业的性质与职能。一般说来，好创意都有简明的逻辑。所以创业者应该能在开场的2分钟之内，就把自己的项目说清楚。“请用一句话来描述一下你的项目”，这几乎是一个众所周知的要求了。

● 设法了解与分析推介对象。是什么促使对方对创业项目产生兴趣？对方可能会问什么特殊、尖刻的问题？参会人员年龄多大、背景与特长如何等。创业者可以通过网络搜索、资料收集、业内打听等方式了解投资公司与管理者背景等方面信息，并通过换位思考、团队讨论的方式，集思广益地梳理各种可能性，为推介展示做好前期准备工作。展示要注意针对投资者的技术基础和专业背景，比如，投资者的背景是财会专业，则应侧重运用财务数据、引用财务专家或专业期刊的评论；而技术型的VC则喜欢产品和服务演示等。

● 陈述与展示的语言与态度。面对经验老到的投资者，创业者做陈述和展示时坦诚和客观是打动他们的力量。我们无需为项目进行不必要的包装，更不要在演示过程中为自己的产品“上大词”，这都是为自己设置了障碍；有些词汇很常见，但是它们的分量很重，尤其是真正的生意人都觉得它们的分量很重，比如“平台”“一揽子解决方案”“一站式服务”等。要仔细掂量一下你的项目是不是能用得上这样的词汇；慎用最高级，尽量多使用第三方的积极评价，多用数据和图表说话，以数据来增强创业计划书的可信度。

● 要提前到VC的会议室，把展示过程中可能遇到的一些意外——诸如电脑和投影仪的连接、网络连接、图像或视频显示等技术问题事先解决好，最好做个预演，千万不要让技术故障耽误了你跟VC宝贵的交流时间。

● 一般推介会议时间多为一个小时,跟你会谈之后,VC可能马上要跟下一位创业者见面。因此,创业者应该在20分钟内完成陈述与演讲。这样,一方面可以增强创业者对推介会议时间的灵活控制;另一方面,也可以让与会者有更充分的时间进行交流与讨论。

二、创业计划书展示的步骤和内容

创业计划陈述与展示的步骤。 创业计划陈述与展示的步骤包括展示方案准备,陈述人员选择,陈述准备以及现场陈述等。

创业计划陈述与展示的内容。 陈述创业计划过程中,重点内容在于展示问题背景、解决方案/产品与技术、商业模式、项目优势与独特性、市场营销、竞争、管理团队、财务计划及主要指标以及目标实现时间与资金使用,并以此作为幻灯片的核心标题。见图9-2。

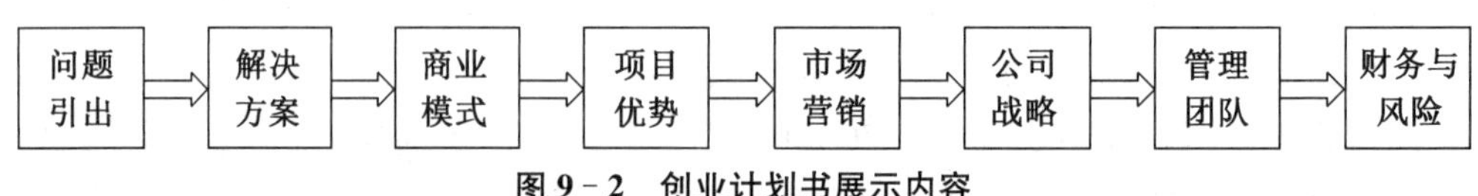

图9-2 创业计划书展示内容

创业者可依照大约10~15张幻灯片、20分钟左右时间做好陈述内容的PPT展示。一定要努力做出一个有视觉冲击力、内容精炼且图文并茂的PPT。鉴于风险投资商可能上了年纪,幻灯片文字不能太小,不要过分强调技术因素或故意使技术环节复杂化。

陈述内容的底稿一定要烂熟于心,达到不假思索脱口而出的效果。在陈述即将结束时,可插入一页表格展示五年内的财务状况,包含市场规模及本行业的公司平均价格收益比,这有助于增强财务分析的说服力——表明投资机遇绝佳。

案例9-6

创业计划PPT制作要点

一般来讲,PPT版本的创业计划书主要包括:封面页、内容页和结尾页。在制作时,要注意以下规范和要点。

● 页数:PPT篇幅不宜过长,一般10~15张幻灯片是比较合适的,确保投资人在5分钟以内可以阅读完毕。

● 版式设计:要注重版式设计,应当以美观、简洁为基本原则进行制作。

● 风格统一:确保PPT风格统一,而不是多元,做到背景、字体、图表等内容的风格统一,能够让计划书更加整洁、大方,赏心悦目,这也是打动投资人的细节之处。

● 格式规范:调整计划书整体格式,确保规范、整洁、美观。包括选择合适的字体、字号，依据内容调整对齐方式，注意行间距，各级标题层次分明等。

● 突出重点：PPT版本的创业计划书是创业项目的高度凝练，创业者需要在有限的篇幅内，充分展示计划内容。这就要求创业者有舍有得，舍弃不必要的信息，突出能打动投资人/评委的重点、核心内容。

● 应用图表：新手创业者在制作创业计划PPT时，容易陷入堆砌文字的误区，希望让投资人/评委获得更多的信息。实际上，图片、表格能够传递更多信息，也更易让阅读者有效接收信息。创业者要注重提升PPT的可视性，遵循少文多图的原则进行制作。

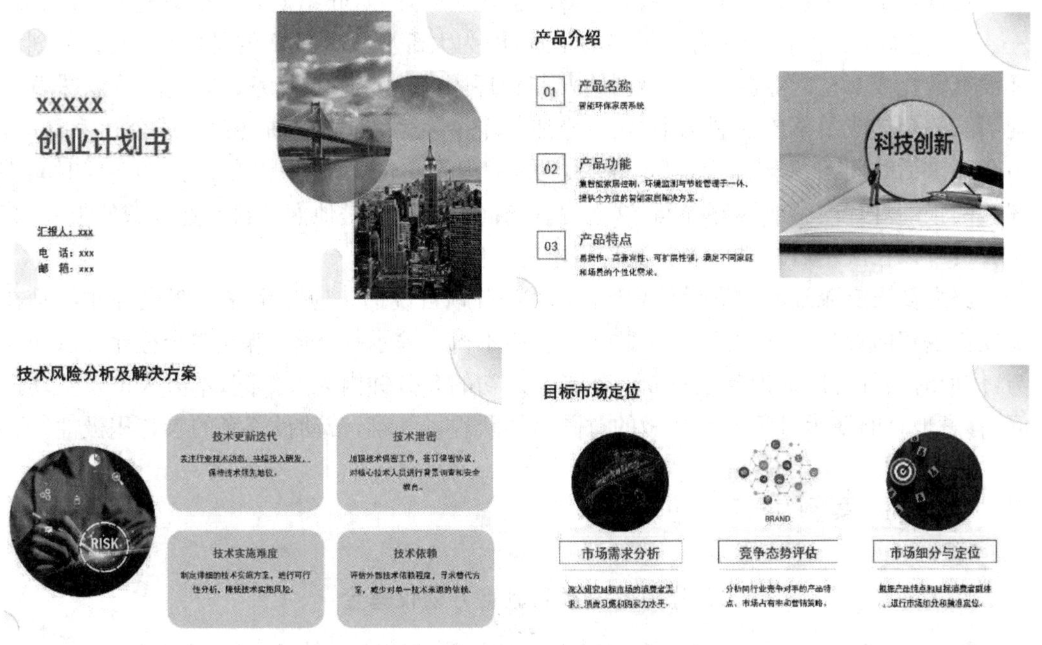

图9-3 风格统一的计划书PPT示例

三、展示创业计划的注意事项

新颖独特的创意。创意和构思是创业计划的生命点。但要注意的是，创意不是凭空想象，要以客观的市场需求和价值合理性为依据说服投资者。

市场前景。创业计划可行的前提是富有潜力的市场前景。一个新颖的构思和投资项目能否获得成功与丰厚回报的关键在于是否拥有良好的市场前景，这是投资者衡量创业计划优劣最重要的标准。

自我与团队介绍。如果创业团队把完整的项目资料送给投资方，资料袋里已经包含了一切材料，那么，是不是就不用亲自来演示自己的项目了？“为什么客户一定要见见我们？”这是个好问题。因为你只有理解了投资者要见你的原因，你才知道如何去做有针对性的准备。显然,说到底它始终是人的问题。

所以创业者少不了要对自己和团队的背景加以介绍,即使你的专业、履历和背景与这个项目无太大关联,你的思想、个性、价值观等也会从过去经历中体现出来。陈述者不用费心去拿捏姿态,也不用去想是保持高傲一些好、还是谦卑一些更有利,真实最为好。这不涉及攀比资历,光鲜资历有更好,没有也无妨。

“自我介绍”环节是值得去精心准备的。选择一个好的角度,完全可以把平凡的人生经历说得有趣而吸引人,还可以把自己的思考和体验融入进去,提升沟通的质量。

投资者更看重一个优势互补、高素质的创业团队,团队介绍是展示中最重要的内容之一。VC 愿意对这些创始人有尽量多的了解,因为大部分 VC 投资的是创意,但这些创意还没有转化成真正的业务。所以,创始人和管理团队就是你的业务。但这并不意味着创业团队的全体成员都要在展示中“轮流坐庄”、个个发言,创业领袖(核心)或公司 CEO 应占全部讲话时间的 80%以上,其他高层人员(一般不超过 2 位)可以在 20%的会议时间讲述一两张幻灯片内容或回答提问,这些内容与问题都应该是他们各自专业领域的强项,其余成员可以在展示后的进一步交流讨论中与 VC 洽谈接触。

努力创设交流互动。展示切忌照本宣科、自顾自说话。应当事先声明允许并鼓励在场投资者双向参与交流和互动,对此千万轻视不得。演示一开始,就声明全程允许双向参与,任何时候都可以被提问或打断。如果在最初的 5 分钟内无人提问,本方人员应主动提问,有意地打断演示过程。这样做的意图是活跃现场气氛,带动投资者的参与积极性。

案例 9-7

5 分钟游说拿到数百万创投基金①

【人物档案】潘海东:互动百科创始人、CEO,2009 年入选中央“千人计划”。

【创业感悟】我来过我看过我创业过。

海归创业困难之一就是缺资金。2005 年,潘海东和两个哥们凑了 100 万元做起了互动百科网,2006 年,在参加硅谷举行的一次互联网论坛上,潘海东找到了在论坛主讲的硅谷创业基金负责人,在 5 分钟之内就成功吸引了他的注意力,随后获得了数百万美元的风险投资。据说,这是该基金做投资决策最快的一次。

“这 5 分钟,其实我就讲了一个概念——做中文的维基百科网站,这个创意一下子就打动了他们。”潘海东说,创业是场没有终点的马拉松,一夜成名是个传说,成功其实就是每天前进一小步。要让潜在投资人对你感兴趣,一定要把自己的独特地方展现出来、打动他。比如苹果独特,就在于他把电子产品变成了一个时尚产品;再如李宇春的歌唱得不是最好,但因为中性的独特,所以在中国娱乐圈里身价也很高,都是一个道理。

如何应对投资者提问与点评。投资者通常会对创业者的项目提问,再聪明的创业者

① 毛庆. 5 分钟游说,获百万美金风投[N]. 南京日报,2012-03-14.

也不可能回答得了所有的问题，尤其是你正在做一件未来某个时间才能成功的项目。所以不必为不能回答某些问题而感到羞涩，也不要为自己根本不知道答案的问题编造答案，更不要仅仅嘴里嘟囔着一些自己也不理解的话语。总体上讲，在演示项目时要注意应答的多样性：有些问题是有答案的，如果知道就简短有力地回答；有些问题根本就没有答案，那么直接说你不知道；有些问题的确很难，你也不可能瞬间给提问者回答，直接说你要再想想；有些问题被提出来，提问者自己也不认为有什么好答案，他只是问问而已，那你不妨向他请教，问问他是怎么想的。

记住，有问必答一定是失败的。听众会感觉场上来了一个万事通，万事皆有答案，结果导致陈述中本来有说服力的那部分内容，就因为这种看法给毁掉，甚至连场面也输掉。

投资者也可能会为创业者的项目做点评，给出或高或低的评价，投资或不投资，他们会指出创业项目的不足和缺陷，可能还带着质疑和挑剔的语气，这让人不舒服。但他们并不是创业者的真正裁判，真正的裁判是市场。

客观上看，创业的年轻人相对于投资者，无论社会地位、经验、资源和人脉都处于下风。那么，创业者与投资者两方的博弈怎么能做到平等对话呢？建议可以把这种陈述与展示当成一次相亲，或者仅仅是一次“出来喝一杯”的约会。

创业者一定要心态平和、放眼未来，不要指望一蹴而就，切忌急功近利、急于求成。如果你想通了这只是一次“约会”，那么现场你就不会显得太紧张；如果你的项目还达不到令人震惊和肃然起敬的标准，那么就拿出欢乐平和的心态来展示和对话；保持一种不求不败的心境，把这次见面当成你认识一个朋友的机会。对于投资者的质疑、苛求和挑剔，切忌脱口而出反驳甚至强有力反击，这会显得创业者缺乏气度和修养。谈不拢最多走人，没必要斗气，倒是可以从尖刻的批评中反思项目的不足与缺陷。值得注意的是，有时投资人故意语言尖刻严厉，你也不要乱了阵脚。其实，他们很可能是在试探创业年轻人的“抗压能力”，也许他有点把这个测试提前了一些，但这恰恰说明了他可能“喜欢”上了你。

展现优势同时应当注意保护商业秘密。为了引起投资者的兴趣，展示创业计划当然需要尽量展现自身的优势和亮点，如新颖的创意、先进的技术、独特的商业模式、高素质的创业团队等。但是，创业者对于计划中的核心技术和商业机密还是应当注意合理且恰当地保护。在实际操作中，需要在创业计划书中加一条保密条款来保护自己的利益；第一次展示不要披露太多的核心技术信息；如有必要，可在展示前先签一份保密协议，但除非不得已不要强求对方签订这种协议，以免在尚未展示前就产生不必要的矛盾。展示者不一定是经理，但实际展示的人员应具备突出的沟通表达能力，这样安排的效果才可能会更好。

案例 9－8

设计电梯式演讲[①]

对一家新创企业来说,一种十分有用的练习就是设计电梯式演讲。电梯式演讲是仔细构思过的表述。它对商业机会的价值进行了提纲挈领的归纳。为什么将它称为电梯式演讲呢?如果一位创业者进入到25层大楼的电梯内,并且非常幸运地在里面遇到一位潜在的投资者,在从25层往底楼下行的时间里,创业者可以试图引起投资者的兴趣。多数电梯式演讲的时间介于45秒到2分钟之间。

电梯式演讲可能会在很多场合发生。例如,许多由高校主办的创业研究中心举行活动,会一起请创业者和投资者参加。通常在这些活动中会专门设计让企业家与潜在投资者会面的间歇时间,他们可以在一起讨论投资问题。电梯式演讲需要新创建企业做的是强迫创业者设计十分简明、切中要害的商业机会描述性内容。

以下举例是一份60秒电梯演讲的提纲。新创建企业的电梯式演讲应认真准备,经常练习。

第一步:阐述机会或者可能需要解决的问题	20秒
第二步:阐述你的产品(服务)如何满足机会,或如何解决问题	20秒
第三步:阐述你的资质和条件	10秒
第四步:阐述你的市场	10秒
合计:	60秒

当然,创业者可以准备多个版本的电梯推介,比如15秒、1分钟、5分钟和15分钟,然后反复练习,以备不时之需。

本章案例

大学生创新创业大赛作品:空气乐队

① 资料来源:邓立治,邓张升,唐雨歆.商业计划书案例:从创新创业大赛到创业实践.机械工业出版社,2023.

体验式学习活动

创业路演挑战

在有限的时间中，识别可行的创业机会，并撰写创业计划书，展开路演。这是一次极限挑战，反映了参与者对市场的敏感性、计划书的设计能力以及路演感染力……

活动目标

—提升市场敏感性

—增强计划书设计能力

—培养路演感染力

—团队协作与角色分工

—批判性思维和评价能力

—总结与反思能力

活动流程

步骤1：活动准备

—根据人数进行分组，以每组5～8人为宜

—确定角色分工

步骤2：活动开始

—开始组内讨论，确定一个创业项目

—根据创业项目，展开信息搜集，并尽可能开展市场调研

—撰写创业计划书

—制作创业项目的路演幻灯片

步骤3：创业计划书展示

—根据规则，各组依次进行路演展示

—其他组别进行评论和打分

步骤4：总结与反馈

—计算各组最终得分

—由教师对本次路演进行评论和总结

材料与资源

—分组名单与角色分工表

—市场调研工具，包括调查问卷模板和数据分析软件

—打印的创业计划书撰写模板

—笔记本电脑和演示软件

反馈表和评分标准

评估方式

—路演展示评分,包括内容质量、路演表现和时间管理

—创业计划书评审

—团队协作与角色分工评估

—批判性思维和评价能力评估

—总结与反思报告

本章要点

创业计划是阐述创业者的创业创意、愿景,以及创意与愿景如何被转化成为一家营利性、可行的企业的一种书面文件。创业计划是创业的行动导向和路线图,既为创业者行动提供指导和规划,也为创业者与外界沟通提供基本依据。

创业计划包括封面、目录、执行概要、主体内容和附件等组成部分,具体内容应反映创业项目的产品(服务)创意、创意价值合理性、顾客与市场、创意开发方案、竞争者分析、资金和资源需求、融资方式和规划以及如何收获回报等内容。创业计划要随着执行的情况进行调整。

撰写创业计划是创业者/团队反复思考、推理并讨论的过程。准备创业计划的过程实质上是信息的搜集过程,是分析并预测环境进而化解未来不确定性的过程。

创业计划中的信息收集可用间接方法,也可用直接方法。信息搜集的主要内容为:宏观环境信息、行业环境、竞争者信息、目标市场信息。信息收集的根本目的在于使用,因此,要对来自不同渠道、不同方法的信息进行加工整理、合理保存、有效使用,才能使信息发挥应有的作用。

创业构想与筛选创业机会都是准创业者真正开办新企业前必须做好的功课,在此基础上,才需要精心准备如何将创意转化为可盈利企业的一份商业计划书。创业计划书撰写需要发挥群体智慧,研讨创业构想、分析创业可能遇到的问题和困难,再把创业构想变成文字方案。凝练创业计划的执行概要是其重点。

展示创业计划应注意突出三个要素:新颖独特的创意,有潜力的市场前景,优势互补高素质的创业团队。激情在创业计划展示中发挥着重要作用。

重要概念

创业计划　执行概要　信息搜集　市场调查　创业构想　创业计划展示

思考题

1. 试述创业计划书的基本结构、基本内容及其重要性。

2. 执行概要在创业计划中有何作用？为什么需要凝练创业计划的执行概要？

3. 为什么说准备创业计划书的过程实质上是信息搜集过程？

4. 谈谈陈述和展示创业计划的基本方法和技巧。

5. 许多人先写好创业计划书，再浓缩成幻灯片，也有人认为应当先做好幻灯片再以此为大纲撰写计划书，你怎么看？

参考文献

[1] Gartner W B. What are we talking about when we talk about entrepreneurship?[J]. Journal of Business Venturing, 1990, 5(1).

[2] Hamel G. Lead the Revolution [M]. M A: Harvard Business School Press,2000.

[3] Jones G M. Educators, electrons, and business models: A problem in synthesis[J]. Accounting Review, 1960, 35(4).

[4] Low M B, Mac Millan I C. Entrepreneurship: Past research and future challenges[J]. Journal of Management, 1988, 14(2).

[5] Shane S. The promise of entrepreneurship as a field of research[J]. Academy of Management Review, 2000, 25(1).

[6] Singh R P. A comment on developing the field of entrepreneurship through the study of opportunity recognition and exploitation[J]. Academy of Management Review, 2001, 26(1).

[7] Timmons J A. New Venture Creation: A Guide to Entrepreneurship[M]. Illinois, Irwin, 1999.

[8] Howard H Stevenson. 新企业与创业者[M]. 高建，姜彦福，雷家骕，等译. 清华大学出版社，2002.

[9] 巴林格. 创业管理：成功创建新企业[M]. 机械工业出版社，2006.

[10] 布鲁斯. R. 巴林杰. 创业计划[M]. 陈忠卫，等译. 机械工业出版社，2009.

[11] 邓立治，邓张升，唐雨歆. 商业计划书案例：从创新创业大赛到创业实战[M]. 机械工业出版社，2023.

[12] 卡普兰，沃伦. 创业学[M]. 中国人民大学出版社，2009.

[13] 林嵩，谢作渺. 创业学：原理与实践[M]. 清华大学出版社，2008.

[14] 刘畅. 商业计划书：写作技巧与范本精讲[M]. 清华大学出版社，2023.

[15] 马占杰. 国外创业意向研究前沿探析[J]. 外国经济与管理，2010，32(4).

[16] 薛红志，牛芳. 国外创业计划研究前沿探析[J]. 外国经济与管理，2009，31(2).

[17] 张玉利，陈寒松. 创业管理[M]. 第2版. 机械工业出版社，2011.

第10章

新企业的创立与成长

学习目标

1. 了解并掌握如何选择企业的组织形式。
2. 掌握新企业注册的程序与步骤，了解新企业选址的策略与技巧。
3. 认识新企业获得社会认同的必要性，掌握其基本方式。
4. 了解创办新企业后可能遇到的风险类型及其应对策略。
5. 掌握新企业管理的独特性，了解针对新企业的管理重点与行为策略。

引导案例

大学生创业十年干出一个国家重点农业龙头企业

第一节　成立新企业

一、企业组织形式选择

根据全国人大颁布的《中华人民共和国个人独资企业法》、新的《中华人民共和国公司法》和《中华人民共和国合伙企业法》，一家新创企业可以选择的组织形式有多种，主要有：个人独资企业、合伙企业、有限责任公司(包括一人有限责任公司)和股份有限公司。

(一) 个人独资企业

《中华人民共和国个人独资企业法》规定，个人独资企业是指由一个自然人投资，财产为投资人个人所有，投资人以其个人财产对企业债务承担无限责任的经营实体。

1. 个人独资企业的设立条件

(1) 投资人为一个自然人。

(2) 有合法的企业名称。

(3) 有投资人申报的出资。

(4) 有固定的生产经营场所和必要的生产经营条件。

(5) 有必要的从业人员。

2. 个人独资企业的设立程序

申请设立个人独资企业，应当由投资人或其委托的代理人向个人独资企业所在地的登记机关提交设立申请书、投资人身份证明、生产经营场所使用证明等文件。委托代理人申请设立登记时，需要出具投资人的委托书和代理人的合法证明。

申请设立个人独资企业，设立申请书应当载明下列事项：

(1) 企业的名称和住所。企业的名称应与其责任形式及营业范围相符合。

(2) 投资人的姓名和居所。

(3) 投资人的出资额和出资方式。

(4) 经营范围。

登记机关收到设立申请文件之日起 15 日以内，对符合规定条件的，予以登记并发给营业执照，营业执照的签发日期为个人独资企业成立日期。

3. 个人独资企业的优势

(1) 企业的设立、转让和解散等行为手续简便，仅需向登记机关登记即可。

(2) 企业主独自经营，制约因素少，灵活性强，能迅速应对市场变化。

(3) 利润归企业主所有，无须与他人分享。

(4) 在技术和经营方面易于保密。

4. 个人独资企业的劣势

(1) 当个人独资企业财产不足以清偿债务时，企业承担无限责任，投资人以其个人的其他财产予以清偿，因而带有相当大的风险，举债要十分谨慎。

(2) 个人独资企业不易从外部获得信用资金，如果企业主资本有限，企业的规模难以扩大。

(3) 当所有者生病或失去工作能力或决定退休，此时若没有家庭成员、亲朋好友愿意并且有能力经营企业，这个企业就将终结。

对于创业者希望其长大并获取巨大的财务成功的新企业来说，独资企业通常不是合适的选择。

(二) 合伙企业

合伙企业，是指自然人、法人和其他组织按照《中华人民共和国合伙企业法》在中国境内设立的普通合伙企业和有限合伙企业，成立合伙企业须由各合伙人签订合伙协议。普通合伙企业由普通合伙人组成,合伙人对合伙企业债务承担无限连带责任。《合伙企业法》对普通合伙人承担责任的形式有特别规定的,从其规定。有限合伙企业由普通合伙人和有限合伙人组成,普通合伙人对合伙企业债务承担无限连带责任,有限合伙人以其认缴的出资额为限对合伙企业债务承担责任。下文所提合伙企业均为普通合伙企业。

1. 合伙企业的特征

(1) 由各合伙人组成。一个合伙企业至少由两个以上的合伙人组成。

(2) 以合伙协议为法律基础。合伙协议是合伙人建立合伙关系,确定合伙人各自的权利和义务,使合伙企业得以设立的前提,也是合伙企业的基础。没有合伙协议,合伙企业便不能成立。

(3) 内部关系属于合伙关系。所谓合伙关系,就是共同出资、合伙经营、共享收益、共担风险的关系。

(4) 合伙人对合伙企业的债务承担无限连带责任。

2. 合伙企业的设立条件

(1) 有两个以上合伙人。一个人成立的就不是合伙企业,必须是两个以上的合伙人,合伙人是自然人的,必须具有完全民事行为能力。

(2) 有书面合伙协议。合伙协议由全体合伙人通过协商,共同决定相互间的权利和义务,达成具有法律约束力的协议。

(3) 有各合伙人认缴或实际缴付的出资。合伙协议生效后,合伙人应当按照合伙协议约定的出资方式、数额和缴付期限履行出资义务。合伙人必须用自己的合法财产及财产权利出资,可以用货币、实物、知识产权、土地使用权或者其他财产权利出资。经全体合伙人协商一致,合伙人也可以用劳务出资。对实物、知识产权、土地使用权出资需要进行评估作价的,可以由全体合伙人协商确定,也可以由全体合伙人委托法定评估机构进行评估;劳务出资评估方法由全体合伙人协商确定,并在合伙协议中载明。各合伙人按照合伙协议实际缴付的出资,为对合伙企业的出资。

(4) 有合伙企业的名称。合伙企业名称中必须有“合伙”二字,不得使用“有限”或“有限责任”字样。普通合伙企业应当标明“普通合伙”字样,以表明该企业责任的承担及其公信力。

(5) 有经营场所和从事合伙经营的必要条件。

3. 合伙企业的设立程序

设立合伙企业,应当由全体合伙人指定的代表或者共同委托的代理人向企业登记机关提交登记申请书、合伙协议书、合伙人身份证明等文件,法律、行政法规规定须报经有关部门审批的,应当在申请设立登记时提交批准文件。

申请设立合伙企业,应当向企业登记机关提交下列文件:

- 全体合伙人签署的设立登记申请书;
- 全体合伙人的身份证明;
- 全体合伙人指定的代表或者共同委托的代理人的委托书;

- 合伙人的书面协议；
- 出资权属证明；
- 经营场所证明；
- 国务院工商行政管理部门规定提交的其他有关批准文件。

企业登记机关应当自收到申请登记文件之日起 20 日内，做出是否登记的决定。对符合规定条件的，予以登记，发给营业执照。营业执照的签发之日，为合伙企业成立日期。合伙企业领取营业执照前，合伙人不得以合伙企业名义从事经营活动。

4. 合伙企业的优势

(1) 建立合伙制企业比较容易且费用低。由于出资的增加，扩大了资本来源和企业信用能力。

(2) 合伙制企业具有高度的灵活性。由于合伙人具有不同的专长和经验，能够发挥团队优势，各尽所能；如果合伙人拥有互补性的知识和技能，则将大大增强企业经营的成功率；合伙人能够以他们选择的任何方式决定其利润和责任的划分。

(3) 由于资本实力和管理能力的提高，企业的经营规模可能扩大。

5. 合伙企业的劣势

(1) 在合伙企业存续期间，如果某一合伙人有意向合伙人以外的人转让其在合伙企业中的全部或部分财产份额时，必须征得其他合伙人的一致同意。

(2) 当合伙企业以其财产清偿合伙企业债务时，其不足部分，由各合伙人用个人财产承担无限连带责任。

(3) 合伙企业的融资能力仍然有限。

(三) 有限责任公司

《中华人民共和国公司法》规定，有限责任公司是指由 1 人以上 50 人以下的股东共同出资，每个股东以其所认缴的出资额为限对公司承担责任，公司以其全部资产对其债务承担责任的企业法人。有限责任公司是一种比较普遍的企业法律形式。

1. 有限责任公司的特征

(1) 股东责任的有限性

有限责任公司的股东对公司所负责任，仅以认缴的出资额为限，对公司的债务不负直接责任。如果公司的财产不足以清偿全部债务，股东不需要以超过自己出资以外的个人财产为公司清偿债务。

(2) 股东人数的限制性

有限责任公司的股东人数为 50 人以下。

(3) 有限责任公司是企业法人

个体工商户不是企业，不具备法人资格；个人独资企业和合伙企业虽然属于企业，但也不具备法人资格，不是企业法人；而有限责任公司具备企业法人资格。

2. 有限责任公司的设立条件

按照新公司法规定,设立有限责任公司应当具备下列条件。

(1) 股东符合法定人数,即由50人以下股东共同出资设立。股东可以是自然人,也可以是法人。一个自然人或法人也可以设立一人有限责任公司。

(2) 有符合公司章程规定的全体股东认缴的出资额,自公司成立之日起5年内缴足。有限责任公司的注册资本为在公司登记机关登记的全体股东认缴的出资额。法律、行政法规以及国务院决定对有限责任公司注册资本实缴、注册资本最低限额、股东出资期限另有规定的,从其规定。

股东的出资方式可以是货币,也可以是实物、工业产权、非专利技术、土地使用权。股东对以实物、工业产权、非专利技术或者土地使用权出资的,必须进行评估作价,核实财产,不得高估或者低估作价。

有限责任公司成立后发现作为出资的实物、工业产权、非专利技术、土地使用权的实际价额明显低于公司章程所定价额的,应当由交付该出资的股东补交其差额,公司设立时的其他股东对其承担连带责任。

(3) 股东共同依法制定公司章程,所有股东在章程上签名、盖章。公司章程应当载明下列事项:

① 公司名称和住所;

② 公司经营范围;

③ 公司注册资本;

④ 股东的姓名或者名称;

⑤ 股东的出资额、出资方式和出资时间;

⑥ 公司的机构及其产生办法、职权、议事规则;

⑦ 公司法定代表人的产生、变更办法;

⑧ 股东认为需要规定的其他事项。

(4) 有公司名称,建立符合有限责任公司要求的组织机构(公司名称须向工商行政管理机关申请预先登记)。有限责任公司在设定自己的名称时,必须在公司名称中标明“有限责任公司”或者“有限公司”字样。有限责任公司的组织机构一般由股东会、董事会(执行董事)、监事会(监事)等组成。公司法定代表人依照公司章程的规定,由董事会、执行董事或者经理担任,并依法登记。公司法定代表人变更,应当办理变更登记。

(5) 有公司住所、固定的生产经营场所和必要的生产经营条件。

3. 一人有限责任公司的特别规定

(1) 一人有限责任公司是指只有一个自然人股东或者一个法人股东的有限责任公司。一人有限责任公司应当在公司登记中注明自然人独资或者法人独资,并在公司营业执照中载明。一人有限责任公司《公司章程》由股东制定。一人有限责任公司不设股东会。

(2) 一个自然人只能投资设立一个一人有限责任公司。该一人有限责任公司不能投资设立新的一人有限责任公司。

(3) 一人有限责任公司需确保注册资本的实缴，且股东应一次性足额缴纳公司章程规定的出资额。

(4) 一人有限责任公司的股东不能证明公司财产独立于股东自己的财产的，应当对公司债务承担连带责任。

4. 有限责任公司的优势

(1) 有限责任公司的风险较小。股东只以其出资额对公司承担有限责任，与个人的其他财产无关，因而如果公司破产，股东无须以个人财产作为债权的补偿。

(2) 企业具有永续性。有限责任公司具有独立的续存时间，除非因破产或注销，不会因个别股东的意外而消失。

(3) 经营管理规范。与个人独资企业和合伙企业相比，公司的所有权与经营权分离，可以聘任经理人员管理公司，能更好地适应市场竞争。

(4) 企业信用较高。有限责任公司拥有独立的一定数额的注册资本，其信誉和地位比个人独资企业、合伙企业要高。

有限责任公司由于具有合伙企业的优点和公司所具有的法律保护，所以，近年来越来越受到创业者的欢迎，是一种非常有前途的企业所有权形式。

5. 有限责任公司的劣势

(1) 有限责任公司设立程序比较复杂，注册时要提供比较详细的资料，要有公司章程。

(2) 创办费用较高。

(3) 为了规范公司治理结构，政府对公司的限制较多，法律法规的要求也较为严格。如有限责任公司必须按照公司法的有关规定设立组织机构，依照法律、行政法规和公司章程的规定行使职权。

(四) 股份有限公司

股份有限公司设立程序复杂，对资本要求高，一般不适合创业者选择。

股份有限公司以其全部资本为等额股份，股东以其所持股份为限对公司承担责任，公司以其全部资产对公司的债务承担责任。

1. 股份有限公司的设立条件

设立股份有限公司包括以下条件，其他省略了的内容与有限责任公司基本一致。

(1) 发起人符合法定人数。

设立股份有限公司应当有 1～200 发起人，其中须有过半数发起人在中国境内有住所。

(2) 有符合公司章程规定的全体发起人认购的股本总额或者募集的实收股本总额。

股份有限公司的注册资本为在公司登记机关登记的已发行股份股本总额。发起人的出资方式可以是货币，也可以用实物、工业产权、非专利技术、土地使用权作价出资。对作为出资的实物、工业产权、非专利技术或者土地使用权,必须进行评估作价,核实财产,并折合为股份,不得高估或者低估作价。土地使用权的评估作价,依照法律、行政法规的规定办理。

(3) 股份发行、筹办事项符合法律规定。

(4) 发起人制订《公司章程》。如公司是采用募集方式设立的,《公司章程》须经成立大会通过。

(5) 有公司名称,建立符合股份有限公司要求的组织机构。

(6) 有固定的生产经营场所和必要的生产经营条件。

2. 股份有限公司的设立方式

在设立股份有限公司过程中,发起人承担公司的筹办事务。发起人应当签订发起人协议,明确各自在公司设立过程中的权利和义务。设立股份有限公司,应当由发起人共同制订公司章程。

股份有限公司的注册资本为在公司登记机关登记的已发行股份的股本总额。在发起人认购的股份缴足前,不得向他人募集股份。法律、行政法规以及国务院决定对股份有限公司注册资本最低限额另有规定的,从其规定。

设立股份有限公司,可以采取发起设立或者募集设立的方式。发起设立,是指由发起人认购设立公司时应发行的全部股份而设立公司。募集设立,是指由发起人认购设立公司时应发行股份的一部分,其余股份向特定对象募集或者向社会公开募集而设立公司。

以发起设立方式设立股份有限公司的,发起人应当认足公司章程规定的公司设立时应发行的股份。以募集设立方式设立股份有限公司的,发起人认购的股份不得少于公司章程规定的公司设立时应发行股份总数的百分之三十五;但是,法律、行政法规另有规定的,从其规定。

募集设立股份有限公司的发起人应当自公司设立时应发行股份的股款缴足之日起30日内召开公司成立大会。发起人应当在成立大会召开15日前将会议日期通知各认股人或者予以公告。成立大会应当有持有表决权过半数的认股人出席,方可举行。以发起设立方式设立股份有限公司成立大会的召开和表决程序由公司章程或者发起人协议规定。

董事会应当授权代表,于公司成立大会结束后30日内向公司登记机关申请设立登记。

3. 股份有限公司的优点

(1) 可迅速聚集大量资本。股份有限公司是筹集大规模资本的有效的组织形式,可广泛聚集社会闲散资金形成资本,为广大公众提供了简便、灵活的投资渠道,也为企业提供了筹资渠道,有利于公司的成长,使某些需要巨额资本的产业得以建立。

(2) 有利于分散投资者的风险。股份有限公司的股东以其所持股份为限对公司承担责任,与个人的其他财产无关,投资者可以投资多个公司,因而有利于分散风险。

(3) 有利于接受社会监督。股份有限公司有利于资本产权的社会化和公众化,为了确保股东权益，需要把企业的经营置于社会的监督之下，定期披露公司信息，因而有利于接受社会监督。

4. 股份有限公司的缺点

(1) 公司开设和歇业的法定程序严格、复杂。

(2) 公司抗风险能力较差，大多数股东缺乏责任感。

(3) 公司的所有与控制的分离程度更高，经理人员往往不是股东，因此产生了出资者与经理人员之间的复杂的委托-代理关系，且大股东持有较多股权，不利于小股东的利益。

(4) 公司财务与经营情况必须向公众披露，公司的商业秘密容易暴露。

(五) 企业组织形式选择的策略

许多创业者认为，新创企业法律形式的最佳选择就是有限责任公司。然而，实际上，合伙企业、个人独资企业、一人有限责任公司、股份有限公司等，也常常很受欢迎，广泛存在于创业活动实践中。企业法律形式的选择有赖于创业者的目标和达成目标的实际资源状况。究竟哪种法律形式最适合你的新创企业呢？巴隆和谢恩(2005)提出需要考虑下列问题。①

(1) 创业者(投资者)有多少人？

(2) 承担有限责任对你很重要吗？例如，如果你有许多个人财产，这对你可能比较重要；而如果你没有什么个人财产，承担有限责任对你可能就不太重要。

(3) 所有权的可转让性是重要还是不重要？

(4) 你预料过你的新企业可能支付股利吗？如果想过，这些股利承受双重征税对你有多重要？

(5) 如果你决定离开企业，你会担心自己不在的时候企业能否持续经营下去吗？

(6) 保持企业较低的创办成本对你有多重要？

(7) 在将来，筹集企业所需追加资金的能力有多重要？

创业者在回答上述问题的基础上，不考虑那些确实不能满足你的目标和要求的企业法律形式，然后依据其余企业法律形式、特点与目标接近的程度进行选择。

二、企业设立登记

(一) 新企业名称设计

新创企业正式成立之前，必须进行企业名称设计，这是新创企业设立的第一步。

企业名称是用文字来表现的识别公司的品牌要素，是一个企业区别于其他企业或组

---

① 罗伯特·A. 巴隆，斯科特·谢恩. 创业管理——基于过程的观点[M]. 张玉利，等译. 机械工业出版社，2005.

织的特定标志,俗称“公司牌子”。显然,公司牌子是企业的无形资产,是可以世代相传的宝贵财富。拥有一个响亮的企业名称,是让消费者“久闻大名”的前提条件,也有利于提升公司的知名度与竞争力。

根据《企业名称登记管理规定》(国务院令〔2020〕734 号,以及《企业名称登记管理规定实施办法》(2023 年 8 月 29 日国家市场监督管理总局令第 82 号),企业只能登记一个企业名称,企业名称受法律保护,企业名称由申请人依法自主申报。个体工商户和农民专业合作社的名称登记管理参照企业名称登记管理法律法规执行。

1. 企业名称构成

企业名称应当由行政区划名称、字号、行业或者经营特点、组织形式组成,并依次排列。如南京(行政区划)苏宁(字号)电器(行业)股份有限公司(组织形式),北京长空机械有限责任公司。

企业名称中的行政区划名称应当是企业所在地的县级以上地方行政区划名称。企业名称中的字号应当具有显著性,由两个以上汉字组成,可以是字、词或者其组合。自然人投资人的姓名可以作为字号。企业名称中的行业或者经营特点用语应当根据企业的主营业务和国民经济行业分类标准确定。

企业应当依法在名称中标明与组织结构或者责任形式一致的组织形式用语,不得使用可能使公众误以为是其他组织形式的字样:① 公司应当在名称中标明“有限责任公司”、“有限公司”或者“股份有限公司”、“股份公司”字样;② 合伙企业应当在名称中标明“(普通合伙)”、“(特殊普通合伙)”、“(有限合伙)”字样;③ 个人独资企业应当在名称中标明“(个人独资)”字样。

个体工商户使用名称的,应当在名称中标明“(个体工商户)”字样。农民专业合作社(联合社)应当在名称中标明“专业合作社”或者“专业合作社联合社”字样。

2. 企业名称规范

企业名称应当使用规范汉字。企业需将企业名称译成外文使用的,应当依据相关外文翻译原则进行翻译使用,不得违反法律法规规定。

企业名称冠以“中国”、“中华”、“中央”、“全国”、“国家”等字词的,国家市场监督管理总局应当按照法律法规相关规定从严审核,提出审核意见并报国务院批准。企业名称中间含有“中国”、“中华”、“全国”、“国家”等字词的,该字词应当是行业限定语。

企业名称应当符合《企业名称登记管理规定》第十一条规定,不得存在下列情形:① 使用与国家重大战略政策相关的文字,使公众误认为与国家出资、政府信用等有关联关系;② 使用“国家级”、“最高级”、“最佳”等带有误导性的文字;③ 使用与同行业在先有一定影响的他人名称(包括简称、字号等)相同或者近似的文字;④ 使用明示或者暗示为非营利性组织的文字;⑤ 法律、行政法规和本办法禁止的其他情形。

3. 新企业名称设计要点

公司字号一般以 3 到 4 个字为最佳,2 个字的核准难度较大,另外建议公司核名时多提交几个备选字号(一般为 3～5 个,多多益善)以提高通过率。公司名称除了要符合法律的有关规定之外，简洁、响亮、创意、新颖是应当着重考虑的。

一般新企业名称设计应注意以下几个要点：

(1) 思想性，努力挖掘企业名称的人文历史，展现厚重文化底蕴，体现企业的经营理念和哲学。

(2) 独特性，强化企业命名的标志性和识别功能，突显企业名称的个性，独出心裁，使人留下深刻印象，避免雷同。

(3) 清晰性，简洁明了，语感好，容易发音和传播。

(4) 形象性，能表达或暗示商品形象和企业形象，富有想象力，意境优美。

(5) 国际性，能够在全球传播，在外国语言中不会有误解和错误的联想。

此外，公司名称是一个整体的名称，命名时要注意企业名称系统的统一性。企业的名称系统包括企业名称、产品名称、企业域名、企业商标和品牌名称等。

(二) 新企业设立登记流程

1. 登记咨询

在正式申请办理公司登记手续前，创业者应当线上或线下向当地市场监督管理部门咨询、了解公司登记备案的程序、要求，及其有关法律法规。与公司登记备案相关的法律法规主要有：《中华人民共和国市场主体登记管理条例》(国令第 746 号，2022 年 3 月 1 日施行)，《中华人民共和国市场主体登记管理条例实施细则》(2022 年 3 月 1 日国家市场监督管理总局令第 52 号公布)，《公司登记管理实施办法》(2024 年 12 月 20 日国家市场监督管理总局令第 95 号公布)，《国务院关于深化“证照分离”改革 进一步激发市场主体发展活力的通知》(国发〔2021〕7 号)。

2. 办理登记

申请人应当根据市场主体类型依法向其住所(主要经营场所)所在地具有登记管辖权的登记机关办理市场主体登记。市场主体只能登记一个住所或者主要经营场所。电子商务平台内的自然人经营者可以根据国家有关规定，将电子商务平台提供的网络经营场所作为经营场所。申请人应当按照国家市场监督管理总局发布的经营范围规范目录，根据市场主体主要行业或者经营特征自主选择一般经营项目和许可经营项目，申请办理经营范围登记。经营范围中属于在登记前依法须经批准的许可经营项目，市场主体应当在申请登记时提交有关批准文件。市场主体应当按照登记机关公布的经营项目分类标准办理经营范围登记。

申请人可以自行或者指定代表人、委托代理人办理市场主体登记、备案事项。

申请办理市场主体登记，应当提交下列材料：① 申请书；② 申请人资格文件、自然人身份证明；③ 住所或者主要经营场所相关文件；④ 公司、非公司企业法人、农民专业合作社(联合社)章程或者合伙企业合伙协议；⑤ 法律、行政法规和国务院市场监督管理部门规定提交的其他材料。企业可以通过政府网站、登记机关服务窗口等查询下载登记材料清单和文书格式样本。

市场主体实行实名登记。在办理登记、备案事项时，申请人应当配合登记机关通过实名认证系统，采用人脸识别等方式对下列人员进行实名验证:① 法定代表人、执行事务合伙人(含委派代表)、负责人;② 有限责任公司股东，股份有限公司发起人，公司董事、监事及高级管理人员;③ 个人独资企业投资人、合伙企业合伙人、农民专业合作社(联合社)成员、个体工商户经营者;④ 市场主体登记联络员、外商投资企业法律文件送达接受人;⑤ 指定的代表人或者委托代理人。

3. 登记确认

申请材料齐全、符合法定形式的，登记机关予以确认，并当场登记，出具登记通知书，及时制发营业执照。不予当场登记的，登记机关应当向申请人出具接收申请材料凭证，并在3个工作日内对申请材料进行审查;情形复杂的，经登记机关负责人批准，可以延长3个工作日，并书面告知申请人。申请材料不齐全或者不符合法定形式的，登记机关应当将申请材料退还申请人，并一次性告知申请人需要补正的材料。申请人补正后，应当重新提交申请材料。不属于市场主体登记范畴或者不属于该登记机关登记管辖范围的事项，登记机关应当告知申请人向有关行政机关申请。

申请人申请市场主体设立登记，登记机关依法予以登记的，签发营业执照。营业执照签发日期为市场主体的成立日期。市场主体登记申请不符合法律、行政法规或者国务院决定规定，或者可能危害国家安全、社会公共利益的，登记机关不予登记，并出具不予登记通知书。法律、行政法规或者国务院决定规定设立市场主体须经批准的，应当在批准文件有效期内向登记机关申请登记。

(三) 企业登记备案事项及有关规定

1. 登记事项

市场主体的一般登记事项包括:① 名称;② 主体类型;③ 经营范围;④ 住所或者主要经营场所;⑤ 注册资本或者出资额;⑥ 法定代表人、执行事务合伙人或者负责人姓名。

除上述规定外，还应当根据市场主体类型登记下列事项:① 有限责任公司股东、股份有限公司发起人、非公司企业法人出资人的姓名或者名称;② 个人独资企业的投资人姓名及居所;③ 合伙企业的合伙人名称或者姓名、住所、承担责任方式;④ 个体工商户的经营者姓名、住所、经营场所;⑤ 法律、行政法规规定的其他事项。

2. 备案事项

市场主体的下列事项应当向登记机关办理备案:① 章程或者合伙协议;② 经营期限或者合伙期限;③ 有限责任公司股东或者股份有限公司发起人认缴的出资数额，合伙企业合伙人认缴或者实际缴付的出资数额、缴付期限和出资方式;④ 公司董事、监事、高级管理人员;⑤ 农民专业合作社(联合社)成员;⑥ 参加经营的个体工商户家庭成员姓名;⑦ 市场主体登记联络员、外商投资企业法律文件送达接受人;⑧ 公司、合伙企业等市场主体受益所有人相关信息;⑨ 法律、行政法规规定的其他事项。

3. 法定代表人资格规定

有下列情形之一的，不得担任公司、非公司企业法人的法定代表人：① 无民事行为能力或者限制民事行为能力；② 因贪污、贿赂、侵占财产、挪用财产或者破坏社会主义市场经济秩序被判处刑罚，执行期满未逾 5 年，或者因犯罪被剥夺政治权利，执行期满未逾 5 年；③ 担任破产清算的公司、非公司企业法人的法定代表人、董事或者厂长、经理，对破产负有个人责任的，自破产清算完结之日起未逾 3 年；④ 担任因违法被吊销营业执照、责令关闭的公司、非公司企业法人的法定代表人，并负有个人责任的，自被吊销营业执照之日起未逾 3 年；⑤ 个人所负数额较大的债务到期未清偿；⑥ 法律、行政法规规定的其他情形。

4. 公司董事、监事、高级管理人员规定

根据 2023 年 12 月 29 日第十四届全国人民代表大会常务委员会第七次会议第二次修订，2024 年 7 月 1 日起实施的《中华人民共和国公司法》，有限责任公司和股份有限公司的董事会成员不少于 3 人；规模较小或股东人数较少的有限责任公司和股份有限公司，可以不设董事会，设一名董事行使董事会职权，该董事可兼任公司经理；可以选择不设立监事会，而设立一名监事，或通过董事会下设的审计委员会行使监事会职权。

5. 注册资本认缴登记制

除法律、行政法规或者国务院决定另有规定外，市场主体的注册资本或者出资额实行认缴登记制，以人民币表示。

出资方式应当符合法律、行政法规的规定。公司股东、非公司企业法人出资人、农民专业合作社(联合社)成员不得以劳务、信用、自然人姓名、商誉、特许经营权或者设定担保的财产等作价出资。

6. 公司章程

根据《公司法》，设立公司应当依法制定公司章程。公司章程对公司、股东、董事、监事、高级管理人员具有约束力。现以有限责任公司为例，介绍公司章程的主要内容。

设立有限责任公司，应当由股东共同制定公司章程。有限责任公司章程应当载明下列事项：① 公司名称和住所；② 公司经营范围；③ 公司注册资本；④ 股东的姓名或者名称；⑤ 股东的出资额、出资方式和出资日期；⑥ 公司的机构及其产生办法、职权、议事规则；⑦ 公司法定代表人的产生、变更办法；⑧ 股东会认为需要规定的其他事项。股东应当在公司章程上签名或者盖章。

资料 10－1

有限责任公司章程

第一条　本公司依照《中华人民共和国公司法》关于有限责任公司的规定组建。公司定名为____有限责任公司。

第二条　本公司法定住所为____市____路____号。

第三条　公司经营范围为:

第四条　本公司注册资本为人民币____万元。

第五条　本公司股东及其出资额如下:

1. ____实物出资____万元,现金出资____万元。出资占公司注册资本的____%。

2. ____实物出资____万元,现金出资____万元。出资占公司注册资本的____%。

第六条　出资人为有限责任公司股东,股东享有以下权利:

1. 经营管理权。本公司股东皆有权参与公司经营管理,具体如何进行经营管理分工由股东会另行商定。

2. 盈利分配权。股东有权按照其出资所占公司注册资本的比例分得股息或红利。

3. 剩余财产分配权。在本公司因多种原因倒闭、解散或重组时,公司在清偿债务后,对剩余财产有权按出资比例参加分配。

4. 表决权。股东有权参加股东会依法行使表决权。本公司确定每出资____万元享有一个表决权。

5. 监察权。股东有权查阅股东会会议记录和公司财务会计报告,并对会计表册提出异议。

6. 诉讼权。股东对公司法定代表人或其他经营管理人员的:(1) 越权行为;(2) 损害其他股东代表人的合法权益行为;(3) 违法行为均有权向法院提起诉讼或请法院派人检查。

股东负有出资义务,公司名称经登记主管机关预先核准后,各股东必须将认缴的现金出资在____日内足额缴到公司临时银行账户上,固定资产和设备经法定验资机构评估作价,由各位股东推举的法定代表人出具出资凭证。在公司存续期间,各股东的出资均不得抽回。

第七条　股东之间可以相互转让其部分出资。股东向股东以外的人转让其出资时,必须经全体股东过半数同意;不同意转让的股东应当购买该转让的出资,如果不购买转让的出资,视为同意转让,转让须符合《公司法》的规定。经股东会同意转让的出资,在同等条件下,其他股东对该出资具有优先购买权。

第八条　公司设股东会,首次股东会由占有公司资本份额最大的股东主持,以后由股东选举的法定代表人主持。

股东会至少每年召开____次。公司法定代表人如认为有必要,或由代表公司四分之一以上股权的股东提议,也可以召开临时股东会议。

鉴于本公司规模较小,股东人数较少,确定本公司不设立董事会。推举____为公司执行董事,并兼任总经理。确定本公司不设立监事会,推举____为本公司监事。监事行使《公司法》第五十四条规定的关于监事会的职权。

第九条　公司最高权力机关为股东会,股东会行使下列职权:

1. 决定公司的经营方针和投资计划;

2. 选举和更换执行董事和总经理,决定有关执行董事和总经理的报酬事项;

3. 选举和更换由股东代表出任的监事,决定有关监事的报酬事项;

4. 审议批准执行董事的报告；

5. 审议批准监事的报告；

6. 审议批准公司的年度财务预算方案、决算方案；

7. 审议批准公司的利润分配方案和弥补亏损方案；

8. 对公司增加或减少注册资本作出决议；

9. 审议通过公司合并、分立、变更公司形式、解散和清算的方案；

10. 决定公司内部管理机构的设置；

11. 根据经理的提名，聘任或者解聘公司的副经理、财务负责人、决定其报酬事项；

12. 对公司举债作出决议；

13. 对股东向股东以外的人转让出资作出决议；

14. 修改公司章程。

股东会对公司增加或者减少注册资本、分立、合并、解散或者变更公司形式作出决议，必须经代表三分之一以上表决权的股东通过。

公司可以修改章程，修改公司章程的决议，必须经代表三分之二以上表决权的股东通过。

股东会议由股东按照出资比例行使表决权。

股东会会议分为定期会议和临时会议。

召开股东会会议，须于会议召开十五日以前通知全体股东。

第十条　股东会的议事规则如下：

1. 股东会由执行董事召集，开会前十日将会议讨论的内容通知股东，股东应亲自参加会议，因故不能到会的可书面委托他人参加；

2. 股东会必须有代表三分之一以上股权的股东参加，其形成的决议方案才有效；

3. 股东会决议事项除本章程另有规定的以外，其他决议以简单多数通过即为有效，对审议事项赞成和反对数相等时，执行董事增加一个表决权；

4. 股东会对所议事项的决定作成会议记录，由出席会议的股东在会议记录上签名。

第十一条　公司执行董事(兼总经理)行使下列职权：

1. 负责召集股东会，并向股东会报告工作；

2. 主持公司的经营管理工作，组织实施股东会决议；

3. 组织实施公司的经营计划和投资方案；

4. 制订公司的年度财务预算方案、决算方案；

5. 制订公司的利润分配方案和弥补亏损方案；

6. 制订公司增加或减少注册资本的方案；

7. 拟定公司合并、分立、变更公司形式、解散的方案；

8. 制定公司的基本管理制度和具体规章；

9. 拟定公司内部管理机构设置方案；

10. 提请聘任或者解聘公司副经理、财务负责人；

11. 聘任或者解聘应由股东会聘任或者解聘以外的其他负责管理人员；

12. 公司章程和股东会授予的其他职权。

第十二条　公司设执行董事一名,执行董事为公司法定代表人。

执行董事由股东会推举产生。执行董事任期三年,经股东推举可以连任。监事任期三年,经股东会推举可以连任。

第十三条　公司总经理由执行董事兼任。以后如需另行聘任,由股东会决定。

第十四条　本公司营业年计划自公历一月一日起至十二月三十一日止,办理总决算一次。

第十五条　本公司于每年度终了,由执行董事造具下列各项表册呈各股东认可:

1. 营业报告;
2. 资产负债表;
3. 财产目录;
4. 损益表;
5. 盈余分配或亏损弥补的提议。

第十六条　本公司年度总决算如有盈余应先弥补亏损,然后提取10%法定公积金,提取5%法定公益金。尚有盈余,按各股东出资比例分派红利。

第十七条　公司有下列情形之一者应予终止:

1. 全体股东一致同意解散;
2. 因经营不善、无力继续经营下去;
3. 破产。

因前述第1、2款原因终止的,由执行董事提出清算方案,经全体股东讨论通过后对公司进行清算。在缴纳应纳税款、清偿其他债务后,对剩余资产按各股东出资比例进行分配。

因第三款原因终止的,适用于破产程序。

第十八条　本章程如有未尽事宜,由股东会讨论补充。

第十九条　本章程经全体股东签字后生效。

第二十条　本章程一式____份,各股东人手一份,报登记主管机关一份,公司存档一份。

(四) 涉企经营许可改革

根据《国务院关于深化“证照分离”改革 进一步激发市场主体发展活力的通知》,自2021年7月1日起,在全国范围内实施涉企经营许可事项全覆盖清单管理,按照直接取消审批、审批改为备案、实行告知承诺、优化审批服务等四种方式分类推进审批制度改革。

(1) 直接取消审批。为在外资外贸、工程建设、交通物流、中介服务等领域破解“准入不准营”问题,在全国范围内取消68项涉企经营许可事项,在自由贸易试验区试点取消14项涉企经营许可事项。取消审批后,企业(含个体工商户、农民专业合作社,下同)取得营业执照即可开展经营。

(2) 审批改为备案。为在贸易流通、教育培训、医疗、食品、金融等领域放开市场准入，在全国范围内将 15 项涉企经营许可事项改为备案管理，在自由贸易试验区试点将 15 项涉企经营许可事项改为备案管理。审批改为备案后，原则上实行事后备案，企业取得营业执照即可开展经营；确需事前备案的，企业完成备案手续即可开展经营。

(3) 实行告知承诺。为在农业、制造业、生产服务、生活消费、电信、能源等领域大幅简化准入审批，在全国范围内对 37 项涉企经营许可事项实行告知承诺，在自由贸易试验区试点对 40 项涉企经营许可事项实行告知承诺。

(4) 优化审批服务。对"重要工业产品(除食品相关产品、化肥外)生产许可证核发"等 15 项涉企经营许可事项，下放审批权限，便利企业就近办理。对"保安服务许可证核发"等 256 项涉企经营许可事项，精简许可条件和审批材料，减轻企业办事负担。对"会计师事务所设立审批"等 140 项涉企经营许可事项，优化审批流程，压减审批时限，提高审批效率。对"海关监管货物仓储审批"等 18 项设定了许可证件有效期限的涉企经营许可事项，取消或者延长许可证件有效期限，方便企业持续经营。对"互联网上网服务营业场所经营单位设立审批"等 13 项设定了许可数量限制的涉企经营许可事项，取消数量限制，或者合理放宽数量限制并定期公布总量控制条件、企业存量、申请排序等情况，鼓励企业有序竞争。

三、注册企业必须考虑的法律与伦理问题

(一) 注册企业必须考虑的法律问题

1. 新企业经营基本法律法规

创业者在创建和经营企业的过程中，必须了解和遵守有关法律法规，以确保自身和他人的利益没有受到非法侵害。与创业有关的法律主要包括：专利法、商标法、著作权法；反不正当竞争法、合同法；产品质量法；劳动法等。

表 10 - 1 是创业企业应当关注的一些基本法律法规。

表 10 - 1　创业企业不同阶段的法律问题①

创建阶段的法律问题	经营现行业务中的法律问题
确定企业的法律形式	人力资源管理(劳动)法规
设立税收记录	安全法规
进行租赁和融资谈判	质量法规
起草合同	财务和会计法规
申请专利、商标和版权保护	市场竞争法规

① 资料来源：张玉利. 创业管理(第 3 版)[M]. 机械工业出版社，2013.

(1) 劳动法律法规

用人单位与劳动者双方依据劳动法律法规,在劳动过程中形成权利义务关系,即劳动法律关系。目前,我国规范劳动法律关系的依据主要有:① 宪法、法律,主要包括《中华人民共和国工会法》《劳动法》《劳动合同法》《中华人民共和国安全生产法》《中华人民共和国就业促进法》《中华人民共和国劳动争议调解仲裁法》《民事诉讼法》等;② 行政法规,主要包括《工伤保险条例》《劳动保障监察条例》《女职工劳动保护规定》《国务院关于建立统一的企业职工基本养老保险制度的决定》等。[①]

根据 2018 年 12 月 29 日第十三届全国人民代表大会常务委员会第七次会议《关于修改〈中华人民共和国劳动法〉等七部法律的决定》第二次修正,新版《劳动法》内容包括:总则;促进就业;劳动合同和集体合同;工作时间和休息休假;工资;劳动安全卫生;女职工和未成年工特殊保护;职业培训;社会保险和福利;劳动争议;监督检查;法律责任;附则。

根据《劳动法》,建立劳动关系应当订立劳动合同。劳动合同是劳动者与用人单位确立劳动关系、明确双方权利和义务的协议。订立和变更劳动合同,应当遵循平等自愿、协商一致的原则,不得违反法律、行政法规的规定。劳动合同依法订立即具有法律约束力,当事人必须履行劳动合同规定的义务。

(2) 合同法

《中华人民共和国合同法》于 1999 年 3 月 15 日第九届全国人民代表大会第二次会议通过,自 1999 年 10 月 1 日起施行。随着我国经济社会的发展,《合同法》经历了多次修正。

2020 年 5 月 28 日,十三届全国人大三次会议表决通过了《中华人民共和国民法典》(以下简称《民法典》),自 2021 年 1 月 1 日起施行。婚姻法、继承法、民法通则、收养法、担保法、合同法、物权法、侵权责任法、民法总则同时废止。

根据《民法典》合同编,合同法调整因合同产生的民事关系。合同是民事主体之间设立、变更、终止民事法律关系的协议,婚姻、收养、监护等有关身份关系的协议,适用有关该身份关系的法律规定;没有规定的,可以根据其性质参照适用本编规定。依法成立的合同,受法律保护。依法成立的合同,仅对当事人具有法律约束力,但是法律另有规定的除外。在中华人民共和国境内履行的中外合资经营企业合同、中外合作经营企业合同、中外合作勘探开发自然资源合同,适用中华人民共和国法律。非因合同产生的债权债务关系,适用有关该债权债务关系的法律规定;没有规定的,适用本编通则的有关规定,但是根据其性质不能适用的除外。

创业者应当熟悉《民法典》中的合同法。比如,《民法典》合同编第五百条规定:"当事人在订立合同过程中有下列情形之一,造成对方损失的应当承担赔偿责任:假借订立合同,恶意进行磋商;故意隐瞒与订立合同有关的重要事实或者提供虚假情况;有其他违背

① 刘泽海,薛建兰.经济法.第 8 版.南京大学出版社,2024.

诚信原则的行为。"又如，合同编第五百零九条规定，"当事人应当按照约定全面履行自己的义务。当事人应当遵循诚信原则，根据合同的性质、目的和交易习惯履行通知、协助、保密等义务。当事人在履行合同过程中应当避免浪费资源、污染环境和破坏生态。"

此外，创业者还需研读了解《民法典》中物权、侵权责任等相关法律法规。

(3) 反不正当竞争法

反不正当竞争法是调整在制止不正当竞争过程中发生的社会关系的法律规范的总称。1993 年 9 月 2 日第八届全国人大第三次会议通过了《中华人民共和国反不正当竞争法》(以下简称《反不正当竞争法》)；2019 年 4 月 23 日第十三届全国人大第二次会议对《反不正当竞争法》做出修改。

根据《反不正当竞争法》，立法目的是保障社会主义市场经济健康发展，鼓励和保护正当竞争，制止不正当竞争，保护经营者和消费者的合法权益。创业者除了力戒不正当竞争行为外，更应当在创业过程中注重应用《反不正当竞争法》维护企业的合法权益。

① 反不正当竞争法的基本原则。自愿原则，当事人按自己的意愿设立、变更或终止商业关系，不得强买强卖；平等原则，参加交易的主体法律地位平等；公平原则，参加市场竞争的主体按规则行事，不得非法获取竞争优势；诚实信用原则，善意、诚实、恪守信用、不得欺诈；遵守公认的商业道德原则；不滥用竞争权利原则。

② 不正当竞争行为的界定。[①] 根据《反不正当竞争法》，"不正当竞争行为是指经营者在生产经营活动中，违反本法规定，扰乱市场竞争秩序，损害其他经营者或者消费者的合法权益的行为。"

具体来说，不正当竞争行为主要包括以下七种：

仿冒混淆行为，即经营者冒用他人商品的标识或名义于自己的商品，足以引人误认为是他人的商品或者与他人存在特定联系，以谋取非法利益的行为。

商业贿赂行为，即经营者采用财物或者其他手段贿赂相关单位或者个人，以谋取交易机会或者竞争优势的行为。

虚假宣传行为，即经营者对其商品或帮助其他经营者做虚假或者引人误解的商业宣传、误导消费者的行为。

侵犯商业秘密的行为，即经营者及相关非经营者非法获取和非法披露、使用或者允许他人使用权利人的商业秘密的行为。其中，商业秘密是指不为公众知悉、具有商业价值并经权利人采取相应保密措施的技术信息、经营信息等商业信息。

不正当有奖销售行为，即经营者违反诚实公平竞争原则，利用物质、金钱或其他经济利益引诱购买者与之交易，排挤竞争对手的不正当竞争行为。

诋毁商誉行为，即经营者通过编造、传播虚假信息或者误导性信息，损害竞争对手的商业信誉、商品信誉的行为。

妨碍、破坏网络产品或服务正常运行的行为，也称网络恶意竞争行为，，即经营者利用

---

① 刘泽海，薛建兰. 经济法. 第 8 版. 南京大学出版社，2024.

技术手段,通过影响用户选择或者其他方式,实施妨碍、破坏其他经营者合法提供的网络产品或者服务正常运行的行为。

③ 法律责任。经营者违反本法规定,给被侵害的经营者造成损害的,应当承担损害赔偿责任,被侵害的经营者的损失难以计算的,赔偿额为侵权人在侵权期间因侵权所获得的利润;并应当承担被侵害的经营者因调查该经营者侵害其合法权益的不正当竞争行为所支付的合理费用。被侵害的经营者合法权益受到不正当竞争行为损害的,可向人民法院提起诉讼。

(4) 产品质量法

产品质量是企业的命脉,关系到企业的生存与发展,也关系到消费者、使用者或第三人的权益。

产品质量法是指调整生产者、销售者、消费者、使用者、政府有关部门以及与产品质量有关的其他机构等主体之间在生产、流通以及监督管理过程中,因产品质量而发生的各种社会关系的法律规范的总称。①

《中华人民共和国产品质量法》(以下简称《产品质量法》)于1992年2月22日通过,1993年9月1日起施行,2018年12月29日第三次修正。目前,我国已构建起以《产品质量法》为主,包括《中华人民共和国农产品质量安全法》《中华人民共和国食品安全法》《民法典》等在内的较为完整的产品质量法律体系。②

《产品质量法》内容包括:总则;产品质量的监督;生产者、销售者的产品质量责任和义务;损害赔偿;罚则;附则。在我国境内从事产品生产、销售活动,包括销售进口商品,都必须遵守《产品质量法》;但建筑工程和军工产品不适用。

《产品质量法》所称产品是指经过加工、制作,用于销售的产品,不包括不动产。建设工程不适用本法规定;但是,建设工程使用的建筑材料、建筑构配件和设备,属于上述规定的产品范围的,适用《产品质量法》规定。

《产品质量法》规定的产品质量的监督涵盖以下几大体系:① 产品质量标准制度;② 产品生产许可证制度;③ 企业质量体系认证制度;④ 产品质量体系认证制度;⑤ 产品质量检验制度;⑥ 品质量的监督检查制度;⑦ 社会对产品质量的监督制度。

生产者应当对其生产的产品质量负责。具体包括:① 产品质量应当符合《产品质量法》"生产者产品质量责任和义务"所列要求。② 产品或者其包装上的标识必须真实,并符合《产品质量法》"生产者产品质量责任和义务"所列要求。③ 易碎、易燃、易爆、有毒、有腐蚀等危险物品,其包装质量必须符合相应要求,依照国家有关规定作出警示标志或者中文警示说明,标明储运注意事项。④ 生产者不得生产国家明令淘汰的产品。⑤ 生产者不得伪造产地,不得伪造或者冒用他人的厂名、厂址。生产者不得伪造或者冒用认证标志等质量标志。⑥ 生产者生产产品,不得掺杂、掺假,不得以假充真、以次充好,不得以不

① 刘泽海,薛建兰.经济法.第8版.南京大学出版社,2024.

② 刘泽海,薛建兰.经济法.第8版.南京大学出版社,2024.

合格产品冒充合格产品。

销售者的产品质量责任和义务主要包括：① 销售者应当建立并执行进货检查验收制度，验明产品合格证明和其他标识。② 销售者应当采取措施，保持销售产品的质量。③ 销售者不得销售国家明令淘汰并停止销售的产品和失效、变质的产品。④ 销售者销售的产品的标识应当符合《产品质量法》第二十七条的规定。⑤ 销售者不得伪造产地，不得伪造或者冒用他人的厂名、厂址。⑥ 销售者不得伪造或者冒用认证标志等质量标志。⑦ 销售者销售产品，不得掺杂、掺假，不得以假充真、以次充好，不得以不合格产品冒充合格产品。

2. 新企业与知识产权法

知识经济时代，知识产权已经成为企业最具价值的资产。狭义的知识产权指著作权（含邻接权）、专利权、商标权，广义的知识产权还包括商号权、商业秘密权、产地标记权、集成电路布图设计等。知识产权法是指由国家制定或认可的，用以调整自然人、法人及其他社会组织和国家因知识产权的归属、利用和保护而产生的社会关系的法律规范的总称。现代知识产权法体系可由如下权利构成：著作权、专利权、商标权、反不正当竞争权等。[①]

新创企业为了有效保护自己的知识产权，也为了避免无意中对他人知识产权的侵犯，了解企业及其各部门相关知识产权法律法规十分必要。

表 10－2　中型创业企业各部门典型的知识产权[②]

部门	典型的知识产权形式	常用的保护方法
营销部门	名称、标语、标识、广告语、广告、手册、非正式出版物、未完成的广告拷贝、客户名单、潜在客户名单及类似信息	商标、著作权和商业秘密
管理部门	招聘手册、员工手册、招聘人员在选择和聘用候选人时使用的表格和清单、书面的培训材料和企业的时事通讯	著作权和商业秘密
财务部门	各类描述企业财务绩效的合同、幻灯片、解释企业如何管理财务的书面报告、员工薪酬记录	著作权和商业秘密
管理信息系统部门	网站设计、互联网域名、公司特有的计算机设备和软件的培训手册、计算机源代码、电子邮件名单	著作权和商业秘密、注册互联网域名
研究开发部门	新的和有用的发明及商业流程、现有发明和流程的改进、记录发明日期和不同项目进展计划的实验室备忘录	专利权和商业秘密

（1）专利权[③]

专利权是指专利权人在法定期限内对其发明创造所享有的独占权。《中华人民共和

---

① 刘泽海，薛建兰. 经济法. 第 8 版. 南京大学出版社，2024.

② 资料来源：布鲁斯·R. 巴林格，R. 杜安·爱尔兰. 创业管理：成功创建新企业[M]. 杨俊，等译. 机械工业出版社，2010.

③ 刘泽海，薛建兰. 经济法. 第 8 版. 南京大学出版社，2024.

国专利法》(以下简称《专利法》)于1984年3月通过,2020年10月17日第四次修订。根据《专利法》,发明人或者设计人、职务发明创造的单位、外国人和外国企业或者外国其他组织都可以成为专利权主体,即专利权人。专利权的客体是指可以获得《专利法》保护的发明创造,包括发明、实用新型和外观设计。

专利权人的权利包括独占实施权、实施许可权、转让权与表示权:① 独占实施权。发明和使用新型专利权被授予后,除《专利法》另有规定外,任何单位和个人未经专利权人许可,都不得实施其专利,即不得为生产经营目的制造、使用、许诺销售、销售、进口其专利产品,或者使用其专利方法以及使用、许诺销售、销售、进口依照专利方法直接获得的产品。外观设计专利权被授予后,任何单位或个人未经专利权人许可,不得实施其专利,即不得为生产经营目的制造、许诺销售、销售、进口其外观设计专利产品。② 实施许可权。专利权人可以许可他人实施其专利技术并收取专利使用费。③ 转让权。当事人转让专利权,应当订立书面合同并依法办理相应的登记手续。④ 标示权。专利权人享有在其专利产品或者该产品的包装上标明专利标记和专利号的权利。

专利权人需按规定缴纳专利年费,未按规定缴纳年费的,可能导致专利权终止。

(2) 商标权

商标是指商品的生产者、经营者或者服务的提供者为了表明自己、区别他人,在其商品或服务项目所使用的,由文字、图形、字母、数字、三维标志、颜色组合和声音等,以及上述要素的组合构成的显著标志。商标权即商标所有人对其商标拥有的独占的、排他的权利。《中华人民共和国商标法》(以下简称《商标法》)于1982年8月23日通过,2019年4月23日第四次修正。

根据《商标法》,自然人、法人或者其他组织在生产经营活动中,对其商品或者服务需要取得商标专用权的,应当向知识产权局申请商标注册。商标权的主体包括自然人、法人或者其他组织。两个以上自然人、法人或者其他组织可以共同申请注册同一商标。商标所有人依法对其注册商标享有占有、使用、收益和处分的权利,未经其许可,任何人都不得在同一种商品或类似商品上使用与其注册商标相同或者近似的商标。

商标不仅是消费者选择产品或服务的依据,也是企业参与市场竞争的主要载体。商标是企业重要的无形资产,不论是美国的可口可乐,还是中国的海尔兄弟,其商标为企业在国内外带来了巨大的市场收益和品牌效应。

(3) 著作权

著作权也称版权,是指作者及其他著作权人对其创作的文学、艺术和科学作品依法享有的权利。《中华人民共和国著作权法》(以下简称《著作权法》)于1990年9月7日通过,2020年11月11日第三次修正。《著作权法》内容包括:总则;著作权;著作权许可使用和转让合同;与著作权有关的权利;著作权和与著作权有关的权利的保护;附则。

根据《著作权法》,著作权人包括作者以及其他依法享有著作权的自然人、法人或者非法人组织。文学、艺术和科学作品的创作人是作者。其他著作权人取得著作权主要包括:因合同而取得著作权;因继承而取得著作权。

作品是指艺术和科学领域内具有独创性并能以一定形式表现的智力成果，包括：① 文字作品；② 口述作品；③ 音乐、戏剧、曲艺、舞蹈、杂技艺术作品；④ 美术、建筑作品；⑤ 摄影作品；⑥ 视听作品；⑦ 工程设计图、产品设计图、地图、示意图等图形作品和模型作品；⑧ 计算机软件；⑨ 符合作品特征的其他智力成果。

著作权包括人身权和财产权，人身权指作者享有的与其人身密不可分的权利，即精神权利，表现为作者对其作品的发表权、署名权、修改权和保护作品完整权。财产权是指作者及其他著作权人依法对其作品享有的使用和获得报酬的权利，表现为著作权人以复制、出租、表演、播放、信息网络传播、展览、发行、摄制电影或电视，或者改编、翻译、注释、汇编等方式使用作品，并由此获得报酬的权利。著作权人可以许可他人行使著作权财产权利，并依照约定或者《著作权法》有关规定获得报酬。[①]

（二）注册企业必须考虑的伦理问题

创建新企业时应注意伦理问题，包括创业者与原雇主之间、创业团队成员之间、创业者和其他利益相关者之间的伦理问题等。

企业伦理观念是美国 20 世纪 70 年代提出的。1979 年，美国学者阿奇·卡罗尔(Archie Carroll)提出社会责任是企业伦理的理论基础。

企业伦理是指企业在处理企业内部员工之间、企业与社会、企业与顾客之间关系的行为规范的总和。在竞争激烈的市场经济社会中，不少经营者为了追求利润，不把目光放在“永续经营”上，而是着眼于“一锤子买卖”，为了追求利润的最大化，不惜采取各种非法手段来达到目的：偷税漏税、串通竞标、假冒伪劣、坑蒙拐骗、商业贿赂、行业垄断等层出不穷，极大扰乱了市场秩序，损害了诚实经营者和广大消费者的权益，也使企业自身道德堕落，失去了公众的信任，万劫不复。从这个意义讲，不正当的市场竞争永远没有赢家。

强烈的成功欲望和来自股东、员工、供应商、银行和家庭的巨大压力，使得相当部分创业者往往不顾社会伦理道德而选择权宜之计，甚至铤而走险。从创建新企业角度，为了企业生存和可持续发展，创业者/团队必须注重加强伦理道德建设。

1. 创业者与原雇主之间的伦理问题

尽管有些创业企业由学生或自我雇佣者建立，但大部分新企业仍是由曾经从事某种传统职业的人们所创建。在辞职进行创业后，创业者往往发现自己已置身于与前雇主公司敌对甚至是水火不相容的境地，这往往和违背伦理道德的辞职有关。

合乎伦理地辞职应当遵循两个最重要原则。

(1) 职业化行事。职业化行事是指提出辞职前后的表现应当职业化：至少提前两周正式提出辞职；对你手头承担的工作负责到辞职那一天，不要占用工作时间安排创业事宜；在你仍受雇于雇主期间不要把属于雇主的机会转移到新企业中去；在你仍受雇于雇主期间，不要着手创办企业；辞职时除了私人物品，不要带走任何东西；不要用雇主提供的电

---

① 刘泽海，薛建兰. 经济法. 第 8 版. 南京大学出版社，2024.

子邮箱来安排创业事宜,尽可能避免给他人造成从雇主那里获得信息或资源的印象。

(2) 尊重所有雇佣协议。充分知晓并尊重所有雇佣协议,主要指保密协议和竞业限制协议。在保密协议有效期限内,劳动者应严格遵守企业保密制度,防止泄漏企业商业秘密,不得向他人泄露企业技术秘密,非经雇佣单位书面同意,不得使用其商业秘密进行生产与经营活动,不得利用商业秘密进行新的研究和开发。保密义务一般期限较长,只要商业秘密存在,劳动者的保密义务就存在。

竞业限制协议是指用人单位与劳动者约定,在解除或者终止劳动合同后的一定期限内,劳动者不得到与本单位生产或者经营同类产品、从事同类业务的有竞争关系的其他用人单位任职,或者自己开业生产或经营同类产品。

竞业限制制度的主要特点包括:① 目的是为保护用人单位的商业秘密;② 双方通过契约的方式来形成双方义务;③ 关于竞业限制的人群是公司的高级管理人员、高级技术人员以及掌握一定商业秘密的人员;④ 竞业限制的期间指解除或终止劳动合同以后的期限,竞业限制期限最长不超过二年;⑤ 竞业限制是用人单位和劳动者相互义务的体现,即劳动者不得从事、经营同类有竞争关系的行业,而用人单位则须支付一定经济补偿金。

用人单位不能盲目签订竞业限制协议。用人单位要求劳动者履行竞业限制义务时,就与劳动者的劳动就业权、生存权形成了冲突,用人单位必须以支付补偿金为代价,换取劳动者履行竞业限制义务。《中华人民共和国劳动合同法》第二十三条规定:当事人约定解除或终止劳动合同后,在竞业限制期限内按月给予劳动者经济补偿。目前,很多企业忽略这个问题,与劳动者签订的竞业限制协议中,故意不约定补偿金,意在通过零成本达到竞业限制目的。

《最高人民法院关于审理劳动争议案件适用法律若干问题的解释(四)》(以下简称《劳动争议司法解释(四)》)第六条规定:“当事人在劳动合同或者保密协议中约定了竞业限制,但未约定解除或者终止劳动合同后给予劳动者经济补偿,劳动者履行了竞业限制义务,要求用人单位按照劳动者在劳动合同解除或者终止前十二个月平均工资的30%按月支付经济补偿的,人民法院应予支持。前款规定的月平均工资的30%低于劳动合同履行地最低工资标准的,按照劳动合同履行地最低工资标准支付。”

除此之外,法律还赋予劳动者对于竞业限制协议的解除权。《劳动争议司法解释(四)》第八条规定:“当事人在劳动合同或者保密协议中约定了竞业限制和经济补偿,劳动合同解除或者终止后,因用人单位的原因导致三个月未支付经济补偿,劳动者请求解除竞业限制约定的,人民法院应予支持。”可见,当用人单位不履行补偿金义务时,达到三个月期限,劳动者将有权解除竞业限制协议。在此种情况下,用人单位将失去对劳动者竞业限制的约束力。

因此,用人单位盲目地与劳动者签订保密和竞业限制协议,不仅不能有效地进行管理、防范风险,反而将会产生高额的用工成本,亦会发生一定的法律风险,承担一定的法律责任。为此,用人单位在操作竞业限制规则时,应当事先做必要的规划。第一,必须对各岗位和员工职务进行梳理分类,区分出高级管理人员、高级技术人员,特别需要区分的是高管、高级技术人员以外的但又涉及商业秘密的关联人员。避免对任何人员都适用竞业限制规则，致使用人单位自己陷入被动。第二，预测关于竞业限制操作所投入的成本，将成本投入与竞业限制的效益回报进行衡量，确定补偿金的数额。第三，论证竞业限制的期限，因为竞业限制期限与补偿金支付的数额存在直接关联。第四，明确竞业限制的约束范围，使竞业限制内容详尽、可操作，为今后实现竞业限制主张打好基础。

案例 10－1

招聘不慎“引狼入室”①

上海某广告公司发展迅速，总经理万某计划开拓上海周边城市业务，由于苏州分公司刚刚成立，万总主要精力放在苏州公司市场开拓上。为了公司的顺利发展，总经理万某决定引入一位市场总监来管理上海公司的业务。

通过招聘会，万总百里挑一相中了业务及管理能力突出的张某。

开始的 6 个月张某表现出色，万总非常满意。可让万总意外的是工作刚满 6 个月的张某突然提出辞职，原因是觉得在公司的发展不适合自己。万总觉得理由很牵强，苦苦挽留，但张某还是走了，万总非常惋惜。

但让万总十分震惊的是，张某离职后不到一个月，就被另一家广告公司以更高的薪酬和提成挖走了，并带走了几个重要客户。

后来公司经过对张某的进一步了解，原来张某的履历造假，张某在其他公司也有类似行为，其中有 3 个公司的经历都没有满 6 个月，但这些经历都没有在简历上体现出来，而是通过延长其他工作经历时间来掩盖这个事实。

万总后悔莫及，责怪自己面试时太大意了。一边是流失了重要客户，一边是职位空缺，自己采用分身术也忙不过来，损失巨大。

评注　在这个案例中，万总的公司之所以遭遇人才、客户一起丢失，主要原因有两个：

第一，万总的企业在招聘流程的设置上存在漏洞，未签订保密和竞业限制协议。

第二，万总在用人方面，忽略了对企业雇员的有效监督。

2. 创业团队成员之间的伦理问题

创业团队成员之间的伦理问题，最常出现的就是沉迷于开办企业的兴奋之中而忘记订立有关企业所有权分配的最初协议，一旦产生利益纠葛往往争执不下，导致团队分裂。

为解决好创业团队成员之间的伦理问题，可以在创业之前或创业早期，讨论并拟定好创建者协议（或称股东协议）。创建者协议是处理企业创建者间相对权益分割、创建者个人如何因投入“血汗股权”等而获得补偿，以及创建者必须持有企业股份多长时间才能退出企业等事务的书面文件。

---

① 罗福光. 招聘风险控制不力 企业“引狼入室”[EB/OL]. 世界经理人. http://blog.ceconlinebbs.com/BLOG_ARTICLE_52354.HTM.

创建者协议应当包含如下内容:① 未来业务的实质。② 简要的创业计划书。③ 创业者的身份和职位头衔。④ 企业所有权的法律形式。⑤ 股份分配(所有权分割)方案。⑥ 各创建者持有股份或所有权的支付方式。⑦ 明确创建者签署确认归企业所有的任何知识产权。⑧ 初始运营资本的描述。⑨ 回购条款。明确在其余创建者对企业感兴趣的前提下,打算退出的创建者有责任将自己的股份出售给那些感兴趣的创建者的处理方案,并规定股份转让价值的计算方法。

3. 创业者和其他利益相关者之间的伦理问题

新创企业在最初阶段往往面临包括消费者、供应商和投资者在内的利益相关者之间的伦理问题,主要涉及人事伦理问题,利益冲突和顾客欺诈。

(1) 人事伦理问题。这方面问题主要与公平公正对待新老员工有关,在利益分配、组织制度、分配程序、人际关系等方面应该让所有雇员有公平公正感。

(2) 利益冲突。利益冲突问题与那些挑战雇员忠诚的情景相关。例如,关键雇员(如高级职员、董事和经理)和技术型雇员(如软件工程师、会计和营销专家)负有对雇主忠诚的特殊责任,不能通过原本能为雇主带来利益的机会为自己牟利,不能窃取雇主的机会等。

(3) 顾客欺诈。顾客欺诈问题通常出现在公司忽视顾客利益或公众安全的时候,包括违背诚实守信、公平合理、客户利益至上的原则,把公司利益或个人利益建立在损害客户利益之上的各类行为。

案例 10-2

让新老员工共享公平薪酬[①]

惠信科技是一家创立3年的高科技公司,现有工作人员约百人。由于开始进入成长期,公司业务扩展急需招募人员。为迅速取得所需的人力,该公司以较高的起薪来聘用新人。

考虑到已有人员的薪资水准可能会因为起薪的调高而低于新进人员,惠信的人事经理建议公司高级主管,在调高新进人员的起薪时,同时调高已有人员的薪资。但不少高级主管认为如此一来,将增加公司的人力成本支出,使公司的产品价格提升,丧失竞争力。而且固定成本一旦增加,亦不利于财务调度与周转。主管们想以提供奖金或红利的方式来弥补老员工较低的薪资水准,但考虑到公司正在成长阶段,员工个人绩效不易精确评估,而且良好的绩效评估制度并非短期可以建立。如果没有公正的绩效评估,以绩效差异作为奖金或红利的发放恐怕会造成不公平现象,引起员工的不满;而如果不以绩效作为依据,一律给予相同的奖金或红利,就会造成新的不公平。

此外,奖金或分红永远无法弥补老员工在薪资上低人一等的感受与心态。惠信的高

① 资料来源:张冬平.让新老员工共享公平薪资[J].职业,2003(10).

级主管考虑到这些因素，迟迟难以采取行动，而员工们普遍认为公司“喜新厌旧”，对老员工“不公平”。因此，士气逐渐低落，公司的业务发展有逐渐减缓的征兆。

评注　薪酬的公平性包括三个方面：外部公平、个人公平与内部公平。首先是外部公平问题。因业务扩展急需招募人员，该公司必须以较高的起薪来聘用新人，这反映了惠信公司的薪资水平要远低于市场价格，缺乏竞争力；其次是个人公平问题。由于三年来惠信公司处于创业阶段，实行的是高积累、低工资、低福利策略，员工大部分贡献均被公司用来积累，而没有进行相应的奖励或回报，部分老员工和创业元老一直没有得到相应的回报，必然会对企业产生怨言；最后是内部公平问题。惠信公司缺乏相应的衡量薪资差异的标准，对于新聘人员，只是简单地提高起薪，而不是根据实际工作岗位及贡献来确定薪资，导致同样岗位的新人，还没有为公司作出贡献和成绩就比老员工的薪资水平高，必然引起内部公平失衡。

(1) 成长期企业通常急于扩展业务，这一阶段常会出现现金流问题，收入和利润都较低。为了吸引和留住关键人才，企业可以采用跟随市场水平的基本工资，这样才具有外部竞争力；而在其薪酬系统中应当更强调部门业绩，设立较高的绩效奖金，企业还可采用期权等长期激励方式，以便将企业成长与员工收益、短期激励和长期激励有机联系起来，既降低了企业风险，又具有较强的激励作用。

(2) 鼓励员工参与薪酬体系的设计。这样可以增强团队观念，增强对企业和管理层的信任度，完善薪酬制度。同时，员工参与就加强了和管理层必要的沟通，一方面可以促进管理者与员工之间的相互信任，另一方面可以让员工理解公司处境，减少由此引发的不公平感。

(3) 在对岗位作出客观评价的基础上，参照市场价格，提高老员工的薪资水平，实行职位和能力并重的工资制度。否则的话，会造成内部薪酬待遇的极大不公平。提薪的依据是市场的平均水平。同时，在绩效考核没有建立的前提下，应采用职位工资制，有利于留住公司创业时期的老员工和技术骨干、管理人员，同时，也有利于调动这批员工的积极性。但是，由于公司规模相对较小，部门、职位设置不能满足新进人才的需求，因此，采取能力工资制形式进行弥补，从物质上激励那些没有职务但具有较强工作能力的人，使他们的待遇不低于具有同等能力而又具有职务的人员。这样，就能不断吸引外部优秀人才进入公司。

(4) 尽快建立科学的绩效考核制度，实现奖金与工作绩效挂钩。并根据业务特点，确定考核周期、考核主体以及考核流程。将考核结果作为薪酬、培训、晋升、降级、辞退、奖惩等工作的重要依据。

(5) 调整相关的薪酬结构，实行团体奖励，同时加大内在报酬激励。惠信公司已培养出的合作与团队文化是企业获得竞争优势的法宝，在这样一个企业里，基于团队的奖励对组织的绩效具有十分重要的作用，使人们意识到只有通过团队协作，才能使自己获益。

四、新企业选址策略与技巧

企业选址就是确定在何处建厂或建立服务设施、门店等。它不仅关系到设施本身的建设投资,而且在很大程度上决定了企业产品和服务的成本,从而影响到企业的长期市场竞争力和经济效益。

(一) 创业选址的重要性

选址是一项永久性、重大的战略投资。相对于其他因素来说,它具有长期性和固定性,当外部环境发生变化时,其他经营因素都可以进行相应调整以适应外部环境的变化,而选址一经确定就难以变动。选择得好,企业可以长期受益,选址不当将"铸成大错",最终决定企业失败的命运。据我国香港工业总会和香港总商会的统计,在众多开业不到两年就关门的企业中,由于选址不当而导致的创业失败占企业总量的50%。

在西方国家,零售店铺的开设地点被视为开业前所需的三大主要资源之一,因为特定的开设地点决定了零售店铺可以吸引在有限距离或地区内的潜在顾客的多少,这也就决定了零售店铺可以获得销售收入的高低,从而反映出开设地点作为一种资源的价值大小;制造业的选址更是关系到生产要素的可获性、运输的便利和成本,关系到员工的工作与生活环境,从而影响员工队伍的稳定性等。因此,无论是制造业还是服务业创业,对选址一定要作深入调查,科学论证,慎重决策。

(二) 影响选址的主要因素

新企业选址需要综合考虑政治、经济、技术、社会和自然等影响因素。其中经济因素和技术因素对选址决策起基础作用。

1. 经济因素

首先是运输条件与费用。例如,钢铁业的部分原料及运输成本占整个钢铁生产成本的比例高达75%,因而钢铁、煤炭、水泥、造纸、电力等行业选址最好靠近原材料的供应地。

其次是人力资源的可获得性与费用。对于劳动密集型企业,人工费用占产品成本的大部分,因而一些劳动密集型的制造业不断向劳动力供应充沛、素质高、薪酬低、综合运营成本更低的地区转移。但对于需要大量具有专门技术、高素质员工的企业,人力资源可获性则成为选址首要条件。

第三是能源可获性与费用。对于高能耗的企业,如钢铁、铝业、石油化工、发电厂、光伏产业等,其厂址选择应该接近燃料、动力供应地。

第四是厂址条件和费用。建厂地点的地势、利用情况和地质条件,都会影响到建设投资。显然,在平地上建厂比在丘陵或山区建厂要容易得多,成本也低得多。另外,不同地域的地价也是影响投资的重要因素。显然,城市的地价普遍较高,城郊和农村的地价较低。

2. 技术因素

科学技术的迅猛发展导致技术市场复杂万变，不确定性加剧，为了及时跟踪和把握技术变化的趋势，许多高技术企业往往将选址定在技术研发中心或高新技术开发区。

从技术因素角度，选址应当考虑协作条件和产业聚集。在某一领域内相互关联的企业大量集中聚集会形成“团簇”，“团簇”不仅是地区竞争力的标志，更是促进企业间的专业化分工协作、促进竞争与合作的重要推动力。而“团簇”区域内隐性知识溢出和行业间资讯快速传播，又加速了集群的升级发展和集群品牌、区域品牌的打造以及专业市场的运营，不仅能显著提升区域内企业技术创新水平，带来运输费用、交易成本的降低，还将为企业带来规模经济、范围经济的竞争优势。美国的硅谷、日本筑波科学城、台湾的新竹、北京的中关村和清华科技园等都是典型例子。

3. 政治因素

政治因素首先要考虑拟选地区政治局面是否稳定，法制是否健全，市场环境是否公平等。一个企业在选址时，必须考虑政治因素。政治局面稳定是发展经济的前提条件，在一个动荡不安，甚至打内战的国家或地区投资是要冒极大风险的。其次需要关注政府因素的影响，有些国家或地区的自然环境虽然很适合投资，但是其法律变更无常，资本权益得不到保障，这也不适宜投资。此外，政府是否鼓励该产业的发展，有无歧视政策，是否具备产业规划、财税政策、人才培养等多种途径保障该产业的发展，能否提供高效优质的服务，乃至是否有一定的政府采购市场，都应予以考虑。

4. 社会文化因素

企业选址要考虑的社会文化因素包括当地居民的生活习惯、文化教育水平、宗教信仰和生活水平。不同国家和地区、不同民族的生活习惯、文化教育水平、宗教信仰和消费水平是不同的，都会影响到创业企业产品/服务的市场需求。

5. 自然因素

选址显然还应当考虑地质、气候和水资源等自然因素状况。地质、气候条件是企业在选址时必须考虑的重要因素，它将直接影响工作效率和职工的健康；水资源状况对企业的选址也有很大的影响，尤其是耗水量巨大的企业，必须选择水资源丰富的区域，同时还要考虑当地环保规定。

（三）新企业选址的策略

不同行业对选址要求大相径庭。一般而论，工业企业选址通常考虑成本最小化，零售服务业选址多考虑收入最大化，仓储物流业选址则既要考虑成本低廉，又要考虑场地开阔与交通便捷。因为制造业一般不与顾客直接接触，顾客在购买工业产品时，并不需要到工厂或仓库去，因此工厂和仓库建在何处的问题不会影响需求量，服务业则必须与顾客直接接触，因而服务设施的位置选择对营业收入有显著影响。

现以零售服务业为例讨论新创企业选址策略。

1. 次优选择策略

这里有两层含义:① 选址关系到未来10年、20年乃至更长时间的决策。由于长期预测的不确定性过大,即便手头掌握了丰富准确的市场调查数据和资料,也难以找到最优方案,往往差不多就行了。② 繁华商圈旺盛的人气、集中的消费往往成为很多创业者的首选。但在创业初期,繁华商圈动辄数万元的月租以及不菲的转让费会让你的资金马上捉襟见肘;另外,繁华商圈内大型购物商场经常性的打折、送礼等促销活动,会让你的小店客流受到严重冲击。因而,选择繁华商圈外次商圈成为新企业选址的最佳选择。既节约了大量的店面沉淀资金,可用于店面装修、货源组织、店内的软硬件升级等,又不为大型购物中心的促销活动所累,可以自由组织自己的个性化促销活动,还因距离主商圈不太远,可以分享到主商圈的消费人气。

2. 便利客户策略

零售服务业选址要考虑其业态特征,创业者如果选择单体规模小、满足顾客便利需要、经营选择性较低的日常生活用品为主的零售业态,例如中小型超市、便利店、餐馆、旅店、美发、洗染等,显然应在距离上靠近人群聚集的场所,如住宅区、商务办公区、影剧院、商业街、公园名胜古迹、娱乐场所、旅游地区等。这些地方可以使顾客享受到购物、休闲、娱乐、旅游等多种服务的便利,是服务业开店的最佳地点选择;而那些单体规模大、商品品种齐全,以经营选择性较强的商品为主的零售业态,例如百货商店、仓储式购物中心或专业商城,原则上选在人流多、交通便捷的地方。交通便利可以把较远地方的客户带进来,又方便购物的人群走出去。交通便利已成了现代零售服务业必须考虑的重要因素,如果是几座车站交汇点,则该地段的商业价值更高。

3. 聚集与互补策略

零售服务业具有依附性、借客源性的特征,同行密集客自来,这是经商古训。人流吸引人流,商业吸引商业,生意大家做,才能造成一方的繁荣兴旺。所以在选址上应采取聚集策略,千万不要因为怕竞争而选在偏远地区。一种方案是在商业区、大商场、著名连锁店或强势品牌店的附近设店。例如,经营餐馆,那就将店铺开在"麦当劳""肯德基""星巴克"周边,因为这些著名的洋快餐在选择店址前已做过大量细致的市场调查,挨着它们开店不仅可省去考察场地的时间和精力,还可以借助它们的品牌效应获得较大的客源。另一种方案是在专业街区开店,因为专业街同业商店多,集中经营同一类商品,以其品种齐全、服务完善为特色,吸引大量慕名而来的顾客,就会产生聚集效应。消费者在专业街选择性强,货比三家,还起价来也容易,所以客流量大。

零售服务业选址还应考虑业种、业态分布和周围商店类型协调性,起到互补作用,或有鲜明特色,采用错位经营、差异化竞争策略,为顾客带来完整的"一条龙"服务。比如,你经营的货品正好和附近知名店面的货品构成互补,那么你的小店一开始就拥有了初步的消费群体;又如,在体育馆、娱乐场所、旅游景点附近,你可以提供餐饮、美容美发、运动/休闲服饰、旅店、便利店、手机充电服务,纪念品零售店或咖啡茶饮等。

4. 客流分析策略

零售服务业客流是选址决策时必须考虑的重要因素,“客流就是钱流”。古语说“一步差三市”,意思就是企业的选址差一步就有可能差三成的买卖。因此,选址不能光看客流的绝对数量,更重要的是考察目标顾客的类型和数量,以及客流活动的线路。即使是同样一条街道,由于交通条件不同或通向地区的不同甚至是朝向不同,都会使销售业绩存在很大差异。在人流方向上,最好在人流来向的右手边,因为中国交通规则的原因,大多数逛街的人会走在自己朝向的右手边,很多大型卖场的进门方向右手边的货架陈列费高于左手边就是如此。在朝向上,比如在广州,最好的路段是北京路,在那里你会发现,凡是佐丹奴、班尼路等在当地做得比较好的服装品牌,都聚集在阴面。原因很简单,10 点到 12 点之间是客流量最多的时候,也是最热的时候,没有人喜欢在最热的时候在太阳底下暴晒,阴面自然而然客流量就多了。相反,在北方就一定要选阳面。在北京、太原、哈尔滨、沈阳、西安、乌鲁木齐等城市,阳面的店铺就比阴面的好。所以在不同的地域开店,阴面和阳面有不同的选择,它会相当程度影响客流量。

5. 目光前瞻策略

并不是所有的“黄金市口”都确保赚钱,大马路黄金地段也可能成为商店经营的死穴。首先,随着车流量的不断增大,紧邻大路或主干道通常禁止停车,停车不便,以及主干道的噪声、废气污染与绿色、生态、环保、健康的主流生活追求背道而驰,这是路边店的最大致命伤。其次,路边店由于受市政规划不确定因素的影响,遭受拆迁等风险要大得多。因此,创业者在选址时要有前瞻性,更多地了解该地区未来的规划和发展情况。处于繁华闹市未必最好,而处于通往闹市的途中却更为适合。因此选址一定要选在通往闹市的途中,比繁华地区的房租便宜而客流量却不见得少。此外,由主干道延伸出的巷弄内,也有许多适合开店的地点。一般评估巷道内的黄金店面,多使用“漏斗”理论,指的就是位于干道转进巷弄的第一家商店,会像漏斗一样,最多最先吸引消费者入店。理想的黄金地点,应该是下班路线右边的巷弄口。此外,不同地理位置、交通条件、建筑物结构的店面,租金往往会有很大出入,有时甚至相差十几倍。对创业者来说,不能仅看表面的价格,而应考虑租金的性价比问题。

(四) 新企业选址的技巧

1. 商圈调查须关注目标客户群体

很多店址表面上看起来很繁荣,客流量很大,事实上这些很可能只是一种假象,必须透过现象看本质,对商圈进行调查,不仅要对客流量进行测算,更要分析看似庞大的客流到底有多少是自己的潜在顾客。每个品牌都有自己的目标群体定位,但这种定位往往是主观的,很可能有偏差。比如麦当劳就曾把目标群体定位成孩子,实际上青少年却是主要顾客。因此不能凭经验、看表面就妄下结论,唯一的方法就是脚踏实地进行市场调查,多看多问,了解自己真实的顾客是谁,倾听目标客户的心声,再经过统计分析才能得出客观正确的结论。

2. 选择有独立门面的店铺

有的店面没有独立门面,店面前自然就失去独立的广告空间,也就使你失去了在店前"发挥"营销智慧的空间,这会给促销带来很大的麻烦。

3. 两头不留人

就是说,一般开在一条商业街两头的店铺很难留住客人。很多人初次创业,因为没有经验,喜欢把店开在街头上,以为街头上客流量大。这种店,进来看的人会很多,也就是入店率会很高,但是成交率相对来说会比较低。因为顾客永远喜欢花最少的钱买最好的东西,这就意味着要货比三家,所以一般不会在第一家店里就掏腰包购买。

4. 拐角位置较理想

拐角在两条街的交叉处,可以产生拐角效应。拐角位置的优点一是可以增加橱窗陈列的面积,二是两条街道的往来人流均汇集于此,有较多的过路客光顾。可以通过设两个以上的出入口缓和人流的拥挤。

5. 巧用供应商资源

门店的供应商也能为选址服务,这些供应商包括设备、商品供应商,人员、信息、资金、技术、装修等服务供应商。他们可能同时为多个竞争者提供商品或服务,掌握同类门店的很多店址信息,了解每个店址的经营状况;不少供应商为了扩大业务范围,会刻意去研究自己的商品或服务的市场,因而他们可能有大量备选地址信息,论证店址时可以征求供应商的意见,这些意见通常有很重要的参考价值,可以帮助你做出正确的判断。

案例 10-3

家乐福的选址[①]

外资连锁企业在开店的选址上十分慎重,并且在选址时综合考虑交通、竞争和市场发展目标等因素。据了解,几乎所有的欧美大型连锁集团,在进入中国市场之前,都对中国市场进行了长达数年的深入细致的调查,投入了成百万、上千万美元的市场调查费用。

创始于1959年的法国家乐福,自1995年进入中国市场,从一个"空降兵"开始它的事业,在沃尔玛之前抢得了市场先机。

受金融危机影响,2010年全球消费紧缩,在极度困难的情况下,家乐福2010年销售额仍达到1010亿欧元,增长5.8%。亚洲地区销售额达79亿欧元,增幅为14.9%。截至2011年底,家乐福中国内地门店总计达203家。

成功的选址是家乐福最为重要的关键因素。

---

① 资料来源:佚名.家乐福大卖场设计及选址[EB/OL].百度文库.http://wenku.baidu.com/view/8f9d90d080eb6294dd886c96.html.

家乐福选址原则

Carrefour 的法文意思就是十字路口，家乐福的选址不折不扣地体现了这个标准——所有的商场都开在十字路口，其一必为主干道，巨大的招牌 500 米开外就看得一清二楚。

家乐福第一家店是 1963 年开在巴黎南郊一个小镇的十字路口，生意异常火爆。十字路口成为家乐福选址的第一准则。家乐福在中国最早开设的北京国展店就位于繁华的国际展览中心，周围有多个高档社区，无论是消费者的数量还是消费能力都很大，附近有大量的流动人口和常住人口，客流庞大，人流不断。

家乐福选址要求

● 地理位置要求：交通方便，满足私家车、公交车、地铁、轻轨等各种交通要素的通达；人口相对集中，附近至少有两条马路的交叉口，其一必为主干道；具备相当面积的停车场，比如在北京至少要求 600 个以上的停车位，非机动车停车位 2 000 平方米以上。

● 建筑物要求：占地面积 15 000 平方米以上，且最多不超过两层，总建筑面积 2～4 万平方米。建筑物长宽比例 10∶7 或 10∶6。

● 空间要求：家乐福店可开在地下室，也可开在四五层，但最佳为地面一二层或地下一层。家乐福一般占两层空间，不开三层。这种灵活选址原则，增强了家乐福在同类大卖场中的竞争优势。

本地化和差异化服务

家乐福会详尽地调查当地其他商店有哪些本地商品出售，哪些产品的流通量很大，然后去和各类供应商谈判，一个庞大无比的采购供应链就完完全全从零开始搭建。

据家乐福自己的统计，从中国本地购买的商品占了商场里所有商品的 95％以上。家乐福在上海虹桥门店，因为周围的高收入群体和外国侨民比较多，其中外国侨民占到了家乐福消费群体的 40％，所以虹桥店里的外国商品特别多，如各类葡萄酒，各类泥肠、奶酪和橄榄油等，而这都是家乐福为了这些特殊的消费群体特意从国外进口的。

五、新企业的社会认同

Patch（1970）认为社会认同是相似性、成员身份以及忠诚；Cheney（1983）认为企业认同感的组成包括三个要素：忠诚，相似，成员资格；Bhattacharya、Sen（2003）认为消费者企业认同感是消费者自愿、主动、有选择性的行为，同时促使他们从事有利或者潜在不利的公司相关行为。市场营销方面的研究已经表明：消费者企业认同感会导致积极的消费者反应，比如对公司更好的评价（Sen and Bhattacharya，2001）、对公司更大的兴趣和情感的承诺（Algesheimer et al.，2005；Lichtenstein et al.，2004）、更多的忠诚度（Lichtenstein et al.，2004）、更强烈的购买意向（Ahearne et al.，2005）。①

① 钟翠．消费者企业认同感影响因素研究[J]．合作经济与科技，2012(11)．

企业登记设立后,除遵纪守法外,还需要主动承担社会责任,才能获得社会认同。

1. 首先,要为客户创造更高的价值。新企业应当努力为客户提供最大的便利、最优质的服务,“顾客至上,诚信为本”,为消费者和合作伙伴创造更多、更新的价值才能得到客户群体和利益相关者的认同。

2. 善待员工。要获得社会认同,首先要赢得本企业员工的认同。企业必须真正以人为本、善待员工,理解人、尊重人、关怀人、成就人,真正将员工当作与企业共同发展的伙伴、不可缺少的无形资产,通过各种方式来提升员工对企业的满意度。

3. 自觉保护生态环境。塑造“高度负责任、高度受尊重”的企业形象,自觉维护、保护生态环境,爱护环境并与自然和谐共生,才能获得政府部门和人民群众的认同。

4. 主动接受社会监督。建立良好的沟通机制,主动接受社会对企业的质量、安全、环保和健康的关注与监督,积极参与社会公益事业、慈善事业活动,将承诺和履行社会责任内化为每个员工的自觉行动。只有对社会做出积极贡献,才能得到全社会的认可和赞许。

案例 10-4

“红豆”的一次普通对话①

“为什么在这里吃冷馒头,不去食堂吃饭?”

“食堂太贵了,吃这个便宜。”

“你常常这样吃吗?”

“是的,我要省钱寄回家。”

这是2005年江苏红豆集团总裁周海江和一名普通员工的一次对话。当时周海江下车间,正好看到几名员工在茶水间吃自带的馒头和咸菜。这些工人均来自农村,家境贫寒,他们自带馒头咸菜,为的是多省点钱寄回家,或是给弟弟妹妹读书,或是给父母接济家用。

这件事对周海江冲击很大。不久后,红豆集团就推出了对所有一线生产员工给予包吃包住待遇的政策。

这些年来,红豆集团每年投入8 000多万元为所有外来员工提供免费吃住,并不断提高他们的收入,让员工共享企业发展成果;企业还投入4 000多万元,建造了12幢员工宿舍楼、夫妻楼,房间配备电视、卫生间等,设备齐全,每幢宿舍楼可容近1 000人居住。目前,10 000多名外来员工已经喜迁新居。

在红豆,一线员工也有奔头。车间评选星级员工,每个等级都有不同的补贴,车间组长、检验员、车间主任等管理层人员都从三星级员工中选拔。在提高员工收入的同时,企业还把星级员工贴在宣传栏上,增强了他们的荣誉感;培训是给员工最好的福利。红豆投资8 000多万元,成立了培训中心,专门对员工进行免费培训。努力营造公平科学的选人

---

① 资料来源:江南红轩.红豆的“文化力”[N].无锡日报,2012-06-15.

用人机制，以能力赢得岗位，以岗位获得高薪。对待一线的“三星级”职工，分期分批选送上大学，根据需要和可能优先提拔进科室，随之不断增加其个人收入。

股权开放是周海江的一大创新，也是红豆集团的一大秘密武器。实行股份制，让员工参股，提高员工对企业的关切度，真正调动员工的积极性。目前红豆有 800 多名股东参股。

此外，红豆主动承担企业外部责任。在周海江的领导下，集团通过发展红豆杉项目，为新农村建设提供产业支撑，促进农村人口持续增收；资助当地村镇建设，通过项目转移支持经济欠发达地区；不断优化产品结构，单位产值所消耗的能源逐年下降；把 100 多家工厂集中起来，节省土地资源；建立污水处理厂，不仅负责集团内的废水处理，而且解决了当地一些小型企业的废水处理问题。

周海江始终倡导乐善好施、扶危济困的传统美德。为支持大学生就业、创业，2009 年 7 月红豆集团向中国青年就业创业基金会捐款 1 000 万元；在无锡市、锡山区“情暖万家”活动中，红豆认捐 2 500 万元，建立慈善资金，帮助弱势群体；2010 年 4 月，玉树地震后，红豆先后捐款捐物 400 多万元；2010 年 10 月，周海江个人又向聚源、映秀、北川三所中学各捐 100 万元，共计 300 万元，设立“七一红豆奖学金”。近几年，红豆集团向社会捐款捐物超 3 亿元。

全面履行社会责任，红豆集团获得了社会广泛认同和赞誉，促进了企业跨越式发展。近年来，企业已经从创业之初单一的生产针织服装、年产值 20 多万元的乡镇民营小企业，发展成为涉及服装、轮胎、生物制药和房地产四大产业的国际化大集团；从缺乏科技人才、创新能力的乡镇小企业，蜕变为科研实力业内数一数二、年销售达 351 亿元的国家级高新技术企业集团。2008 年中国服装的最高殊荣——成就大奖花落红豆集团！连同此前获得的商务部“2006 年度最具市场竞争力品牌”称号，红豆品牌已当之无愧地站在中国服装品牌的最高端。

第二节　新企业生存管理

新企业的运作是一个从无到有的展开过程，包括开始建立相应的内部流程到获得外界认可。任何环节出问题都会带来难以估计的麻烦，因而新企业往往比成熟企业遭遇更高的失败率。

据统计，全球每年有高达 70%的创业公司在成立两年内倒闭。① 中国创业数据统计结果也显示：中国创业企业的失败率高达 70%以上，七成企业活不过一年，平均企业寿命

① 张秀娥. 创业企业成长及其动因研究综述[J]. 现代经济信息，2012(14).

不足3年。[①] 我国台湾《商业周刊》杂志曾追踪过去28届(1978～2005)总计283位青年创业楷模的现况,结果发现竟然高达74位创业楷模的公司倒闭、跳票、重整。也就是说,这群台湾杰出创业者中竟有超过1/4被市场竞争所淘汰。如果包括因涉嫌违法而遭起诉或判刑的25名创业家,则比例更高达35%。[②]

一、新企业管理的特殊性

新企业成立初期易遭遇资金不足、制度不完善、因人设岗等问题。因此,新企业成立初期应以生存为首要目标,其特征是主要依靠自有资金创造自由现金流,实行充分调动"所有的人做所有的事"的群体管理,以及创业者亲自深入运作细节。

(一) 新企业是以生存为首要目标的管理

根据中央电视台《致富经》发布的《2008～2009年度中国百姓创业致富调查报告》:创业要关注两年盈利的现象。绝大多数企业都是在两年之内盈利,它的反例就是两年如果不能盈利的企业很有可能被淘汰掉,但这往往与创业者的忍受力和资金限度密切相关。创业者要想实现更好的发展,前两年能够实现盈利十分关键。

因此,新企业成立之初,尤其是前两年,首要任务是在市场上找到立足点,千方百计使自己生存下来,不要被市场所"消灭"。在这一阶段,生存是第一位的,新创企业的基本目标是要想方设法把自己的产品或服务销售出去,"尽快实现盈亏平衡、争取正的现金流。"赚钱是新企业生存的唯一来源,在创业阶段,亏损、赚钱、又亏损、又赚钱,可能要反复经历多次,直到最终持续稳定地赚钱,才算是度过了创业的生存阶段。一切围绕生存运作,一切危及生存的做法都应避免,最忌讳的是在创业阶段提出不切实际的扩张目标,盲目铺摊子、上规模。

案例10-5

惶者生存[③]

1988年44岁的任正非和5个志同道合的中年人合伙,在深圳龙岗区南油新村乱草堆中的一个居民楼里成立了深圳华为技术有限公司。那时租写字楼一个月至少好几千块钱,而居民楼则最多三四百元。创业初期的艰难清苦可见一斑。

创业之初,任正非就是为了面包、为了糊口、为了家人而奋斗!尽管如今华为已成为

---

① 科学时报社."技术进步"迷思[EB/OL]. 中国科学院，2006-09-20. http://www.cas.cn/zt/jzt/ltzt/zgfzzlxyjhcxzlzywyhxsnhwz/200609/t20060920_2671121.shtml.

② 佚名.商场如战场 台商界"楷模"四分之一被"淘汰"[EB/OL]. 人民网，2006-08-31. http://tw.people.com.cn/GB/14812/14874/4764272.html.

③ 资料来源:张利华.华为研发[M]. 机械工业出版社，2009.

年销售额上千亿的世界 500 强大公司，任正非也还是经常强调惶者生存，华为只是活下来了而已；无论华为已经多大、多成功，任正非天天还是想着"活着"二字。

创业之初的任正非面临的现实问题是，公司如何生存。华为公司现在是他的孩子，他必须让它生存下去。华为虽然名为技术公司，但开始做的都是贸易，也没什么方向，什么赚钱做什么，据说华为在初创的时候甚至还卖过减肥药。一次，听说在深圳卖墓碑的生意很火，赚钱快，任正非还派人去调研过。但减肥药、墓碑也都不是长久之业；任正非为了使华为生存下去，尝试百术，绞尽脑汁。

创业从来不是一件浪漫的事。任正非人过中年，经历了从"国营"企业的干部到民营企业领头人的转变，人生充满了坎坷。起步阶段的华为更是一家只要有钱赚、能活下去就行的小铺子。一个偶然的机会，任正非由辽宁省农话处一位处长的介绍，开始代理香港鸿年公司的用户交换机产品(单位里转分机的小交换机)，算是走上了销售通信设备的道路。

那是一个装电话需要送礼、走关系还要排队特批的年代，代理商只要能在香港搞到用户小交换机，卖到内地去就可以获利 100%。正是由于这种带点儿倒买倒卖色彩的代理业务，以及当时全国人民对电话通信的巨大需求，让华为在短短的三四年间，就积累了几百万的资金，并在全国建立起近十个销售办事处。华为从农村空隙市场起步，靠 2 万元注册资本起家通过代理香港鸿年公司的 HAX 交换机、利用差价获得了原始资本积累。

(二) 新企业主要依靠自有资金创造自由现金流

现金对企业来说就像人的血液，企业可以承受暂时的亏损，但不能承受现金流的中断。

自由现金流(量)是指企业经营活动产生的现金流量扣除资本性支出(Capital Expenditures，CE)的差额。即自由现金流量只能包括经营活动产生的现金流量而不包括投资活动、筹资活动产生的现金流量，旨在衡量公司未来的成长机会。拥有稳定充沛的自由现金流量则意味着企业的还本付息能力较强、生产经营状况良好，用于再投资、偿债、开发新产品、回购股票、发放红利的余地就越大，公司未来发展趋势就会越好。反之，自由现金流急剧下降或出现赤字，企业就将发生偿债危机，进而可能导致资金链断裂甚至破产倒闭。因此，自由现金流是新企业生存的真正生命线。

对新企业而言，由于融资条件苛刻，很难从商业银行获得贷款，只能主要依靠自有资金运作来创造自由现金流，因而管理难度更大。

正是由于创业初期企业的资金流主要来自自有资金，"抠门"好像成了每个创业者的首要表现。曾有一份有意思的排名——"中国十大抠门富豪"，王永庆第一，李嘉诚第二，牛根生第三。牛根生可谓是"大陆第一抠"，他甚至连生活支出都有预算，若超出就要查个明白，其实也正是这种节俭的作风渗透到了企业的各个方面，才使企业能赢得更多利润。牛根生认为，在创业初期，能省就省，千万别把浪费当大方。有时创业遇到瓶颈时不如换个角度思考，与其费尽心思地去挣那一块钱，倒不如在节约方面下功夫。牛根生说过："企业家是社会财富的'守门人'，该花的钱不花，那叫缺位；不该花的钱乱花，那叫越位；把钱花在刀刃上，那才叫责任。"可见，在自有资金有限的情况下，节约也不失为一个上策。

创业者应当千方百计增收节支、像花自己的钱那样花企业的钱,加速资金周转、增加应付账款、减少应收账款、控制企业规模扩张,努力为企业创造并保持稳定的正的自由现金流。

(三) 新企业实行充分调动"所有的人做所有的事"的群体管理

新企业在初创时,尽管建立了正式的部门结构,但很少有按正式组织方式运作的。典型的情况是,虽然有名义上的分工,但运作起来是哪急、哪紧、哪需要,就都往哪里去。这种看似的"混乱",实际是一种高度"有序"的状态。每个人都清楚组织的目标和自己应当如何为组织目标做贡献,没有人计较得失,没有人计较越权或越级,相互之间只有角色的划分,没有职位高低的区别。这种运作方式培养出团队精神、奉献精神和忠诚,即使将来事业发展了,组织规范化了,这种精神仍在,成为企业文化的核心。在创业阶段,创业者必须尽力使新事业部门成为真正的团队,否则创业很难成功。这种在创业时期锻炼出来的团队领导能力,是创业者将来领导大企业高层管理班子的基础。

马云创业之初就曾提出"唐僧团队"的概念,他认为唐僧就是最好的创业团队的领导者,他虽然本人没有什么非凡的本领,但意志坚定,使命感很强,而其他成员能够优势互补、有统一的目标,并在唐僧的带领下每个人都发挥自己的效用,最终取得辉煌的成就。

(四) 新企业是"创业者亲自深入运作细节"的管理

经历过创业初期的创业者大都有过这样的体验:曾经直接向顾客推销产品;亲自与供应商谈判折扣;亲自到车间里追踪顾客急需的订单;在库房里卸货、装车;跑银行、催账;策划新产品方案;制定工资计划;曾被经销商欺骗;遭受顾客当面训斥等。由于创业者对经营全过程的细节了如指掌,才使得生意越做越精。

Wal-Mart 之所以能够打败 Kmart,一个重要的原因是 Wal-Mart 的老板萨姆·沃尔顿注重细节的管理作风。他立下规矩,每次总部高层季度例会,都要仔细分析一家问题企业,直到找到解决办法为止。

当然,随着企业的逐步发展,创业者不可能再深入到企业的各个角落,亲自参与企业运营的每个环节,授权和分权则成为必然。

案例 10 - 6

他只会做,不会说,但他成了行业内的龙头[①]

高中毕业,我在 S 市的一家废品收购公司工作。

老板姓张,我称他"师傅"。师傅有着非同一般的本事,只要和他合作过的人,都会成

---

① 佚名. 他只会做 不会说 但他成了行业内的龙头[EB/OL]. http://www.959.cn/school/2013/0117/162592.shtml.

为长期客户。

每个月，师傅都要到一个驼背老太太那里收废纸箱。路很远，货不多，没有利润，可他一直坚持去。我有些不解："这样的生意为什么不推掉？"师傅摇摇头，微笑着说："老太太信任我，虽然没有利润，可赚到了信任。她每天挨家挨户地收破烂，也不容易。"

一天，有个陌生男人打来电话，说有两百多公斤废品铝。在泥泞的道路上颠簸了一个多小时后，我们来到陌生人的家里。

他住的是两间小棚子，里面一片狼藉，中间堆着一小堆铝锭。我当时鼻子差点都气歪了，师傅低着头想了一会儿，叹了口气，叫我装车。没想到，男人竟要我们加钱。

他似乎吃透了我们不愿白跑一趟的心理，说每公斤要加三角钱。我再也忍不住："无赖，我们没工夫伺候你。"

师傅却喝住我，耐心地给男人计算成本。哪知，男人根本不理会。

正争辩时，里屋传出婴儿清脆的啼哭声。男人赶紧抛下我们，钻进里屋，只听见他和一个女人说话。

等那男人再次出来，师傅改变了主意："好，就按你出的价格。我们之间第一次做生意，我亏些钱，就当交了个朋友。"男人很满意，帮忙把铝锭装上车。

一路上，我十分生气。师傅看出我的心思："每次出车都会赚，这次赚到一个朋友。那男人要养家糊口，还有个刚出生的小孩。如果他不说有两百多公斤，我们不会跑这么远。要求加价，是因为他的孩子需要奶粉，妻子需要营养，这几十元钱对我们来说没什么，对他来说，能解燃眉之急。"

后来，公司规模扩大。很多时候，我都是独立接单。唯独驼背老太太那儿，他总是亲自去。老太太多疑，只信任师傅。

短短几年，公司利润成倍增长。后来，那个欺骗我们的男人，亲自找到公司，要卖一吨废品铝。这次是货真价实的，他还带来了样品。后来，他成了我们最大的废品铝客户。

再后来，驼背老太太去世了，师傅说："以后没机会再往那儿跑了。"可是，几天之后，有电话打来，是驼背老太太家附近的机械厂："我们厂每年都有十几吨废铁要处理，你们要吗？"

原来，这客户竟然是驼背老太太给争取的。机械厂负责废品处理的人，和老太太同村，老太太总对他说："为什么不把废品卖给老张呢？他是个实诚人。"他想起老太太说过多次的话，便联系到了师傅。

一年一度的 S 市财富人物大会隆重召开，师傅是唯一的废品公司的老板。坐在高高的主席台上，他念着我写的稿子："在我眼里，每个客户都可能会成为长期的朋友。生意场上，信任和友谊带给你的财富，往往会比预期的多出许多倍。一个成功的商人用钱来做生意，但不要以每次赚钱多少来衡量生意的成败。后退一步，是为了把箭射得更远。"

只读过初中的师傅，额头上淌着汗水，稿子念得结结巴巴。原来，他只会做，不会说，但他成了行业内的龙头。

二、生存阶段新企业主要问题来源

(一) 最大风险来自管理

生存阶段创业企业面临的最大风险是管理风险。具体表现为以下 4 大点：

1. 管理失控。成长阶段的创业企业往往在管理上出现诸多问题。如:① 发展战略不明确:缺乏明确发展目标,无法应对外界环境变化;营销战略缺失,市场竞争力下降。② 人力资源管理方面:人力资源战略缺失,缺乏专业技术人才,缺乏业务骨干,致使企业技术力量薄弱,产品科技含量低,缺乏竞争力;专业人才招聘不到位,业务发展缺乏人才支撑;培训缺失或不到位,员工技能无法满足业务运作及发展的要求;薪酬不合理,难以激励员工,员工流失率走高;绩效考核不到位,无法促进员工持续高质量地完成业绩,无法使公司目标落地;企业文化缺失,缺乏凝聚力。③ 财务管理方面:核算方法存在问题,不能为管理提供依据;报表与决策需求存在差异,不能为决策提供依据;财务数据与业务数据脱节,不能准确体现出业务盈亏等。

2. 人才匮乏与用人失察。新企业在吸引和留住优秀人才方面往往面临挑战。由于企业知名度不高、发展前景不明朗,难以吸引到有经验的行业人才。同时,初创企业的薪酬和福利水平相对较低,也增加了留住人才的难度。与此同时,创业初期,新企业往往雇员不多,但是这些为数不多的雇员对公司的意义却非同小可。比如,你选错了助手,或者任命了不称职的人担任了公司重要岗位的主管,那么就有可能使你的公司陷入困境;而一个不称职的销售主管可能会使一个销路很好的产品没有了销路,这对公司的发展是毁灭性的。

案例 10－7

“88888”账户毁了巴林银行①

1995 年 2 月 26 日,英国中央银行英格兰银行宣布了一条震惊世界的消息:巴林银行不得继续从事交易活动并将申请资产清理。10 天后,这家拥有 233 年历史、在全球范围内掌控 270 多亿英镑资产的银行以 1 英镑的象征性价格被荷兰国际集团收购。这意味着巴林银行的彻底倒闭。而这一切竟毁于一个年龄只有 28 岁的毛头小子尼克·里森之手。

1989 年,里森在伦敦受雇于巴林银行,成为一名从事清算工作的内勤人员。1992 年他被调职,专事疑难问题的处理。1992 年,里森被派往巴林银行新加坡分公司担任经理。1993 年时,里森为巴林银行赢得 1 000 万英镑,占巴林当年总利润的 10%,颇得老板的赏识和同行的羡慕。

---

① 资料来源:汪中求.细节决定成败[M].新华出版社,2004.

然而，当里森及他的属下做了赔本交易后，他就将损失计入一个号位“88888”的账户，这是一个被巴林银行遗忘了的公司“错误账户”，它帮里森掩盖了他的损失，而他也只跟公司报喜不报忧，公司却也一直未曾察觉出这一错误，反而视里森为英雄。里森为了弥补损失，就不断进行一些冒险交易，但只是越补损失越大，直到他为巴林银行带来了 8.6 亿英镑的损失，这是巴林银行全部资本及储备金的 1.2 倍，因此巴林银行不得不宣布倒闭。

3. 资金短缺。新企业在初创期往往存在因为资金无法适时供应而导致创业失败的可能性。无论是产品研发、市场推广、团队建设还是日常运营，都需要大量的资金投入。然而，由于企业尚未形成稳定的盈利模式，难以获得银行贷款或风险投资。而现有创业项目的资金回笼周期长、资金压力巨大。许多新企业倒闭的原因，最多见的不是订单销量不好，也不是亏损，恰恰是资金周转方面的问题。资金链一断，企业没有新的血液补充，所面临的也只有倒闭了。对于新创企业，资金风险是最普遍的问题，如果创业者不能及时解决，一旦资金链断裂，创业即面临夭折。像巨人集团、三九集团、飞龙集团等倒闭，原因都是惊人地相似，以至于现在但凡有企业倒闭或者停产，人们往往第一个想到的便是资金链的断裂。

案例 10－8

昔日“中国鞋王”的突然“消失”①

2009 年 8 月 16 日，中国民营经济典型地区温州传出一则爆炸性新闻：资产上亿元、曾在 20 世纪 90 年代一度影响中国鞋业界的霸力鞋业集团宣布停产，董事长王跃进突然“消失”，这在温州鞋业市场引起一片哗然。一时间，曾受人推崇的“中国鞋王”、温州鞋业领军人物、4 项吉尼斯纪录创造者等桂冠骤然落地，惨淡经营近 20 年的霸力鞋业跌入深渊。

20 世纪的 1976 年，仅有中学文化程度的王跃进自谋生路，白天拉板车，晚上学做鞋。仅学 3 个月，他就将拉板车积攒起来的 200 元钱买来制鞋的工具和牛皮，独立上路。每晚他能做出一双鞋，卖出去能赚 2 元钱。

1984 年，他汇集了兄弟姐妹的资金，从家庭作坊起步，相继创办了鹿城跃进皮鞋厂、霸力皮鞋厂。1994 年，经省工商局和温州市政府批准，创建了浙江省首家鞋业集团。

1993 年，他为了展示企业实力，树立赶超世界先进水平的决心和信心，亲自领衔设计，制造了长 2.05 米的“世界最大男皮鞋”、长 2.4 米的“世界最大女皮鞋”及“世界最小皮鞋”等，最大的可坐得下 5 位大姑娘，最小的仅有拇指大小，由此获得 4 项吉尼斯纪录。

当年，霸力以此获得全国首届鞋业大王博览会“中国鞋王”“创新鞋王”称号。1994 年被国家技术监督局和全国消费者协会评为“中国名牌产品”，同年 7 月参加亚太地区博览会，又荣获“金奖”。由此，王跃进一“跃”而成为中国鞋业的领军人物之一。霸力从创立小

① 张和平.“中国鞋王”败落“败”在哪？[N]. 金羊网-羊城晚报，2009-08-29.

鞋厂发展到大集团,仅仅用了10多年时间。据“鹿城公务网”企业库的资料显示,该集团有限公司注册资金4 030万元,资产总额11 142.16万元。

2003年夏天,霸力等三家企业进口牛皮巨额偷税被温州海关缉私分局查获,偷税遭打击,霸力和王跃进在明星企业的行列中渐渐“退出江湖”,淡出人们的视线。

“海关偷税”事件不久,为了重整旗鼓,王跃进挥师南下,到广西投资矿业。据他向知心朋友透露,他在广西贺州矿业相继砸入2亿多元,但“基本没收益”。

据温州市有关方面称,王跃进出走前,欠下温州、贺州两地银行贷款1.2亿元,欠了温州当地数十家鞋料厂的货款700万元。但事实上,巨额银行贷款还是无法填补霸力贺州矿业的窟窿。一位知情的行家分析,投资贺州矿业的决策是失误的,再加上受金融危机影响,金属原材料价格像“过山车”,要的人不敢买,卖的人收不到钱。一方面开发投入是个“无底洞”,另一方面一些货款又被客户拖欠着,“他的资金链断裂了。”

为此,王跃进以入股名义四处融资。据记者从知情者处了解到,一个月前,一位新股东被“套”入,投资1 000多万元入股霸力集团贺州矿业公司,想不到王跃进此次离境竟将这笔股金裹挟而去。

造成资金风险的原因很多,内部因素大都与创业者经验不足、人脉缺乏、管理混乱有关。如决策失误、盲目投资,投资规模过大,超出自身实力;投资陌生行业,回报过低;财务漏洞,管理无序,投资成本上升等。至于创业者竭泽而渔、不择手段追求盈利而受到法律追究,承担相应违约、假冒伪劣、欺诈、偷税漏税等法律责任,则必然产生极为严重的资金风险或危机,甚至企业可能立马倒闭。

资金风险的外部因素,主要与技术风险、市场风险和金融风险等密切相关。比如依托高新技术创业的企业,需要的创业资金一是规模较大,二是融资渠道少。若资金不能及时供应,导致高技术迟迟不能产业化,其技术价值会随着时间的推移不断贬值,甚至很快就被后来的竞争对手超出,则初始投入将付诸东流。资金风险的另一个不可忽视的外部因素是通货膨胀引起的股市和汇率的波动。当发生通货膨胀的时候,政府一般会采取紧缩的金融政策,致使利率上升,贷款成本随之增加,或难以得到贷款,导致“转化”资金紧张甚至中断。同时,通货膨胀会拉动“转化”过程中所使用的材料、设备等成本的上升,使资金入不敷出。

(二)战略失误

当创业企业初具规模,快速发展时,许多创业者容易被自己初步的成功冲昏头脑,有时甚至觉得无所不能,不顾实际盲目扩大经营范围和多元化发展,开拓超越实力的大市场,摊子铺得太大和对新业务不甚了解,难免出现战略失误,导致破产。

像这样在获得巨大成功后很快就遭遇失败的惨痛教训实在太多:“巨人”轰然倒下,“太阳神”摔下神殿,“三株”叶干枝枯,“亚细亚”烟消云散……这些企业的共性是:盲目扩张、发展速度惊人,而人员、资金、管理三大要素相对滞后,企业成长根基脆弱。三大要素中的任何一个出现问题时都会引发本不稳固的新创企业整体塌方。

案例 10-9

三株神话的破灭[①]

20 世纪 90 年代中期，中国几乎家喻户晓的济南三株集团，是 1993 年创立的医药保健品企业，注册资本仅 30 万元，当年销售收入 1 600 万元。

创业后很快进入快速成长阶段的三株集团，1994 年销售额竟达到 1.25 亿元，创造了一年增长 780%的奇迹。1995 年，三株公布第一个"五年计划"：销售额 1995 年达到 16 亿至 20 亿；1996 年达到 100 亿；1997 年达到 300 亿；1998 年达到 600 亿；1999 年达到 900 亿。

仅 1997 年上半年，三株一口气就收购了 20 多家制药厂，投资超过 5 亿。鼎盛时期在全国注册了 600 个子公司，另有 2 000 个办事处，各级销售人员达到 15 万。

1998 年三株公司在一次质量问题引发的危机中轰然倒闭。从风靡一时的民营"帝国"到最后悄无声息，从辉煌到失败、大起大落的过程也就仅仅 5 年的时间。

三株集团失败的根本原因有两点：一是大规模扩张，对被收购企业缺乏全面了解和科学评估，最后掉进财务"无底洞"中；二是管理薄弱，一味追求规模扩张，并购后无法对并购来的企业适时进行资源整合。

以北京三株公司为例，为了实现迅速扩张，以便"在中药市场开放前占据全国市场"，该公司从 1996 年起在不到半年的时间里就收购了 17 家国有药材公司，耗资近 3 亿元人民币。但是，据有关人士透露，实际上几乎所有这些被并购的企业都是经营不善、债务负担沉重的企业，而且生产设备陈旧。但在收购前，他们却没有进行必要的考察与评估，结果不但收购至今血本无归，还严重拖累了作为收购一方的三株。另外，对其固有优势领域的形势和自身能力估计不足也是一个不可忽视的因素。保健行业的竞争已日趋激烈，而且投入越来越大，任何新产品要打开市场都离不开强大资金的支持，三株的大规模且无回报的收购必然最终将自己套牢。如此空前规模的迅速扩张，如同在海滩上盖高楼，即使没有海浪或暴风雨，也难免自然倒塌。

(三) 供应链风险

在新企业的生存阶段，供应链的稳定性和可靠性是至关重要的。然而供应链系统是一个十分复杂的系统，由于供应链网络上的企业是相互依赖的，任何一个企业出现问题都有可能波及和影响其他企业，从而影响整个供应链的正常运作，甚至导致供应链破裂和相关企业破产。因此，学者和业界存在着基本共识，即供应链上的任何不确定性或风险都可能对企业的正常运营产生重大影响，甚至威胁到企业的生存。

例如，2005 年初"苏丹红"事件震惊全国。除了以"苏丹红"为食品添加剂的生产商损

① 资料来源：尹生. 三株集团盲目扩张酿苦酒[J]. 世界经理人，2001(11).

失惨重外,以其为纽带的原料供应商、产品分销商、零售商都遭受不同程度的损失。肯德基中国 1 200 家门店在这一事件中 4 天至少损失进账 2 600 万元,亨氏美味源(广州)食品公司损失 1 460 余万元,用于缴纳行政罚没款、产品损失、利润损失、退还消费者贷款、处理费等其他费用,湖南辣椒类产品在中国市场的销售额也下跌了四成左右。

2014 年 7 月,媒体曝光上海福喜食品有限公司存在大量采用过期变质肉类原料的行为:落地的牛肉饼、鸡腿等捡拾后重新放回生产线,各种过期原料随意添加,拣出的次品混入正品生产线,臭肉重新加工成小牛排等。上海福喜生产的加工食品所供应的品牌如下:麦当劳、肯德基、必胜客、东方既白、星巴克、棒约翰、吉野家、德克士、7－11、星期五餐厅、汉堡王、美其乐、赛百味、宜家、华莱士、达美乐,面对这一长串的名单,洋快餐再陷信任危机。由于担心向顾客出售的是过期肉制食品,越来越多的企业正在停止从福喜购货。受此影响,A 股市场上肉类加工企业、食品安全概念再起波澜,业绩下滑已成定局。[①]

对于新企业而言,由于其规模相对较小、资源有限、品牌影响力较弱,因此也更容易受到供应链风险的影响。一旦供应链出现问题,新企业可能面临原材料短缺、生产成本上升、产品质量下降、销售受阻等一系列连锁反应,进而影响到企业的生存和发展。

(四) 家庭压力

在新企业开办的生存阶段,创业者往往面临着前所未有的挑战与压力。在创业初期,由于面临着创业的各种不确定性,创业者的工作负担异常沉重,加班加点成为常态,导致与家人的相处时间大幅缩减。作为创业者坚实的后盾,家人虽在创业过程中给予了无私的奉献,却也期盼着创业者能够实现创业成功,同时能在繁忙之余给予更多的家庭关怀。

而对于女性创业者而言,这种挑战尤为显著。她们不仅要在竞争激烈的市场中奋力拼搏,还承载着家庭角色的多重期望。在这样的背景下,家庭压力逐渐累积,成为新企业生存阶段不可忽视的问题之一。例如,某位女性企业家在周末本该与家人共度时光的时刻,却不得不主持公司的重要会议。会议期间,她连续收到来自丈夫的关切信息:“今天是周末,还记得吗?”“孩子已经很久没看到妈妈了,她很想你。”“工作再忙,家也是你的港湾,别忘了回家。”这些信息不仅透露出家人对创业者深深的思念与期盼,也反映出家庭与事业之间的张力,迫使会议不得不提前结束,让创业者不得不面对并思考如何平衡这两者的关系。因此,在新企业开办生存阶段,创业者面临着家庭与事业之间的艰难抉择,以及如何在追求企业成功的同时,维护好家庭的压力。

面对创业生存期遇到的各种问题,创业者必须认真考虑和解决创业快速发展阶段的风险与危机问题。

---

① 佚名. 上海福喜公司过期肉事件“发酵”引外媒关注[EB/OL]. 中国新闻网. http://www.chinanews.com/gj/2014/07-23/6418874.shtml.

三、新企业生存阶段的问题解决之策

（一）密切监控资金风险

创业启动与生存阶段面临的最大管理风险是资金风险。资金就如同种子发芽需要的水分一样，缺少了它种子就不可能发芽生长，因而资金风险普遍是初创企业的“命门”。

首先，要建立财务“预防”机制，认真筹划创业启动需要的融资或投资数额。融资时要仔细考虑准备借多少，能借到多少，最佳值应该是多少，风险有多大，风险能不能承受。

其次，必须考虑企业的持续融资能力。注意企业在营运过程中，一旦资金供应中断，就很可能导致整个项目的流产和创业的失败，也就是常说的“最后一口氧”谁补给？因此，创业者必须提前考虑好应急融资方案，并建立起快速融资渠道，以防万一。

第三，需要密切监控企业的现金流。现金流是企业一定时期内现金流入和流出的数量，初创阶段，将现金流问题提高到任何高度都不为过，尤其是小资金创业，应当更加关注现金流的变化而不是成本的变化。理想的情况是，绝大多数现金流都是通过营运活动获得，也就是通过产品或服务的销售获得的自由现金流，这是企业持续成长的关键所在，因为投资和融资活动对于新创企业而言并非可行之策。创业者应当利用上述指标密切关注、监控自己的现金流状况，每天通过简报来提醒自己，手头还有多少现金，应收账款的状况以及目前的收入和开支情况。如果账本中长时间都是赤字，处境就岌岌可危了。

最后，要注意由于供应链风险而导致的资金风险。包括建立战略合作伙伴关系；加强与供应链伙伴信息交流与共享；柔性化设计供应链合同；建立并加强有效的风险防范体系；建立应急处理机制，以便对紧急、突发的事件进行应急处理。

（二）建立风险责任机制，趋利避害

风险责任机制是根据创业企业的风险控制规划和实施方案，确定相应的责任主体，做到风险管理工作责任落实，各司其职，各负其责。同时要建立和不断完善风险控制目标体系和风险报告制度，企业内部各风险管理责任主体必须严格按照既定目标和具体标准从事相应的监控和管理。

首先，要通过分析，主动预测风险可能会带来的负面影响。例如，投资一旦失误，可能造成多大损失；投资款万一到期无法挽回，可能造成多大经济损失；贷款一旦无法收回，会产生多少影响；资金周转出现不良，对正常经营会造成哪些影响。

其次，积极预防风险。例如，加强对投资方案科学评估，对市场行情进行周密调查与跟踪，制定合理优化的资金使用策略、建立供应链伙伴的信息交流与共享等。一旦某个环节出了问题，要有采取补救措施的预案，尽可能减少负面影响。同时，通过加强管理，特别是合同管理、投资决策、财务管理、知识产权保护等，建立健全企业各项规章制度，在平时的业务交往中认真签订、审查各类合同，加强对决策过程和合同履行过程的监督。在经营活动中有所为有所不为，经营什么产品、选择什么样的市场都要仔细衡量，干应该干、可以

干的,趋利避害,扬长避短,以变制胜。所谓"适者生存",强调的就是"变",创业者要适应内外部环境的变化,随时做出调整。

第三,学会减少风险和转移风险。对无法回避的系统风险,应当设法分解和转移。比如,尽可能将风险大的项目外包。对于风险较大的投资或经营项目,可将其分解成多个小项目,再将其中风险较高但别人尚能接受的部分分包给别人去做,共享收益、共担风险;不拒绝必要的合作和规模化经营。如果所从事的领域需要较强的实力,请不要拒绝与他人合作,而应该积极主动地寻求合作帮助,往往在共同发展的背后是风险的共同承担;建立风险预警机制和风险控制体系,如及时与政府部门沟通获取政策信息;在开发新产品前,充分进行市场调研,决策多方案优选、相机替代等;对于即将出现的而自己无论如何都难以承受的风险,为了求得长远发展,可以采取避让策略,果断退出、走为上策,通过放弃眼前局部利益保全全局;对于已经酿就的重大风险,往往需要牺牲某些甚至是重大利益,如申请破产保护以求得再生。

(三) 完善激励机制,凝聚人才

在新创企业的生存阶段,人才短缺是一个普遍而严峻的挑战。由于资源有限、品牌影响力弱以及市场不确定性高等因素,新企业往往难以吸引和留住优秀人才。然而,人才是企业发展的关键,人力资本是企业的核心资本。对于新企业而言,如何有效应对人才短缺问题,成为其能否顺利度过生存阶段、实现持续发展的关键。解决方案的核心主要有以下方面:

1. 精简高效,聚焦核心

根据企业发展战略和市场需求,明确最急需的关键岗位,确保这些岗位的人员配备。在资源有限的情况下,优先组建小而精的团队,每个成员都应具备多技能、高效率的特点,以应对复杂多变的市场环境。

2. 利用网络资源,拓宽招聘渠道

充分利用网络资源,具体包括创始人及团队成员的个人关系网络,寻找合适的合作伙伴或员工。利用微博、LinkedIn、领英等社交媒体平台发布招聘信息,吸引潜在候选人的关注。积极参与行业社群、论坛、研讨会等活动,与同行交流互动,拓宽人脉圈。

3. 内部培养与外部引进相结合

建立内部培养与外部引进相结合的机制。首先,在内部建立系统的培训体系,鼓励团队成员学习新技能、提升综合素质。通过内部选拔、轮岗交流等方式,培养复合型人才。其次,在外部针对关键岗位或特殊需求,通过猎头公司、招聘网站等渠道积极引进外部优秀人才。同时,注重引进人才的融入与培养,确保其与企业文化相契合。

4. 创新激励机制,激发员工潜力

充分采用不同的激励方式,激发员工潜力。首先,对于核心员工或关键岗位人员,可以考虑给予股权激励,将其利益与公司长远发展绑定。其次,建立科学合理的绩效考核体系,将员工薪酬与绩效挂钩,激发其工作积极性和创造力。再次,除了物质激励外,还应关注员工的职业发展、工作环境、企业文化等非物质因素，提升员工的归属感和满意度。

5. 寻求外部支持与合作

积极寻求外部支持与合作。例如，积极了解并申请各类政府针对初创企业的补贴、贷款、税收优惠等政策支持。再如，加入孵化器或加速器项目，获得导师指导、资源共享、资金对接等全方位支持。同时，与其他初创企业建立合作关系，共同应对市场挑战。

新创企业在生存阶段面临的人才短缺问题是一个复杂而严峻的挑战。然而，通过精简高效、拓宽招聘渠道、内部培养与外部引进相结合、创新激励机制以及寻求外部支持与合作等策略的实施，新创企业可以有效缓解人才短缺的压力，为企业的稳健发展奠定基础。同时，新创企业还应注重企业文化的建设和品牌形象的塑造，以吸引更多优秀人才的加入和关注。

（四）发展核心竞争力，战略制胜

保持竞争优势是每个企业得以持续成长的关键。新创企业必须选择、培育和不断发展核心竞争力才能取得并保持竞争优势，这是企业生命力所在。根据普拉哈拉德和哈默的核心竞争力理论，对企业竞争优势起关键作用的知识和能力被称为核心竞争力。核心竞争力实质上是组织内部一系列互补的知识和技能的独特的组合体，当这些资源被组合到业务流程之中，组合的独特性往往能为顾客带来更多的价值，组合的复杂性又常常使得竞争对手难以模仿，因而能够使得企业确立竞争优势，顺利实现规模扩张。

培育和发展核心竞争力必须让企业寻找出属于其自身的核心专长，然后在这个核心专长上与他人竞争。所谓核心专长是指拥有别人所没有的优势资源，这类资源可以是人力、产品、品牌、技术、流程、营销能力、企业文化及价值等。

竞争优势可以为企业带来更多的利润，但是随着竞争对手的学习、模仿和攻击，竞争优势会随着时间流逝而逐渐丧失。此时，如果不采取有效措施，企业就会逐渐衰退，陷入亏损甚至是破产的境地。而这个有效措施就是，处于快速发展阶段的新创企业必须研究并确立自己的发展战略。

企业战略体现在创业企业依据自身的特点选择一个较小的产品或服务领域，集中力量进入并成为当地市场第一，再从当地市场到全国，甚至到全球市场，同时建立各种进入壁垒，逐步形成稳定、持久的市场地位和竞争优势的全过程。只有确立和选择了正确战略，并在其指引下不断实施成功的战略行动，才能在竞争对手成功学习、模仿或者攻击之前，建立起企业新的竞争优势，这才是快速成长中企业永葆青春的秘诀所在。

第三节　新创企业的成长

一、新企业成长的内涵与动态过程

安全度过生存期的企业会进入一个成长阶段。在这个阶段，由于企业的产品能够满足市场需求,市场份额逐渐增加,竞争力逐渐提升,业务量迅速扩大,能够在行业中稳固自己的地位,企业的整体素质和创新能力都会得到显著提高,形成了自己的产品线和服务体系。此时,产品创意已经转化为现实,但创业者可能会因为自满而忽视风险,尝试涉足过多的业务领域,这可能导致企业陷入困境甚至失败。随着企业规模的扩大,迫切需要建立一个有效的管理团队和一套完善的管理制度。如果管理跟不上业务的快速增长,可能会导致企业失去控制,进而迅速进入衰退期。

(一) 新企业成长的内涵

“成长”是新企业生存和发展的一种状态。张玉利、肖沛、刘东等(2000,2003,2004)研究认为,企业成长包括“量”的增长与“质”的提高。“量”的增长主要表现为企业经营资源的增加,如企业规模的扩张,包括生产规模、资本规模、市场占有率、员工数量等方面的增加,这是新企业成长最直观的表现。“质”的提高主要表现为变革与创新能力的提升,如组织制度、组织架构与业务模式的变革、技术创新、产品创新和服务创新的能力的提升,以及管理效率、品牌影响力等方面的提高,这是新企业成长更为本质的含义,也是企业持续发展的关键,新创企业成长是一种量的积累和质的突破相结合的过程。因此,新创企业成长是指企业在一个相当长的时间内,通过创新、变革和有效管理等手段,积累、整合并促使资源增值,不断增强企业能力,形成企业核心竞争力,进而保持企业整体绩效平衡、稳定增长的势头的过程(张秀娥,2012)。

(二) 新企业成长的动态过程

生命周期理论构成了经济学与管理学理论对于企业成长问题最基本的假设之一。美国学者伊查克·爱迪思(Ichak Adizes) 在其著作《企业生命周期》中,将企业生命周期分为十个阶段:孕育期、婴儿期、学步期、青春期、盛年期、稳定期、贵族期、官僚化早期、官僚期、死亡期。爱迪思准确生动地概括了企业生命不同阶段的特征,并提出了相应的对策,指出了企业生命周期的基本规律以及企业生存过程中基本发展与制约的关系。该理论认为如同人的生老病死一样,企业的创建与成长过程也存在周期性规律,一般要经过培育期、成长期、成熟期和衰退期四个阶段,有一个从产生到消亡的过程。

培育期。在这个阶段,企业刚刚成立,面临着巨大的不确定性和风险。资金、技术和市场渠道等资源有限,产品或服务尚未得到市场的广泛认可。创业者或创始团队是核心驱动力,他们往往身兼数职,致力于产品的研发、市场推广以及基本的运营管理。这一时期企业的主要任务包括确定企业的愿景、使命和核心价值观;进行市场调研,明确目标客户群和市场需求;开发并测试产品或服务;建立基本的组织结构和管理体系;寻求外部融资以支持运营和发展。培育期企业面临的主要挑战是资金短缺、技术不确定性、市场接受度低、团队建设和稳定性等问题。

成长期。随着产品或服务的市场认可度提高,企业开始快速增长。销售额和利润显著增加,市场份额逐渐扩大。这时企业可能需要增加生产能力、扩大团队规模并优化管理流程以满足市场需求。成长期企业的主要任务包括扩大市场份额,提高品牌知名度;加强产品研发，保持技术领先；优化供应链管理，提高生产效率；建立更完善的组织架构和管理体系；吸引外部投资以支持扩张。同样，这一时期企业面临的挑战也有所不同，如管理复杂度增加，需要更强的领导力和团队协作能力；市场竞争加剧，需要不断创新以保持竞争优势；资金链管理，避免过度扩张导致的财务风险。

成熟期。成熟期的企业达到顶峰状态，市场份额趋于稳定，盈利能力较强。产品或服务在市场上具有一定的品牌影响力和忠诚度。企业开始注重内部管理和效率提升，以维持或提升现有竞争优势。成熟期企业的主要任务包括优化产品结构，提高产品附加值；深化市场渗透，开拓新的细分市场；加强成本控制和财务管理，提高盈利能力；强化企业文化，提升员工满意度和忠诚度；考虑多元化发展或国际化战略。这一时期企业需要面临的主要挑战包括创新动力不足，面临“大企业病”；市场竞争加剧，需持续创新以保持领先地位；人才流失风险增加，需加强人才激励和保留措施等。

衰退期。在衰退期，市场环境变化、技术进步或消费者需求转移导致企业产品或服务失去竞争力，销售额和利润下滑。企业可能面临市场份额被侵蚀、资金链紧张等困境。衰退期企业的主要任务包括识别衰退原因，制定应对策略；进行产品或服务创新，寻找新的增长点；优化成本结构，提高运营效率；考虑重组、并购或退出市场等战略调整；加强危机管理，维护企业形象和信誉。这一时期企业面临的挑战包括转型难度大，需克服路径依赖和惯性思维；资源有限，需合理分配资源以支持转型；市场环境复杂多变，需快速适应并抓住机遇。

企业的成长是经历不同阶段的动态发展过程，不过，并非所有企业都会经历完整的生命周期，有些企业可能通过创新、重组或转型等方式实现“二次创业”，重新进入成长期或成熟期。因此，企业应根据自身实际情况和市场环境灵活应对，不断寻求新的发展机会。

二、新企业成长的驱动因素

环境的不确定性和复杂性会对创业企业产生实质性的影响，研究表明，只有很少一部分创业企业会发展为成熟企业。为了使新企业由成立转向健康成长，探究创业企业成长动力机制及制约因素成为学术界和实业界所关注的重要话题。

在现有企业成长影响因素的理论研究中，主要存在三种不同的研究视角。产业组织学派认为企业成长的主要影响因素在于企业的外部环境及企业在环境中的位置，企业成长的关键在于产业位势的选择。而资源基础理论、企业能力理论等内生成长理论认为企业成长的影响因素源自企业内部，企业的异质性资源、独特的能力是企业成长的关键因素。近来快速发展的企业演化理论趋向于一种折中的观点，认为企业成长是企业内外部因素共同作用的结果，存在一个复杂的演化过程。①

近年来研究也认同：**新企业成长的推动力量包括创业者(团队)、市场和组织资源等。**

① 吕一博，苏敬勤，傅宇.中国中小企业成长的影响因素研究[J].中国工业经济，2008(1).

尽管不同研究观点对创业企业成长及其动因的界定不一,但大都涉及创业者/团队、市场容量、创新能力、组织资源等因素。可见,企业内部要素和外部环境都是影响创业企业成长的重要因素,而制约新企业成长的真正瓶颈在企业内部。

三、新企业成长管理的技巧和策略

新企业成长的管理需要采取多种策略,具体包括:注重整合外部资源追求外部成长;管理好保持企业持续成长的人力资本;及时实现从创造资源到管好用好资源的转变;形成比较固定的企业价值观和文化氛围;注重用成长的方式解决成长过程中出现的问题;从过分追求速度转到突出企业的价值增加。

(一) 注重整合外部资源追求外部成长

创业活动往往是在资源不足的情况下把握商业机会,因此,要求创业者必须创造性地整合资源,尽量运用较少资源,控制更多资源,注重借助别人(既包括竞争对手也包括合作者)的力量,发展壮大自身,注重整合外部资源追求外部成长。

1. 尽可能多地寻找可供整合的外部资源提供者

要整合外部资源,就要寻找到可以提供资源的对象。比如,少数拥有丰富资源的潜在资源提供者,如政府、银行、大公司等,但这方面创业者往往缺乏优势;另一种办法是尽量多找潜在的资源提供者,通过合作、"借鸡生蛋"或通过上市获得短缺资源并迅速扩大规模都是实现成长的捷径。

2. 分析并寻找潜在资源提供者共同利益所在

老洛克菲勒有一句名言:建立在商业基础上的友谊永远比建立在友谊基础上的商业更重要。创业者要想成功地整合外部资源,必须有创新的思维,寻找到潜在资源提供者共同利益所在,一旦不同诉求的组织或个人之间存在共同利益,或建立起紧密的利益联系,就成为利益相关者,兼顾各方面利益就可能达到多赢、共赢的境界。

3. 让对方先赢自己再赢的整合策略

外部资源能够整合并被创业者所用,需要合作,合作需要双赢甚至是共赢。合作总要有一个开始,在没有合作基础的前提下,一开始就双赢不容易,不妨采取让对方先赢自己后赢的策略。

4. 强化沟通实现外部资源的有效整合

人与人之间最宝贵的是真诚、信任和尊重,其桥梁就是沟通。创业企业整合外部资源,在很大程度上就是通过内外部密切沟通来实现的。与外部的沟通,主要包括与投资者、银行、政府部门、媒体、业界、客户、供应商等,主要目的是通过沟通建立联系、获得信任,与对方达成共识,争取对方的支持或帮助,取得双赢的结果;在企业内部,通过有效沟通,凝聚员工人心,降低内部冲突,扩大社会网络,提升整个企业的效率和业绩。

案例 10－10

打工妹创业成百万富翁①

鲜花铺路

丁世燕出生在河南省宜阳县的乡下农村。1998年初中毕业后，她在家里帮父母侍弄了一段田地。单调的农村生活令丁世燕感到非常失望。那时候，中央电视台正在播放《红旗渠的故事》，丁世燕突发奇想，到安阳去看看红旗渠，然后再到北京去打工。怀揣着对外面世界的憧憬，带着父母给的800元钱，踏上了前往北京的旅程。然而，命运给她开了一个玩笑，她的钱包在安阳被偷，所有的计划瞬间化为泡影。面对困境，丁世燕没有放弃，她决定留在安阳，寻找工作。幸运的是，她找到一家正需要人手的鲜花店，女老板收留了她，管吃管住，而且还有500元钱工资。丁世燕不仅虚心向比她早来的姐妹们学习鲜花护理、插花艺术，而且还特别留心女老板的经营之道。

2000年，安阳的鲜花市场竞争加剧，许多店铺为了争夺顾客而压低价格，导致丁世燕所在的鲜花店经营困难，最终倒闭。丁世燕想到底是什么原因？她想首先是市场饱和、供大于求，激烈竞争造成了溢香鲜花店经营困难。其次是女老板摊子铺得过大，造成入不敷出。如果女老板能把花卉苗圃卖掉，直接去批发花木出售，最起码不至于亏损。如果再把鲜花店的8名服务员，换成钟点工，在生意忙时按点付酬，没有生意时放他们回家，岂不节约一大笔开支？想到这里，丁世燕感到非常兴奋。她当即找到女老板希望接手这个花店。

接手花店后，丁世燕精简人员，只留下了一个要好的姐妹帮忙。她亲自与郊区的鲜花种植基地谈判，以理想的价格达成合作。国庆节期间，安阳市的单位需要摆放鲜花装饰，老客户纷纷前来订货，丁世燕紧急招聘了10名钟点工，雇了6辆货车运送鲜花，一个节日下来，她轻松赚了1万多元。2002年，丁世燕推出了“免费花木护理服务”，这一举措大受欢迎，营业额翻倍，年盈利达到7万多元。

善举生财

丁世燕有收听收音机的习惯。2002年10月份以来，一连一个多月，电台中午的保健节目让沈阳一家钙厂给包了。这是个热线节目，可是没有听众打进电话来，丁世燕想：“这不是浪费吗？浪费了厂家的广告费，也浪费了电台的时间，我得跟他们谈谈。”她打通了厂家驻安阳办事处的电话，跟女经理谈了自己的想法，“你们厂的产品是适合中老年人的，可中年人中午在单位，老年人中午在午睡，他们都听不到你们的节目，所以没有人参与你们的节目……”

丁世燕的一席话让女经理茅塞顿开。女经理虚心请教，丁世燕帮她设计了几个广告

---

① 佚名. 打工妹创业成百万富翁 小小胸卡套就让她赚了30万[EB/OL]. 创业邦，2009-11-05. http://www.cyzone.cn/.

方案。方案针对性强,效果非常好。事后,女经理把1 000元的广告费送给她作酬费。她这样做是出于帮助人的善良动机,没想到这一善意之举会让她闯进广告领域。从那以后,丁世燕都在给一些厂家出主意。这下一传十、十传百,许多厂家都知道溢香花店年轻漂亮的女老板还是个很有实力的广告策划人,纷纷上门来请其出谋划策。丁世燕每月的广告收入以3 000、4 000、5 000元的速度递增,在安阳市广告界引起了巨大的震荡。

致富有方

2003年非典期间,丁世燕的鲜花店生意受到严重影响,面临关门歇业的困境。但她没有坐以待毙,而是积极寻找新的商机。丁世燕发觉那几天,从她花店门前走过的人,许多人都带着"出入证"。那时为了管理方便,安阳市几乎所有单位、企业、工厂、学校都要求职工佩戴出入证。一时间,各个制作胸卡的打印店门庭若市。有一天在路边,丁世燕听到一位行人说:"唉,这胸卡总夹不紧,如果能挂在脖子上该多方便啊。"说者无意,听者有心。丁世燕立即赶到安阳市皮革厂联系制作胸卡套,最终以一个胸卡套5角钱的价格谈成,一下子她定做了1万个。第二天下午,她带着花店的10多名员工来到安阳市最大的一家国有企业——安阳钢铁集团公司的门口出售胸卡套,下午3点正是该厂上下班的高峰期。丁世燕把12名员工分别安排在3个大门口出售胸卡套,一个胸卡套4元钱,前后一个小时全部售空。从制卡到销售仅一天时间,一个小小的胸卡套让丁世燕赚了3万多元。

丁世燕并没有被转眼到手的巨大财富冲昏头脑,事不宜迟她火速赶到了皮革厂又预定了10万个胸卡套,随后几天,她又紧急雇用了100名钟点工在安阳市各大厂矿、学校、小区门口摆摊销售卡套。一星期后,她的10万个胸卡套销售一空。安阳市许多个体户见卖胸卡套市场火爆,纷纷定做销售,可惜偌大的市场几近饱和,他们定做的胸卡套大部分积压在了手中。这就是商业市场的游戏规则。

几年摸爬滚打下来,丁世燕从一个一贫如洗的打工妹,成了一个身家百万的大富翁。眼下腰包鼓胀的丁世燕正准备上补习班,她说物质丰富了,头脑也不能贫困呀。她打算今后一边学习,一边捕捉商机做生意。将来条件成熟的时候,她还要自费进大学深造呢。

(二)管理好企业持续成长的关键因素人力资本

人力资本是指通过投资于人力资源,而形成和凝结于人力资源体系中,并能带来价值增值的智力、知识、技能及体能的总和。知识经济时代,人力资本比物质等硬件资本具有更大的增值空间。

著名经济学家、清华大学魏杰教授指出,人力资本的概念不同于人力资源,人力资本专指企业中的两类人,即职业经理人和技术创新者,这两类人的作用是否充分发挥直接关系到企业竞争力和优势的建立。

创业者本人并不一定要受过高等教育,但他一定要雇佣一大批有能力的下属,通过构建规模较大的管理团队让更多的优秀人才参与决策,以保持和增强企业持续成长的人力资本。

优秀人才是高质量的无形资产,对于进入成长阶段的企业来说,吸纳、培养和积累优秀人才就是积累企业人力资本。因此,新企业创立以后应该不断地致力于营造良好的人才成长环境,为优秀人才快速成长提供各种有利条件。人力资本的形成和积累主要靠教育,为此,企业必须高度重视员工培训和教育,加大教育培训的投入,拟定科学系统的培训开发计划,这是在开发和积累企业的无形资产。

为了激励人力资本和全体员工创富的潜能,利润、股权的分配不仅是在创建团队时就必须解决的问题,而且在企业发展过程中还需要及时调整,使新进入企业的主要技术骨干和高级管理人员也能合理得到股权。同时,应当积极探索利润分享计划、员工持股等项制度。

案例 10 - 11

联想的股权分享①

1993 年,联想成立职工持股会,并在以后的日子中拥有联想控股 35%的股权,这被视作联想民营化的第一步。

1998 年,联想正式更名为联想集团(控股)公司,中国科学院和联想员工持股会正式确定,中国科学院拥有联想 65%的股权,管理层和员工自身占有其余 35%的股权。

按照 1994 年就已经确定的股权分配方案:一部分是 1984 年、1985 年创业的员工,总共有 15 人,将获得其中的 35%,柳传志持股 3.4%;二部分是核心员工,约 160 人,他们主要是 1988 年以前的老员工,将获得其中的 20%;三部分是未来的骨干员工,包括现在的联想员工,获得其余的 45%。

股权改革后,全体联想人焕发了极大的积极性,联想获得了更好、更快的发展。

2008 年联想以 167.8 亿美元的年销售额排名第 499 位,首次进入全球 500 强企业,也成为中国上榜企业中唯一一家民营企业。2010 年联想控股综合营业额 1 466 亿元人民币,总资产 1 121 亿元,员工总数 4 万余人,在全国民企 500 强中排名第 3 位。

(三) 及时实现从创造资源到管好用好资源的转变

根据资源基础理论,企业的竞争优势来源于企业拥有和控制的有价值的、稀缺的、难以模仿并不可替代的异质性资源。因此,新企业创立后需要及时实现从创造资源向注重管好用好已经创造出来的资源转变,加强对企业既有资源的科学管理和有效利用。

1. 节约资源、保护环境

企业成长是一个持续利用资源和环境、不断创造财富的过程。在这个过程中,浪费资源、破坏环境,企业将失去生存发展的基础。因此,企业不仅要创造财富,还要节约资源、

① 资料来源:娄池.联想控股信息曝光中科院持股 36% 柳传志 3.4%[EB/OL].腾讯科技,2012-04-17. http://tech.qq.com/a/20120417/000309.htm.

保护环境；不仅对股东负责，还要对社会、对员工、对环境负责。

2. 管理好知识资源

企业的知识资源是指企业拥有的、可以反复利用的、建立在知识和信息技术基础之上的、能给企业带来财富增长的一类资源。知识经济时代，企业的主要资源不再是物质资产，而是诸如客户关系、品牌、知识产权等异质性知识资源。必须采取各种必要措施管好用好企业的知识资源，管理好有形、无形资产，以现有资源创造最大价值。

企业知识资源通常包括 3 个方面：① 企业创造和拥有的无形资产。包括企业文化、品牌、信誉、渠道等市场方面的无形资产；专利、版权、技术诀窍、商业秘密等知识产权；技术流程、管理流程、管理模式与方法、信息网络等组织管理资产。② 信息资源。指通过信息网络可以收集到的与企业生产经营有关的各类信息。③ 智力资源。指企业可以利用的、存在于企业人力资源中的各种知识和创造性地运用知识的能力。

3. 资源的开发、利用与整合并举

成长阶段是新创企业的快速发展期，这时新企业需要筹措更多的资源来满足自身的发展，而充分利用既有的、十分有限的资源至关重要。这要求创业者一方面要节约使用资源，另一方面更要注重资源的开发、循环利用和资源整合。

节约资源包括降低原材料消耗、提高材料利用率、节能减排、提高设备利用率、管好用活资金等。资源利用指企业将获取的资源优化配置，形成特定的企业能力并实施利用，从而实现企业的价值创造。资源利用过程中很重要的一点是资源的循环利用，企业只有实现对有限资源的循环利用，才能奠定未来发展的坚实基础，这也正是循环经济的基本理念。

快速成长期，创业者资源整合的深度与广度将保障组织运作的持续性，影响创业资源的优化配置，包括资源之间的协调、互补与杠杆关系。创业资源整合不仅为创业活动的顺利开展提供支撑，还协调着组织内部资源与能力之间的关系，促进组织资源向企业能力的转化，使得新企业在快速成长期能够很好地应对外部环境的不确定性以及组织内部所存在的管理问题，提高资源使用效能，最终提高创业绩效，支撑企业的快速成长。

（四）形成比较固定的企业价值观和文化氛围

企业文化被称作企业的灵魂和精神支柱，是企业发展的动力之源。没有真正深入人心的良好企业文化，创业就是建立在沙滩之上，随时有可能出现严重风险事故，甚至是灭顶之灾。而企业文化精髓是创业者的创业精神，这是凝聚员工的一笔“不可复制”的财富，更是初创企业生存和发展的关键。华为总裁任正非曾说过：“资源是会枯竭的，只有文化才会生生不息。”自创业之初，任正非就亲手培育和创建了生生不息的华为文化，并以企业文化为先导来经营企业，才有了今天的华为。

1. 着力形成比较固定的企业价值观

价值观是企业文化的基石和核心。企业价值观是指企业及其员工的价值取向，是指企业在追求经营成功过程中所推崇的基本信念和奉行的目标，因此它对企业员工有着巨大的内聚作用。大多数快速成长企业都有比较固定的企业价值观，创业者往往倾注全部心血使企业的价值观延续，用以支撑初创企业的生存和健康发展。

知识经济时代需要创业企业形成符合企业实际、独具特色、充满挑战性的理想与追求，并能为广大员工所接受的核心价值观。例如：

迪士尼——健康而富有创造力。

惠普——对个人的充分尊重。

苹果——Think Different。

联想——成就客户、创业创新、精准求实、诚信正直。

万科——创造健康丰盛的人生。

阿里巴巴——客户第一：关注客户的关注点，为客户提供建议和资讯，帮助客户成长。

华为——在电子信息领域实现顾客的梦想，并依靠点点滴滴、持之以恒的艰苦追求，使我们成为世界级领先企业。

2. 着力营造浓郁的企业文化氛围

企业文化是企业的无形资产，作为一种资源，是创业初期企业的第一桶金，创业者应当用心培育和塑造。企业文化的培育是一个长期的过程，需要在企业内着力营造一个浓郁的文化氛围。个性鲜明、富有特色的企业文化，对内能使员工目标明确、行动统一、行为规范、积极奋进、创新创业、勇攀高峰；对外则能使社会加深对企业的了解及理解，树立企业良好形象，增加对企业的信任度和美誉度。

案例 10-12

华为的企业文化建设①

华为非常崇尚“狼”，认为狼是企业学习的榜样，要向狼学习“狼”，狼性永远不会过时。任正非说：发展中的企业犹如一只饥饿的野狼。狼有最显著的三大特性，一是敏锐的嗅觉，二是不屈不挠、奋不顾身、永不疲倦的进攻精神，三是群体奋斗的意识。同样，一个企业要想扩张，也必须具备狼的这三个特性。

华为的“狼”不是天生的，需要有一种学习、传承与保障机制，使得狼性可以正本清源地保留，这种机制就是华为的企业文化。

华为打造自己的企业文化有五招。

华为企业文化第一招：塑造“狼性”与“做实”企业文化

华为是一个巨大的集体，目前员工 2.2 万余人，其中市场人员占 33%，而且素质非常之高，85%以上都是名牌大学的本科以上毕业生。

创业以来，华为取得的业绩是骄人的，在中国企业史上可谓是一个独一无二的例子。

① 资料来源：佚名. 华为企业文化[EB/OL]. 互动百科. http://www.baike.com/wiki/.

华为需要依赖一种精神把这样的一个巨大而高素质的团队团结起来,而且使企业充满活力。华为找到的因素就是团队精神——狼性。

华为的企业文化可以用这样的几个词语来概括:团结,奉献,学习,创新,获益与公平。华为的企业文化还有一个特点就是:做实。即实实在在地行动。“狼性”与做实的企业文化是华为之所以为华为的根本。

华为企业文化第二招:选择良才

华为招聘员工的方法主要有两种方法,一种是社会招聘,另外一种就是校园招聘。对于营销人员来说,华为更热衷于用校园招聘的方式进行人才的选拔。

华为的校园招聘是很专业的,已经形成了自己的招聘模式。经过笔试的选拔,华为会通知笔试成绩不错的毕业生来参加面试,华为希望挑选一个有理想能吃苦,能够尊重别人且能自重,且谦虚能容纳别人的人加入他们的团队。

面试会有好多次数,因为一个面试官不可能对应聘者进行完全的了解。对于销售人员的面试来说,一般开始的时候面试的是专业知识方面的,面试官也是华为招聘大军中的市场部抽调过来的人。接下来的面试是有关个人素质方面的,面试官主要是人力资源部的专家。最后环节的面试官是市场部里的中高层人员,他们拥有最终的决定权。整个面试过程要持续2～5天,有的可能更长。应聘者需要有耐心,还要做好充分的准备。

面试合格的应聘者会被招聘人员组织参观华为在本地的公司,或者被邀请到一家星级饭店洽谈。在此过程中,应聘者可以更加深入地了解华为,而华为也希望自己可以表现得非常优秀,从而吸引那些优秀的学子加盟华为。

华为企业文化第三招:魔鬼培训

华为已经形成了自己的培训体系。在深圳,华为有自己的培训学校和培训基地。华为的所有员工都要经过培训,并合格后才可以上岗。华为也有自己的网上学校,通过这个虚拟的学校华为可以在线为分布在全世界各个地方的华为人进行培训。华为培训分为上岗培训、岗中培训和下岗培训。华为的培训有如下特征:

(1) 培训成为一种习惯。培训不再是在新员工入司或出现问题后的救火,培训是业务员掌握技能的手段,培训是业务员胜任营销工作的必须。

接受上岗培训的人主要是应届毕业生,培训过程跨时之长、内容之丰富、考评之严格,对于毕业生来说这样的经历是炼狱,这样的培训又称“魔鬼培训”。主要包括军事训练、企业文化、车间实习与技术培训和营销理论与市场演习等三个部分。

(2) 培训系统化。有专门培训岗位和培训师,培训不再是拾漏补缺,不再是临时的安排;公司将按照计划有条不紊地开展;另一方面,组织建立内部培训师队伍,并拥有外部智力支持机构和培训师队伍。

(3) 培训成为一种投资。在华为,培训不再是费用,而成为企业寻求发展的一笔投资。华为每一年的培训费用高达数亿元。

(4) 培训教材自己编写。主要有《华为新员工文化培训专题教材》《优秀客户经历模型》,还有有关华为产品和技术的培训各种材料。

(5) 培训的效果有严格考核评估。华为十分重视培训效果的检视、考核和评估，培训后要进行严格的任职资格考试，只有通过考试的业务员才会被录用。另外，培训的结果与晋升、加薪相挂钩，纳入组织考评体系。

华为企业文化第四招：制度化用人

在华为的销售人员中，业绩最好的销售人员并不是有丰富经验和经历的人，而是那些刚刚从大学毕业的雄心勃勃的新员工。华为市场一线人员的工作年限一般不会超过 3 年，因为 3 年的时间足以让销售人员了解华为产品较于其他公司的产品的优势与劣势，一旦对这些了解，销售人员的士气就会大减，而任正非要保证一线人员永远充满活力。

完善的制度、严格的考核保证华为制度化用人战略的实施，为华为打造营销铁军提供了制度保障，保证了主业的不断增长和员工"阶段性成就欲望不断得到满足"。因为任正非相信：如果华为有一天停止了快速增长，就会面临死亡。只要主业还充满活力，我们的团队就有强凝聚力，员工就会拼命而乐此不疲。

华为企业文化第五招：有效激励

华为为了保证一线人员永远保持活力，对销售一线人员的激励也是大手笔。在华为，一个优秀的销售人员不单单可以得到华为的物质激励，还可以得到精神激励。当然二者在华为是有机地结合的，激励也是华为"做实"作风的体现。

华为公司的绩效管理强调以责任结果为价值导向，力图建立一种自我激励、自我管理、自我约束的机制。通过管理者与员工之间持续不断地设立目标、辅导、评价、反馈，实现绩效改进和员工能力的提升。物质和精神上公平、有效且完善的激励制度，保证了华为的营销团队永远活力充沛，在战场上充满了战斗力。

启示　从培养"狼性"到传承"狼性"，从"讲解"企业文化到"做实"企业文化，华为告诉中国的本土企业：企业文化的培养过程是非常艰巨的。成功没有捷径，从招聘人才，到培训人才，再到使用人才，最后是激励人才，每一个环节都需要企业脚踏实地、付出心血。

(五) 注重用成长的方式解决成长过程中出现的问题

根据企业生命周期理论，企业如同生物体会经历出生、成长到死亡的生命历程一样，有一个产生、成长、老化、消亡的过程。

伊查克·爱迪思(1989)在其《企业生命周期》一书中，把企业生命周期划分为成长阶段、成熟阶段和老化阶段三个阶段、十个时期。企业组织体系随着生命周期不断演变，在迈向新生命阶段时，组织体系都将面临某种阵痛。此时，组织若能通过程序的制定以及有效的决策来攻克难关，促成转型的成功，则所面临的问题均属过渡性的正常现象。反之，如果组织只是一味地走老路，那么更多的异常问题将随之而来，而且会愈演愈烈，严重阻碍组织的发展。

可见，创业者在新企业成长阶段必须重视变革与创新，**注重用成长的方式解决成长过程中出现的问题。**不同的成长阶段需要不同的推动力。

1. 注重在成长阶段主动变革

早期成长阶段的企业最容易犯三种错误:一是容易被眼前的机会所驱使,缺乏战略眼光,从而导致初创企业作出一些不明智的决策与承诺;二是缺乏系统化的规章制度、明确的行动方针和健全的预算体系,企业往往表现出不稳定性,容易受到挫折;三是缺乏科学的管理体系,成为"家长制"企业,阻碍企业的进一步发展。这个阶段的创业者应该敏锐地觉察到组织成长迟缓、内部不良问题积弊、难于应对竞争环境变化等问题,以企业家的战略眼光和改革魄力,及早主动变革,注重管理创新,将内部组织、工作流程以及企业文化进行必要的调整与改善,以克服企业早期成长的"瓶颈"。

2. 善于把握变革的切入点

绝大多数企业变革失败的原因主要还是来自企业的内部阻力——员工抵制,因为变革肯定会改变惯例和秩序,影响一部分人既得利益。为了解决员工的消极、抵触情绪,变革不可能一步到位,和风细雨的沟通方式以及循序渐进地实施变革不失为较合适的方案。变革中要科学地把握切入点,由点到面,层层深入。

太太药业公司从改变销售政策入手推进变革,海尔集团从砸冰箱树立质量意识入手实施变革,联想则从并购 IBM 的笔记本电脑部门入手变革国际化战略等,都是切入点选择策略的成功典范。

案例 10-13

快速成长中的组织变革[①]

1984 年联想创业起步。伴随着企业成长,联想的组织架构经历了从简单到复杂一系列渐进变革过程,每次变革都促进了企业的快速发展,成就了今天的世界 500 强企业。

"提篮小卖"

创业之初,11 人挤在 20 平方米的传达室工作,资金严重缺乏。为了积累资金,联想人开展各种业务,用知识换取财富。几个月后,他们靠装配和维修电脑赚到了 70 万元人民币和 6 万美元,为他们开发产品提供了必要的资金。这个阶段,联想人称之为"提篮小卖"。

"平底快船"

联想开发汉卡,在技术上获得了成功,也填补了国内一个重要的空白,为联想的发展打下了基础。但柳传志认为这只是一个开始,联想还只是"一叶小舟",经不起市场的大风大浪。1987 年以前,联想为"小舟"设计了"平底快船"的模式。所谓"平底快船",就是总经理直接指挥,权力高度集中,人员和部门一专多能,资金批量投放快速回笼。这种模式

---

① 资料来源:宋联可. 联想的螺旋型企业文化[EB/OL]. 价值中国网. http://www.chinavalue.net/Management/Article/2008-5-17/115881.html.

对创业初期的小企业十分有效，“平底快船”组织结构简单，适应了联想当时规模小、产品少、资金少、人员少和营业额小的特点，能保证各部门和员工彼此之间的沟通和信息反馈，领导也有能力和精力对为数不多的下级实施监督和控制，促进了联想的发展。

“大船结构”

通过几年的发展，联想规模不断扩大，积累了上千万的自有资金和上亿元的营业额，人员和产品大幅度增加，而它原来的“平底快船”模式已经不能适应企业的快速发展了，产生了很大的弊端。比如，当时联想在各地的子公司不听北京总公司的号令，放任自己“划小船”，个别子公司甚至出现了贪污腐败的行为。

柳传志深切地认识到，当今世界经济的发展趋于协作与大联合，没有一支组织严密、战斗力很强的队伍，企业就成不了气候，形不成产业，进军海外市场也就无从谈起。

在这样的背景下，联想自 1988 年开始提出将“平底快船”模式改为“大船结构”管理模式，将权力收归集团，企业成为一艘大船。大船由多个船舱组成，每个船舱是一个专业部，实行经济承包责任制，大船可以灵活地管理各个船舱，增强了整体合力。

3. 重视人力资源开发

变革的阻力主要来自员工，但若缺乏有效的变革管理手段和完善的人力资源管理，变革就难以推行下去。在变革的过程中，缺乏合适的人才来实施变革是新创企业在成长过程中的最大困境。为此，企业首先要有自己的价值取向、目标定位和发展战略，并得到员工的理解、支持和信赖，这样才能吸引和留住企业想要的人才；二是聘用合乎企业价值观和战略目标的员工，并有计划、不断地培训员工，提供给他们充分的提升与发展机会，注重从内部培养人才；三要营造宽松的工作环境，在可能的情况下尽力满足员工的兴趣、爱好和志向，自主择岗，人尽其才，充分释放自身的潜能。这对于成功变革乃至企业可持续发展至关重要。

4. 加强系统建设

企业是一个复杂的系统，任何公司都存在一个事实上的管理系统，它涉及如何整合资源、如何运营、如何通过管理控制保证目标的有效实现。创业之初，创始人的角色是全权责任人和全面管理者，新企业创建后，创业者就不仅仅致力于打造一支优秀的高层管理团队，还要构建一个负责日常经营活动的管理系统。随着企业的成长和规模的扩大，日常生产经营活动越来越庞杂，创业者/团队承受的压力会越来越大，一个好的经营管理系统，是企业可持续发展的重要保证。

企业系统建设的核心是“四流”改造与“四化”建设。四流包括：信息流、工作流、实物流、资金流；四化指：文档规范化、项目模板化、管理数据化、行为职业化。企业系统建设打造了不依赖个人作用而又让企业持续有序运营的机制和体系，是整合企业各要素协同运转的行动框架，因而是解决成长中企业管理问题快速有效的方法。

（六）从过分追求速度转到突出企业的价值增加

过分追求速度必然依靠拼资源、拼消耗、拼环境、拼廉价劳动力的粗放经济发展手段，急功近利、急于求成的企业往往事与愿违,曾经在国内辉煌一时的巨人集团、飞龙集团、亚细亚集团、秦池集团等如今都早已销声匿迹……

企业经营的真正目的在于为客户创造价值。当企业发展到一定程度时,就需要向价值增加快的方面转移和延展,以获得最大的价值创造,才能避开快速成长的风险,实现健康可持续发展。因此,成长阶段企业管理的主要目标也不再是企业所有者利益最大化,而是追求企业价值最大化,这就要求企业不仅要关注企业所有者的利益,而且更要关注顾客、企业员工、企业债权人,甚至政府等,企业的发展和壮大与所有的利益相关者相关。

突出价值增加的一个重要方面就是企业的品牌打造。企业品牌是企业最重要的无形资产,甚至有学者认为企业品牌是继人、财、物、信息之后的企业"第五经营资源",是企业竞争力的核心所在,是企业基业长青的重要保障。亨利·福特曾在其自传中说:"你可以没有资金、没有工厂、没有产品,但你不能没有品牌。有品牌就有市场,当然也会有其他。"可口可乐也曾夸下海口:即使全世界所有的可口可乐工厂都烧毁了,可口可乐品牌仍可以使公司在一夜之间重新站立起来。可见,打造一个拥有广泛影响力的品牌,不仅可以带来顾客满足感和忠诚度,还可以通过品牌实现企业利润的增长、股东价值的提升、员工凝聚力的增强、企业商品和服务能力的提升,从而实现价值创造的良性循环。

本章案例

蔚兰环保:二代企业家的创新创业历程

体验式学习活动

新企业创立模拟大赛

活动目标

让学生模拟创立一家新企业,从选择企业法律形式、制定商业计划、进行工商注册登记到完成企业设立,全面体验新企业创立的全过程。

活动流程

—分组与角色分配:将学生分成若干小组,每组4—6人,分别担任企业创始人、财务负责人、市场负责人、法务负责人等角色。

—企业法律形式选择:各小组根据本章内容,结合创业目标和资源状况,选择适合的企业法律形式，并说明理由。

—商业计划书撰写：各小组需撰写一份详细的商业计划书，包括市场分析、产品/服务描述、营销策略、财务预测等内容。

—公司设立登记模拟：根据商业计划书，各小组模拟进行企业设立登记，包括填写《公司设立登记申请书》、编制公司章程、准备相关证明文件等。

—企业设立展示：各小组向全班展示其创立的新企业，包括企业名称、LOGO、业务范围、市场定位等，并回答其他同学和老师的提问。

—评委点评与评分：邀请教师或行业专家作为评委，对各小组的表现进行点评和评分，评选出最佳新企业创立团队。

材料与资源

提供企业注册流程指南、法律法规手册、商业计划书模板、模拟工商注册登记表格等。

评估方式

根据小组的商业计划书、模拟注册登记流程、企业运营策略、展示效果和团队合作情况进行综合评分。

本章要点

新创企业可以选择的组织形式主要有：个人独资企业、合伙企业、有限责任公司和股份有限公司等。新创企业设立通常经过企业名称设计、新企业登记备案等流程。为防患于未然，更顺畅地开展经营活动，创业者需要深入了解《公司法》中对各类市场主体的法律规定，以及企业设立登记相关法律法规，包括《企业名称登记管理规定》及其实施办法，《中华人民共和国市场主体登记管理条例》及其实施细则，《公司登记管理实施办法》等。

创业者在创建和经营企业的过程中，必须了解和遵守有关法律法规，以确保自身和他人的利益没有受到非法侵害。与创业有关的法律法规主要包括民法、专利法、商标法、著作权法、劳动法、合同法、产品质量法、反不正当竞争法等。

创建新企业时还应当注意伦理问题，包括创业者与原雇主之间、创业团队成员之间、创业者和其他利益相关者之间的伦理问题等。

新企业选址需要综合考虑政治、经济、技术、社会和自然等影响因素。其中经济因素和技术因素对选址决策起基础作用。

企业设立登记后，除遵纪守法外，还需要主动承担社会责任，才能获得社会认同。

新企业成立初期应以生存为首要目标，其特征是主要依靠自有资金创造自由现金流，实行充分调动“所有的人做所有的事”的群体管理，以及“创业者亲自深入运作细节”。

新企业成立初期易遭遇资金不足、制度不完善、因人设岗等问题。企业成长的推动力量包括创业者(团队)、市场和组织资源等。新企业成长的管理需要注重整合外部资源追求外部成长,管理好保持企业持续成长的人力资本,及时实现从创造资源到管好用好资源的转变,形成比较固定的企业价值观和文化氛围,注重用成长的方式解决成长过程中出现的问题,从过分追求速度转到突出企业的价值增加。

创办新企业后可能遇到的最大风险来自管理,应当根据新企业管理的独特性,突出管理重点,并采取针对新企业的行为策略。

重要概念

个人独资企业　合伙企业　有限责任公司　一人有限责任公司　股份有限公司　企业登记　企业伦理　社会认同　企业选址　生存管理　新企业成长　风险控制　风险化解

思考题

1. 试述新企业注册登记的程序和步骤。
2. 试述注册企业必须考虑的法律与伦理问题。
3. 谈谈新企业获得社会认同的必要性和基本途径。
4. 为什么说新企业成立初期应以生存为首要目标?其主要管理特征有哪些?
5. 简述针对新企业成长阶段的管理特点与行为策略。

参考文献

[1] Hall J K, Daneke G A, Lenox M J. Sustainable development and entrepreneurship: Past contributions and future directions[J]. Journal of Business Venturing, 2010, 25(5).

[2] Ireland R D, Webb J W. Crossing the great divide of strategic entrepreneurship: Transitioning between exploration and exploitation[J]. Business Horizons, 2009, 52(5).

[3] Bogan V, Darity Jr W. Culture and entrepreneurship? African American and immigrant self-employment in the United States[J]. The Journal of Socio-Economics, 2008, 37(5).

[4] Huijbens E H, Hjalager A M, Björk P, et al. Sustaining creative entrepreneurship: The role of innovation systems [J]. Tourism and Entrepreneurship, 2008.

[5] Simsek Z, Lubatkin M H, Veiga J F, et al. The role of an entrepreneurially alert information system in promoting corporate entrepreneurship[J]. Journal of Business Research, 2009, 62(8).

[6] Webb J W, Ketchen Jr D J, Ireland R D. Strategic entrepreneurship within family-controlled firms: Opportunities and challenges[J]. Journal of Family Business Strategy, 2010, 1(2).

[7] El Harbi S, Anderson A R. Institutions and the shaping of different forms of entrepreneurship[J]. The Journal of Socio-Economics, 2010, 39(3).

[8] 柳传志. 创业企业的企业文化[J]. 当代经理人,2010(1).

[9] 黎永泰,杨世铭. 家族创业者角色与企业文化的相关性分析[J]. 湘潭大学学报(哲学社会科学版),2007(1).

[10] 薛红志. 内部创业倡导者角色与行为模式研究[J]. 外国经济与管理,2006(12).

[11] 胡丽丽. 谈初期创业者如何更好地谋划创业项目[J]. 新课程(教育学术),2010(3).

[12] 夏杨,韦英哲,袁宏伟. 大学生创业者生存状态调查:创业未必比就业辛苦[N]. 羊城晚报,2009-01-06.

[13] 吕一博,苏敬勤,傅宇. 中国中小企业成长的影响因素研究——基于中国东北地区中小企业的实证研究[J]. 中国工业经济,2008(1).

[14] 杨忠,张骁,陈扬,等."天生全球化"企业持续成长驱动力研究——企业生命周期不同阶段差异性跨案例分析[J]. 管理世界,2007(6).

[15] 李寿喜. 企业成长性驱动因素的实证分析——来自中国股票市场的经验证据[J]. 生产力研究,2006(6).

[16] 宋歌. 基于核心价值观的家族企业文化建设[J]. 企业活力,2008(3).

[17] 朱艳鑫,刘文俭. 科技型中小企业快速成长的驱动因素——基于创业板特锐德的案例研究[J]. 科技管理研究,2012,32(13).

[18] 张秀娥,郭宇红. 创业企业成长及其动因研究综述[J]. 现代经济信息,2012(14).

[19] 韩平. 中小企业板上市公司成长驱动因素研究[J]. 财政监督,2010(18).

[20] 李香枫,杨恕. 企业文化:企业成长的驱动因素——基于玫琳凯的案例研究[J]. 兰州商学院学报,2008(5).

[21] 买忆媛,周嵩安. 创新型创业的个体驱动因素分析[J]. 科研管理,2010,31(5).

[22] 杨波,熊中楷. 新创企业成长要素分析及成长模型构建[J]. 现代管理科学,2010(7).

[23] 娄季春. 中小型企业"薪酬股"利润分享计划探讨[J]. 中国人力资源开发,2011(2).

[24] 刘科. 让新老员工化冲突为双赢[EB/OL]. 牛津管理评论. http://oxford.icxo.com/htmlnews/2012/07/03/1446458.htm.

[25] 乔东. 企业核心价值观功能探析[J]. 山东社会科学,2010(3).

[26] 托马斯·L. 巴顿,威廉·G. 申克,保罗·L. 沃克. 企业风险管理[M]. 王剑锋,寇国龙译. 中国人民大学出版社,2004.

[27] 陈震红,董俊武.创业决策中创业者风险行为的影响因素——国外研究框架综述[J].国际经贸探索,2007(9).

[28] 李洪彦.高科技创业风险管理的方法与策略[J].武汉理工大学学报(信息与管理工程版),2007(5).

[29] 刘湘琴,章仁俊.创业及创业风险研究视角述评[J].商场现代化,2008(31).

[30] 赵英,赵都敏.创业者的风险研究:从风险承担到风险管理[J].科学管理研究,2008(4).

[31] 刘国新,王光杰.创业风险管理[M].武汉理工大学出版社,2004.

[32] 谢科范.企业风险管理[M].武汉理工大学出版社,2004.

[33] 周春生.企业风险与危机管理[M].北京大学出版社,2007.

第11章

公司内部创业

学习目标

1. 掌握内部创业的内涵、特点及动因与障碍。
2. 了解内部创业的组织机构设计。
3. 掌握不同形式的内部创业模式。
4. 了解内部创业项目如何实施。

引导案例

腾讯微信的诞生:只有自己颠覆自己命才不会被对手颠覆

第一节　内部创业概述

一、内部创业的内涵

内部创业(intrapreneurship or internal corporate venturing)是指企业内部的个体或团队基于对市场机遇的洞察,依托组织资源支持,发起并实施新商业项目或业务模式的过程。内部创业内容不仅涵盖构建与母公司基因不一致的新创业单元,如开发新的产品、新服务或新的技术,也涵盖创建与母公司核心业务相似的创业单元,如进入与当前的产品或市场相关的新业务,对组织战略重构、重组或变革。其具体内涵包括以下几个方面。

创业动机。通常内部创业者的创业意愿非常强烈,创业者期望借助企业平台实现自己的创新想法,通过承担新的业务挑战来实现个人理想和专业成长。

主动性和领导才能。内部创业者通常展现出较高的创业主动性和自我激励性,具备领导才能和创新思维,以行动为导向来推动创新项目孵化和成长。

资源支持。内部创业最大的优势则是内部创业者可以充分利用母公司的资金、技术、品牌、市场网络等资源,降低创业风险和成本。

成果共享。内部创业成果是内部创业者与公司共同分享的。此种共享机制不仅激励员工参与内部创业,满足员工创业需求,也促进了企业内部创新、激发创新活力,实现了员工与企业共赢。

创新性。内部创业的精髓则为创新,这种创新不仅涵盖新产品、新服务的新颖性,也涵盖了企业整体运营过程,如组织架构、战略决策、制度结构以及市场定位等方面的创新或变革。通过这些领域的创新,可提高企业的组织敏捷性或组织柔性来应对环境不确定性,增强企业的竞争优势。

内部创业是内嵌在母公司现有结构之中并使用独创性或创新性策略来获取资源、改变现状的一种创业模式。但内部创业并非母公司创业战略的附属产物,其实是具有能动性的创业主体。这种能动性的内部创业是一种创新驱动机制,通过提升组织柔性和优化资源配置,使企业更加灵活地识别和利用市场机遇。内部创业存在自下而上和自上而下的两条内部创业路径,前者关注员工自发性内部创业,管理者在其中起到参与和支持作用;后者自上而下的内部创业也成为战略性内部创业,是企业主动求变、推动组织变革并布局未来的战略性行为,此时员工受到公司创业战略愿景指引来识别并开发创业机会,推动并创建新创业项目的孵化与成长。由此可见,内部创业是企业克服效率低下、保障组织灵活性、快速应对市场变化、推动组织变革和维持竞争优势的重要途径。近些年来,内部创业在国内大型企业中尤其盛行,如华为早在2000年就出台了《关于鼓励员工内部创业的管理办法》,提供资源并给予优惠的扶持政策来鼓励员工内部创业。阿里巴巴、海尔、字节跳动、小米以及腾讯等公司也积极构建相关组织结构、鼓励政策以及内部文化来促进内部创业。

二、内部创业的特点

(一) 资源支持充足

内部创业是以母公司为平台,能够充分利用企业已有的资源和优势,包括品牌、市场渠道、技术能力和资金等,这些资源为内部创业提供了坚实的后盾,能促进创新项目快速推进和落地。如果内部创业能够得到公司高层的认可,内部创业的资源优势将更加明显,创业成功的概率会提升。从资源获取优势上来看,内部创业要优于自行创业,主要体现在三个方面:① 充足的资金支持;② 相关专业性人才更容易获得,建设创业团队相对容易;③ 内部创业可以利用已有母公司的现有资源支持,共享母公司的价值链,而自行创业则需要依赖自己获取资源、构建价值链等,在竞争激烈的环境中自行创业势必面对更高的创业成本和创业失败率。

（二）风险规避优势明显

内部创业背靠整个公司，在风险评估与控制、风险管理机制、资源整合与协调上势必更具优势。内部创业是在公司内部开创新的业务板块，母公司因没有经营或运营此类项目的经验，导致创业失败风险依然很严峻。但是由于是在母公司中开展创业活动，母公司的各领域人脉资源充足、组织结构功能健全，企业可以组建专家团队或聘请专业顾问来为内部创业项目提供专业指导和建议，在风险的识别、评估与管制上会给予协助，同时在创业过程中，企业也会给予内部创业者充足的资源支持、跨部门协同合作帮助等。

（三）制约因素多

内部创业活动是嵌入母公司内部的，会受到母公司的规则政策、制度以及资源分配、竞争利益冲突等因素限制。外部环境动态变化，企业的规则政策对内部创业的影响也会发生改变，但公司内部政策繁杂多样，不一定能够根据外部环境的变化而及时调整，此惰性或滞后性则会对内部创业产生束缚。企业的资源也是有限的，需要平衡现有核心业务和内部创业项目之间的投入，资源分配不均或优先级设置不当，也会导致内部创业项目支持性不够。而且新旧业务之间也会产生竞争关系，而引发冲突，此可能导致资源争夺、信息共享障碍或项目被边缘化等问题，如腾讯 2019 年推出的社交软件“腾讯朋友”，因其与 QQ 和微信业务交叉过大而没能推进下去。

（四）创新性和先动性并行

内部创业要求其创业项目具有创新性，因为企业是利用这些创新来抢占市场先机并建立市场领导地位的，当然内部创业的创新性需要考虑新业务与母公司的战略是否契合，否则不容易获取高层管理者认同和支持。内部创业的创新性是企业在创业过程中开发新产品、新流程、新技术等意愿和能力，推动企业获取竞争优势或保持领先地位的指针和催化剂，典型特征就是不断引入新产品、新服务和实验导向。先动性使企业能够预测未来市场需求变化所带来的机会，并率先采取行动的取向，典型特征就是寻求机会和竞争。两者相互依存、密不可分，创新性为内部创业提供了源源不断的动力和支持，而先动性则确保企业能够抓住市场机会并快速响应市场变化，如百度的萝卜快跑无人自动驾驶出租车、亚马逊云计算推出的 AWS 技术。

（五）模式多样

内部创业根据创业活动内容或创业源等可划分为不同类型。根据创业源，内部创业可以区分为内源内部创业和外源内部创业。内源内部创业是指企业为追求市场机遇或产品创新而新建立新事业单元，包括新事业部、新项目小组、新子部门等；外源内部创业则是指企业与其他企业、机构等共同合作，以借助边界之外的资源来促进内部创业，如通过并购、战略联盟或众包、外部风险资本等来弥补自身的能力不足，如促进技术研发和开发新应用等。

三、内部创业的动因和阻碍因素

内部创业是企业探索新的增长点、不断寻求新增长路径、开展新业务的重要创业模式。同时，内部创业也在不断为企业培育创业精神，以创新主动求变来驱动企业不断进步增长，以在竞争激烈的动态环境中占据竞争优势地位。内部创业的动因及障碍主要如下。

（一）内部创业动因

1. 环境动态变化和市场竞争激烈

当下市场环境进入了复杂多变的时代，市场需求不断变化、技术迭代速度日益提升，企业未来维持竞争优势或追求发展，必须主动求新求变，采用持续创业战略来应对当下环境的动态复杂性。而且企业所在的市场竞争也在加强，特别是数字化技术发展，推动了当下的市场信息更加透明、技术研发速度加快，企业必须不断地追求产品、市场、战略或商业模式上创新来保障自身不被竞争对手所压制或打败。企业通过内部创业模式来不断激发创新活力，开拓新的增长点，从而在竞争激烈的市场中保持领先地位。

2. 业务发展受困

当企业面临发展瓶颈、市场增长缓慢或传统业务模式难以为继时，内部创业则可以作为一种有效的破局手段。判断内部创业时机的标准包括：一是业务发展情景是否掌控在企业的控制范围内，二是传统方式是否能实现现有的业务更新或新业务的拓展。具体来说，会有以下几种情况：

（1）现有主营业务持续出现下滑，采取各种方式却不见好转，尤其是出现销售额持续上涨，但利润率一直下降现象。

（2）当前业务模式难以适应市场变化，特别是营商环境发生改变传统业务模式不能推动企业增长时，则需要利用内部创业来探索新的商业模式、产品形态或服务方式，来适应市场变化并实现转型升级。

（3）找不到合适的外部业务合作对象、并购对象或联盟对象时，或者和外部合作、并购或联盟等成本过高、风险较大。

3. 控制人才流失

随着90后、00后新生力量进入劳动力市场，工作的意义慢慢从传统的物质驱动转向了实现人生价值的精神驱动，并不看重薪酬或职位，而是看重自身价值实现或长远职业发展，导致离职率高。再者长期重复而索然无味的工作、无休止的内斗、无效的激励机制等也会使得老员工活力全无、效率低下，整个公司官僚主义盛行，这种情况可能会导致更有能力或职位较高的高层管理人才流失。无论哪种情况，可能背后都与人才价值创造空间有限或挤压有很大关系，因此通过内部创业可激发员工个人发展潜力、寻求人生价值，也能激活整个公司的创新活力、寻求新的增长点。

案例 11-1

探路者的"分享共赢"内部创业[①]

外用品市场竞争加剧，市场饱和、消费放缓、电商冲击等因素导致企业经营压力增大。同时，互联网＋体育行业蓬勃发展，体育与各行各业的融合成为趋势。探路者作为中国户外运动装备的领先企业也出现了营收放缓的困境。为了降低单一业务依赖风险，2015年探路者开始实施多元化战略，构建户外＋旅行＋体育的生态圈。探路者推出创业孵化平台，为户外、旅行、体育三大产业创业项目服务，并提供探路者集团资源支持和专业的孵化服务。其具体促进内部创业的措施包括：一是打造创业平台，使得每个员工都能自主面向市场，实现自组织、自管理、自适应，公司的董事会和管理层则更多扮演平台服务者角色，给内部创业者提供资本、人才培养、激励以及大数据共享等资源支持以搭建创业平台。二是构建合伙人制度，为了激励平台化建设，探路者公布了合作创业的分享计划，包括3年内部探路者拿出1 000万股票期权，与主管以上员工进行股权分享。同时董事长盛发强个人拿出1 000万股票未来增长收益的50%，激励创业人才。盛发强认为"最好的分享不仅是提高福利，而是重视员工的事业心、自我实现和生命意志的自由洋溢"。探路者期望通过创业平台和合伙人制度让企业和个人共同成长，充分体现探路者"分享共赢"的价值观。

（二）内部创业的障碍

1. 组织结构的不适应

内部创业的创意可能最初只是来自内部创业者对市场洞察后的一个想法或幻想，而在这个创意在变成现实的产品或服务之前，需要适宜的组织结构进行支持。不适应内部创业需求的组织结构，往往会成为项目推进的障碍。典型的不合适的组织结构特点是决策链条过长、缺乏灵活应变机制、跨部门协作不畅、资源分配不合理、创新激励不足以及文化与愿景不匹配等。层级过多、部门利益不一致是现在很多大企业都存在的弊端，其会导致信息传递缓慢，决策过程冗长，组织灵活性势必也会降低，跨部门协作、平衡资源分配以及激励不足等问题都会出现。而内部创业需要充足的资源、灵活的时间安排和强有力的团队支持，需要保持组织结构的扁平化和创业团队的小型化来支持，而在传统的科层式组织结构中内部创业不容易达到目标。

2. 高层管理者的不支持

内部创业作为在母公司内部开展的创业活动，得到领导的授权和管理层的支持是前

---

① 资料来源：探路者启动平台化组织变革 探索员工合伙创业[EB/OL]. 和讯网. https://www.sohu.com/a/16093934_115052.

提条件。但内部创业往往意味着打破常规、尝试新事物,而此可能与管理层的认知或管理理念相冲突,特别是管理者需要权衡新旧业务之间的利益及资源分配难题。同时内部创业开辟的新业务模块,因新业务市场前景不清晰、缺乏明确的战略规划、业务模式的不成熟以及伴随的高风险,包括技术风险、市场风险以及资金风险,高层管理者可能认为项目风险高而难以成功,从而不愿意支持。

3. 传统组织文化的束缚

组织文化作为企业的灵魂与核心竞争力的组成部分,对全体员工的价值观、信仰、行为规范、工作使命等具有非常重要的影响。虽然组织文化具有抽象性,但每个组织的文化特征都不一样,此仍带有组织管理者的痕迹。内部创业是充满创新和挑战的过程,内部创业者需要允许失败、善待失败的开放包容创新的文化氛围,需要鼓励员工创新创业的管理机制。但传统文化往往具有深厚的历史积淀和固定的行为准则,普遍存在排斥创新、不灵活和不能快速响应市场变化、存在风险规避倾向的文化特征,导致内部创业项目在推进过程中会遭遇阻力,甚至可能削弱团队成员的凝聚力和向心力。

第二节　内部创业的组织设计

组织设计是对组织系统的整体设计,不仅包括静态的组织结构设计,也包括动态的组织运行制度设计。

一、组织结构设计

组织结构是组织能否高效运转、取得良好绩效的先决条件。组织结构设计主要是对适合内部创业的组织架构的整体安排。内部创业过程充满创新性、灵活性和冒险性,企业需要尽可能提高员工创新、创业的积极性和激情,此时则需要设计一个合适的组织结构来保障员工的创新自由性和创业的自主权利,同时也需要保障企业整体运营管理的高效性。再加上当下经济环境竞争激烈、市场需求差异性和质量性日益提高,设置一个高效、灵活且风险可控,能保障个体独立自由,又能保障组织整体统一,同时也能保障灵活应对外部环境变化的有机式组织结构,对激发企业内部创业具有重要意义。因而,适合内部创业的有机式组织结构具有以下特点:

(一) 组织结构扁平化

扁平化的组织结构通过减少管理层级,加强横向沟通,使得管理决策过程更加迅速、灵活和高效。在这种结构中信息传递速度加快,失真少,促进了由下向上和由上向下的信息传递,便于高层领导了解基层情况以及快速掌握市场需求变化,有利于加快决策速度并提高有效性。这对于内部创业尤为重要,因为快速决策对于抓住市场机会和应对变化至关重要。扁平化组织结构因对员工赋权增强,员工的创业自主性、积极性和创造力都被充分调动起来，有利于激发员工创新创业精神。而且扁平化的组织结构鼓励跨部门协同和沟通，打破部门壁垒，实现资源共享和优势互补，为内部创业组建优秀团队建立良好的基础。简而言之，组织结构扁平化更加有利于激发创新和冒险精神，有助于推动员工进行内部创业。

（二）管理部门协同化和网络化

企业若实施内部创业需要全体员工的共同协同以及部门之间的协作和沟通，特别是关系企业长远发展的前沿技术研发或新产品研发驱动的内部创业项目，更是需要部门之间协同组建跨部门团队，这些团队成员来自不同的部门，如研发、市场、销售、财务等，来确保项目在各个方面都能得到专业的支持。跨部门团队有助于打破部门之间的隔阂，促进知识共享和知识整合，提高项目整体执行效率。而协调部门之间的工作流程也是确保内部创业活动顺利推进的重要保障，这包括明确目标、任务分解、责任分配、时间计划、定期项目评审和反馈等关键环节。通过协同工作流程使得各部门更清晰地了解自己在项目中的角色和职责，确保工作的有序进行。部门间协同的有效沟通也是有效推进项目的重要条件，而随着数字技术的发展，网络化沟通方式越发重要，如及时视频会议、电子邮件、企业办公平台系统等，网络化沟通有助于减少沟通成本、提高沟通效率，促进信息的快速传递和共享。而且网络化沟通有助于建立更加开放、平等的沟通氛围，激发员工的创新创业精神和参与热情。

（三）学习型组织

内部创业的核心驱动力是创新，而外部环境动态变化，市场竞争也越发激烈，为了有效促进内部创业成功，则需要组织持续地进行学习来掌握技术发展和市场需求的变化，构建学习型组织。学习型组织不仅能够激发员工的创造力和学习能力，还能促进知识的共享和应用，为内部创业提供强有力的支持。同时学习型组织较重视组织成员的自我超越和团队学习，这也对激发员工创新创业，推动内部创业具有重要意义。因此，构建学习型组织必然会成为企业推进内部创业的重要选择。

案例 11－2

海尔内部创业的组织结构①

海尔的内部创业组织结构是一种创新的管理模式，旨在激发员工的创造力和企业的活力。这种模式的核心在于打破传统的组织结构，通过建立内部市场机制、共享平台和利润共享机制，推动创业团队之间的合作和竞争。海尔通过这种模式，成功实现了从传统的

① 资料来源：夜删说科技．海尔张瑞敏谈组织结构改革：创新与挑战并存［EB/OL］．https://baijiahao.baidu.com/s?id=1794048806647347606&wfr=spider&for=pc.

家电制造企业向创新型企业的转型。

具体来说,海尔的组织结构包括多个相互独立但又通过有机联系形成网络的小微组织,这些小微组织像细胞裂变一样不断孵化出新业务。例如,馨厨冰箱就是由一个叫作“小微”的新型组织孵化出来的,这个冰箱配备了触摸屏,并搭载了包括爱奇艺、蜻蜓FM等App,展示了海尔内部创业的一个成功案例。

海尔的组织变革还涉及取消中层管理职位,鼓励员工自组织、自创业、自驱动。这种模式不仅涉及组织架构的调整,更是一种管理理念和企业文化的重塑。通过这种模式,海尔成功地推动了创业团队之间的合作和竞争,激发了整个组织的活力。

此外,海尔还通过建立海创汇平台,为全球创业者提供加速器服务,聚焦工业互联网行业,为科技创业企业提供全周期全流程的信息服务和科技服务。这进一步体现了海尔在内部创业和组织结构方面的创新和领导力。

综上所述,海尔的内部创业组织结构通过打破传统、鼓励创新、建立内部市场机制和共享平台,成功地推动了企业的创新和发展,使其从一个传统的家电制造企业转型为一个充满活力的创新型企业。

二、激励机制

组织设计中的动态运行机制,则是保障组织高效运行而进行的制度和人员方面的安排,主要是激励报酬机制,其是激发员工积极进行内部创业的基本保障条件。激励报酬机制是指针对企业内部创业项目设立的奖励和报酬,以此来激发员工的创新激情和创业热情。有效的激励报酬机制不仅能吸引和留住优秀人才,还能促进企业内部创新活动的持续开展。为了满足不同员工的需求和偏好,内部创业的激励报酬机制应设计多样化的激励方式。

(一) 设立专项基金支持

企业可以设立创业投资基金,专为支持企业内部创新项目或创业团队而设立的专项基金。通过设立专项基金,可以降低内部创业者的资金压力和创业风险,为加速孵化有价值的创意或创业机会,鼓励员工提出新想法并付诸实践,激发企业创新活力和持续发展奠定坚实基础。资金的来源可以从自身利润中划拨,也可以吸引外部投资者共同设立基金,甚至获取政府相关资助,来建立专门的内部创业投资基金。对于如何有效利用基金,可以包括四个步骤:① 项目筛选,需要建立科学的项目筛选机制,对内部创业项目进行严格的评估,确保资金投向具有潜力和价值的项目。② 投资决策,由专业投资决策委员会负责基金的投资决策,确保投资决策的科学性和合理性。③ 资金拨付,根据项目进展情况和资金需求,分阶段向项目团队拨付资金,确保资金的有效利用。④ 投后管理,为项目提供必要的管理、指导和资金支持,协助解决项目发展过程中遇到的问题和困难。

（二）股权激励

股权激励是企业为了鼓励内部员工参与或主导创业项目，通过授予其一定比例的股权或期权，使其在未来的某个时间点或达到特定条件后能够享有公司增长带来的经济收益。股权激励是一种长期激励机制，使员工在创业项目中具有更强的归属感和责任感，从而激发其积极性和创造力。股权激励可以通过多种方式实施，包括但不限于以下几种：① 股票期权，企业授予员工在未来一定期限内以特定价格购买公司的股票的权力，这种方式能够激励员工关注公司的长期发展，因为股票价格的上涨将直接带来经济收益。② 限制性股票，公司直接将一定数量的股票授予员工，但这些股票在特定条件下（如服务年限、业绩目标等）才能解锁并出售。这种方式能够确保员工在获得股权的同时，也承担一定的风险和责任。③ 虚拟股票，公司授权员工在未来一定期限内享有公司股票价格增值收益，但不具有真正的所有权和股票权。这种方式适用于那些希望享受股票收益但又不想承担实际股东责任的员工。④ 股票增值权，公司授予员工在未来一定期限内享有公司股票价格增值部分收益的权力，这种方式能够激励员工关注公司股价表现，分享公司增长带来的经济成果。

（三）工作安全保障

内部创业的失败风险依然比较高，因此要给予员工创业失败的包容或“软着陆”机制的保障。创业失败属于常见现象，对于内部创业者的创业失败要给予宽容的对待，比如内部创业者有权在创业失败后重回原来或相应层级的岗位，即使创业失败也不会使他们失去工作，同时对于创业团队第一年的薪资可由企业提供一个保底的数额等方式，让员工安心。这种包容失败或“软着陆”的机制或许是对员工得不到高薪报酬的真正鼓励。同时，领导也要给予大力支持，特别是存在新旧业务之间的利益平衡问题。因为内部创业属于创新性、开拓性行为，业务范围可能与现有业务之间存在重叠，没有完善的企业制度和机制保护，容易遭到内部其他非创业人员的反对或阻挠，从而使得跨部门的资源整合受到阻碍。在这种情况下，只有企业领导层大力支持，出台相关规章制度来支持创业才能排除障碍、调动资源来支持内部创业者进行创业。

三、工作安排

内部创业是员工敢于创新与冒险的主动选择行为过程，也是实现其人生价值和职业理想的重要途径。内部创业的特点在于其结合了内部稳定性和外部创业灵活性优势，其中外部灵活性则体现在创业过程中能够在工作中自主决定工作方法、自由安排工作进程、选择工作方法和控制工作结果，以此来灵活处理工作中遇到的各种情况，此即为工作自主性。工作自主性的意义在于能够激发员工积极性和创造力，来提高其工作满意度及绩效表现，这也是促进内部创业的重要基础。赋予员工工作自主性主要包括以下几个方面。

(一) 授予权力

为了提高工作自主性,高层管理者应该赋予内部创业者相应的权力,使得内部创业项目能够顺利开展。权力授予的方式可以包括多种,包括委任制和项目负责制等。委任制是指企业高层通过正式委任的方式,任命项目负责人并授予相应的权力,这种方式在大型企业中较为常见。项目负责制则为项目负责人在项目周期内拥有较大的自主权力,可以根据项目需要调配资源并进行决策。授予的权力内容可包括决策权、资源调配权、创新自主权等,决策权则是在内部创业项目内拥有一定的决策权,包括合作伙伴选择、预算分配等;资源调配权则是内部创业项目负责人可以根据项目需要,在企业内部调动人力、物力、财力等资源;创新自主权是指企业为内部创业团队提供创新自主权,鼓励团队成员在遵循企业总体战略方向的前提下,大胆尝试新的技术和商业模式。

(二) 明确责任

赋予权力的同时也需要对结果进行负责,虽然授权会重新分配权力,但是责任也伴随着权力同时交给了个人或者团队。权力授予也会带来风险和挑战,如权力滥用、内部冲突等,因而需要一定的监督机制,包括定期评估、风险控制、责任追究。出于定期评估的目的,企业需要定期对内部创业项目进行评估,确保项目进展符合预期;风险控制是对潜在的风险进行预警和控制,确保企业整体利益不受损害;责任追究是指企业需要对项目执行过程中出现的严重失误或违规行为,追究相关人员责任。

四、内部创业的组织文化塑造

组织文化是一个组织在长期发展过程中形成的,为其成员所共同遵循的价值观念、行为准则、工作态度以及关系设定的规范系统。组织文化可以分为物质文化和精神文化。物质文化是指组织文化中可触摸、可见的部分,包括产品、服务、商标以及品牌形象等。这些元素直接反映了组织的物质成果和对外形象,是组织文化在市场和消费者心中的具体体现方式。精神文化则是组织文化更为内在和抽象的部分,包含组织成员共同遵守的价值观、信仰、行为准则,以及对机遇、挑战和目标的共同理解。精神文化是组织内部的精神支柱,对于塑造组织形象、提升组织凝聚力、激发员工创造力、影响员工行为和决策、塑造组织的整体氛围和工作方式起到至关重要的作用。

(一) 内部创业的组织文化要素

内部创业也需要塑造良好的组织文化来激发员工的创业精神。一个高效的内部创业文化应该具有具备以下关键要素。

1. 创新激励机制

企业需要建立有效的内部创业项目的筛选和激励机制,来激发员工的创新力和创新精神。创新激励机制则包括给予员工必要的资源、时间安排以及政策支持等,并建立公平可靠的评价体系，来确保优秀的内部创业项目能够得到支持和落地。

2. 认可和学习

高效的内部创业文化鼓励对成功的项目给予表彰，同时从失败中吸取教训。这种文化不仅鼓励成就，也重视失败带来的经验，将其视为学习和成长的机会。

3. 战略一致性

内部创业活动应该与企业的愿景、使命和战略目标保持一致。这意味着内部创业项目应支持组织的长期发展，与组织的核心价值观和战略方式相契合。

4. 行为促进

内部创业文化应促进期望的行为模式，如团队合作、开发沟通和持续改进。这种文化鼓励员工积极参与，勇于提出新的想法，并在实践中不断地优化和完善。

通过组织文化的这些要素，能够为内部创业者提供一个支持性、包容性环境，鼓励他们不断进行探索、创新来创造新的可能性，并且也要确保这些活动要与组织整体战略目标保持一致性。企业若要保持竞争优势并防止陷入组织惰性陷阱，则势必要营造一个鼓励创新、包容失败并且重视组织学习的文化氛围。内部创业文化不仅要关注物质层面的组织文化，包括工作环境、资源配置等，同时深入价值观层面的组织文化，以此塑造成多层次、多元化的内部创业文化。这种创业文化能够促进员工的创新创业精神，鼓励他们敢于突破资源限制、追求创业机会，挑战个人能力极限。在这种文化氛围下，员工会更愿意尝试新的创意，即使遭遇失败，也会激励他们从失败中学习。

（二）内部创业的组织文化特征

内部创业的组织文化主要目的在于塑造一个支持创新、鼓励合作、包容失败、注重长期战略发展的内部创业环境。企业内部创业组织文化包括以下特征：

1. 鼓励创新

内部创业的组织文化是鼓励企业各个层级积极开发创新思维并提出具有前瞻性和创造性的创意，并且鼓励员工勇于探索、提出新创意，并且为员工的创业想法或创意提供实验和实施的空间。

2. 团队合作

内部创业也需要团队进行协作，通过构建多元化的团队可以实现知识共享和能力互补，并共同制定实施计划和解决问题，来实现更广泛的协同效应。内部创业文化强调团队成员的沟通和合作，从而促进创新能力提升和项目的实施。

3. 包容失败

在内部创业过程中，企业应该鼓励员工尝试创新、探索未知。由于新项目或新业务往往伴随着高度不确定性，失败的风险自然存在。企业如果能包容失败，就能营造出一种勇于尝试、不惧怕失败的创新文化，从而激发员工的创新热情和动力。

4. 配套的奖励制度

设立与内部创业相配套的奖励制度,以绩效目标为导向,对员工在内部创业过程中做出的贡献给予相应的认可和奖励。奖励标准可以按照内部创业活动或项目类型设置不同标准并配以相应的奖励体系。这不仅包括物质奖励,如奖金、股权激励、利润分成等,同时也包括对个人成就认可和职位晋升的精神奖励。

为了促进内部创业,企业需要培育鼓励创业的组织文化。这种文化不仅要鼓励创新思维和探索未知的勇气,而且也要给予支持来消除抑制创新机会的障碍,支持他们敢于尝试新想法,即使面临失败,也要给予积极的态度包容失败。这样的组织文化才能不断地鼓励员工进行持续的创新,敢于实现内部创业。

案例 11 - 3

3M 公司建立了促进创新创业的一系列制度机制①

3M 公司作为内部创业的典范,其制定了一系列的促进创新创业的规则,此对于其他企业来说具有很好的借鉴意义。这些关键的规则主要包括:

15%规则:给予充分的自由度

3M 公司鼓励每一个人开展创新、提出新建议和方法。3M 有一条不成文的规定,就是有名的"15%规则"。3M 公司允许员工利用 15%的工作时间"干私活"、搞自己感兴趣的创新计划,不管是否直接有利于公司。当然 15%并不是精确的数字,而是倡导一种自由的文化,鼓励员工的创新热情。通常情况下,只要员工能够完成主管交给的工作任务,就可以灵活支配个人时间去搞自己的创新。这并没有写在公司的管理规定里,但每位管理者却都非常清楚,并且对于员工的自由创新活动给予"善意的视而不见",不打击员工的创新积极性。

多层次研发投入基金

技术创新离不开长期持续、真金白银的投入。3M 公司每年将销售收入的 7%左右投入相关技术和产品的研发。并建立了多层次的研发投入制度,不漏掉任何一个有希望的创意。

为了使研发资金投入的方向有所侧重和聚焦,3M 公司设立了"优先发展项目"计划和"超优先发展项目"计划,后者每年有 30 个左右,为那些最有潜力和市场的项目提供研发资金。3M 公司每年发放 90 多项、每项 5 万美元的"吉尼斯专款",用于帮助那些开发新产品的项目。此外,还有"阿尔法计划"为新技术走向市场提供"种子基金"。

如果员工的创新设想与公司发展的重点不匹配,还可以申请"起源项目基金"或"开拓

---

① 资料来源:陈俊全. 浅谈 3M 公司创新文化的塑造[EB/OL]. https://www.sohu.com/a/416154629_99939365.

项目基金”，这是专为那些被正常申报程序淘汰的创意提供的资金支持，意在不漏过一个有潜力的创意。起源项目每年有两次报名机会，开拓项目则每年有 4 次报名机会，个人或个人自由组成的临时团队均可报名。

容忍失败

3M 公司绝不随便扼杀任何新的构想，公司管理者都懂得“把嘴巴闭起来，把手放在口袋里”，充分授权并相信员工，千方百计鼓励和支持员工的创新行动，宽容对待创新中的挫折和失败。在 3M 公司，创新人员失败后，一般情况下薪金、待遇，甚至晋升都不会受影响，使得员工创新冒险无后顾之忧。事实上，在 3M 公司，包含研究技术人员的所有员工，基本上都能享有年功晋升和终身雇佣的待遇。员工一旦进入 3M，几乎很少有人在退休之前离职。

事实证明，正是这种对“失败创新”和“失败创新者”的高度宽容，给予了 3M 员工提供了足够的创新勇气。同时，许多经历了屡次失败的“错误”反而成就了 3M 公司成功的产品。例如，公司隔离胶带产品开发时，经历多次失败。但每次失败后，研发人员得到的不是打击，而是鼓励与支持。因此，研发人员不怕失败，反复试验，最终隔离胶带成功上市，每年能给公司带来上亿美元的销售额。

激励成功

一是职业发展和薪酬激励。在 3M 公司，取得成功的创新小组，其组员的职务和薪酬会随着产品的销售额增长而提升。比如，开始创新时的一位基础工程师，在产品进入市场时，他就变成了产品工程师；当产品销售额达到 100 万美元，职称、薪金进一步提高；当销售额达到 2 000 万美元时，就会成为产品系列工程经理；达到 5 000 万美元时，就会成立一个独立产品部门，他也成了部门的开发经理。如果成功创办一个新企业，则可成为这个企业的总裁或副总裁，同时享受股票认购权与红利等。

二是精神激励。3M 创立了十二种类的奖励制度，以奖励那些对公司发展有贡献的员工。如“卡尔顿学会会员”奖励做出杰出贡献的 3M 科学家，至今已有 130 多人获得“卡尔顿学会会员”荣誉。“金色步伐奖”奖励销售额超过 1 000 万美元的技术创新项目，“发明家奖”主要奖励利用 15%工作时间开发出新产品的个人，此外还有“金靴奖”“寻径奖”等等。任何员工的创新发明一旦成功，公司都会给予英雄式的热情款待，并举行隆重的表彰仪式。这些奖励通常都是精神层面的认可，并不附带物质奖金，但极大地提升了创新者的成就感、荣誉感和归属感，激励了员工的创新热情，也提升了忠诚度，为企业持续创新提供了源源不断的动力。

技术归公司所有:促进技术分享

3M 公司很早就确立了高度的知识产权意识，将新技术与技术贡献者的名字始终联系在一起，给予创新者永久性的认可，但同时也明确规定“产品归事业部，技术归公司所有”。

在此基础上，3M 公司搭建了可视化技术网络平台，公司任何一项技术都归类于某一个核心技术平台，并在全公司范围内共享。而 3M 公司所有人都可以从网络平台上查到某项技术的贡献者和联系方式,并就技术问题进行询问和探讨。而技术贡献者基本会给予非常积极的回应。如果创新者的产品采用了某种技术,则会追溯和标明该技术及技术贡献者,公司也会对相关技术贡献者的贡献予以正式的认可。

同时,3M公司还举办许多技术论坛,让所有创新人员能够放松、充分地交流,互相激发灵感,从而催生更多的新技术和新创意。

第三节 内部创业模式

在现代公司管理实践中,内部创业(intrapreneurship)被视为推动公司创新和持续发展的关键因素。公司内部创业是现代公司管理创新的重要方向,它通过激发员工的创新精神和创业能力,推动公司持续发展和市场竞争力的提升。内部创业模式是指公司内部个体或团队在组织的支持下,进行创新、战略更新和风险投资的过程或活动。

一、内部创业的商业模式

根据相关研究,公司内部创业的商业模式可以根据“业务标准化程度”和“经济责任独立性”两个维度进行分类。

业务标准化程度指标主要影响公司对业务的可控程度。一般来说,标准化程度越高,创业团队在业务中的投入产出关系越接近透明,容易衡量和判断,由公司方面来主导确定的交易结构性要素就越多。标准化程度越低,意味着创业团队拥有影响最终绩效的私人信息越多,公司的最佳选择则是不参与过多的微观管理,而由创业团队承担更大的经营责任和享有相对更大的经营溢价收益权,业务的交易结构更倾向于市场主导的方式。

经济责任独立性指的是创业团队的价值衡量问题。经济责任独立性越高的业务,创业团队能够创造的价值可能性空间越大,同时在价值分配中的权重也就会越大,反之亦然。因此公司创业商业模式设计,就是要将公司与员工之间的权责结构确定在合适的状态,一方面使其能充分发挥员工潜能,承担更大的责任;另一方面从组织机制的角度,选择恰当水平的激励机制。

通过这两个维度的组合,可以构成四种典型的内部创业商业模式:业务链式、平台式、聚合式和分散式。

(一) 业务链模式

业务链式模式适用于业务标准化程度高且经济责任独立性较低的情况。在这种模式下,公司将业务流程分解为多个环节,每个环节都有明确的经营责任和内部定价机制。员工或团队作为业务环节的经营者,通过内部核算体系来推动对市场的反应速度,实现自我管理和自我激励。

业务链模式的主要特点在于,公司拥有高标准化的业务流程,易于衡量和控制。同时，员工或创业团队只需承担有限的经济责任，并且主要面向内部客户。创业团队通过内部核算体系实现成本控制和效率提升。

这种业务链式的内部创业模式具有独特的优势。一方面，公司通过内部创业团队的自我管理，大大减轻了管理工作，同时把传统的纵向指令管理转化为横向的业务交易，能够降低管理成本，提高决策效率。另一方面，由于业务比较成熟和标准化，内部创业团队的绩效通常能够做到即期反馈，大大提高了团队成员的积极性，增强了员工的参与感和责任感。此外，通过内部交易模拟市场机制，能够激发创业团队的创新意识，从而更好地实现团队价值。

然而，由于业务流程高度标准化，这种业务链模式也可能限制员工的创新空间。对于价值增值空间有限的业务环节，对创业团队的激励效果可能受限。

（二）平台模式

平台式模式适合于业务标准化程度高且经济责任独立性高的情况。公司通过构建一个资源共享平台，并提供必要的支持和服务，为内部创业团队搭建一个舞台。而创业团队则在这个平台上开展业务，直接面向市场和客户，承担完整的经营责任。一些高知识含量与高定制化的业务往往采用这种模式，典型的如律师事务所、咨询公司、设计公司等。

平台模式通常具有如下特点：首先，公司提供平台资源，如品牌、技术支持、行政支持、市场渠道等。其次，创业团队具有较高的自主性和创新自由度，能够发挥个体经验能力和创造力，从而创造价值增量。最后，创业团队绩效与市场表现直接挂钩，经营绩效决定了团队的回报水平，因此激励与风险并存。

这种平台模式的主要优势在于能够充分发挥个体创造力和市场适应性。通过平台资源的共享与支持，大幅降低创业门槛和成本。创业团队的优胜劣汰取决于市场经营成果，使得团队的市场竞争力和品牌影响力得到加强。

然而，平台模式的有效运作需要公司有足够的资源和能力构建有力的支持平台，使内部创业团队能够获取高于单独运营的收益，否则创业团队可能会失去对公司的归属感和责任感。此外，这种模式对创业团队的管理和协调提出了更高要求。

（三）聚合模式

聚合式模式适用于业务标准化程度低且经济责任独立性较低的情况。公司将某些非核心或难以标准化的业务环节外包给内部创业团队，通过契约关系明确双方的权利和义务，公司通过控制力和吸引力维持合作关系。在这种模式下，创业团队的利润来源是公司支付的收入减去公司提供资源而产生的成本。一些劳动力密集且管理成本较高的农业生产、售后服务、物流车辆管理等业务环节通常采用这种模式。例如，海尔集团通过“车小微”对物流车辆进行管理，采用外部制的方式完成配送服务工作。

聚合模式的特点是业务环节具有较高的不确定性和创新性，难以标准化，传统的管理模式会带来很高的监督成本。因此，由创业团队负责特定的业务活动，享有较大的经营自由，通过自我组织与自我管理，大大降低公司的管理成本。公司可以通过外包将一些责任和风险转移到创业团队和个体,从而集中资源于核心业务。

通过聚合模式,这些创业团队能够更加灵活地应对市场变化,快速响应客户需求。公司的运营风险也得到降低,从而提高资源配置效率。众多业务环节的独立经营也激发了创业团队的创新潜力和市场竞争力。

聚合模式的有效实施需要公司建立有效的契约机制和风险控制体系,合理分配责任与风险,减少违约风险,对外包团队的管理和协调可能较为复杂。

(四) 分散模式

分散式模式适合于业务标准化程度低且经济责任独立性高的情况。公司通过股权投资或合作方式,支持创业团队开展与主营业务相对独立或弱相关的新业务,形成多元化的业务布局。常见的分散模式是公司投资设立创业孵化平台,支持内部创业团队独立开展创业活动。

分散模式的特点是创业团队拥有较高的经营自主权和决策自由。它们开展的业务活动具有较高的创新性和市场潜力。公司则通过股权投资的方式参与创业团队的收益分配。

这种分散模式可以有效促进公司业务的多元化,降低单一市场可能带来的风险。创业团队在股权的激励下,能够激发长期的创新动力和市场开拓能力,从而为公司创造长期价值。通过股权投资,公司能够以较为灵活和主动的方式对创业团队的业务进行管理和监督,实现公司资源的优化配置。

分散模式对公司来说也具有一定的挑战性,需要公司具备较强的资本运作和风险管理能力。由于创业失败的概率较高,公司在投资规模上需要避免承诺升级行为,合理控制投资风险。同时,在分散模式下,公司对创业团队的监督和管理可能较为松散,需要正确把握管理方式,提高创业成功概率。

总而言之,公司内部创业的商业模式选择应基于业务特征和市场环境,结合公司资源和战略目标进行综合考量。不同的商业模式有其独特的优势和挑战,公司需要根据自身条件和市场变化,灵活运用和调整,以实现最佳的管理效果和市场表现。

二、内部创业的成长模式

从内部创业成长的角度来看,公司内部创业模式可以根据组织情境的柔性和刚性维度进行分类,形成不同的创业模式。根据内部创业的过程和结果的不同,可以将内部创业的成长模式划分为 6 种类型:在同质性管理系统下,包括同质低成长模式、同质中成长模式、同质高成长模式;在异质性管理系统下,包括异质低成长模式、异质中成长模式、异质高成长模式。

(一) 同质高成长模式

在这种模式下,创业团队在现有的管理体系内进行内部创业活动,公司鼓励创新思维和行为，同时提供充足的资源支持、高度的工作自主性和强有力的激励机制。这种模式适用于公司内部与主营业务紧密相关的创新项目，能够充分利用公司现有资源，加速创新成果的转化。

这种成长模式的特征是，公司与内部创业主体的组织结构具有一致性。公司保持现有组织结构，通过动态工作小组推动项目。同时，公司的创新文化具有持续性，公司塑造支持创新的文化氛围并一以贯之，鼓励员工的创业精神。此外，公司资源具有广泛性，通过大量资源的投入，满足创业项目的需求。最后，公司的激励具有双元性，结合物质和精神激励对创业主体进行不同程度的奖励，从而激发员工积极性。

该模式的典型公司是 3M 公司和谷歌公司，它们通过营造积极的创新文化和提供必要的资源支持，促进了内部创业的成功。

（二）异质高成长模式

在异质高成长模式下，公司打破现有组织边界，与外部风险投资合作，共同推动与主营业务不紧密相关的新兴项目。公司通过建立新的管理机制和合作模式，支持内部创业项目的独立发展。

异质高成长模式的特征主要体现在，第一，组织结构跨界性。公司与风险投资公司合作，建立新的子公司或平台。第二，创新文化一致性。公司坚持创新创业文化，尊重员工创造力。第三，资源整合性。公司整合内外部资源，搭建合作平台，支持创业项目。第四，激励双元性。公司在内部创业项目的不同阶段，通过物质和精神的双重激励，激发创业团队动力。

这类成长模式的典型公司如海尔和宏碁，长期营造创新创业的公司文化，通过建立内部创业平台，引入外部投资，赋予创业团队较多的股份以提高团队动力，并投入大量的内外部资源助力创业团队。例如在海尔的小帅影院项目中，海尔引入了硅谷的设计资源和武汉光谷的生产资源，促进了创业项目的快速成长。

（三）同质中成长模式

在同质成长模式中，创业团队在现有管理体系内进行内部创业，但公司提供的资源支持、工作自主性和激励机制相对适中。这种模式适合那些与主营业务相关但风险和回报预期中等的创业项目。

这种模式的主要特征在于，第一，结构一致性。创业团队是在现有组织结构内进行的创业活动，例如事业部、子公司等组织形式，与公司内部的其他业务活动遵守着同样的管理机制。第二，资源适度性。公司仅提供适度的资源支持，满足创业项目的基本需求，但无法提供更为充分的资源。第三，自主权力灵活性。公司赋予员工一定的决策权和用人权，同时员工也拥有较多的资源支配权。第四，股权激励及时性。通过员工出资入股，使创业团队成员及时拥有创业项目的股权，从而激发创业积极性。

芬尼克兹的内部创业活动是这一模式的典型体现。芬尼克兹成立新的子公司后，给予研发、商业、资金等各类资源，将创业团队和创业项目的决策权力下放给员工，让员工出资入股获得股权,同时允许全体员工以现金投票选出最佳创业团队和项目,充分发挥员工的决策自主权,大大推动了与公司主营业务相关的创业项目。

(四) 异质中成长模式

这种模式下,公司通过与外部风险投资合作,推动与主营业务不紧密相关的创业项目,但提供的资源和支持程度适中。这种模式适合探索新市场和新技术的创业项目。

异质中成长模式的特征主要是组织结构跨界性,即公司与外部风险投资机构达成联盟,使其参与内部创业项目的运营,但不完全依赖外部资源。其次,公司对内部创业项目的资源投入具有广泛性,投入的资源不仅数量多,而且范围广。此外,内部创业团队具有一定程度的决策自主性,赋予员工较多的决策权和用人权。

壳牌和微软的内部创业活动属于这类模式。例如,壳牌公司引入专业的风险投资公司管理公司的风险投资基金,风险投资公司可以根据壳牌的战略需求选择公司的内部创业项目作为投资对象。而微软则成立了专门的风险投资部门,在公司内部筛选和投资创新创业项目,并且为内部创业团队提供各种渠道和平台,帮助创业团队展示技术项目。

(五) 同质低成长模式

在同质低成长模式下,创业主体在公司现有管理体系内进行内部创业,但公司提供的资源支持、工作自主性和激励机制有限。这种模式适合那些风险较低、与主营业务紧密相关的小型创新项目。

具体而言,同质低成长模式下,公司结构具有一致性,内部创业项目保持公司现有的管理系统和组织结构,遵循既有的工作习惯和协作关系,不进行大的变动。公司资源具有单一性,公司提供的创业资源种类相对单一,总量较少,往往只针对特定的项目提供某类资源,以资金投入为主。公司激励具有单一性,主要采用中低程度的物质激励,为内部创业团队设立安全网。

同质低成长模式的典型公司是富士通和松下,二者都是通过在现有组织结构内成立项目组,支持一些小规模的创业项目。主要通过资金投入的方式提供支持,允诺创业失败的员工回到原岗位工作,为内部创业团队成员提供了安全网。然而,由于资源投入和激励水平的限制,这些内部创业项目的成长性较为有限。

(六) 异质低成长模式

这种模式的公司鼓励员工离开现有组织系统进行创业活动,成为母体公司的供应商或销售代理,但公司提供的资源和支持非常有限。这种模式适合那些与主营业务不相关、风险较高的创业项目。

这种异质低成长模式的主要特征在于,第一,组织边界模糊性。公司打破组织边界,与创业员工的契约关系由公司内部扩展到外部。第二,资源单一性。公司能够为创业项目提供的资源十分有限,主要为资金或技术资源。第三,决策权力受限性。创业项目的业务范围受到母公司的管制,工作自主性不高,对潜在资源的开发和利用能力有限。

运用这类模式的典型公司包括用友和华为。他们都鼓励员工离开现有组织系统，成为公司的上下游合作伙伴，为母体公司服务。而在资源支持方面，用友一般会为创业员工提供技术资源，以及不超过 20 万元的资金支持。华为则主要提供设备资源和技术资源，并且资源价值总量不超过项目股票价值的 70%

综上而言，公司内部创业模式的选择应基于项目与主营业务的相关性以及项目的风险评估。通过合理设计内部创业模式，公司可以更有效地利用资源，激发员工的创新精神，推动公司的持续发展和创新。每种模式都有其独特的优势和适用场景，公司应根据自身的战略目标和资源状况，选择最合适的内部创业模式。

案例 11－4

华为的内部创业模式①

在中国大陆最早尝试内部创业的是华为。透彻认识华为内部创业的历程对当今中国企业如何进行内部创业具有非常重要的借鉴意义。2000 年左右的中国处于经济转型期，市场经济尚未成熟，改革使得中国在经营环境的各方面都表现出高度的动态性和不确定性。当时，华为也面临着组织转型期的新老接替问题，公司的管理制度、流程上都存在诸多问题亟待解决。同时华为高层也已经意识到，部分老员工手中持有的大批股票已成为制约华为发展后劲的一大障碍——他们可以少干活，却可以拿到数目不菲的股票分红。华为如何克服已经出现的"休克鱼现象"，保持其竞争优势成为公司高层必须解决的重要成长议题。在美国 IBM 公司的帮助下，华为开始引入业务流程变革，从职能型组织向市场导向的流程型组织转变。这种转变的结果，一方面是管理层级的减少和中层管理编制的压缩，另一方面则催生了华为的内部创业政策。2000 年 8 月 15 日，华为出台了《关于内部创业的管理规定》，凡是在公司工作满 2 年的员工，都可以申请离职创业，成为华为的代理商。公司为创业员工提供优惠的扶持政策，除了给予相当于员工所持股票价值 70%的华为设备之外，还有半年的保护扶持期，员工在半年之内创业失败，可以回公司重新安排工作。随后，华为内部不少技术骨干和高层管理人员纷纷出去创业，其中包括李一男、聂国良两位公司董事会常务副总裁。从这些内部创业的企业类型来看，主要包括以下几类：与华为公司连成一体的代理商、通信产品制造商、软件企业以及管理咨询公司等，这里列举当时华为内部创业的几个代表性的企业，如表 1 所示。在众多内部创业的公司中，最具代表性的是李一男所创立的港湾网络有限公司。鉴于李一男的背景和个人能力，他的离开对华为产生了强大的冲击力。在与华为最初的约定声明中，港湾网络只做华为产品的分销商，建立华为数据通信产品的培训基地，同时集成一些与华为产品没有冲突的其他产品，不得发展自己的品牌。凭借着华为庞大的产品销量，港湾在初期创业的时候就获得了骄人的业绩，华为和港湾网络获得了双赢。但是志向远大的李一男似乎并不甘心只做

① 案例来源：芮绍炜. 华为、Google 的内部创业模式比较[J]. 企业管理，2016(4).

华为的产品代理商,港湾获得了很多知名风投公司的资金支持,也吸引了很多来自华为的技术骨干。李一男洞察到数据通信领域是华为的一个薄弱点,同时也是一个潜在的机会。很快,李一男选择了 DSLAM 作为港湾的突破产品,但此时的华为仍未推出相应的产品。2004 年之前,同样一种产品,港湾网络要比华为在市场上领先至少半年,华为遭遇了公司历史上最为严重的竞争力低下危机。面对港湾强有力的竞争势头,华为开始采取反击。2003 年,华为开始把港湾列为竞争对手,这也说明华为失去了对港湾的控制。华为从技术研发和市场份额,乃至公关策略上都开始对港湾施压。同年 11 月,华为与美国 3Com 公司合资成立了华为 3Com 公司,主要从事数据通信产品的研发、生产、销售及服务,开始了和港湾的正面竞争。此外,由于港湾的审计问题,华为成功阻止了港湾网络在美国纳斯达克的上市并迫使西门子退出。一系列的打击使得港湾的前景和命运飘摇不定,终于在 2006 年 6 月 6 日,华为完成了对港湾网络的收购。

三、内部创业的组织模式

从公司内部创业的组织模式来看,可以分为项目小组、内部创业、创业孵化器、公司风险投资等四种基本类型。

(一) 项目小组模式

项目小组模式是公司内部创业的一种常见组织形式,它通过组建跨部门的项目团队来开发新的产品或服务。这种模式的核心在于集中公司的技术、市场和管理资源,以项目为导向,明确目标和预期成果。

项目小组模式的第一个特点是跨部门合作。项目小组通常由来自不同部门的成员组成,以确保项目的全面性和协调性。项目小组的第二个特点是目标明确。每个项目小组都有一个明确的目标,如开发新产品或改进现有服务,并且这个目标要为公司的整体战略服务。项目小组的第三个特点是资源集中。公司为项目小组提供必要的资金、技术和人力资源,以确保项目的顺利进行。

然而,采用项目小组模式进行公司内部创业也存在一定的局限性。由于项目运作过程中需要公司各部门的协作,涉及公司的不同部门,项目小组在协调和管理上可能面临挑战。此外,由于项目的资金投入完全由公司内部负责,新项目启动后可能会遇到预算超支的问题,需要有效的财务管理和控制机制。

(二) 内部创业模式

内部创业模式鼓励员工在公司内部开展新业务,利用公司的资源和支持来实现个人或团队的创业梦想。这种模式的优势在于能够激发员工的创新精神和创业热情,同时利用公司现有的资源和网络,降低创业风险。

内部创业模式的特点可以概括为,第一,员工激励。公司通过提供政策支持、资源和激励措施,鼓励员工进行创新和创业活动。第二,资源利用。内部创业者可以利用公司的现有资源，如设备、技术和市场渠道等开展创业活动，并且公司还可以根据整体发展战略对内部创业活动进行指导，协助内部创业者获取资源，沟通信息，化解阻力，确保项目顺利实施。第三，文化建设。内部创业有助于建立鼓励创新的公司文化，营造创新创业的气氛，从而发掘和培育新的业务增长点，促进员工的成长和公司的持续发展。

但是这种内部创业模式也会带来潜在的问题。例如组织适应性问题，传统的层级结构可能不适应快速决策和灵活响应的创业环境，对内部创业活动的实施造成阻碍。此外还有工作冲突问题，公司员工可能在完成日常工作和创业活动之间面临时间和精力的分配问题。

(三) 创业孵化器模式

创业孵化器模式是一种更为开放和灵活的公司创业方式。公司通过建立孵化器，为新创公司提供一系列的支持和服务，包括办公空间、管理咨询、融资渠道和市场推广等。孵化器的目标是降低新创公司的成长风险，提高其成功率，并从中发现和培养有潜力的新业务。

创业孵化器模式强调外部合作，孵化器通常与外部的创业团队和公司合作，引入新的创意和人才。同时，孵化器也提供一系列的公司内部服务，帮助新创公司快速成长，如提供办公空间、培训和咨询。孵化器还有助于风险分担，通过孵化器，公司可以与多个创业项目合作，分散风险。

然而另一方面，建立和维护孵化器需要大量的资金和人力资源投入，公司也需要构建有效的项目管理和评估机制，以确保孵化器的效率和效果。这些对公司的能力和管理经验提出了较高的要求。

(四) 公司风险投资模式

公司风险投资模式是指公司通过直接投资或委托专业风险投资机构，对外部的初创公司进行投资。这种模式的优势在于能够利用公司的资本和管理经验，支持和加速初创公司的成长，同时为公司带来潜在的财务回报和战略协同效应。

这种模式的运作要求公司具有一定的资本优势，对有潜力的初创公司进行投资。同时，该模式还强调战略协同，通过投资与公司业务战略相匹配的初创公司，实现战略目标上的一致和资源整合。当然，公司可以通过风险投资获得丰厚的财务回报，增加收入来源。美国的施乐公司就是采取公司风险投资模式的典型企业。通过连续十年的不懈努力，施乐公司投资的 18 家创业企业中有 6 家企业对公司的业务增长产生了较强的促进作用，因此施乐公司通过并购将这些企业整合到自身的核心业务中，实现了战略协同。同时，施乐公司投资的 1 200 万美元风险资本最终产生了超过 2 亿美元的丰厚回报。

值得注意的是，这种公司风险投资的模式在实践中也会遇到一些问题，比如最为重要的风险管理问题。由于风险投资涉及较高的风险，需要有效的风险评估和管理机制，而一般的公司往往不具备专业的风险管理能力和经验，也不善于管理新创企业，因此公司可能需要建立专业的投资团队和决策机制，以确保投资的质量和效果。

公司创业的四种模式各有特点和优势,公司在选择适合的创业模式时,需要考虑自身的资源、能力和战略目标。通过有效的公司创业活动,公司不仅能够保持竞争力和市场活力,还能够发现新的增长点,实现可持续发展。随着市场环境的不断变化,公司创业模式也在不断演进和创新,为公司提供了更多的可能性和机遇。

四、内部创业的行为模式

内部创业是指在已建立的企业内部进行新事业的创立和发展,这一过程往往需要特定的个体,即内部创业倡导者,来推动和实现。根据有关的研究,内部创业倡导者可分为三类:基层倡导者、高层倡导者和中层倡导者,每种类型的倡导者都有其独特的行为模式和适用场景。因此,由不同层级的倡导者发起的内部创业活动可以被依次划分为自下而上的行为模式、自上而下的行为模式、二元倡导的行为模式。

(一) 自下而上的行为模式

自下而上的行为模式由基层倡导者发起和推动。基层倡导者通常位于组织的底层,他们接近市场和技术的前沿,因此拥有最新的知识和技术信息。这类倡导者的行为模式主要体现在以下几个方面:

技术专长和市场洞察。基层倡导者通常具备深厚的技术背景和对市场的敏锐洞察力,这使他们能够识别和推动具有潜力的创新项目。

利用非正式网络。由于他们在组织结构中的地位较低,缺乏支配很多资源的正式权力,基层倡导者往往通过非正式的沟通网络来推动项目,利用个人关系和影响力来获得支持和资源。

创新的保护者。在新事业的早期阶段,基层倡导者扮演着保护者的角色,他们努力确保创新不被组织内部的保守力量所扼杀。

风险承担者。在推动新事业的过程中,基层倡导者往往需要承担个人风险,包括职业风险和声誉风险,以确保项目的持续进行。

低调推进。为了保护新事业免受过早的组织干预和外部竞争,基层倡导者倾向于在项目成熟之前保持低调,避免过度曝光,直到创新产出得到了市场的认可后才会逐渐进入公众视野。

(二) 自上而下的行为模式

自下而上的行为模式是指由高层倡导者推动和实现的内部创业活动。高层倡导者位于组织的决策层,他们拥有资源分配的权力和组织内部的广泛影响力。高层倡导者的行为模式一般体现为以下方面:

战略视角。高层倡导者从企业战略的高度出发,识别和支持那些与企业长远发展紧密相关的创新项目。

资源的调配者。他们能够调动必要的财务和人力资源,为新事业提供充足的支持,确保项目能够顺利进行。有些突破性的创业项目需要跨越组织内部边界整合资源，这也要求高层次的合作与协调，以及巨大的财务资源投入。

合法性的赋予者。高层倡导者通过正式的认可和支持，为新事业赋予合法性，使其能够在组织内部获得更广泛的接受和支持。

风险的管理者。面对新事业带来的不确定性和巨大风险，高层倡导者需要进行有效的风险管理，确保企业的整体利益不受损害。

变革的推动者。新的事业可能会对组织关系造成重大影响，并且有可能与企业战略或组织文化不相容。因此在必要时，高层倡导者会推动组织结构和文化的变革，甚至改变整个企业既有的政治结构，以适应新事业的发展需要。

（三）二元倡导的行为模式

二元倡导的行为模式是由中层倡导者发起和支持的内部创业行为。中层倡导者位于组织的中间层，他们兼具基层倡导者的技术专长和高层倡导者的资源调配能力，可以视为二者的结合体。中层倡导者的行为模式主要表现为以下方面：

桥梁作用。中层倡导者在组织内部和外部之间架起桥梁，将市场和技术的需求与组织的资源和能力相结合。

协调与整合。他们擅长协调不同部门和团队之间的合作，整合各方资源，以支持新事业的发展。

双重角色的扮演者。中层倡导者同时扮演产品倡导者和组织倡导者的角色，既要关注技术的开发和创新，又要确保新事业获得必要的组织支持。

信息的枢纽。作为信息的集散地，中层倡导者能够快速响应市场和技术的变化，为新事业的决策提供及时的信息支持。

变革的协调者。在推动新事业的过程中，中层倡导者需要协调各种变革措施，确保新事业能够顺利融入组织的整体战略。

总结而言，不同类型的内部创业倡导者有着不同的行为模式，这些模式受到他们在组织中的位置、所拥有的资源和权力以及他们面临的特定挑战的影响。理解这些行为模式对于企业在内部创业过程中识别和培养合适的倡导者至关重要。通过有效地支持和利用这些倡导者，企业可以更好地促进内部创新，实现持续的成长和发展。

第四节　内部创业项目

一、内部创业项目实施

内部创业项目的实施涉及创业建议的募集、企业内部资源的优化配置、人才的激励与培养、风险的管理和控制等多个方面。

(一)内部创业建议募集

在内部创业项目发起前,公司首先会在内部募集创业建议。这些创业建议往往来源于一些创新意识强的员工,他们提出进入某一个新事业领域的想法,向公司提出具有可行性的创业建议。随后,公司总部将进行初步筛选,选择有市场前景的项目,成立单独的创业项目组,并提供相关预算资金。例如,日本大和运输公司为了筛选和支持有潜力的创新项目,曾向全公司约 45 000 名正式员工募集创业建议,并且对初步通过考核的项目给予不超过 1 000 万日元的市场调查费,用以进行可行性分析。

(二)内部创业项目遴选

项目遴选是内部创业的基础。首先,企业应根据自身发展战略,制定内部创业项目的评选标准。企业应该重点支持那些符合国家产业政策、具有市场潜力和技术创新的项目。同时,还应当考虑创业项目负责人和创业团队的能力、经验、成果等,确保新项目能够得到有效执行。

其次,设立遴选机构。企业应建立由多领域专家组成的项目遴选机构,涉及法律、金融、财务等专业领域,对内部创业项目进行全面科学地论证。最终的投资决策应当通过民主程序,实行民主决策,从而确保项目遴选的公正性和科学性。

最后,确定遴选流程。严格规范的遴选程序是保证内部创业项目成功的关键。遴选的基本流程涉及项目申请、项目预审、答辩、投资等重要环节,企业应当结合自身需要,制定项目遴选的工作步骤和必要程序,尽量规避其他人为因素的干扰,保障项目遴选的公平公正。这种遴选的过程应当能够快速响应员工的创新提案,并提供必要的反馈和资源支持。评估过程应当透明公正,确保最优秀的项目能够得到孵化的机会。

(三)内部创业项目正式实施

内部创业的成功实施依赖于优秀人才和团队的参与。企业需要打破传统的人才选拔观念,为人才提供参与内部创业的机会,发挥其创新潜能。这包括加强团队建设,优化团队知识结构,以及加强团队间的联动,充分利用企业外部资源,构建人尽其才的内部创业团队机制。

由于内部创业项目通常伴随着较高的风险,企业还必须建立明确的风险投资机制。这包括风险评估、风险控制和建立权责体系。企业应通过预算管理、资金投放节奏控制和项目研发的跟踪管理,确保风险可控。通过上述步骤,企业可以构建一个全面、系统的内部创业机制,不仅能够激发员工的创新潜能,还能促进企业的持续发展和竞争力的提升。重要的是,企业需要根据自身的实际情况,灵活调整和实施这些步骤,以确保内部创业机制的有效性和适应性。

(四)内部创业项目的激励与考评

分配激励是激发员工创新创业主动性的关键。企业应建立目标激励机制,与内部创业项目团队签订绩效目标合同，明确预期目标和激励措施。同时，建立过程激励机制，对创新主体的阶段性成果和最终成果给予激励，并建立利益关联机制，将企业经济效益与创新团队、个人的收益挂钩。

构建公开公正的监督考评制度。监督考评是确保内部创业项目按计划进行的重要手段。企业应确定项目考评的客观标准，成立权威的考评机构，并建立公开公正的工作机制。通过透明的考评结果，增加工作透明度，接受监督，确保压力与动力的有机统一。

评估与优化内部创业机制。企业应定期对内部创业项目进行评估，分析其效果和存在的问题，并根据评估结果进行优化。这有助于企业不断改进内部创业环境，提高内部创业的成功率。

二、内部创业项目运营

在内部创业项目的运营过程中，如果公司能够把握核心要素，探索正确的运营模式，不仅可以实现内部创业项目的成功运作，还有助于培养创新型人才，帮助企业实现战略转型和多元化发展，从而持续推动创新和企业发展。具体而言，公司内部创业项目运营主要涉及创新文化、人力政策、组织架构、项目来源与资本注入等关键要素。

(一) 创新文化的培养

企业文化是推动内部创业的重要软实力，创新文化的培养是内部创业项目运营成功的关键。企业文化应当鼓励员工积极提出创新想法，并将这些想法转化为实际的商业项目。企业需要建立一种机制，使得创新成为企业核心价值观的一部分，并通过资源配置和管理准则来支持这一文化。例如，企业可以通过内部创新竞赛、创新工作坊和创新奖励计划来激发员工的创新精神，树立“人人皆可创业”的思想观念，并营造鼓励创新、宽容失败的文化氛围。这样的文化氛围能够激发员工的创业激情与活力，使员工在企业内部实现自我价值。

为了使内部创业项目能够持续长效运转，并激发更多潜在的内部创业者，企业需要将内部创业提升到战略高度，明确其在企业发展中的重要性。这意味着内部创业不应被视为临时或偶然的活动，而是一个长期、持续的过程。企业应制定相应的政策和制度，确保内部创业活动与企业的整体战略规划相一致，形成共同的创业愿景和长效运作机制。

(二) 灵活的人力资源政策

内部创业项目需要有灵活的人力资源政策来吸引和保留有创业精神的人才。这些政策可能包括提供有吸引力的薪酬结构、灵活的工作时间以及在项目失败时提供安全网的保障。例如，员工在参与内部孵化项目时，可以保留其在母公司的工作职位和福利，这大大降低了他们创业的风险。

此外，为了提升员工的创新能力和创业精神，企业还应当实施持续的培训与教育计划。这包括提供专业知识培训、技能提升课程以及创业指导，帮助员工不断提升自我，为内部创业活动提供有力的人力资本支持。

(三) 组织架构的创新

内部创业项目通常采用与传统企业不同的组织架构,以促进创新和灵活性。这种架构通常包括跨部门的团队合作、扁平化的管理层次和快速决策的机制。例如,内部创业项目可能会设立独立的项目团队,这些团队直接向高层管理汇报,以减少官僚主义的干扰。

同时,有效的沟通也是内部创业项目运营成功的重要保障。高效的沟通和反馈机制是确保内部创业顺利进行的关键,企业应建立多渠道的沟通机制,包括定期的会议、工作坊、在线平台等,以促进信息的流通和内部创业团队成员之间的协作。

(四) 丰富的项目来源

内部创业的项目来源应当多元化,不仅包括企业内部的创新想法,还应当考虑外部的创新资源。正如加里·哈默所指出的,无论公司的员工有多么大的创造力,来自公司外部的创新潜能总是远远多于公司内部。因此,企业可以通过与高校、研究机构和其他企业的合作,来获取新的项目灵感和技术资源。此外,企业还可以通过举办创新大赛或者参与开放式创新平台来吸引外部项目。

(五) 资本和资源的支持

公司需要有足够的资本和资源来支持孵化项目的发展。这包括提供初始的种子资金、后续的风险投资以及必要的技术和管理支持。企业可以通过设立内部风险投资基金或者与外部风险投资机构合作来为孵化项目提供资金支持。

公司还可以通过与外部合作伙伴的合作,加速内部创业项目的成熟。内部创业项目应当具备与外部风险投资和其他金融机构合作的能力,以获取更多的资金和资源支持。这种合作不仅可以帮助孵化项目获得必要的资金,还可以通过外部专家的参与来提高项目的成功率。通过外部资源的引入,为内部创业项目提供更多的市场机会和技术支持。

(六) 成功案例的推广

公司应当重视内部创业成功案例的推广和分享,这不仅能够激励员工的创新热情,还能够提升企业在行业中的声誉。企业可以通过内部通讯、行业会议和媒体发布等方式来宣传其孵化项目的成功故事。

公司内部创业项目的运营是一个复杂的过程,涉及创新文化的培养、人力资源政策的设计、组织架构的创新、项目来源的多元化、资本和资源的支持、与外部创投的合作能力以及成功案例的推广等多个方面。通过这些核心要素的有效实施,内部创业能够为企业带来新的业务增长点,促进企业的持续创新和发展。

三、内部创业项目投资

内部创业项目投资是指在成熟企业内部，通过员工的创新思维和创业行动，利用企业资源进行新项目的开发和市场推广，以期实现企业创新和业务转型。这种模式不仅能够激发员工的创造力和积极性，还能为企业带来新的增长点。以下是几种常见的内部创业项目投资方式：

（一）虚拟股权

虚拟股权是一种激励机制，它允许员工在不实际拥有公司股份的情况下，享受公司业绩增长带来的经济利益。在内部创业项目中，企业可以为参与项目的员工分配虚拟股权，这些股权与项目的未来收益挂钩。员工可以根据持有的虚拟股权比例，分享项目成功后的利润分红。这种方式能够增强员工对项目的投入感和责任感，因为他们知道自己的努力直接关联到个人收益。

（二）实股跟投

实股跟投是指允许员工以个人资金投资他们参与的内部创业项目。这种方式可以让员工与项目的利益更紧密地绑定，从而提高他们对项目成功的承诺和投入。跟投可以是强制性的，也可以是自愿的，具体取决于项目的规模和风险程度。通过跟投，员工可以更直接地参与到项目的风险和回报中，实现风险共担、利益共享，在享有更大的潜在回报的同时，也承担着更大的责任和约束。这种方式也能够在一定程度上减少项目管理人员的流动风险，从而有助于提高项目的成功率。

（三）技术入股

对于以技术创新为核心的内部创业项目，技术入股是一种有效的激励方式。在这种情况下，参与项目研发的核心技术人才可以通过其技术成果获得项目公司的股份。这种股权分配通常基于技术对项目成功贡献的评估。技术入股不仅能够吸引和保留关键技术人才，还能鼓励他们持续创新。

（四）期权组合

期权激励是一种给予员工在未来某个时间以固定价格购买公司股份的权利。对于内部创业项目，期权可以作为一种激励手段，鼓励员工长期致力于项目的成功。期权的行权通常与项目的业绩目标挂钩，只有当项目达到预定目标时，员工才能行使期权。这种方式有助于确保员工对项目长期成功的持续关注。企业内部创业期权组合是指企业通过在内部孵化多个创新项目，类似于持有多个期权，每个项目都代表了在未来某个时间点进行进一步投资或放弃的权利。这种方法允许企业在不确定性中寻找机会，同时控制风险。

具体而言，企业可以通过创建多个项目来形成创新的期权组合。这样的组合可以包括不同的技术、产品和市场，从而为企业带来多样化的风险和回报。企业需要定期评估这些项目的进展，并根据市场变化灵活调整投资策略。对于有潜力的内部创业项目，企业可以采取小规模投资的策略，给予创业者必要的资源和支持，如信息、场地设施、技术咨询等。这种小步快跑的方式，可以在不造成过大财务负担的情况下，测试市场反应和项目可行性。最后，通过促进项目间的协同效应，企业可以最大化内部资源的使用效率。例如，将技术、市场资源和经验在不同项目间共享，可以帮助新项目快速成长，并减少重复投资。

（五）独立法人实体化

当内部创业项目发展到一定阶段，具备了稳定的商业模式和市场竞争力时，企业可以考虑将项目转化为独立的法人实体。在这个阶段，企业可以与创业团队共同成立新的公司，创业团队可以通过现金投资或技术入股的方式获得新公司的股份。这种方式有助于明确项目的独立性和创业团队的所有权，同时也为企业提供了一种风险分散的机制。

（六）差异化收益分享

在内部创业项目的推广阶段，企业可以根据项目的业绩表现，设计差异化的收益分享机制。例如，对于初期亏损的项目，可以按照销售收入进行收益分享；对于已经盈利的项目，则可以按照净利润进行分享。这种差异化的收益分享机制能够更好地激励创业团队根据项目的实际情况调整经营策略。此外，内部创业项目往往需要较长的时间来孵化和成长，因此企业在评估这些项目时，应该更加注重其长期价值而非短期绩效。这要求企业有长远的战略眼光，并能够容忍短期内的不确定性和风险。

（七）退出机制设计

为了确保内部创业项目的灵活性和可持续性，企业需要设计合理的退出机制。这包括为创业团队和跟投员工提供在特定条件下退出项目的机会。例如，可以设定项目达到一定盈利水平后，员工可以选择出售其股份给企业或其他投资者。退出机制的设计有助于平衡员工的风险和回报，同时也使企业提高了调整资源配置的灵活性。

总结来说，内部创业项目投资涉及多种激励和风险管理机制，旨在通过合理的利益分配和风险控制，激发员工的创新潜力，推动企业的技术进步和业务发展。通过上述方法，企业可以有效地进行内部创业项目投资，不仅能够提升企业的创新能力，还能够在激烈的市场竞争中保持竞争优势。更重要的是，企业需要根据自身的资源和市场状况，灵活地调整和实施这些策略，以实现最佳的投资效果。

本章案例

巨头公司的内部创业

体验式学习活动

管理游戏:公司内部创业模拟实训

活动目标

通过模拟游戏,参与者将学会如何在公司内部识别和抓住创业机会,培养创新和解决问题的思维。参与者将学习如何将创意转化为可行的商业计划,以及如何在资源有限的情况下实现这些计划。

活动过程

第一阶段:分组与角色分配(10 分钟)

—将学生分成若干小组,每组 5～7 人,模拟不同部门的团队成员。

—每个小组选出一名组长,负责协调团队内部的沟通和决策。

第二阶段:创意生成(20 分钟)

—每个团队需要结合其所属的母公司,在限定时间内提出一个公司内部创业想法,并简要阐述其市场潜力和创新点。

—团队成员需要共同讨论,结合各自的专业知识和市场数据,形成初步的商业构想。

第二阶段:商业计划制定(25 分钟)

—团队需要根据创意生成阶段的结果,制定详细的商业计划书。

—商业计划书应包括市场分析、竞争对手分析、产品或服务描述、营销策略、财务预测等内容。

第三阶段:产品开发与市场推广(10 分钟)

—团队需要利用模拟资金,进行产品开发和市场推广活动。

—团队需要根据市场反馈调整产品和营销策略,以最大化市场份额和利润。

第四阶段:风险管理与决策(10 分钟)

—游戏过程中,会通过随机抽取 2～3 张风险卡片的方式,模拟一些突发情况,如公司战略调整、市场环境变化、竞争对手行动等,团队需要作出应对决策。

—团队需要评估各种决策的风险和收益,选择最佳的应对策略。

第五阶段:游戏评估与反馈(15 分钟)

—游戏结束后,每个团队需要向其他参与者和教师展示他们的创业成果。各个团队之间会相互进行评价、问答与评分。

—教师根据团队的商业计划、产品开发、市场表现等方面进行评分,并结合团队互评给出总分,同时提供反馈意见。

材料与资源

创业相关的案例研究、市场数据、行业报告等资料;模拟资金;白纸、马克笔等工具。

评估方式

根据商业计划的创新性、可行性和完整性进行评分;根据产品开发和市场推广的效果进行评分;根据风险管理和决策的能力进行评分;根据团队合作和展示能力进行评分。

本章要点

内部创业(intrapreneurship or internal corporate venturing)是指企业内部的个体或团队基于对市场机遇的洞察,依托组织资源支持,发起并实施新商业项目或业务模式的过程。

内部创业内容不仅涵盖构建与母公司基因不一致的新创业单元,如开发新的产品、新服务或新的技术,也涵盖创建与母公司核心业务相似的创业单元,如进入与当前的产品或市场相关的新业务,对组织战略重构、重组或变革。

内部创业包含企业动机、主动性和领导才能、资源支持、成果共享以及创新性等 5 个方面要素。

内部创业的动因包括环境动态变化和市场竞争激烈、业务发展受困以及控制人才流失;阻碍因素包括组织结构的不适应、高层管理者的不支持以及传统组织文化的束缚。

组织设计是对组织系统的整体设计,不仅包括静态的组织结构设计,也包括动态的组织运行制度设计。

组织结构设计主要是对适合内部创业的组织架构的整体安排。内部创业过程充满创新性、灵活性和冒险性,企业需要尽可能提高员工创新、创业的积极性和激情,此时则需要设计一个有机的组织结构来保障员工的创新自由性和创业的自主权利。内部创业的有机的组织结构特点包括组织结构扁平化、管理部门协同化和网络化以及学习型组织等。

激励报酬机制是指针对企业内部创业项目设立的奖励和报酬,以此来激发员工的创新激情和创业热情。为了满足不同员工的需求和偏好,内部创业的激励报酬机制应设计多样化的激励方式包括设立专项基金支持、股权激励以及给予工作安全保障。

组织文化是一个组织在长期发展过程中形成的，为其成员所共同遵循的价值观念、行为准则、工作态度以及关系设定的规范系统。组织文化可以分为物质文化和精神文化。内部创业的组织文化包括 4 个关键要素，具体包括创新激励机制、认可和学习、战略一致性以及行为促进。企业内部创业的组织文化特征包括鼓励创新、团队合作、包容失败以及配套的奖励制度 4 个方面。

内部创业的商业模式可以根据业务标准化程度和经济责任独立性两个维度进行分类，形成业务链式、平台式、聚合式和分散式四种典型模式。每种模式都有其优势和挑战，企业需要根据自身条件和市场变化灵活运用和调整。

内部创业的成长模式根据组织情境的柔性和刚性维度进行分类，形成同质低成长、同质中成长、同质高成长、异质低成长、异质中成长和异质高成长六种类型。企业应基于项目与主营业务的相关性和风险评估选择合适的内部创业模式。

内部创业的组织模式包括项目小组、内部创业、创业孵化器和公司风险投资等四种基本类型。

内部创业的行为模式根据倡导者的不同分为自下而上、自上而下和二元倡导三种。

内部创业项目的实施涉及建议募集、资源配置、人才激励与培养、风险管理等。

内部创业项目运营需要把握创新文化、人力政策、组织架构、项目来源与资本注入等关键要素。

内部创业项目投资包括虚拟股权、实股跟投、技术入股、期权组合、独立法人实体化、差异化收益分享和退出机制设计等多种方式。

重要概念

内部创业　内部创业动因　内部创业组织文化　内部创业模式　内部创业项目

思考题

1. 讨论内部创业对于激发员工创新精神和创业能力的重要性。

2. 分析四种内部创业商业模式的优缺点，并探讨在不同行业背景下，企业应如何选择适合的内部创业模式。

3. 思考大型企业如何通过内部创业活动来应对快速变化的市场环境，并讨论内部创业对于企业创新文化建设的作用。

4. 如何理解内部创业的概念？试阐述内部创业的基本特征。

5. 驱动企业进行内部创业的因素包括哪些？可能遭遇哪些因素的阻碍？

参考文献

[1] 李飞,汪寿阳,乔晗.企业内部创业商业模式与组织管理模式的匹配研究[J].科技促进发展,2016,12(6).

[2] 姜忠辉,罗均梅.基于组织情境要素的内部创业模式分类研究[J].科学学与科学技术管理,2017,38(9).

[3] 郭鲁伟,张健.公司创业的模式探讨[J].科学学与科学技术管理,2002(12).

[4] 薛红志.内部创业倡导者角色与行为模式研究[J].外国经济与管理,2006(12).

[5] 黄建国,苏竣.日本公司内部创业制度的形成和运营模式——对中国公司技术创新的启示[J].科学学与科学技术管理,2004(3).

[6] 王子宽,罗长城,侯志豪.基于创新主体集成的企业内部创业机制研究[J].科技进步与对策,2012,29(24).

[7] 张京,邹政平.科技公司内部孵化器运作模式探析[J].科技进步与对策,2016,33(14).

[8] 孙黎,权静.创新变阵——公司内部创业的“期权组合”[J].清华管理评论,2013(6).

[9] 杨黎斌.国有公司构建内部创业机制探讨[J].商场现代化,2020(2).

[10] 张璐,崔敏杰,张强.数字化创新创业管理与实物[M].清华大学出版社,2024.

[11] 汪忠,唐亚阳,李家华.内部创业基础[M].机械工业出版社,2022.

[12] 王延荣.创新与创业管理[M].机械工业出版社,2024.